🔒 **改訂8版**

個人情報保護士認定試験 公式テキスト

柴原健次／坂東利国
克元亮／福田啓二／井海宏通／山口透／鈴木伸一郎 [著]

日本能率協会マネジメントセンター

本書の内容に関するお問い合わせについて

平素は日本能率協会マネジメントセンターの書籍をご利用いただき、ありがとうございます。

弊社では、皆様からのお問い合わせへ適切に対応させていただくため、以下①〜④のようにご案内いたしております。

①お問い合わせ前のご案内について

現在刊行している書籍において、すでに判明している追加・訂正情報を、弊社の下記 Web サイトでご案内しておりますのでご確認ください。

https://www.jmam.co.jp/pub/additional/

②ご質問いただく方法について

①をご覧いただきましても解決しなかった場合には、お手数ですが弊社 Web サイトの「お問い合わせフォーム」をご利用ください。ご利用の際はメールアドレスが必要となります。

https://www.jmam.co.jp/inquiry/form.php

なお、インターネットをご利用ではない場合は、郵便にて下記の宛先までお問い合わせください。電話、FAX でのご質問はお受けいたしておりません。

〈住所〉 〒103-6009　東京都中央区日本橋 2-7-1　東京日本橋タワー 9F

〈宛先〉 ㈱日本能率協会マネジメントセンター　ラーニングパブリッシング本部　出版部

③回答について

回答は、ご質問いただいた方法によってご返事申し上げます。ご質問の内容によっては弊社での検証や、さらに外部へお問い合わせすることがございますので、その場合にはお時間をいただきます。

④ご質問の内容について

おそれいりますが、本書の内容に無関係あるいは内容を超えた事柄、お尋ねの際に記述箇所を特定されないもの、読者固有の環境に起因する問題などのご質問にはお答えできません。資格・検定そのものや試験制度等に関する情報は、各運営団体へお問い合わせください。

また、著者・出版社のいずれも、本書のご利用に対して何らかの保証をするものではなく、本書をお使いの結果について責任を負いかねます。予めご了承ください。

個人情報保護法は、令和4年4月に新たな改正法が全面施行されました。

この度の改正法では、自身の個人情報に対する意識の高まり、技術革新を踏まえた保護と利活用のバランス、越境データの流通増大に伴う新たなリスクへの対応等の観点から改正されており、改正内容は、「個人の権利の在り方」「事業者の守るべき責務の在り方」「事業者による自主的な取組を促す仕組みの在り方」「データ利活用に関する施策の在り方」「ペナルティの在り方」「法の域外適用・越境移転の在り方」の6項目で構成されています。

これらに伴う大きな変化としては、次の事項等があげられます。

・オプトアウト規定により第三者に提供できる個人データの範囲を限定し、①不正取得された個人データ、②オプトアウト規定により提供された個人データについても対象外とする。

・漏えい等が発生し、個人の権利利益を害するおそれがある場合に、委員会への報告及び本人への通知を義務化する。

・違法又は不当な行為を助長する等の不適正な方法により個人情報を利用してはならない旨を明確化する。

・提供元では個人データに該当しないものの、提供先において個人データとなることが想定される情報の第三者提供について、本人の同意が得られていること等の確認を義務付ける。

・データベース等不正提供罪、委員会による命令違反の罰金について、法人と個人の資力格差等を勘案して、法人に対しては行為者よりも罰金刑の最高額を引き上げる(法人重科)。

・日本国内にある者に係る個人情報等を取り扱う外国事業者を、罰則によって担保された報告徴収・命令の対象とする。

また、平成28年1月から施行された「行政手続における特定の個人を

識別するための番号の利用等に関する法律」いわゆるマイナンバー法により、全ての事業者において、従業員のマイナンバーの把握や書類への記載などが義務化されたため、大企業はもとより中小企業者においても、改正個人情報保護法及びマイナンバー制度への対応について周知することが必須となりました。

　「個人情報保護士認定試験」は、これらのことを踏まえて改正個人情報保護法の諸規定だけでなく、マイナンバー法の分野も正しく理解し、個人情報の適切な管理や運用、活用が可能な人材の育成を目的としています。
　そのため課題Ⅰの試験内容を、改正個人情報保護法とマイナンバーに対する知識と理解を問う「個人情報保護の総論」と「マイナンバー法の総論」の2構成とし、課題Ⅱは、実際に企業活動等で個人情報を取り扱う際に必要となる知識や能力を問う「個人情報保護の対策」で構成され、本書はその試験の構成に則った公式テキストとして編集されています。
　個人情報の取り扱いにあたっては、保護と活用の均衡を図ることが何よりも重要ですが、さらに「マイナンバー法」の実務面においても、法に対する知識とガイドラインの理解を深めていただきたいと思います。

　2024年2月

　　　　　　　　　　　　　　　　一般財団法人 全日本情報学習振興協会

個人情報保護士認定試験—試験概要

※ 2024 年 2 月現在。お申込みの際は最新情報を下記の「お問合せ先」よりご確認ください。

1 受験資格

国籍、年齢等に制限はありません。

2 受験会場

協会指定の全国各地の会場またはオンライン上での受験が可能です。
会場・オンライン受験は同時刻の開始となりますので、いずれかをお選びください。
※オンライン受験では Web カメラが必要です。購入・貸出を希望される方は協会にお問い合わせいただくことも可能です。

3 試験日程

年 4 回（年度により実施日が異なります。）

4 試験の内容

「個人情報保護士認定試験」の試験内容は、「個人情報保護の総論」と「個人情報保護の対策」に大別されています。「個人情報保護の総論」は、「個人情報保護法の背景と取り組み」と「個人情報保護法の理解」の 2 分野から構成されており、主に法律に対する理解と知識を出題範囲としています。一方、「個人情報保護の対策」は、「リスク分析」「組織的・人的セキュリティ」「オフィスセキュリティ」「情報セキュリティ」の 4 分野から構成されており、企業・団体において必要とされる個人情報保護に関する実務をベースに問題を出題します。

5 試験形態

マークシート方式で実施いたします。

6 合格基準

制 限 時 間	課題Ⅰ・課題Ⅱ　合計 150 分（試験前の説明時間除く）
合 格 点	課題Ⅰ・課題Ⅱ　各正答率 70%（難易度による得点調整の可能性あり）
検定料(税込)	11,000 円

7 合格後

合格者には合格証書と認定カード（認定証）が送られるほか、認定ロゴを名刺等に使用することが認められます。また、2011 年 4 月に設立された一般財団法人 個人情報保護士会の入会資格が得られます。

●お問合せ先●

一般財団法人　全日本情報学習振興協会

東京都千代田区三崎町 3-7-12 清話会ビル 5 階　TEL03-5276-0030 FAX03-5276-0551
http://www.joho-gakushu.or.jp/

個人情報保護士認定試験─受験ガイド

1　課題Ⅰ（個人情報保護法とマイナンバー法の理解）

　課題Ⅰの出題内容は、主催団体によりP.7～8のとおり公表されている。

　課題Ⅰでは、「個人情報の保護に関する法律（以下、個人情報保護法）」と「マイナンバー法」の正しい理解が求められるが、条文の理解だけでなく、法制定までの世界的な歴史や背景の知識とともに、法制定後の国や関係省庁の取り組み等についても問われる。また、プライバシーマークやISMSなどの認証制度や、関連法令からも出題される。

　法律についても、法律条文だけでなく、基本方針や政令、各事業分野のガイドラインについても出題範囲となっている。さらに、毎回2問程度、漏洩事案に基づいた時事問題が出題されている。

2　課題Ⅱ（個人情報保護の対策と情報セキュリティ）

　課題Ⅱの出題内容は、主催団体によりP.8のとおり公表されている。

　課題Ⅱでは、個人情報保護の対策として、個人情報保護法23条で定められている安全管理措置の具体的な内容として、組織的・人的・技術的・物理的な安全管理措置に関する知識が問われ、適切なレベルの安全管理を行うにあたり必要なリスク分析が出題範囲となっている。

　脅威と対策では、脅威と脆弱性に関する知識やリスク分析手法が問われる。安全管理措置としては、安全管理組織体制および人的管理の内容、さらに、情報セキュリティおよびオフィスセキュリティに関する知識が問われる。

3　学習の進め方

　本書は出題範囲の解説のほか、各章末に過去問題の例を掲載している。学習のまとめとして、過去問題に取り組むと効果的である。

　主催団体が提供する『個人情報保護士認定試験　公式精選問題集』（マイナビ出版）や、出版各社から発行されている問題集・対策教材などもある。その中から、なるべく直近の法改正に対応したものを活用したい。

個人情報保護士認定試験の出題内容（2024 年 2 月現在）

課題	出題内容
I. 個人情報保護法とマイナンバー法の理解（50問）	**第1編 個人情報保護法総説** ・個人情報保護の法体系 ・各種認定制度
	第2編 個人情報保護法の基本法部分 ・法の目的と基本理念 ・用語の定義 ・国及び地方公共団体の責務や施策等
	第3編 個人情報に関する義務 ・利用目的の特定・変更（法17条） ・利用目的による制限（法18条） ・不適正な利用の禁止（法19条） ・適正な取得（法20条1項） ・要配慮個人情報の取得制限（法20条2項） ・取得に際しての利用目的の通知等（法21条）
	第4編 個人データに関する義務 ・個人データの正確性の確保と不要な個人データの削除（法22条） ・安全管理措置（法23条） ・従業者の監督（法24条） ・委託先の監督（法25条） ・漏えい等の報告等（法26条） ・第三者提供の制限（法27条） ・オプトアウトによる第三者提供（法27条2項〜4項） ・「第三者」に該当しない場合（法27条5項各号） ・外国にある第三者への提供の制限（法28条） ・第三者提供時の確認・記録義務（法29条・30条）
	第5編 個人関連情報に関する義務 ・個人関連情報の第三者提供の制限等（法31条）
	第6編 保有個人データに関する義務 ・保有個人データに関する事項の本人への周知（法32条1項） ・利用目的の通知の求め（法32条2項・3項） ・保有個人データの開示請求（法33条） ・第三者提供記録の開示請求（法33条5項） ・保有個人データの訂正等の請求（法34条） ・保有個人データの利用停止等の請求（法35条1項・2項） ・保有個人データの第三者提供停止の請求（法35条3項・4項） ・法35条5項の要件を満たす場合の利用停止等又は第三者提供の停止 ・開示等の請求等に応じる手続・手数料（法37条・38条） ・裁判上の訴えの事前請求（法39条）
	第7編 仮名加工情報取扱事業者等の義務 ・仮名加工情報取扱事業者等の義務（法41条・42条）
	第8編 匿名加工情報に関する義務等 ・匿名加工情報に関する義務等（法43条〜46条）
	第9編 実効性を担保する仕組み等 ・個人情報の取扱いに関する苦情処理（法40条） ・個人情報保護委員会による監視・監督 ・民間団体による個人情報の保護の推進 ・罰則（法176条〜185条）

I. 個人情報保護法と マイナンバー法の 理解（50問）	第10編	行政機関等における個人 情報等の取扱い	・行政機関等における個人情報等の取扱い
	第11編	マイナンバー法の理解	・総則（法1条-6条） ・個人番号（法7条-16条） ・個人番号カード（法16条の2-18条の2） ・特定個人情報の提供（法19条-26条） ・特定個人情報の保護（法27条-32条） ・特定個人情報の取扱いに関する監督等（法33条 -38条） ・法人番号（法39条-42条） ・雑則（法43条-47条） ・罰則（法48条-57条）
II.個人情報保護の対 策と情報セキュリ ティ（50問）	第1編	脅威と対策	・個人情報保護法と情報セキュリティ ・情報セキュリティ ・脅威と脆弱性に対する理解 ・情報セキュリティ関連の対策基準 ・個人情報保護法のガイドライン
	第2編	組織的・ 人的セキュリティ	・基本方針の策定 ・個人情報の洗い出しと管理 ・リスクの認識、分析、対策 ・規程文書（内部規程）の整備 ・組織的安全管理措置 ・人的安全管理措置 ・委託先の監督 ・事故・苦情等への対応
	第3編	オフィスセキュリティ	・物理的セキュリティ対策に関連する知識 ・物理的安全管理措置の実施項目 ・災害対策
	第4編	情報システムセキュリティ	・技術的セキュリティ対策に関連する知識 ・技術的安全管理措置の実施項目

※試験範囲の最新情報につきましては、主催団体ホームページ（https://www.joho-gakushu.or.jp/piip/naiyou.php）を ご確認ください。

目　次

第1章　個人情報保護法の背景と取り組み

第2章　個人情報保護法の理解

第3章　マイナンバー法の背景と取り組み

第4章　マイナンバー法の理解

第8章 オフィスセキュリティ

第9章 情報システムセキュリティ

凡例

個人情報保護法　　個人情報の保護に関する法律
マイナンバー法 (番号法)
　　　　　　　行政手続における特定の個人を識別するための番号の利用等に関する法律
経済産業分野のガイドライン
　　　　　　　個人情報の保護に関する法律についての経済産業分野を対象とするガイドライン
個人情報保護法ガイドライン
　　　　　　　「個人情報の保護に関する法律についてのガイドライン」

※本書は特にことわりがない場合、令和6年4月1日時点で施行されている法制度に基づいて記述している。

個人情報保護法の
背景と取り組み

① 個人情報保護法制定の背景と現状
② 個人情報保護法施行後の状況
③ 個人情報保護法の改正内容
④ 個人情報に関連する規格と制度

個人情報保護法制定の背景と現状

■1■ 個人情報保護の必要性

（1） 個人情報の活用が企業成長の鍵

　個人情報は、日々の生活や仕事において利活用されるが、近年のITやネットワークなど情報通信技術の著しい進展により、企業や団体などの事業者にとって個人情報はさらなる利活用が可能となり、新しい産業の創出や、サービス・売上の向上等が目指せるようになった。

　事業者にとって、いかに進化する情報通信技術を取り入れ、いかに個人情報を利活用するかが企業成長の重要な鍵となる時代が到来した。

（2） 自己情報のコントロールの必要性

　一方で、情報通信技術の進展にともない、自分の情報が知らないところで勝手に使われたり、どこでどのように使われるかがわからないといった不安は、ますます増してきた。インターネットにより、あらゆるものが世界中とつながっている状況において、コンピュータ上のデータは、いったん流通してしまうと回収は実質不可能であるため、取り返しのつかない被害に波及するおそれがある。これらを回避するためには、自分の情報の提供先に、いかに自分の意に沿う取扱いがなされ、その流通をコントロールできるかがポイントとなる。これは**自己情報コントロール権**と呼ばれている。

（3） バランスとルール

　個人からすると、自分の情報をもつ企業や団体等の事業者に対し、管理や保護に関する自主的な取り組みだけでなく、法規制などによる、しっかりとしたルールのもとで管理されることを期待し、それに対し、事業者は、個人の情報をできる限り自由に利活用したいと望む。これらは相反しており、両者を同時に満たしにくいことであるため、それらの**適正なバランス**をとりながら、両者の便益を目指したルール作りが求められた。

　これらは、世界中のどの国でも同様であり、経済のグローバル化が進む中、さらにできる限り国際的に共通のルールや法制化が求められた。

2 個人情報保護の歴史

個人情報保護の考え方は、欧米諸国では情報社会の到来にあわせて早くから叫ばれ、法制化についても早期に対応がなされた。日本ではそれに追随する形で検討がなされ、**法制化**へと進んでいった。

(1) 欧米の動き

欧米諸国では、1970年代から、それぞれ個人情報の保護に関する独自の法律が整備されはじめた。しかし、コンピュータシステムが普及し、情報のグローバル化が進む一方で、**各国の法制度やその違いが個人情報の自由な流通を阻害する原因**となった。

そこで、ヨーロッパ諸国を中心に日・米を含め約30カ国の先進国が加盟する国際機関であるOECD（経済協力開発機構）は、加盟国の国内法や国内政策の違いにかかわらず、加盟国間の個人情報の自由な流通を促進し、かつプライバシーを保護のレベルを一定に保つことを目的に、1980年に「プライバシー保護と個人データの国際流通についてのガイドラインに関する理事会勧告」を採択し、その附属文書として、「OECDプライバシーガイドライン」を公表した。このガイドラインで示されたのが、**OECD8原則**である。

(2) EU（欧州連合）の対応

1995年10月には、欧州議会および理事会が「個人データ処理に係る個人情報の保護及び当該データの自由な移動に関する欧州議会及び理事会の指令（EU個人データ保護指令：**EU指令**）」を採択した。EU指令では、EU域内の各国に対し、個人情報保護のために法制化することを求め、「第三国への個人データの移転の原則（**第三国条項**）」として、第三国への個人情報の移転は、その相手国が十分なレベルの保護措置を講じている場合に限られ、確保していない第三国へ個人情報を移転することを停止できる条文を規定することが定められている。

これらの保護措置に十分性が認められない場合は、第三国と協議ができるとされ、それらについて、日本、米国を含めて各国が対応を迫られることとなった。

第1章

図表 1-1　EU 指令に対応した主な EU 加盟国の個人情報保護に関する法施行状況

1997 年 4 月	ギリシア	「個人データの処理に係る個人の保護に関する法律」制定、施行
2000 年 1 月	スペイン	「個人データの保護に関する法律」施行
2000 年 1 月	オーストリア	「個人データ保護法」施行
2000 年 3 月	イギリス	「1998 年データ保護法」施行
2000 年 5 月	イタリア	「個人データの処理に係る個人及び他の主体の保護に関する法律」施行
2000 年 7 月	デンマーク	「個人データの処理に関する法律」施行
2000 年 11 月	アメリカ	「セーフハーバー原則」協定締結、発効
2001 年 5 月	ドイツ	「連邦データ保護法」施行
2001 年 9 月	オランダ	「個人データ保護法」施行
2001 年 9 月	ベルギー	「データ保護法」施行

(3)　米国の対応

　米国では、公的部門については、連邦行政機関における個人情報の扱いは 1974 年に制定されたプライバシー法によって規制されていたが、民間部門については、自主規制を基本とし、包括的な法律をもたずに特定分野のみを対象とした個別法により規制していた。しかし、EU 指令の第三国条項により、自主規制だけでは問題が生じる可能性が出てきた。

　実際、スウェーデンにおいて、EU 指令に基づく法律を施行した直後の 1998 年に、米国航空会社に対して、スウェーデン国内で収集した搭乗者情報を米国の予約センターへ伝達することを禁止する事態が発生した。

　これらの背景から、米国は商務省を中心として、**セーフハーバー方式**と呼ばれる独自の自主規制システムを導入し、2000 年 11 月に、**セーフハーバー原則**と呼ばれる協定が締結され発効された。

　これは、企業がセーフハーバー原則を遵守することを宣言し、プライバシーポリシーを公表した上で、確約書の提出などの手続きを行うことにより、その企業を米国商務省が認証し、企業名をセーフハーバーリストに公示するという仕組みである。

3　OECD8 原則

　1980 年に採択された OECD 理事会勧告では、**プライバシーと個人の自由の保護に関する原則**を国内法で考慮することが求められており、プライバシー保護により、個人データの国際流通が不当に阻害されないように努めるとされている。個人情報が、国際的にも活発に利用されていくために、

適正な管理とプライバシーの保護が求められるというものである。

　OECD 理事会勧告は、加盟国に強制するものではなく、法的拘束力ももたないが、OECD 8 原則は、各国の個人情報保護法制の基本となっている。

　日本の個人情報保護法も、OECD 8 原則に沿った形で制定されており、条文が対応しているだけでなく、「**個人情報の有用性**」と「**個人の権利利益の保護**」という 2 つの側面を目的としている点も同様である。

　OECD 理事会勧告における「**個人データ**」とは、日本の個人情報保護法における個人データの定義とは異なり、「識別された、または識別されうる個人（データ主体）に関するすべての情報を意味する。」とされている。

図表 1-2　OECD 8 原則

収集制限の原則	個人データの収集には制限を設けるべきであり、いかなる個人データも、適法かつ公正な手段によって、かつ適当な場合には、データ主体に知らしめ、または同意を得た上で、収集されるべきである。
データ内容の原則	個人データは、その利用目的に沿ったものであるべきであり、かつ利用目的に必要な範囲内で正確、完全であり最新なものに保たれなければならない。
目的明確化の原則	個人データの収集目的は、収集時よりも遅くない時点において明確化されなければならず、その後のデータの利用は、当該収集目的の達成または当該収集目的に矛盾しないで、かつ、目的の変更ごとに明確化された他の目的の達成に限定されるべきである。
利用制限の原則	個人データは、「目的明確化の原則」により明確化された目的以外の目的のために開示利用その他の使用に供されるべきではないが、次の場合はこの限りではない。 (a) データ主体の同意がある場合 (b) 法律の規定による場合
安全保護の原則	個人データは、その紛失もしくは不当なアクセス、破壊、使用、修正、開示等の危険に対し、合理的な安全保護措置により保護されなければならない。
公開の原則	個人データに係る開発、運用および政策については、一般的な公開の政策がとられなければならない。個人データの存在、性質およびその主要な利用目的とともにデータ管理者の識別、通常の住所をはっきりさせるための手段が容易に利用できなければならない。
個人参加の原則	個人は次の権利を有する。 (a) データ管理者が自己に関するデータを有しているか否かについて、データ管理者またはその他の者から確認を得ること (b) 自己に関するデータを、(i) 合理的な期間内に、(ii) もし必要なら、過度にならない費用で、(iii) 合理的な方法で、(iv) 自己にわかりやすい形で、自己に知らしめられること。
責任の原則	データ管理者は、上記の諸原則を実施するための措置に従う責任を有する。

4　日本の取り組み

(1)　先行した行政機関の法規律

　1980 年に発表された OECD 8 原則を受け、日本では 1988 年 12 月、国民の個人情報を保有する国の行政機関を対象に、「**行政機関の保有する電子計算機処理に係る個人情報の保護に関する法律**」が公布された。この法律では、コンピュータ処理される情報のみが対象で、電子計算機（コンピュータ）処理されていないマニュアル処理情報は対象からはずされており、さらに、誤った情報であっても本人からの訂正請求が認められていなかった点など、内容的には不十分なものであった。

(2)　民間部門における自主規制

　民間部門については、1988 年に、財団法人日本情報処理開発協会（JIPDEC、現・一般財団法人日本情報経済社会推進協会）が「**民間部門における個人情報保護のためのガイドライン**」を作成した。

　翌年の 1989 年には、通商産業省（現・経済産業省）が、それをもとに「**民間部門における電子計算機処理に係る個人情報の保護について（指針）**」を策定した。また、郵政省（現・総務省）も電気通信分野における個人情報保護として、1991 年に「**電気通信事業における個人情報保護に関するガイドライン**」を策定した。これらを基に、事業者団体などが自主的にガイドラインをつくり、それらの遵守による**自主規制**を行っていた。

　1995 年の EU 指令採択後は、旧・通商産業省や旧・郵政省はそれに対応したガイドラインを策定し、さらに民間事業者の自主的な取り組みをより支援するため、1998 年に、旧・通商産業省系の**プライバシーマーク制度**、旧・郵政省系の個人情報保護マーク制度が制定された。

　また、1999 年には、OECD 8 原則を基にした JIS 規格（日本産業規格）、**JIS Q 15001:1999**「**個人情報保護に関するコンプライアンス・プログラムの要求事項**」が公表された。これにあわせ、プライバシーマーク制度も認定基準を独自なものから、こちらに変更し、JIS 規格に対する適合性評価制度となった。

（3） 個人情報保護法の成立・公布

　日本においても、個人情報の大量流出や大量漏洩などが社会問題化する中で、民間部門を対象とした個人情報の保護法制の必要性が叫ばれるようになった。それらを背景に、1999年6月の「住民基本台帳法の一部を改正する法律案」の審議過程で、「個人情報保護に関する法律について3年以内に法制化を図る」との与党合意が発表された。これに従い、1999年7月、当時の高度情報通信社会推進本部のもとに個人情報保護検討部会が設置され、2000年1月には、**個人情報保護法制化専門委員会**が設置された。

　個人情報保護法制化専門委員会は、2000年10月、「**個人情報保護基本法制に関する大綱**」を公表し、これに基づき、2001年3月、政府は第151回国会に「**個人情報の保護に関する法律案**」を提出した。しかし、継続審議となり、2002年3月、第154回国会での成立を目指したが、不当なメディア規制のおそれなどによる反発もあり、再び継続審議となり、2002年12月の第155回国会で**審議未了廃案**となった。

　しかし、既に2002年8月に住民基本台帳ネットワークシステム（住基ネット）の第一次サービスが開始されており、本格稼動となる第二次サービスの開始が控えていたことや、法整備が急務であったことなどから、課題部分を削除・修正した法案が2003年3月の第156回国会に再提出された。そして、**2003年5月に関連法案とともに「個人情報保護に関する法律（個人情報保護法）」が可決成立し、1週間後に公布され、国や地方公共団体の義務部分を含む第1章から第3章の基本法部分が即日施行**された。

（4） 個人情報保護法公布後から全面施行まで

　個人情報保護法公布の翌年、**個人情報の保護に関する基本方針**および施行日時や各種期間などを定めた政令が閣議決定されるとともに、事業者が講ずる措置が適切かつ有効に実施されることを目的とした**経済産業分野を対象とするガイドライン**が公表され、その後、相次いで各省庁から各事業分野のガイドラインが公表された。

　このように、公布後、国が法規定の詳細を整備するとともに、各省庁より事業者が取り組むべき内容の基準等が示され、**2005年4月に事業者の義務等の一般法部分を含む個人情報保護法が全面施行**された。

図表 1-3　個人情報保護法成立・施行までの過程

1980 年	「プライバシー保護と個人データの国際流通についてのガイドラインに関するOECD理事会勧告（OECD8原則）」採択
1988 年	「行政機関の保有する電子計算機処理に係る個人情報の保護に関する法律」公布
1995 年	「個人データ処理に係る個人情報の保護及び当該データの自由な移動に関する欧州議会及び理事会の指令（EU 指令）」採択
1998 年	旧・通商産業省系「プライバシーマーク」、旧・郵政省系「個人情報保護マーク制度」設定
1999 年	JIS Q 15001:1999「個人情報保護に関するコンプライアンス・プログラムの要求事項」策定
	京都府宇治市、住民基本台帳データ漏洩事件発生
2001 年	3 月「個人情報の保護に関する法律案」提出（第 151 回国会）
2002 年	8 月「住民基本台帳ネットワークシステム第一次サービス」開始
	12 月「個人情報の保護に関する法律案」等、審議未了廃案（第 155 回国会）
2003 年	3 月「個人情報の保護に関する法律案」等、再提出（第 156 回国会）
	5 月「個人情報の保護に関する法律」成立、公布、一部即日施行 5 月「行政機関の保有する個人情報の保護に関する法律」公布
	8 月「住民基本台帳ネットワークシステム第二次サービス」開始
	12 月「個人情報の保護に関する法律の一部の施行期日を定める政令（政令 506 号）」閣議決定 12 月「個人情報の保護に関する法律施行令（政令 507 号）」閣議決定
2004 年	「個人情報の保護に関する基本方針」閣議決定
	「個人情報の保護に関する法律についての経済産業分野を対象とするガイドライン」策定
	情報通信分野、金融・信用分野、医療分野、雇用管理分野等、各分野の「ガイドライン」策定
2005 年	4 月「個人情報の保護に関する法律」全面施行

図表1-4 個人情報保護法制整備の背景

国内での官民に共通する
IT社会の急速な進展

公的部門
・電子政府・電子自治体の構築

民間部門
・電子商取引の進展
・顧客サービスの高度化　等

国際的な情報流通の拡大・IT化

OECD
・ほとんどの国で、民間部門を対象
にした法制を整備

・情報の自由な流通とプライバシー
保護の確保
　→　制度間の調和の要請

IT社会の「影」
プライバシー等
の個人の権利・
利益を侵害する
危険性・不安感
が増大

官民における個人情報
保護法制の確立
　→　保護と利用の調和

・基本理念

・国等の責務、施策
　→　基本法制（第1章～第3章）

・民間事業者が遵守すべき規律
　→　一般法制（第4章）

・公的機関（国・独立行政法人・
地方公共団体等）が遵守すべ
き規律
　→　・行政機関法制
　　　・独立行政法人法制
　　　・条例

第1章

(5)　プライバシーと個人情報

　個人情報保護法では、取扱いや安全管理の対象は「**個人情報**」であり、それらは**プライバシー情報**の概念とは異なる。そのため法規定では、直接的にプライバシーの保護や取扱いに関する規定はなく、プライバシー権の侵害についての損害賠償や保障等についても規定はない。個人情報保護法では、事業者に対して、「個人情報」の適正な取扱いをさせ、プライバシーを含む個人の権利利益の保護を図ろうとしている。そもそも日本では、法制度において**プライバシーの概念**は認めるものの、その定義は明確ではない。個人情報保護法では、基本理念とともに開示請求権や苦情対応によって、情報プライバシーの権利である自己情報コントロール権への配慮がなされている。

PICK
UP

・1980年に公表されたOECDガイドラインで「プライバシー
保護と個人データの国際流通」が目指され、それが今日の個
人情報保護のルーツといえる。

・OECDガイドラインに含まれるOECD8原則は、各国の個人
情報保護法制の基本となっている。

・日本の個人情報保護法も、OECD8原則に対応して構成され
ている。

個人情報保護法施行後の状況

1 個人情報保護法関連の改正と変更

2003年5月に公布された個人情報保護法は、その後、政令、基本方針、ガイドライン等が整備され、2005年4月に全面施行された。

個人情報保護に対する企業や国民の関心が高くなったが、同時に**過剰反応**も問題となった。さらに、経済のグローバル化や、情報通信技術の進展が進み、そのような状況変化に対応し、**経済産業分野のガイドラインの改正や、基本方針の変更**が行われた。2009年9月には、**消費者庁が発足し**、個人情報保護法の管轄が移されたが、その直後の政権交代などの影響もあり、法改正や経済産業分野のガイドライン改正は行われなかった。

2014年、個人情報保護法公布から10年を越え、情報通信技術がさらに発展し、**クラウドやビッグデータ**など個人情報を取り扱う環境が大きく変化するとともに、日本の住民票を有する者全員に番号が割り当てられる**マイナンバー制度**が開始され、それらにあわせて、個人情報保護法の改正準備が進められ、先行して経済産業分野のガイドラインが改正された。

個人情報保護法は、**2015年9月**に初めての改正法が公布され、2017年5月に全面施行された。さらに**2020年6月**、**2021年5月**に改正されているが、2021年の改正は**3本の法律が統合**される抜本的な大幅改正がなされた。

また、これらの法改正とともに、基本方針やガイドラインなども改正や変更、更新が逐次実施されている。これらの改正は、個人情報の取り扱われ方の変化や、技術の進化、漏洩事例、世界との整合性など、さまざまな要素によって行われている。個人情報保護法の理解のためには、現行法を把握するだけでなく、制定背景とともに、ここまでの改正内容や趣旨を理解することが近道となる。法律は、その内容を改正する法律の成立によって改正される。これらの改正の際には、個人情報保護委員会や各省庁から、説明文書や新旧対照表などが公表されている。

（※）法律と政令、基本方針、ガイドライン等の関係は第2章1節2項参照

（1）　経済産業分野のガイドラインの改正と移行

　経済産業分野のガイドラインは、対応状況や社会情勢を背景に、2007年3月、2008年2月、2009年10月および2014年12月に改正された。その後2016年12月にも改正されたが、2015年の法改正にともない主務大臣制が廃止され、事業者の監督は個人情報保護委員会に一元化されたため、経済産業分野のガイドラインは改正法全面施行時に廃止され、個人情報保護委員会が定めるガイドライン（「個人情報の保護に関する法律についてのガイドライン（通則編）」他3編）に移行した。

図表 1-5　経済産業分野のガイドラインの主な改正内容

2007年3月の改正
過剰反応への対応を追記
2008年2月の改正
委託先において個人情報漏洩事案が多発したことを受け、それらを反映
2009年10月の改正
「個人情報の保護に関する基本方針」の一部変更を反映した改正。一人ひとりの個性やニーズに応じたパーソナライゼーションサービスが展開されていく中で、有効な個人情報の利活用を進めていく上で、個人情報保護法の解釈のさらなる明確化などを望む声が高まっていたことを反映し、経済産業省により、「パーソナル情報研究会」が2007年12月に設置され、そこで検討された内容がガイドラインに反映
2014年12月の改正
大規模情報漏洩事件の再発防止を目指し、第三者からの適正な情報取得の徹底、社内の安全管理措置の強化、委託先等の監督の強化、共同利用制度の明確な説明などに対応
2016年12月の改正
サイバー攻撃の脅威に備えて、事業者のセキュリティ対策を強化する観点から、技術的安全管理措置について情報システムの脆弱性を突いた攻撃への対策やその手法の例示として、ぜい弱性診断等を追記
2017年5月30日廃止
2015年の個人情報保護法改正にともない、経済産業分野のガイドライン廃止

（2）　個人情報の保護に関する基本方針の変更

　「**個人情報の保護に関する基本方針**」は、法施行後も大きな個人情報漏洩事案が発生している状況にあったことや、個人情報保護法に対する誤解等による過剰反応があることに対し、2008年4月に一部変更された。

　また、2009年9月に消費者庁の発足にともない変更、2016年2月に法改正にともない変更、2016年10月にも一部変更、2018年6月には国際的な取り組みや個人データに対する不正アクセス等への対応の追記、さらに、2021年・2022年の法改正にともない2022年4月に一部変更されている。

（3）　消費者庁の発足

　2009 年 9 月、消費者庁が新設されたことにともない、個人情報保護法の管轄は内閣府から消費者庁に移管された。ただし、大規模な個人情報の漏洩など個別の事案や、漏洩被害の拡大を防止するために緊急な場合などにおいては、従前どおり各省庁が措置・対応することとされた。

（4）　個人情報保護委員会の設置

　2013 年に公布された「行政手続における特定の個人を識別するための番号の利用等に関する法律（マイナンバー法）」にもとづいて、2014 年 1 月、特定個人情報保護委員会が新設された。

　2015 年個人情報保護法の改正により、2016 年 1 月、特定個人情報保護委員会を改組し、個人情報保護法も所管する個人情報保護委員会が設置された。内閣府の下の委員会であり内閣総理大臣の所轄に属するが、指揮監督を受けず、独自に権限を行使できる委員会である。個人情報保護法の管轄は消費者庁から移管されるとともに、主務大臣による監督権限が廃止され、監督権限の一元化が図られた。これらにより、日本もデータ保護プライバシー・コミッショナー国際会議（ICDPPC）の正式メンバーとして承認された。

　さらに、2021 年改正法により、行政機関等の監視機関にもなった。これにより、民間事業者および行政機関等に対し、個人情報およびマイナンバー利用事務等実施者への指導や助言やその他の措置を行う統括的な組織となった。

（5）　JIS Q 15001 の改正

　個人情報保護法のもととなった JIS Q 15001:1999 は、2005 年の個人情報保護法全面施行後、それらにあわせる形で 2006 年に JIS Q 15001:2006 にとして改正された。

　また 2017 年 5 月に全面施行された改正個人情報保護法に対応した JIS Q15001:2017 が 2017 年 12 月に公開された。

　さらに、2021 年・2022 年の個人情報保護法の改正法施行にともない、2023 年 9 月に、「JIS Q 15001：2023（個人情報保護マネジメントシステム－要求事項）」として改正され、それらが最新版である。

(6) OECD8原則

1980年、OECDプライバシーガイドライン（OECD8原則）が採択されてから四半世紀を超え、OECDでは、2007年6月に「プライバシー保護法の執行に係る越境協力に関する理事会勧告」が採択された。それらを反映し、2013年にOECDプライバシーガイドラインは大規模な改正が行われた。ただし「OECD8原則」は変更されていない。

(7) EUデータ保護指令とGDPR

欧州では1995年から、各国法制度が十分なレベルの保護措置が講じられているかを欧州委員会が認定する「**EUデータ保護指令**」があり、日本の個人情報保護法では、2015年の改正において、これらへの配慮とグローバル化への対応が反映されたが、十分性の認定は受けるに至らなかった。

2016年4月、これに代わり、EU加盟国により強化された共通の法規則として適用される「**一般データ保護規則（GDPR）**」が制定され、2018年5月に施行された。EU域内だけでなくEU域外の事業者にも適用され、グローバルなデータガバナンスに強く影響している。

日本の個人情報保護法も、これらに適合するように改正されている。個人情報の有用性と個人の権利利益保護の視点は同様である。しかし、当初、情報主体である個人と事業者間の信頼関係を維持向上させるための事業者支援的な様相をなす個人情報保護法に対し、GDPRは、プライバシーの権利保護とともに基本的人権としてデータの保護が位置づけられ、高額な制裁金を含めた罰則などもあり、それらの隔たりを埋めるために法改正が行われているため、個人情報保護法がより難解になっていることは否めない。

欧州データ保護会議（EDPB）は、GDPRの一貫性のある適用を確保するために設置された独立機関である。この機関では、第三国が十分なレベルの保護措置を確保しているかどうかの認定（**十分性認定**）に向けたGDPRの解釈に関する文書やガイドラインを策定している。

2019年1月、欧州委員会と日本の個人情報保護委員会によって、日本とEU間の相互の個人データ移転に関する十分性認定が行われた。世界で初めての相互認定されたものである。ただ、十分性認定は定期的に見直しがなされることもあり、補完的ルールの改訂など対応は継続している。

（8）　その他の世界情勢

　GDPR は、EU 加盟国に適用されているが、各国ごとの規制もあり、それらが補完する形となっているため、各国法にも留意する必要がある。

　英国については 2020 年に EU から離脱したが、2021 年 1 月、GDPR の内容にもとづいて、「**英国の一般データ保護規制（UK GDPR）**」が英国の法律として制定されている。

　また、欧州では、2002 年に制定された、Cookie の使用や電子メールマーケティング等に関して規制する「**ePrivacy 指令**」が、2009 年に改正された。これらは、直接的な規制ではなく、それらにもとづいた国内法の制定・改正・維持のためのものである。これらを規則化する議論が重ねられている。

　ePrivacy 指令は、個人データであるか否かを問わず通信の秘密を保護するもので、プライバシーの保護のための GDPR とは補完関係にある。

　APEC（アジア太平洋経済協力）は、域内でのデータ保護と流通を適正化するため、2004 年にプライバシーフレームワークを採択し、2009 年に「**越境執行協力協定（CBPA）**」、2012 年に「**越境プライバシールール（CBPR）**」システムを策定している。

（9）　マイナンバー制度

　2012 年 2 月、税と社会保障の個人情報を 1 つにまとめる「共通番号制度法案」が国会提出されたが、2012 年 12 月、国会解散にともない廃案となった。その後、あらためて一部修正された番号法案として国会に提出され、2013 年 5 月、「**行政手続における特定の個人を識別するための番号の利用等に関する法律（番号利用法）**」が成立・公布され、通称マイナンバー法として、2016 年 1 月運用開始が予定された。しかし、2015 年 9 月、「**個人情報の保護に関する法律及び行政手続における特定の個人を識別するための番号の利用等に関する法律の一部を改正する法律**」が成立し、規定内容は 2016 年 1 月より段階的に改正されることとなった。2021 年 5 月、「**デジタル社会の形成を図るための関係法律の整備に関する法律**」が成立し、個人情報保護法とともに、マイナンバー法も改正され、マイナンバーを活用した情報連携による行政手続の効率化や、発行・運営体制の抜本的強化が目指された。

図表 1-6　個人情報保護法全面施行後の状況

2005 年 4 月	「個人情報の保護に関する法律」全面施行
2006 年 5 月	JIS Q 15001:2006 「個人情報保護に関するマネジメントシステム－要求事項」制定、プライバシーマーク制度認定基準変更
2006 年 8 月	JIS Q 15001:2006 に基づいた「個人情報保護マネジメントシステム実施のためのガイドライン－第 1 版－」公表
2007 年 3 月	経済産業分野を対象とするガイドライン改定
2008 年 2 月	経済産業分野を対象とするガイドライン改定
2008 年 4 月	「個人情報の保護に関する基本方針」一部変更
2008 年 5 月	「個人情報保護法施行令（政令）」の一部改正
2009 年 9 月	消費者庁新設、個人情報保護法が内閣府から移管 「個人情報の保護に関する基本方針」一部変更
2009 年 10 月	経済産業分野を対象とするガイドライン改定
2010 年 9 月	JIS Q 15001:2006 に基づいた「個人情報保護マネジメントシステム実施のためのガイドライン－第 2 版－」公表
2013 年 5 月	行政手続における特定の個人を識別するための番号の利用等に関する法律（マイナンバー法）および整備法公布
2014 年 6 月	「パーソナルデータの利活用に関する制度改正大綱」決定
2014 年 12 月	経済産業分野を対象とするガイドライン改定
2015 年 9 月	「個人情報の保護に関する法律及び行政手続における特定の個人を識別するための番号の利用等に関する法律の一部を改正する法律」（2015 年改正法）成立・公布
2016 年 1 月	個人情報保護委員会設置、マイナンバー法運用開始
2016 年 2 月	「個人情報の保護に関する基本方針」一部変更
2016 年 10 月	「個人情報の保護に関する基本方針」一部変更 2015 年改正法に基づく政令、委員会規則公布
2016 年 11 月	個人情報保護委員会のガイドライン（3 編）公表
2016 年 12 月	経済産業分野を対象とするガイドライン改定
2017 年 5 月	2015 年改正法全面施行、個人情報保護委員会のガイドライン施行、経済産業分野を対象とするガイドライン廃止
2017 年 12 月	JIS Q 15001:2017 発行
2018 年 5 月	「一般データ保護規則（GDPR）」施行
2018 年 6 月	「個人情報の保護に関する基本方針」一部変更
2020 年 6 月	「個人情報の保護に関する法律等の一部を改正する法律」（2020 年改正法）成立・公布
2021 年 5 月	「デジタル社会の形成を図るための関係法律の整備に関する法律」（2021 年改正法）成立・公布
2022 年 4 月	2020 年改正法全面施行、2021 年改正法第一弾施行
2023 年 4 月	2021 年改正法第二弾施行

第1章

第3節

個人情報保護法の改正内容

1 個人情報保護法改正履歴

　個人情報保護法は、その法律を改正する法律の成立・公布によって改正され、政令で定められた日に施行される。

　2015年9月、初めての改正となる「**個人情報の保護に関する法律及び行政手続における特定の個人を識別するための番号の利用等に関する法律の一部を改正する法律**」（平成27年・2015年改正法）が成立・公布された。この改正法で、個人情報保護委員会設置が示されるとともに、特定個人情報（マイナンバー）の利用の推進のためにマイナンバー法改正も含む。またこの改正法の附則において、施行後3年ごとの見直し規定が明記された。

　2020年6月、「**個人情報の保護に関する法律等の一部を改正する法律**」（令和2年・2020年改正法）が成立・公布された。この改正法では、本人の権利の保護強化や個人情報保護委員会による監督等の強化とともに、データの利活用を促進等のための制度改正が行われている。この中で、個人の権利利益の保護と活用の強化、越境データへの対応、AI・ビッグデータ時代への対応、罰則強化等が示された。法定刑の引上げについては2020年12月12日に施行され、全面施行は2022年4月1日とされた。

　そして、2020年改正法の全面施行の前に、2021年5月、「**デジタル社会の形成を図るための関係法律の整備に関する法律**」（令和3年・2021年改正法）が成立・公布された。この改正法は、デジタル社会形成基本法にもとづいてデジタル社会の形成に関する施策を実施するための関係法律の整備を行うものであり、個人情報保護法制について大きく見直す条項が含まれている。施行日は、個人情報保護法と行政機関および独立行政法人等の個人情報保護法との一元化等（2021年改正法第一弾施行）は2022年4月1日、地方公共団体の個人情報保護条例との一元化（2021年改正法第二弾施行）は2023年4月1日とされた。

2 2015年改正個人情報保護法

(1) 2015年改正法概要

2015年9月に成立・公布された改正法では、個人情報の取扱いの監視監督権限を有する第三者機関である個人情報保護委員会の設置をはじめ、個人情報の保護と有用性の確保に関する改正について定められた。

第1条では、いわゆるマイナンバー法における個人番号と特定個人情報の監督機関である「特定個人情報保護委員会」の名称を「**個人情報保護委員会**」と変更し、これに関する規定をマイナンバー法から個人情報保護法に移行させること、第2条では、個人情報の有用性の確保が図られるとともに、個人情報保護の強化および個人情報の取扱いのグローバル化に対応し、**個人情報の定義の明確化**や、**要配慮個人情報**、**匿名加工情報**などの新しい用語の定義、さらに**義務規定等の変更**の詳細が定められている。

監督機関については、第1条で定義された個人情報保護委員会の監督権限が第2条に定義され、**主務大臣制は廃止され個人情報保護委員会への一元化**が行われることが定められた。

また、個人情報取扱事業者の**小規模事業者除外規定が廃止**され、これまで対象除外とされていた中小企業だけでなく、自治会や同窓会といった団体も対象となった。ただし、それらの新たに対象となった事業者は、事業規模に応じた対応が求められており、個人情報保護委員会が作成した「**個人情報保護法ガイドライン（通則編）**」において、安全管理措置に対して緩和された内容の対応が許容されている。

図表1-7　2015年個人情報保護法の改正の背景

1	個人情報に該当するかどうかの判断が困難ないわゆる「グレーゾーン」が拡大
2	パーソナルデータ^(※)を含むビッグデータの適正な利活用ができる環境の整備が必要
3	事業活動がグローバル化し、国境を越えて多くのパーソナルデータが流通

※パーソナルデータとは、「個人情報」に限定されない、個人の行動・状態に関するデータのこと

出典：個人情報保護委員会資料

(2)　定義に関する改正

文字、番号、記号などによる「**個人識別符号**」が定義され、身体の一部の特徴をコンピュータ処理する場合についても新たに定義された。

本人の人種、信条、社会的身分、病歴、犯罪の経歴など、その取扱いに特に配慮を要するものとして「**要配慮個人情報**」が定義された。この要配慮個人情報は取得の際に、原則として、本人の事前同意を得ることが必要で、オプトアウトによる第三者提供の対象外となった。

保有している個人情報が 5,000 件以下の小規模取扱事業者に対する法の適用対象外規定が撤廃され、個人情報取扱事業者の対象となった。

ビッグデータ時代の到来に沿い、個人情報の統計情報として取り扱う機会が増大してきたことにともない、「**匿名加工情報**」が定義され、適正な加工方法とともに、提供を受け利活用する者を「**匿名加工情報取扱事業者**」と定義し、安全管理措置、識別行為の禁止等の義務が定められた。

(3)　個人情報取扱事業者の義務についての主な改正内容

①　個人データ消去

個人データを利用する必要がなくなったとき、消去するよう努力する。

②　第三者提供の制限

オプトアウト方式による個人データの第三者提供を行う場合は、あらかじめ、本人に通知または本人が容易に知り得る状態に置くとともに、**個人情報保護委員会に届け出**なければならない。

③　外国にある第三者への提供の制限関連

外国にある第三者に個人データを提供する場合には、一定の場合を除き、あらかじめ本人の同意を得なければならない。

④　第三者提供の記録作成と第三者提供を受ける際の確認

個人データを第三者に提供したときは、個人データを提供した年月日、第三者の氏名等の**記録を作成**し、**一定の期間保存**しなければならない。

第三者から個人データの提供を受けた際、**取得の経緯等を確認**するとともに、個人データの提供を受けた年月日等の**記録を作成**し、**一定の期間保存**しなければならない。

(4) 監督についての変更

主務大臣が行っていた個人情報取扱事業者の監督は、内閣府に新設された独立第三機関である**個人情報保護委員会に移管**された。新しく定義された匿名加工情報取扱事業者の監督も同様に個人情報保護委員会が行う。

ただし、緊急かつ重点的に個人情報等の適正な取扱いの確保を図る必要がある場合は、**権限を事業所管大臣に委任**することができる。

個人情報保護委員会は、改正前は主務大臣が行っていた報告の徴収、助言に加え、事業者の事務所や必要な場所に立ち入り検査や必要な指導をすることができる。

(5) 認定個人情報保護団体についての変更

認定個人情報保護団体は、法改正により小規模取扱事業者も個人情報保護法の対象となったこともあり、その役割が高まった。主務大臣制の廃止にともない、当団体の認定や監督は個人情報保護委員会に移管された。

認定個人情報保護団体は、**対象事業者に適用される個人情報保護指針を作成**する際、消費者の意見を代表する者や関係者の意見を聴き、法律規定の趣旨に沿って作成するよう努めることが求められている。作成された指針は、**個人情報保護委員会への届出が義務化**され、公表されることにより、個人が容易に把握できるようになった。また、当指針に違反した対象事業者への措置が努力義務から義務へ変更されている。

(6) その他の改正

① 適用範囲関連

国内の者に対する物品やサービスの提供に対して個人情報を取得した個人情報取扱事業者が、外国においてその個人情報やそれらを用いて作成した匿名加工情報を取り扱う場合についても適用されることが定められた。

② 罰則関連

個人情報取扱事業者、従業者またはそれらであった者が、その業務に関して取り扱った個人情報データベース等を自身や第三者の不正な利益を図る目的で提供したり盗用したときは、1年以下の懲役または50万円以下の罰金に処せられるとする**個人情報データベース等不正提供罪**が新たに定められた。

図表 1-8　2015 年改正法のポイント

施行日①　平成 28 年 1 月 1 日

個人情報保護委員会の新設

- ■ **個人情報保護委員会**　個人情報の保護に関する独立した機関として、個人情報保護委員会を新設(特定個人情報保護委員会を改組。内閣府の外局)

施行日②　平成 29 年 5 月 30 日

1　個人情報の定義の明確化等

- ■ **個人情報の定義の明確化**　特定の個人の身体的特徴を変換したもの(例:顔認識データ)等を個人情報として明確化。
- ■ **要配慮個人情報**　人種、信条、病歴等が含まれる個人情報については、本人の同意をとって取得することを原則義務化し、本人の同意を得ない第三者提供の特例(以下「オプトアウト手続」という。)を禁止。
- ■ **小規模取扱事業者への対応**　5,000 人分以下の個人情報を取り扱う事業者に対しても個人情報保護法を適用。

2　適切な規律の下で個人情報等の有用性を確保

- ■ **利用目的の変更要件の緩和**　当初の利用目的から新たな利用目的への変更の要件を緩和。
- ■ **匿名加工情報**　特定の個人を識別することができないように個人情報を加工したものを匿名加工情報とし、その加工方法及び事業者による公表等その取扱いに関する規律を新設。

3　適正な個人情報の流通を確保

- ■ **オプトアウト手続の厳格化**　事業者は、オプトアウト手続によって個人データを第三者に提供しようとする場合、データの項目等を個人情報保護委員会へ届出。同委員会は、その内容を公表。
- ■ **トレーサビリティの確保**　個人データを提供した事業者は、受領者の氏名等の記録を一定期間保存。また、個人データを第三者から受領した事業者は、提供者の氏名やデータの取得経緯等を確認し、一定期間その記録を保存。
- ■ **個人情報データベース等不正提供罪**　個人情報データベース等を取り扱う事務に従事する者又は従事していた者等が、不正な利益を図る目的で提供し、又は盗用する行為を処罰する規定を新設。

4　個人情報保護委員会の権限

- ■ **個人情報保護委員会**　現行の主務大臣の有する権限を個人情報保護委員会に集約し、立入検査の権限等を追加。

5　個人情報の取扱いのグローバル化

- ■ **国境を越えた法の適用と外国執行当局への情報提供**　日本に居住する本人から個人情報を直接取得した外国の事業者についても個人情報保護法を原則適用。また、個人情報保護委員会による外国執行当局への情報提供が可能に。
- ■ **外国事業者への第三者提供**　個人情報保護委員会規則に則った体制整備をした場合、個人情報保護委員会が認めた国の場合、又は本人の同意により、個人データを外国の第三者へ提供することが可能であることを明確化。

6　認定個人情報保護団体の活用

- ■ **個人情報保護指針**　認定個人情報保護団体は、個人情報保護指針を作成する際には、消費者の意見等を聴くよう努めるとともに個人情報保護委員会へ届出。同委員会は、その内容を公表。同指針を遵守させるための対象事業者への指導・勧告等を義務化。

7　その他の改正事項

- ■ **開示等請求権**　本人の開示、訂正、利用停止等の求めは、裁判上も行使できる請求権であることを明確化。

出典:個人情報保護委員会「個人情報の利活用と保護に関するハンドブック」

3　2020年改正個人情報保護法

(1)　2020年改正法概要

　2020年6月、個人情報に対する意識の高まりや、技術革新を踏まえた保護と利活用のバランス、さらに越境データの流通増大にともなう新たなリスクへの対応等の観点から「**個人情報の保護に関する法律等の一部を改正する法律**」（令和2年・2020年改正法）が成立・公布された。

　この改正では、個人の権利利益の保護と活用の強化、越境データの流通増大にともなう新たなリスクへの対応、AI・ビッグデータ時代への対応等が図られている。また、就活生の内定辞退率の情報を提供し個人情報保護委員会から勧告を受けた問題事案を受け、利用停止・消去等の拡充、不適正な利用の禁止、第三者提供記録の開示、個人関連情報の第三者提供の制限等が盛り込まれた。

(2)　定義に関する改正

①　保有個人データの定義改正

　保有個人データの定義について、6カ月以内に消去する短期保存データの除外条項が削除され、開示・利用停止等の対象とする。

②　「仮名加工情報」創設と関連規定の整備

　氏名等を削除し、他の情報と照合しなければ個人を識別できないような措置をした情報を「仮名加工情報」と定義し、これらを取り扱う事業者の義務を定め、内部分析に限定する等を条件に、開示・利用停止請求への対応等の義務を緩和。

③　「個人関連情報」創設

　生存する個人に関する情報であって、個人情報、仮名加工情報および匿名加工情報のいずれにも該当しないものを「個人関連情報」と定める。Cookie情報、IPアドレス、位置情報、閲覧履歴、購買履歴など、個人に関する情報ながら特定の個人が識別できないものが該当。

　個人関連情報に関し、提供元では個人データに該当しないものの、提供先において個人データとなることが想定される情報の第三者提供について、本人同意が得られていることを義務づけ。

④　「個人関連情報データベース等」創設

　「個人関連情報」を含む情報の集合物で、特定の個人関連情報を電子計算機を用いて検索することができるように体系的に構成したものや、特定の「個人関連情報」を容易に検索することができるように体系的に構成したもの。Cookie 情報や IP アドレス等の識別子情報に紐づけられた閲覧履歴等のデータベースが該当。

⑤　「個人関連情報取扱事業者」創設

　「個人関連情報データベース等」を事業の用に供している者で、それらから特定の個人関連情報を第三者に提供する事業者が該当。

(3)　個人情報取扱事業者等の義務についての主な改正内容

・利用停止・消去等の個人の請求権について、不正取得等の一部の法違反の場合に加えて、個人の権利または正当な利益が害されるおそれがある場合にも要件を緩和。

・保有個人データの開示方法について、書面の交付だけでなく電磁的記録の提供を含め、本人が指示可能。

・個人データの授受に関する第三者提供記録について本人が開示請求可能。

・オプトアウトにより第三者に提供できる個人データの範囲を限定し、不正取得された個人データ、オプトアウトにより提供された個人データについても対象外。

・漏洩等が発生し、個人の権利利益を害するおそれがある場合、委員会への報告および本人への通知を義務化。

・違法または不当な行為を助長する等の不適正な方法により個人情報を利用してはならない旨が明確化。

・認定団体制度において、企業の特定分野（部門）を対象とした認定可能。

・委員会による命令違反や虚偽報告等の法定刑を引き上げ。

(4)　法の域外適用・越境移転関連の改正

・日本国内の者の個人情報等を取り扱う外国事業者を、罰則によって担保された報告徴収・命令の対象とする。

・外国にある第三者への個人データの提供時に、移転先事業者における個人情報の取扱いに関する本人への情報提供の充実等を求める。

図表1-9　2020年改正法のポイント

概要

- 2015年改正個人情報保護法に設けられた「いわゆる3年ごと見直し」に関する規定に基づき、個人情報保護委員会において、関係団体・有識者からのヒアリング等を行い、実態把握や論点整理等を実施。
- 自身の個人情報に対する意識の高まり、技術革新を踏まえた保護と利活用のバランス、越境データの流通増大に伴う新たなリスクへの対応等の観点から、今般、個人情報保護法の改正を行い、以下の措置を講ずることとしたもの。

1　個人の権利の在り方

- 利用停止・消去等の個人の請求権について、一部の法違反の場合に加えて、個人の権利または正当な利益が害されるおそれがある場合にも拡充する。
- 保有個人データの開示方法について、電磁的記録の提供を含め、本人が指示できるようにする。
- 個人データの授受に関する第三者提供記録について、本人が開示請求できるようにする。
- 6カ月以内に消去する短期保存データについて、保有個人データに含めることとし、開示、利用停止等の対象とする。
- オプトアウト規定により第三者に提供できる個人データの範囲を限定し、①不正取得された個人データ、②オプトアウト規定により提供された個人データについても対象外とする。

2　事業者の守るべき責務の在り方

- 漏えい等が発生し、個人の権利利益を害するおそれが大きい場合に、委員会への報告および本人への通知を義務化する。
- 違法または不当な行為を助長する等の不適正な方法により個人情報を利用してはならない旨を明確化する。

3　事業者による自主的な取組を促す仕組みの在り方

- 認定団体制度について、現行制度に加え、企業の特定分野（部門）を対象とする団体を認定できるようにする。

4　データ利活用の在り方

- 氏名等を削除した「仮名加工情報」を創設し、内部分析に限定する等を条件に、開示・利用停止請求への対応等の義務を緩和する。
- 提供元では個人データに該当しないものの、提供先において個人データとなることが想定される情報の第三者提供について、本人同意が得られていること等の確認を義務付ける。

5　ペナルティの在り方

- 委員会による命令違反・委員会に対する虚偽報告等の法定刑を引き上げる。
- 命令違反等の罰金について、法人と個人の資力格差等を勘案して、法人に対しては行為者よりも罰金刑の最高額を引き上げる（法人重科）。

6　法の域外適用・越境移転の在り方

- 日本国内にある者に係る個人情報等を取り扱う外国事業者を、罰則によって担保された報告徴収・命令の対象とする。
- 外国にある第三者への個人データの提供時に、移転先事業者における個人情報の取扱いに関する本人への情報提供の充実等を求める。

出典：個人情報保護委員会「個人情報の保護に関する法律等の一部を改正する法律 概要資料」

4　2021 年改正個人情報保護法

　2021 年 5 月、『デジタル社会の形成を図るための関係法律の整備に関する法律』（令和 3 年・2021 年改正法）が成立・公布された。それらには個人情報保護法関連の改正が含まれ、2021 年改正法そのものは 2021 年 9 月 1 日に施行されたが、第 50 条に基づく第一弾の改正（個人情報保護法・行政機関個人情報保護法・独立行政法人等個人情報保護法の一元化等）は 2022 年 4 月 1 日、第 51 条に基づく第二弾の改正（個人情報保護法と各地方公共団体の個人情報保護条例の一元化）は 2023 年 4 月 1 日に全面施行された。

(1)　2021 年法改正の背景

　①「デジタル庁」を新設し、国や地方のデジタル業務改革を推進していく中、公的部門で取り扱うデータの質的・量的な増大が不可避となる。そこで、個人情報保護に万全を期すため、独立規制機関である個人情報保護委員会が、公的部門を含め、個人情報の取扱いを一元的に監視監督する体制の確立が必要となった。

　②　情報化の進展や個人情報の有用性の高まりを背景として、官民や地域の枠を超えたデータ利活用が活発化している。そこで、それらの支障となり得る以下のような不均衡・不整合の是正が求められた。

・民間部門と公的部門で個人情報の定義が異なる

・国立病院、公立病院、民間病院で、データ流通に関する法律上のルールが異なる

・国立大学と私立大学で学術研究に対する例外規定が異なる

・地方公共団体間で個人情報保護条例の規定が異なる（いわゆる 2000 個問題）

　③　国境を越えたデータ流通の増加を踏まえ、GDPR 十分性認定への対応をはじめとする国際的な制度調和を図る必要性が一層向上した。それに対して学術研究分野の適用除外を一律の適用除外とするのではなく、義務ごとの例外規定として精緻化が必要となった。

(2)　2021 年法改正の主な項目

① 個人情報保護法の一元化および所管の一元化

個人情報保護法、行政機関個人情報保護法、独立行政法人等個人情報保護法の 3 つの法律を統合一本化するとともに、地方公共団体の個人情報保護制度について、統合後の法律において全国的な共通ルールを規定し、全体の所管を個人情報保護委員会に一元化。

② 医療分野・学区術分野の規律の統一

医療分野・学術分野の規制を統一するため、国公立の病院、大学等には原則として民間の病院、大学等と同等の規律を適用。

③ 学術研究に係る適用除外規定の精緻化

学術研究分野を含めた GDPR（EU 一般データ保護規則）の十分性認定への対応を目指し、学術研究に係る適用除外規定について、一律の適用除外ではなく、義務ごとの例外規定として精緻化。

④ 個人情報の定義の統一

個人情報の定義等を国・民間・地方で統一するとともに、行政機関等での匿名加工情報の取扱いに関する規律を明確化。

図表 1-10　2021 年改正法の個人情報保護法制見直し全体像

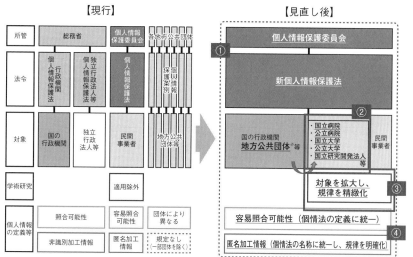

出典：「個人情報保護制度の見直しに関する最終報告（概要）」（内閣官房）

(3)　2021年改正法の主な内容

① 個人情報の定義等の統一

　「個人情報」の定義において、他の情報との照合により個人情報となる場合について、行政機関個人情報保護法および独立行政法人等個人情報保護法で異なっていたものを個人情報保護法の定義に統一。また、「個人識別符号」や「要配慮個人情報」、「仮名加工情報」、「匿名加工情報」、「個人関連情報」の定義については、個人情報保護法の解釈運用を踏襲する形で統一。ただし、個人情報保護法における「個人情報データベース等」に対して行政機関等では「個人情報ファイル」、「個人データおよび保有個人データ」に対して「保有個人情報」と、行政機関の特性を反映し、一元化後も別の定義が設けられている。

　また、行政機関において定義されていた「非識別加工情報」は「行政機関等匿名加工情報」に変更。公的部門における匿名加工情報の取扱いに関する規律が明確化。作成、取得、利用は法令の定める所掌事務の範囲内で可能とされるとともに、識別行為禁止義務や安全管理措置義務が課される。

② 医療分野・学術分野における規制の統一

　独立行政法人のうち、民間のカウンターパートとの間で個人情報を含むデータを利用した共同作業を継続的に行うもの等には民間事業者と同様の規律を適用。独立行政法人労働者健康安全機構が行う病院である労災病院の運営業務は、独立行政法人等に該当するものの、個人情報取扱事業者等の規定が適用される。改正法第二弾施行（第51条による改正）により、地方公共団体の機関による病院、診療所、大学の運営も同様の取扱いとなる。

　また、国立研究開発法人、国立大学法人、独立行政法人国立病院機構、放送大学学園などは、独立行政法人等の定義から除外され、個人情報取扱事業者に該当する。改正法第二弾施行により、地方独立行政法人のうち、大学等や病院事業に掲げる業務を目的とするものも、個人情報取扱事業者に該当する。それらの法人については、保有個人データの取扱いに関する規定（開示等請求等）および匿名加工情報取扱事業者等の義務は適用されないが、行政機関等の義務等（第五章）が適用される。

③ 学術研究に係る適用除外規定の精緻化

　学術研究機関等が学術研究目的で個人情報を取り扱う場合はすべて適用除外されるという包括的な適用除外がなくなり、学術研究機関にも個人情報取扱事業者としての規定が適用されるが、「利用目的による制限の適用除外」、「要配慮個人情報の取得の同意の例外」、「第三者提供の制限の例外」に学術研究に対する適用除外が追加。

　学術研究には、目的の一部が学術研究目的である場合を含み、個人の権利利益を不当に侵害するおそれがある場合が除かれる。これらには、個人情報取扱事業者として扱われる国公立大学や国立研究開発法人にも適用される。

④ 地方公共団体における個人情報保護制度改正

　地方公共団体の機関および地方独立行政法人は、第二弾改正施行により「行政機関等」の定義に含まれ、国の行政機関等や独立行政法人等と同様の規律に従う。ただし、病院、診療所および大学は、民間部門と同じ規律が適用される。

　個人情報の定義について一元化されるとともに、個人情報の取扱いについて、および個人情報ファイル簿の作成・公表について、国と同じ規律が適用される。また、自己情報の開示、訂正および利用停止の請求権や要件、手続は主要な部分を法律で規定される。匿名加工情報の提供制度についても国と同じ規律が適用される。

⑤ 個人情報保護員会による一元的な監督体制

　個人情報保護委員会は、民間事業者、国の行政機関、独立行政法人等、地方公共団体等の4者における個人情報および匿名加工情報の取扱いを一元的に監視監督し、行政機関等における個人情報および匿名加工情報の取扱い全般についての監視権限を個人情報保護委員会がもつ。

　地方公共団体における個人情報の取扱い等に関しては、個人情報保護委員会が行政機関に対する監視に準じた措置を行うとともに、委員会に対し、必要な情報の提供や助言を求めることが可能とされる。

個人情報に関連する規格と制度

1 JIS Q 15001

　1997年、それまで行政機関に対する個人情報保護法しかなかったことに対し、当時の通商産業省によって初めて民間部門向けの個人情報保護を定義した「民間部門における電子計算機処理に係る個人情報の保護に関するガイドライン」が制定された。このガイドラインでは、教育訓練や内部規程などの体制整備や安全対策が求められているが、その具体的な実現方法は示されていなかった。そこで、このガイドラインを基礎として、コンプライアンス・プログラム策定上の要求事項を示すことにより、個人情報保護に関する問題意識を高め、社会一般への周知を促すことを目的に、**1999年、JIS Q 15001:1999「個人情報保護に関するコンプライアンス・プログラムの要求事項」が制定**された。

　この規格において、コンプライアンス・プログラム（CP）は、事業者が自ら保有する個人情報を保護するための方針、組織、計画、実施、監査および見直しを含むマネジメントシステムと定義されている。そして、これらを策定し、実施し、維持し、スパイラル的に継続的改善をしていくことが求められている。この規定では、ISO9001 品質マネジメントシステムや、JIS Q 14001 環境マネジメントシステムなどに共通の PDCA マネジメントサイクルが採用されている。

　JIS Q 15001 が制定されたことにより、事業者は、自己による評価や顧客による評価および第三者機関による評価によって、この規格との適合性を利害関係者に示すことができ、理解を得ることができるようになった。この第三者機関による評価が、プライバシーマーク制度である。

　2003年、個人情報保護法が成立し公布された。この法律は、JIS Q 15001 と同様に OECD 8 原則をベースとしており、それらの構成や内容は似ている。しかし、世情を反映させたり、わかりやすい用語に変更されたりしており、JIS Q 15001 と個人情報保護法には相違点があった。

2　JIS Q 15001 の改定

（1）　JIS Q 15001:2006

　通常、JIS 規格は5年ごとに見直されるが、個人情報保護法の成立に時間がかかったことなどから、**JIS Q 15001:1999 制定**から7年後になる**2006 年5月、JIS Q 15001:2006「個人情報保護に関するマネジメントシステム－要求事項」として改定**された。

　この変更では、個人情報保護法との用語統一がなされるとともに、項目が細分化され、より具体的な記述がなされた。また、規格名称が「コンプライアンス・プログラム」から「個人情報保護マネジメントシステム」へ変更され、PDCA サイクルによる継続的かつスパイラル的な保護活動が名実ともにより求められることになった。

　主な変更点は、次のとおり。

① 　「適用範囲」「用語及び定義」の用語を、個人情報保護法の用語に統一
　🈩 　「情報主体」→「本人」、個人情報の「収集」→個人情報の「取得」
② 　「リスクなどの認識、分析及び対策」「内部規程」「委託先の監督」の内容の詳細化
③ 　「緊急事態への準備」「運用手順」「本人にアクセスする場合の措置」「提供に関する措置」「従業者の監督」「運用の確認」「是正処置及び予防処置」の追加
④ 　「事業者の代表者による見直し項目」の明確化

図表 1-11　JIS Q 15001：2006 改定時の用語の変更・追加例

JIS Q 15001:1999	JIS Q 15001:2006
情報主体	本人
管理者	個人情報保護管理者
受領者	提供を受ける者
監査責任者	個人情報保護監査責任者
コンプライアンス・プログラム	個人情報保護マネジメントシステム
―	不適合
収集	取得
預託	委託

（2）　JIS Q 15001:2017

　2017 年 5 月に、改正個人情報保護法が全面施行されたことに対応し、改正された JIS Q 15001:2017 が 2017 年 12 月に公開された。

　この改正では、個人情報の種類について、旧規格では「個人情報」「開示対象個人情報」「特定の機微な個人情報」に分類されていたが、「個人情報」「個人データ」「保有個人データ」および「要配慮個人情報」「匿名加工情報」と、改正個人情報保護法における用語と定義に統一された。

　また、章立てが、ISO27001 などの ISO マネジメント規格の構成と合わせられ、大きく形式が変わった。旧規格（JIS Q 15001:2006）における本文の内容は、新規格では「付属書 A」に、旧規格の解説文書の内容は、新規格では「付属書 B」、そして新たに付属書 C に「安全管理対策の推奨される事項」が記載されている。また、付属書 D には、新旧規格の目次対応表および用語対応表が記載されている。

（3）　JIS Q 15001:2023

　2023 年 9 月、2020 年改正個人情報保護法および 2021 年改正個人情報保護法に整合させるため、JIS Q 15001:2023 が公開された。

　2021 年改正法で、新しく定義された仮名加工情報、個人関連情報などへの対応や、保有個人データに関する規定の変更への対応がなされている。

　また、JIS Q 15001:2017 では付属書 A に記載されていた「個人情報保護方針」「個人情報の特定」「リスクアセスメント」「計画」「運用」「監査」「見直し」などの PDCA サイクルに関するマネジメントシステム規定は、規格の本体に集約されている。JIS Q 15001:2023 の付属書 A は、改正個人情報保護法の内容に対応する規定として整理された。

図表 1-12　JIS Q 15001:2023 の構成

規格本文	附属書 A（規定）	個人情報保護に関する管理策
	附属書 B（参考）	マネジメントシステムに関する補足
	附属書 C（参考）	附属書 A の管理策に関する補足
	附属書 D（参考）	安全管理措置に関する管理目的及び管理策
	附属書 E（参考）	JIS Q 15001:2023 と JIS Q 15001:2017 との対応

（4）JIS Q 15001:2023 の要求事項

　JIS Q 15001:2023 では、個人情報保護に関する体制を整備し、適切に運用し、定期的な確認を行い、継続的に改善を行っていくための体系的な仕組み（PDCA サイクル）を構築し、管理することが求められている。

図表 1-13　JIS Q 15001:2023 要求事項

```
0   序文
    0.1   一般
    0.2   概要
    0.3   他のマネジメントシステム規格との近接性
1   適用範囲
2   引用規格
3   用語及び定義
4   組織の状況
    4.1   組織及びその状況の理解
    4.2   利害関係者のニーズ及び期待の理解
    4.3   個人情報保護マネジメントシステムの適用範囲の決定
    4.4   個人情報保護マネジメントシステム
5   リーダーシップ
    5.1   リーダーシップ及びコミットメント
    5.2   方針
    5.3   役割、責任及び権限
6   計画策定
7   支援
    7.1   資源
    7.2   力量
    7.3   認識
    7.4   コミュニケーション
    7.5   文書化した情報
8   運用
    8.1   運用の計画及び管理
    8.2   個人情報保護リスクアセスメント
    8.3   個人情報保護リスク対応
9   パフォーマンス評価
    9.1   監視、測定、分析及び評価
    9.2   内部監査
    9.3   マネジメントレビュー
10  改善
    10.1  継続的改善
    10.2  不適合及び是正処置
附属書 A（規定）個人情報保護に関する管理策
附属書 B ～ E（参考）
```

3　プライバシーマーク制度

(1)　制定の目的と概要

　プライバシーマーク制度は、日本工業規格の JIS Q 15001 の適合性を評価する制度である。適切な個人情報保護のための体制を整備している事業者に対し、その申請に基づいて、一般財団法人日本情報経済社会推進協会（JIPDEC）およびその指定審査機関が評価・認定し、その証として、プライバシーマークを付与し、事業活動に関してそのロゴマークの使用を認めている。プライバシーマーク制度は、次の目的をもっている。

〈プライバシーマーク制度の目的〉

①　消費者の目に見えるプライバシーマークで示すことによって、個人情報の保護に関する消費者の意識の向上を図ること

②　適切な個人情報の取扱いを推進することによって、消費者の個人情報の保護意識の高まりにこたえ、社会的な信用を得るためのインセンティブを事業者に与えること

(2) 付与基準

　プライバシーマーク制度は、EU 指令への対応などのため、通商産業省（現経済産業省）の指導により 1998 年に創設され、当初、1997 年に公表されていたガイドラインを認証基準とした。翌年「JIS Q 15001:1999」が公表され、これに対する適合性評価制度へ変更された。JIS Q 15001 は 2005 年 4 月の個人情報保護法全面施行を受けて 2006 年 5 月に改正され、プライバシーマークの認証基準も JIS Q 15001:2006 へ移行した。

　現在、審査基準は「プライバシーマークにおける個人情報保護マネジメントシステム構築・運用指針」とされている。

　2017 年 5 月、JIS Q 15001：2017 の発行にともない、新規格に対応した審査基準が 2018 年 8 月から適用開始され、2020 年 8 月に審査基準等が完全移行された。また、2023 年 9 月、JIS Q 15001:2023 の発行にともない、2023 年 12 月、審査基準の「JIS Q 15001:2023 準拠 ver1.0」が公表され、2024 年 10 月 1 日より適用開始される。

（3）　付与対象

　プライバシーマーク付与の対象は、国内に活動拠点を持つ事業者で、法人単位で付与される。その上で、少なくとも次の条件を満たしている事業者で、実際の事業活動の場で個人情報の保護を推進している必要がある。

1．JIS Q 15001「個人情報保護マネジメントシステム－要求事項」にもとづいた「プライバシーマークにおける個人情報保護マネジメントシステム構築・運用指針」に即し、個人情報保護マネジメントシステム（PMS）を定めていること。

2．PMSにもとづき、実施可能な体制が整備されて個人情報の適切な取扱いが行われていること。

3．JIPDECが定める「プライバシーマーク付与に関する規約」で定められている欠格事項に該当しない事業者であること。

　欠格事項については規約で、たとえば、外国会社や、個人情報保護法の規定により刑に処せられ、その執行を終わった日から2年を経過しない者が役員である事業者、プライバシーマーク制度に対する一般の信頼を毀損すると認められる事業活動を行う事業者などがあげられている。

（4）　付与の更新

　事業者は、申請時だけでなく、継続して目的を達成しなければならないことから、2年間の有効期限が設けられ、以降は2年ごとに更新を行うことができる。更新申請は、審査機関から新たに付与適格決定を受けなければならず、有効期間の終了する8ヵ月前から4ヵ月前までの間に行わなければならない。

（5）　実施体制

　プライバシーマーク制度の運営は、次の機関によって運営されている。

1．プライバシーマーク付与機関（付与機関）
　　JIPDECが務めている。審査機関の指定、申請審査、適正運用の役割

2．プライバシーマーク指定審査機関（審査機関）
　　適格性審査申請の受付、申請内容の審査・調査等の業務

3．プライバシーマーク指定研修機関（研修機関）
　　審査員補の養成研修、主任審査員・審査員・審査員補の資格維持研修

4　ISMS 適合性評価制度

（1）制度の目的と概要

　ISMS 適合性評価制度は、国際的に整合性のとれた情報セキュリティマネジメントシステム（ISMS：Information Security Management System）に対する第三者適合性評価制度であり、日本の情報セキュリティ全体の向上に貢献するとともに、諸外国からも信頼を得られる情報セキュリティレベルを達成することを目的とした制度である。

　ISMS とは、個別の問題ごとの技術対策とともに、組織のマネジメントとして、自らのリスクアセスメントにより必要なセキュリティレベルを決め、プランをつくり、資源を配分して、システムを運用することである。組織が保護すべき情報資産は、「機密性」「完全性」「可用性」をバランスよく維持・改善し、リスクを適切に管理することが求められている。

（2）認証基準

　ISMS 適合性評価制度は、一般社団法人情報マネジメントシステム認定センター（ISMS-AC）によって運営されている。適合性評価の基準は、英国での認証基準である英国規格 BS 7799-2 を基に国際規格化された ISO/IEC 27001 を国内規格化した JIS Q 27001 である。2013 年に国際規格が改訂されたことにともない、国内規格も、**JIS Q 27001:2014「情報技術—セキュリティ技術—情報セキュリティマネジメントシステム—要求事項」**に改訂された。

（3）認証の対象と更新

　ISMS の認証取得には、業種や組織の規模に条件を設けられていない。したがって、法人化されているかどうかにかかわらず、公共または民間の会社、法人、企業、機関、あるいはそれらの一部や組み合わせで、独自の機能と管理があり、情報セキュリティのマネジメント能力をもつ組織であれば、認証を取得できる。また、認証取得の範囲にも制限がないので、法人単位ではなく、事業部・部・課単位、プロジェクト単位など柔軟に認証を取得できる。認証登録後は、通常、1 年ごとにサーベイランス（認証維持）審査が行われ、再認証（更新）審査は 3 年ごとに行われる。

5 プライバシーマーク制度と ISMS 適合性評価制度

　プライバシーマーク制度と ISMS 適合性評価制度は、JIS で定められた
マネジメントシステムの基準に対する適合性評価という点では共通してい
るが、プライバシーマーク制度では、対象とする情報は**個人情報に限定さ**
れており、**個人の権利利益を守るための取り扱いに関する方法を主体とし**
ているのに対し、ISMS 適合性評価制度は、**事業者が取り扱う情報全般**に
対し、**自社を守るためのリスク管理**が主体となっている。

　また、プライバシーマークは、支店や営業所などを含む**事業者全体**が対
象となっているのに対し、ISMS は、**事業所単位、部門単位、事業単位**な
どでも取得が可能である。

　それぞれの基準としている JIS 規格について、JIS Q 27001 は、**国際基**
準である ISO/IEC 27001 に準拠しているため、国際的に通用する認証制
度であるが、JIS Q 15001 は、準拠している国際基準は特になく、**日本国**
内の独自の認証制度である。

図表 1-14　プライバシーマーク制度と ISMS 適合性評価制度

	プライバシーマーク制度	ISMS 適合性評価制度
認証取得単位	事業者全社単位	部門単位など
認定数	17,647 社[注1]	7,711 組織[注2]
保護の対象	事業者が取り扱う個人情報	組織が保護すべき情報資産
基準となる規格	JIS Q 15001:2017（国内基準）	JIS Q 27001:2014 ／ ISO/IEC 27001:2013 （国際基準）
維持・更新	有効期間は 2 年で、2 年ごとに更新審査	通常、1 年ごとにサーベイランス（認証維持）審査、3 年ごとに再認証（更新）審査

[注1] 2024 年 3 月 21 日現在　[注2] 2024 年 3 月 19 日現在（登録ベース）

・プライバシーマーク制度は、JIS Q 15001 の適合性評価制
度であり、ISMS 適合性評価制度は、国際的に整合性のとれ
た情報セキュリティに関する第三者認証制度である。

第1章◎過去問題チェック

1．個人情報保護法の制定及び改正に関する以下のアからエまでの記述のうち、最も適切ではないものを１つ選びなさい。

ア．コンピュータネットワークの急激な発展に伴い、公的部門、民間部門を問わず、大量の個人情報が処理されるようになり、住民情報や顧客情報等の漏えい事件や個人情報の売買事件が発生して社会問題化したため、国民のプライバシーに関する不安が高まり、公的部門のみならず民間部門に対しても、個人情報の保護措置を講ずる要請が高まった。

イ．1980 年には、経済協力開発機構（OECD）の「プライバシー保護と個人データの国際流通についてのガイドラインに関する理事会勧告」が出され、以後、各国で急速に個人情報保護法制の整備が進み、企業活動のグローバル化が進む中、日本も国際的に整合性を保った法制の整備が求められた。

ウ．1999 年以降、政府で個人情報保護のシステムのあり方について検討が進められ、様々な国民的議論を経て、2003 年５月に公的部門・民間部門を通じた個人情報の基本理念等を定めた基本法に相当する部分と民間事業者（民間部門）の遵守すべき義務等を定めた一般法に相当する部分から構成される個人情報保護法が成立し公布され、2005 年４月に全面施行された。

エ．社会・経済情勢の変化などに対応して、個人情報の有用性を保つことと個人の権利・利益を保護することのバランスを取るため、個人情報保護法は５年ごとに検討を行い、必要に応じて改正されることになっている。　〈第 73 回　問題１〉

2．プライバシーマーク制度に関する以下のアからエまでの記述のうち、最も適切ではないものを１つ選びなさい。

ア．プライバシーマーク制度における基準は、「プライバシーマークにおける個人情報保護マネジメントシステム構築・運用指針」である。

イ．プライバシーマーク制度の保護対象は、個人情報及び情報資産である。

ウ．プライバシーマーク付与時の有効期間は２年であり、以降は、２年毎に更新することができる。

エ．プライバシーマーク付与の対象は、国内に活動をもつ事業者であり、原則として、法人単位で付与される。　〈第 72 回　問題２〉

個人情報保護法の理解

個人情報保護法制の構成

■1■ 個人情報保護法制

(1) 当初の法構成

1988年、国の行政機関を対象とする「行政機関の保有する電子計算機処理に係る個人情報の保護に関する法律」が制定された。

2003年5月、民間分野向けの**個人情報保護法**が公布されると同時に、行政機関向けの法律は「**行政機関の保有する個人情報の保護に関する法律**」として全面改正され、同時に独立行政法人に対する「**独立行政法人等の保有する個人情報の保護に関する法律**」が制定された。これらの2つの法律は、個人情報保護法とあわせ、**個人情報保護三法**と呼ばれ、2005年4月に同時に全面施行された。

個人情報保護法では、民間分野向けの一般法部分とともに、これらの個人情報保護三法に共通の基本法部分が定められており、公的分野の一般法部分はそれぞれ別の法律および条例で定められている変則的な形式であった。

図表 2-1 　当初の個人情報保護に関する法律の体系

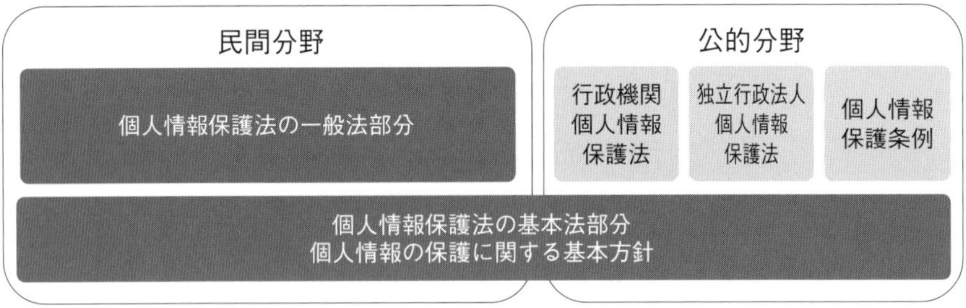

民間分野	公的分野		
個人情報保護法の一般法部分	行政機関個人情報保護法	独立行政法人個人情報保護法	個人情報保護条例
個人情報保護法の基本法部分 個人情報の保護に関する基本方針			

(2) 現在の法構成

個人情報保護法の2021年改正法で、公的分野の法律が廃止され、個人情報保護法の一元化が図られた。公的分野の各法律で規定されていた内容は、用語等の統一とともに、個人情報保護法の中に統合され、変則的な体系が解消された。

2　個人情報保護法の全体構成

　個人情報保護法では、規定の詳細や例外条件などについて政令で定める
とされている。それらにともない、施行令が設けられている。また、法律
や**施行令**には、個人情報保護委員会の規則に詳細内容を委ねている場合も
あり、**施行規則**が設けられている。

　そして法7条で、政府は「**個人情報保護に関する基本方針**」を定めると
されており、個人情報保護委員会が作成した原案を政府が閣議決定し、内
閣総理大臣が公表することとなっている。

　また、事業者等が具体的な対応をとるための措置として、個人情報保護
委員会は、全事業分野に適用される指針として「**個人情報の保護に関する
法律についてのガイドライン**」が告示されている。また、それらについて
の**Q&A**も公表され、逐次更新されている。あわせて、特に厳格な実施の
確保を要する分野（金融分野や医療分野等）については、特定分野ガイドラ
インとして個人情報保護委員会と所管省庁によって共同告示されている。
これらのガイドラインは、法律条文の解釈を明確化した内容と、法律の義
務内容に加えて自主的に取り組むことが望ましいとする内容が含まれる。

図表 2-2　個人情報保護法の構成

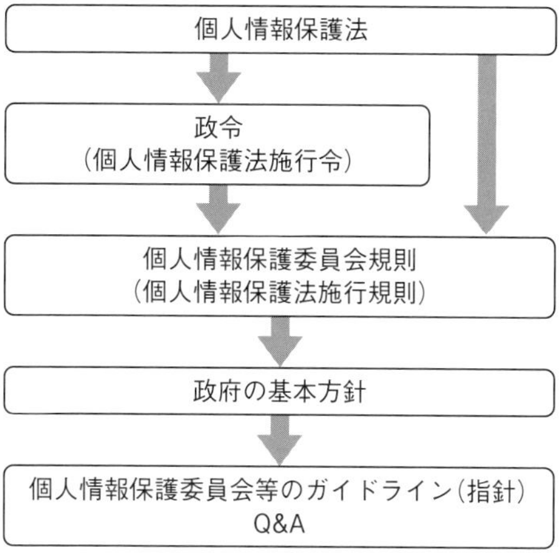

基本方針とガイドライン

1 個人情報の保護に関する基本方針

個人情報保護法第7条で、「政府は、個人情報の保護に関する施策の総合的かつ一体的な推進を図るため、**個人情報の保護に関する基本方針**を定めなければならない」とされている。また同条2項で、個人情報保護に関する施策推進の基本的な方向や、国、地方公共団体、独立行政法人等、地方独立行政法人、および個人情報取扱事業者、仮名加工情報取扱事業者、匿名加工情報取扱事業者、認定個人情報保護団体のそれぞれの個人情報保護措置に関する基本的な事項、さらに苦情の円滑処理、その他施策推進に関する事項を、基本方針として定めるとされている。

基本方針は、当初は主務大臣による分担管理制がしかれていたため、その弊害を避けるため、**個人情報保護の総合的で一体的な施策の推進を図ることを目的**に、政府が閣議決定によって作成し、内閣総理大臣が公表することとされていた。その後、2015年の法改正によって、2016年より監督機関が個人情報委員会に移管されことにともない、**個人情報保護委員会が基本方針案**を作成している。

基本方針では、官民の幅広い主体による地域や国境を越えた政策、事務および事業において、この基本方針に則して個人情報の保護および適正かつ効果的な活用の促進のための具体的な実践に取り組むことが要請されている。

基本方針は、2003年5月の個人情報保護法公布後、2004年4月に閣議決定され公表された。その後、個人情報保護に対する過剰反応などに対応し2008年4月に、消費者庁の新設による所管の変更にともない2009年9月に、2015年の個人情報保護法改正にともなって2016年2月および10月に、情報通信技術の進展や個人情報データの国境を越えた流通の増大やそれらへの情報セキュリティ対策の観点から2018年6月に、2020年・2021年改正法に対応し2022年4月に、それぞれ一部変更されている。

図表 2-3 「個人情報の保護に関する基本方針」の項目

1. 個人情報の保護に関する施策の推進に関する基本的な方向
   (1) 個人情報をめぐる状況
   (2) 法の理念と制度の考え方
     ① 個人情報の保護と有用性への配慮
     ② 法の正しい理解を促進するための取組
     ③ 各主体の自律的な取組と連携・協力
     ④ データガバナンス体制の構築
     ⑤ 個人におけるデータリテラシーの向上
   (3) 国際的な制度調和と連携・協調
   (4) サイバーセキュリティ対策の取組
   (5) 経済安全保障の観点からの対応
2. 国が講ずべき個人情報の保護のための措置に関する事項
   (1) 各主体における個人情報の保護等個人情報等の適正な取扱いの推進
     ① 各行政機関における個人情報の保護等個人情報等の適正な取扱いの推進
     ② 個人情報取扱事業者等が取り扱う個人情報の保護等個人情報等の適正な取扱いの推進
     ③ 官民や地域の枠を越えて各主体が取り扱う個人情報の保護等個人情報等の適正な取扱いの推進
   (2) 個人情報の保護及び安全・円滑な流通を確保するための国際的な取組
     ① 国際的に整合のとれた個人情報に係る制度の構築
     ② ＤＦＦＴの推進の観点から個人情報が安全・円滑に越境移転できる国際環境の構築
     ③ 国際動向の把握
     ④ 国境を越えた執行協力体制の強化
   (3) 個別の事案等への対応
     ① 個別の事案への対応
     ② サイバーセキュリティ対策や経済安全保障の観点等からの対応
   (4) 広報・啓発、情報提供等に関する方針
   (5) 個人情報保護委員会の活動状況等の公表
3. 地方公共団体が講ずべき個人情報の保護のための措置に関する基本的な事項
4. 独立行政法人等が講ずべき個人情報の保護のための措置に関する基本的な事項
5. 地方独立行政法人が講ずべき個人情報の保護のための措置に関する基本的な事項
6. 個人情報取扱事業者等が講ずべき個人情報の保護のための措置に関する基本的な事項
   (1) 個人情報取扱事業者が取り扱う個人情報に関する事項
   (2) 仮名加工情報取扱事業者が取り扱う仮名加工情報及び匿名加工情報取扱事業者が取り扱う匿名加工情報に関する事項
   (3) 認定個人情報保護団体に関する事項
7. 個人情報の取扱いに関する苦情の円滑な処理に関する事項
   (1) 各主体自らによる取組の在り方
   (2) 認定個人情報保護団体の取組の在り方
   (3) 地方公共団体における取組の在り方
   (4) 個人情報保護委員会における取組
8. その他個人情報の保護に関する施策の推進に関する重要事項
   (1) 個人情報保護委員会の体制強化
   (2) いわゆる３年ごと見直し規定による検討

第2章

2 個人情報の保護に関するガイドライン

(1) 個人情報保護委員会の指針

　個人情報の保護に関する基本方針において、国が講ずべき措置の１つとして、**事業者の保有する個人情報の保護の推進に関する施策**が求められている。

　法律は、その定めるルールが各分野に共通する必要最小限のものであるため、認定個人情報保護団体における**個人情報保護指針の策定**等や、これを踏まえた事業者の自主的な取り組みが進められることが期待されている。これに対応し、**個人情報保護委員会はすべての事業等分野に共通して適用される指針（ガイドライン）を策定**している。

　法制定時はそれぞれの事業分野に応じ、法で規定された事業者の義務規定をより具体化・詳細化して記載されたガイドラインが、各省庁で策定され、2015 年改正法全面施行前までは、27 事業分野について 38 のガイドラインが公表されていた。

　特に、事業全般分野を対象とする「**個人情報の保護に関する法律についての経済産業分野を対象とするガイドライン（経済産業分野ガイドライン）**」は、対象となる事業者が最も多い重要なガイドラインであったが、2015 年改正法全面施行にともなって廃止された。

　それに代わって、個人情報保護委員会の指針「**個人情報の保護に関する法律についてのガイドライン**」は、すべての事業等分野に共通して適用され、「**通則編**」、「**外国にある第三者への提供編**」、「**第三者提供時の確認・記録義務編**」、「**匿名加工情報編**」、「**認定個人情報保護団体編**」として告示され、随時更新されている。

(2) 特定分野についてのガイドライン

　個人情報保護委員会の指針とは別に、**金融関連分野、医療関連分野、情報通信関連分野**の特定分野については、個人情報保護委員会と所管官庁が共同でガイドラインやガイダンスが定められている。これらの分野においても、特に定めがない事項は委員会の指針が適用される。

3 ガイドラインの位置づけ

　これらの指針には、法令解釈を明確にするための詳細な説明や具体的な例の記載を交え、事業者が「**しなければならない**」とされる義務性のある内容と、対象分野に応じて追加的に「**望ましい**」「**適切である**」等の記述により、任意に取り組みが求められている内容がある。義務性のある内容については、それらに従っていない場合、**義務違反と判断されうる**。

　このように法的強制力がある内容も含まれ、事業者にとっては重要であることから、その内容の正しい理解と対応推進のため、個人データ漏洩時の対応とあわせ、個人情報保護委員会により『「**個人情報の保護に関する法律についてのガイドライン」に関するＱ＆Ａ**』が公表されている。

第2章

図表2-4　主なガイドライン

分野	名称
全体	個人情報の保護に関する法律ついてのガイドライン（通則編）
〃	（外国にある第三者への提供編）
〃	（第三者提供時の確認・記録義務編）
〃	（仮名加工・匿名加工情報編）
〃	（認定個人情報保護団体編）
金融関連	金融分野における個人情報保護に関するガイドライン
	信用分野における個人情報保護に関するガイドライン
	債権管理回収業分野における個人情報保護に関するガイドライン
医療関連	医療・介護関係事業者における個人情報の適切な取扱いのためのガイダンス
	健康保険組合等における個人情報の適切な取扱いのためのガイダンス
	国民健康保険組合における個人情報の適切な取扱いのためのガイダンス
	国民健康保険団体連合会等における個人情報の適切な取扱いのためのガイダンス
	経済産業分野のうち個人遺伝情報を用いた事業分野における個人情報保護ガイドライン
情報通信関連	電気通信事業における個人情報保護に関するガイドライン
	放送受信者等の個人情報保護に関するガイドライン
	郵便事業分野における個人情報保護に関するガイドライン
	信書便事業分野における個人情報保護に関するガイドライン

第 3 節
個人情報保護法の章構成

1 個人情報保護法の章構成

　2023 年 4 月に全面施行された 2021 年改正個人情報保護法は、**全八章 185 条**と附則からなっている。

　基本法部分である第一章では、**個人情報保護法の目的と基本理念**、および**個人情報などの定義**が定められており、この法律において基本となるとても重要な部分である。

　第二章では、この法律の趣旨に従い、国は総合的に、地方公共団体はその区域の特性に応じて、個人情報の適正な取扱いを確保するために必要な施策を策定し、実施する責務を有することが定められている。

　第三章では、第 7 条で、政府は個人情報の保護に関する基本方針を定めることが規定され、定める項目があげられている。第 8 条以下では、国と地方公共団体に、個人情報の適正な取扱いの確保に関して行う活動の支援や、指針の策定、苦情処理措置、さらに両者の協力などが定められている。

　民間分野の一般法部分の第四章では、第二節で**個人情報取扱事業者の義務**が定められており、民間事業者が対応措置をとる上で重要な部分である。第三節では 2020 年改正法によって追加された**仮名加工情報取扱事業者等の義務**が定められ、第四節には 2015 年改正法によって追加された**匿名加工情報取扱事業者等の義務**が定められている。そして第五節では、**認定個人情報保護団体**について定められている。

　第五章は、2021 年改正法で統合された**行政機関や独立行政法人等の義務**が挿入された形になっている。

　第六章は、2015 年改正法で新設された**個人情報保護委員会**に関して定められている。

　第七章は、**雑則**として外国における取り扱いなどについて、そして第八章では、**罰則**が定められている。

図表2-5 個人情報保護法の章構成

基本法	第一章 総則（1条～3条） 第二章 国及び地方公共団体の責務（4～6条） 第三章 個人情報の保護に関する施策 　第一節 個人情報の保護に関する基本方針（7条） 　第二節 国の施策（8条～11条） 　第三節 地方公共団体の施策（12条～14条） 　第四節 国及び地方公共団体の協力（15条）
民間分野の一般法	第四章 個人情報取扱事業者等の義務等 　第一節 総則（16条） 　第二節 個人情報取扱事業者及び個人関連情報取扱事業者の義務（17条～40条） 　第三節 仮名加工情報取扱事業者等の義務（41条・42条） 　第四節 匿名加工情報取扱事業者の義務（43条～46条） 　第五節 民間団体による個人情報の保護の推進（47条～56条） 　第六節 雑則（57条～59条）
公的分野の一般法	第五章 行政機関等の義務等 　第一節 雑則（60条） 　第二節 行政機関等における個人情報等の取扱い（61条～73条） 　第三節 個人情報ファイル（74条・75条） 　第四節 開示、訂正及び利用停止 　　第一款 開示（76条～89条） 　　第二款 訂正（90条～97条） 　　第三款 利用停止（98条～103条） 　　第四款 審査請求（104条～107条） 　　第五款 条例との関係（108条） 　第五節 行政機関等匿名加工情報の提供等（109条～123条） 　第六節 雑則（124条～129条）
	第六章 個人情報保護委員会（130条～170条） 　第一節 設置等 　第二節 監督及び監視 　　第一款 個人情報取扱事業者の監督 　　第二款 認定個人情報保護団体の監督 　　第三款 行政機関等の監視 　第三節 送達 　第四節 雑則
	第七章 雑則（171条～175条） 第八章 罰則（176条～185条）
	附則

個人情報保護法の目的と基本理念

個人情報の保護に関する法律　第一章 総則

（目的）

第1条　この法律は、デジタル社会^(※)の進展に伴い個人情報の利用が著し
　　く拡大していることに鑑み、個人情報の適正な取扱いに関し、基本理念
　　及び政府による基本方針の作成その他の個人情報の保護に関する施策の
　　基本となる事項を定め、国及び地方公共団体の責務等を明らかにし、個
　　人情報を取り扱う事業者及び行政機関等についてこれらの特性に応じて
　　遵守すべき義務等を定めるとともに、個人情報保護委員会を設置するこ
　　とにより、行政機関等の事務及び事業の適正かつ円滑な運営を図り、並
　　びに個人情報の適正かつ効果的な活用が新たな産業の創出並びに活力あ
　　る経済社会及び豊かな国民生活の実現に資するものであることその他の
　　個人情報の有用性に配慮しつつ、個人の権利利益を保護することを目的
　　とする。

（基本理念）

第3条　個人情報は、個人の人格尊重の理念の下に慎重に取り扱われるべ
　　きものであることに鑑み、その適正な取扱いが図られなければならない。

^(※) 2021年改正法により、「高度情報通信社会」が「デジタル社会」に改められた

1　個人情報保護法の目的

　個人情報保護法は、デジタル社会（高度情報通信社会）の進展にともなっ
て、個人情報の利用が拡大していく中で、政府、国、地方公共団体の責務
等を明らかにするとともに、個人情報を取り扱う事業者に対して、遵守す
べき義務等を定め、**個人情報の有用性に配慮しつつ、個人の権利利益を保
護することを目的**としている（法1条）。

　まず、個人情報保護法は、「個人情報」を保護することではなく、「個人
の権利利益」を保護することを求めている。

　個人情報の有用性を活かすにあたり、個人情報を取り扱う事業者に対し、遵守すべきルールを定めて個人の権利利益を保護し、本人との信頼関係を保つことが目的である。現代の高度情報化社会においては、個人情報の適正で効果的な活用が、産業発展や豊かな国民生活の実現に寄与することから、個人の権利利益の保護とともにその有用性とのバランスを保とうとするものである。

　個人情報保護法は、**個人情報の主体である本人の「自己情報コントロール権」の保護との事業者による利活用の調整**について規定されており、プライバシー侵害に対する罰則を課すことが目的の主体ではない。

　事業者の取扱いが個人の権利利益を侵害する可能性のあるものを個人情報として定義し、その取扱いのルールを規定する事前規制型の法律である。権利利益が侵害される事件や事故が起こったときの事後対応は、原則として当事者間での解決が求められており、著しい損害を受けた被害者には、民法などに基づいて対応（措置・填補等）が行われる。

2　個人情報保護法の基本理念

　第3条基本理念において、個人情報は「**個人の人格尊重の理念の下に慎重に取り扱われるべきもの**」であり、「適正な取扱いが図られなければならない」とされている。まずは、個人情報の「保護」ではなく、「取扱い」について記されていることに注目するとともに、個人情報取扱事業者等の義務等は、この基本理念に基づいて規定されているため、とても重要な条文である。さらに、以降の義務規定では定義されていない事柄に対する対応方法の基本とすることができる。この基本理念は、各義務規定が適用されない事業者に対しても適用される。また、義務規定の条文を正確に解釈すると、例えば、名刺1枚だけなら本人の同意なく第三者提供が可能であったり、本人からの個人情報の利用停止の求めに対し、必ずしも応じる必要がなかったりと、自己情報コントロール権が保護されていないと解釈することもできる。しかし、この基本理念に基づくと、**すべての事業者が本人の意に背いた個人情報の取扱いをしてはならない**ことになる。第3条は事業者が個人情報を取り扱う上での重要かつ基本的な理念である。

第2章

個人情報の定義と分類

1 個人情報保護法における定義

　2021年改正法により、個人情報保護法に行政機関等の義務等が含まれることになり、民間事業者と行政機関等のそれぞれに対する定義と、共通する定義があることにより、図表2-6のような構成で定義されている。

　第一章（総則）第2条で、共通の概念と区分に必要な主体について定義されている。民間事業者に対する概念については、第四章（個人情報取扱事業者等の義務等）第16条で定義され、第五章（行政機関等の義務等）第60条で行政機関等に対する概念が定義されている。

図表2-6　個人情報保護法における定義

第一章 総則		第四章 個人情報取扱事業者等の義務等	
第2条 (定義)	個人情報 (1項) 個人識別符号 (2項) 要配慮個人情報 (3項) 本人 (4項) 仮名加工情報 (5項) 匿名加工情報 (6項) 個人関連情報 (7項)	第一節 (総則) 第16条 (定義)	個人情報データベース等 (1項) 個人情報取扱事業者 (2項)
			個人データ (3項) 保有個人データ (4項)
	行政機関 (8項) 独立行政法人等 (9項) 地方独立行政法人 (10項) 行政機関等 (11項)		仮名加工情報取扱事業者、 仮名加工情報データベース等 (5項) 匿名加工情報取扱事業者、 匿名加工情報データベース等 (6項) 個人関連情報取扱事業者、 個人関連情報データベース等 (7項) 学術研究機関等 (8項)
		第五章 行政機関等の義務等	
		第一節 (総則) 第60条 (定義)	保有個人情報 (1項) 個人情報ファイル (2項) 行政機関等匿名加工情報 (3項) 行政機関等匿名加工情報ファイル (4項) 条例要配慮個人情報 (5項)

② 民間の事業者における定義と義務

　民間の事業者について、個人情報を一定の条件で検索できるようにした**個人情報データベース等**を事業の用に供している者を**個人情報取扱事業者**と呼び、それらに対して、第四章第二節で義務を規定している。

　また、個人情報データベース等を構成する個人情報を個人データと呼び、さらに特定の条件を満たす個人データを保有個人データと呼び、それぞれに対しての義務が規定されている。さらに、要配慮個人情報にあたる個人情報について、第四章第二節で義務が規定されている。

　仮名加工情報および**匿名加工情報**について、それぞれ、一定の条件で検索できるように体系的に構成した、**仮名加工情報データベース等、匿名加工情報データベース等**を事業の用に供している事業者を、**仮名加工情報取扱事業者、匿名加工情報取扱事業者**と呼び、それぞれ、第四章第三節、第四章第四節で義務が規定されている。

　また、個人関連情報について、一定の条件で検索できるように体系的に構成した**個人関連情報データベース等**を事業の用に供している事業者を、**個人関連情報取扱事業者**と呼び、第四章第二節で義務が規定されている。

第2章

図表2-7　民間部門における定義と義務の関連

用語	事業者	義務
個人情報	個人情報データベース等 → 個人情報取扱事業者	個人情報取扱事業者及び個人関連情報取扱事業者の義務（第四章第二節）
個人データ		
保有個人データ		
要配慮個人情報	―	
個人関連情報	個人関連情報データベース等 → 個人関連情報取扱事業者	
仮名加工情報	仮名加工情報データベース等 → 仮名加工情報取扱事業者	仮名加工情報取扱事業者等の義務（第四章第三節）
匿名加工情報	匿名加工情報データベース等 → 匿名加工情報取扱事業者	匿名加工情報取扱事業者等の義務（第四章第四節）

第一章　総則

（定義）

第2条　この法律において「個人情報」とは、生存する個人に関する情報であって、次の各号のいずれかに該当するものをいう。

一　当該情報に含まれる氏名、生年月日その他の記述等（文書、図画若しくは電磁的記録（電磁的方式で作られる記録をいう）に記載され、若しくは記録され、又は音声、動作その他の方法を用いて表された一切の事項（個人識別符号を除く）をいう）により特定の個人を識別することができるもの（他の情報と容易に照合することができ、それにより特定の個人を識別することができることとなるものを含む）

二　個人識別符号が含まれるもの

2　この法律において「個人識別符号」とは、次の各号のいずれかに該当する文字、番号、記号その他の符号のうち、政令で定めるもの[※]をいう。

一　特定の個人の身体の一部の特徴を電子計算機の用に供するために変換した文字、番号、記号その他の符号であって、当該特定の個人を識別することができるもの

二　個人に提供される役務の利用若しくは個人に販売される商品の購入に関し割り当てられ、又は個人に発行されるカードその他の書類に記載され、若しくは電磁的方式により記録された文字、番号、記号その他の符号であって、その利用者若しくは購入者又は発行を受ける者ごとに異なるものとなるように割り当てられ、又は記載され、若しくは記録されることにより、特定の利用者若しくは購入者又は発行を受ける者を識別することができるもの

[※]　個人情報保護委員会規則で定められている。　**3**　(3) 照合容易性 (P.65) 参照

3 個人情報の定義

（1）「個人情報」とは

「個人情報」は、個人情報保護法の根幹となる定義であるが、多く誤解されているので注意が必要である。

個人情報とは、まず①「個人に関する情報」であることがその要件である。これに加え、②生存する個人であること（生存者性）、そして③特定の個人を識別することができること（個人識別性）が、その要件である。

① 「個人に関する情報」

個人に関する情報で、個人の属性に関する情報のすべてが個人情報に該当しうる。これらは秘密にされている情報だけでなく、公開されている情報も含まれ、情報は文字列だけでなく、画像や映像、音声なども対象となる。また、事実を示す情報だけでなく、人事考課などの評価も含まれる。

法人そのものの情報や財務情報などに関する情報は、「個人に関する情報」ではないので該当しない。

② 「生存する個人に関する情報」（生存者性）

個人の権利利益を保護する目的から、死亡した人や実在しない者の情報は、「個人情報」ではない。情報を取得した後にその本人が死亡した場合には、死亡時点でその情報は個人情報に該当しなくなる。

③ 「特定の個人を識別することができるもの」（個人識別性）

個人識別性とは、個人情報保護委員会 Q&A で「社会通念上、一般人の判断力や理解力をもって、生存する具体的な人物と情報との間に同一性を認めるに至ることができること」と説明されている。その情報と本人の結びつき、つまり、誰の情報なのかが識別できることが要件となる。

個人識別性は、ⓐ記述等による識別性、ⓑ照合容易性、ⓒ個人識別符号による識別性のいずれかに該当するかどうかで判断する。

個人識別符号とは、個人情報の定義の明確化を目指し、法改正によって付け加わったもので、生体認証で利用される身体の一部の特徴等と、運転免許証番号やマイナンバーなどに分類される。

(2)　記述等による識別性

　個人識別性の要件として、その情報に含まれる氏名、生年月日その他の記述等で**特定の個人を識別できる**ことが示されており、名刺、履歴書などがそれにあたる。生年月日だけでなく、「その他の記述等」の幅は広く、**画像、動画、音声**などがそれにあたる。

　この特定の個人を識別するための情報を個人情報であると、取り違えている人が多いので、それらの誤解に惑わされないよう注意が必要である。

　なお、電子メールアドレスが個人情報に該当するかどうかについては、それぞれの場合による。メールIDが氏名であり、@以降で会社名が明らかな場合は、特定の個人を識別できると解釈され、個人情報にあたる。また、メールIDが記号である場合等の特定の個人を識別できない場合は、個人情報ではないと解されるが、メールアドレスの表示名に、氏名など特定の個人が識別できる情報が記載されている場合は個人情報となりうる。メール本文を印刷して、本文内に署名等によって氏名や会社名等が書かれている場合は、その印刷物は個人情報として取り扱う義務が発生する。

> **【個人情報に該当する事例】**
> ・**事例1）**生年月日、連絡先（住所・電話番号・メールアドレス）、会社における職位や所属に関する情報について、それらと本人の氏名を組み合わせた情報
> ・**事例2）**防犯カメラに記録された情報等、本人が判別できる映像情報
> ・**事例3）**本人の氏名が含まれる等の理由により、特定の個人を識別できる音声録音情報
> ・**事例4）**特定の個人を識別できるメールアドレス情報
> ・**事例5）**特定個人を識別できる情報が記述されていなくても、周知の情報を補って認識することにより特定の個人を識別できる情報
> ・**事例6）**官報、電話帳、職員録、有価証券報告書等、新聞、ホームページ、SNS等で公にされている特定の個人を識別できる情報

（3）　照合容易性

　他の情報と容易に照合でき、それによって特定の個人を識別することができるのであれば、個人情報に該当する可能性がある。該当するかどうかは、照合する情報の所有状況やその情報へのアクセスの可否にも依存する。

（4）　個人識別符号による識別性

　「**個人識別符号**」とは、情報そのものから特定の個人を識別できる文字、番号、記号その他の符号のことであり、2種類に分類されている。

　一つは、指紋や虹彩など、**生体認証データ**に使われる身体の特徴を電子計算機で利用するために変換した文字、番号、記号等がそれにあたり、具体的には、図表2-8のとおり個人情報保護委員会規則で定められている。

図表2-8　個人識別符号

イ	細胞から採取された DNA を構成する塩基の配列
ロ	顔の骨格および皮膚の色、目、鼻、口その他の顔の部位の位置および形状によって定まる容貌
ハ	虹彩の表面の起伏により形成される線状の模様
ニ	発声の際の声帯の振動、声の質
ホ	歩行の際の姿勢及び両腕の動作、歩幅その他の歩行の態様
ヘ	手のひらまたは手の甲の静脈の形状
ト	指紋または掌紋
チ	イからトまでに掲げるものから抽出した特徴情報の組み合わせ

　もう一つは、個人に提供されるサービスの利用や個人に販売される商品の購入に関して割りあてられたり、個人に発行されるカード等に記載される**文字、番号、記号その他の符号**で、利用者や購入者等を識別することができるものである。こちらは電子計算機で利用するかどうかは問われない。これらも具体的な内容は図表2-9のとおり委員会規則で定められている。

図表2-9　個人識別符号例

イ	旅券の番号、基礎年金番号、運転免許証番号、住民票コード、マイナンバー
ロ	国民健康保険証の記号、番号、保険者番号
ハ	高齢者医療法、介護保険法に基づく被保険者証の番号、保険者番号
ニ	健康保険証・高齢受給者証の被保険者証の記号・番号・保険者番号、雇用保険被保険者証の被保険者番号

第2条（定義）の続き

3　この法律において「要配慮個人情報」とは、本人の人種、信条、社会的身分、病歴、犯罪の経歴、犯罪により害を被った事実その他本人に対する不当な差別、偏見その他の不利益が生じないようにその取扱いに特に配慮を要するものとして政令で定める記述等が含まれる個人情報をいう。

4　この法律において個人情報について「本人」とは、個人情報によって識別される特定の個人をいう。

5　この法律において「仮名加工情報」とは、次の各号^(※1)に掲げる個人情報の区分に応じて当該各号に定める措置^(※1)を講じて他の情報と照合しない限り特定の個人を識別することができないように個人情報を加工して得られる個人に関する情報をいう。

6　この法律において「匿名加工情報」とは、次の各号^(※1)に掲げる個人情報の区分に応じて当該各号に定める措置^(※1)を講じて特定の個人を識別することができないように個人情報を加工して得られる個人に関する情報であって、当該個人情報を復元することができないようにしたものをいう。

7　この法律において「個人関連情報」とは、生存する個人に関する情報であって、個人情報、仮名加工情報及び匿名加工情報のいずれにも該当しないものをいう。

8　この法律において「行政機関」とは、^(※2)

9　この法律において「独立行政法人等」とは、^(※2)

10　この法律において「地方独立行政法人」とは、^(※2)

11　この法律において「行政機関等」とは、^(※2)

---

^(※1)　一　第1項第一号に該当する個人情報　個人情報に含まれる記述等の一部を削除すること。
　　　　二　第1項第二号に該当する個人情報　個人情報に含まれる個人識別符号の全部を削除すること。（本書本章第12節、第13節参照）
^(※2)　これらの定義に関しては、本書本章第19節参照

4 要配慮個人情報

(1) 要配慮個人情報の定義

「**要配慮個人情報**」とは、本人が不当な差別や偏見その他の不利益が生じないように、その取扱いに特に配慮を要するものとして特定の記述等が含まれる個人情報をいう。特定の記述とは、施行令・施行規則で図表 2 -11 の (1) から (11) のとおり明確に定められており、それぞれ推知させる情報にすぎないものは含まれない。

個人情報保護法のもととなった JIS Q 15001 では、「**特定の機微な個人情報**」として、特別な取扱いを必要とする個人情報の定義があったが、個人情報保護法制定時は、それらの取扱いについて、用語の定義はなく、ガイドラインで配慮すべき旨が書かれているにとどまっていた。これに対し、EU 指令や GDPR などとの国際的な調和等もあり、2015 年改正法では機微情報の一部を**要配慮個人情報**として定義し、規定が設けられた。それらにあわせ、2017 年に改正された JIS Q 15001:2017 では、「特定の機微な個人情報」は「要配慮個人情報」と変更され、用語の定義が統一された。

また、2015 年改正法にあわせ行政機関と独立行政法人の個人情報保護法にも要配慮個人情報が導入されたが、2021 年改正法の統合で、それらの定義も一本化された。

図表 2-10　要配慮個人情報の範囲

(1) 人種	人種、世系または民族的、種族的出身を広く意味する。単純な国籍や「外国人」という情報はそれだけでは人種には含まない。また、肌の色は、人種を推知させる情報にすぎないため人種には含まない。
(2) 信条	個人の基本的なものの見方、考え方を意味し、思想と信仰の双方を含むものである。
(3) 社会的身分	ある個人にその境遇として固着していて、一生の間、自らの力によって容易にそれから脱し得ないような地位を意味し、単なる職業的地位や学歴は含まない。
(4) 病歴	病気に罹患した経歴を意味するもので、特定の個人ががんに罹患している、統合失調症を患っている等、特定の病歴を示した部分が該当する。
(5) 犯罪の経歴	有罪の判決を受け確定した事実 (前科) が該当する。
(6) 犯罪により害を被った事実	身体的被害、精神的被害、金銭的被害を問わず、犯罪の被害を受けた事実を意味する。刑罰法令の規定要件に該当し刑事事件手続に着手されたものが該当する。

第2章

(7) 心身の機能の障害	身体障害、知的障害、発達障害を含む精神障害、その他の心身の機能の障害があって、次の①から④の情報、および、それらの障害があることや過去にあったことを特定させる情報が該当する。 ①身体障害者福祉法上の「身体上の障害」があることを特定させる情報 ・医師や身体障害者更生相談所により、身体上の障害があることを診断、判定されたこと、都道府県知事、指定都市の長、中核市の長から身体障害者手帳の交付を受け所持していることや過去に所持していたこと ・本人の外見上明らかに身体上の障害があること ②知的障害者福祉法上の「知的障害」があることを特定させる情報 ・医師、児童相談所、知的障害者更生相談所、精神保健福祉センター、障害者職業センターにより、知的障害があると診断、判定されたこと（障害の程度に関する情報を含む） ・都道府県知事等から療育手帳の交付を受け所持していることや過去に所持していたこと ③精神保健および精神障害者福祉に関する法律上の「精神障害」があることを特定させる情報 ・医師等により精神障害や発達障害があると診断や判定されたこと、都道府県知事や指定都市の長から精神障害者保健福祉手帳の交付を受け所持したり過去に所持していたこと ④治療方法が確立していない疾病その他の特殊の疾病で障害者の日常生活および社会生活を総合的に支援するための障害の程度が、厚生労働大臣が定める程度であるものがあることを特定させる情報 ・医師により、厚生労働大臣が定める特殊の疾病による障害により継続的に日常生活または社会生活に相当な制限を受けていると診断されたこと
(8) 健康診断等の結果	本人に対して医師等により行われた疾病の予防及び早期発見のための健康診査、健康診断、特定健康診査、健康測定、ストレスチェック、遺伝子検査等、受診者本人の健康状態が判明する検査の結果が該当する。
(9) 医師等の指導、診療、調剤	健康診断等の結果に基づき、または疾病、負傷その他の心身の変化を理由として、本人に対して医師等により心身の状態の改善のための保健指導、面接指導の内容、または診療、調剤が行われたことが該当する。保健指導等を受けたという事実も該当する。
(10) 刑事事件に関する手続	本人を被疑者または被告人として、逮捕、捜索、差押え、勾留、公訴の提起その他の刑事事件に関する手続が行われたという事実が該当する。
(11) 少年の保護事件に関する手続	少年法に規定する少年やその疑いのある者として、調査、観護の措置、審判、保護処分その他の少年の保護事件に関する手続が行われたという事実が該当する。

 PICK UP

・個人情報、個人データ、保有個人データ、および個人識別符号、要配慮個人情報等の定義の正しい理解が重要となる。

（2）　要配慮個人情報に対する義務規定

　2021 年改正法で、要配慮個人情報の用語の定義は民間分野と公的分野で共通化されたが、それらに対する**義務は異なる**。また、2021 年改正法第二弾施行で組み入れられた地方公共団体の機関や、地方独立行政法人が保有する取扱いに配慮を要する記述等が含まれる個人情報は、**条例要配慮個人情報**として条例で定めることができる。

　民間分野における要配慮個人情報は、取得や第三者提供には、原則として本人の同意が必要であり、オプトアウトによる第三者提供は認められていない。また、要配慮個人情報が含まれる個人データの漏洩等が発生したり、発生したおそれがある事態が生じた場合には、個人情報保護委員会に報告しなければならないといった**厳格な規定の対象**となっている。

5　仮名加工情報と匿名加工情報

　2015 年改正法で定義された匿名加工情報に加え、2020 年改正法で仮名加工情報が新たに定義された。それぞれ、個人情報に一定の措置を講じることで、他の情報と照合しない限り特定の個人を識別することができないように個人情報を加工して得られる個人に関する情報を**仮名加工情報**、特定の個人を識別することができないように、かつ、復元することができないように個人情報を加工して得られる個人に関する情報を**匿名加工情報**と呼ぶとされている。

　これらは、ともに個人情報を加工し、漏洩等の報告や開示等の請求の対象にはならない情報となることは同じであるが、その加工方法について、仮名加工は単体識別性を失わせればよいのに対し、匿名加工は照合による識別性も失わせる必要がある。そして、作成の際に匿名加工情報は公表が必要であるが、仮名加工情報は不要である。また、匿名加工情報は利用目的について制限がなく、かつ、第三者提供も可能であるのに対して、仮名加工情報は公表をすれば変更が可能であるが、第三者提供は原則認められない。このように、匿名加工情報は、その利用に関し外部への提供の意識が強く、仮名加工情報は、事業者内で分析等をするような場面に対応した利用が想像される。

第四章 個人情報取扱事業者等の義務等 第一節 総則
（定義）

第16条　この章及び第八章において「個人情報データベース等」とは、個人情報を含む情報の集合物であって、次に掲げるもの（利用方法からみて個人の権利利益を害するおそれが少ないものとして政令で定めるもの^(※1)を除く）をいう。

> 一　特定の個人情報を電子計算機を用いて検索することができるように体系的に構成したもの
>
> 二　前号に掲げるもののほか、特定の個人情報を容易に検索することができるように体系的に構成したものとして政令で定めるもの^(※2)

2　この章及び第六章から第八章までにおいて「個人情報取扱事業者」とは、個人情報データベース等を事業の用に供している者をいう。ただし、次に掲げる者^(※3)を除く。

3　この章において「個人データ」とは、個人情報データベース等を構成する個人情報をいう。

4　この章において「保有個人データ」とは、個人情報取扱事業者が、開示、内容の訂正、追加又は削除、利用の停止、消去及び第三者への提供の停止を行うことのできる権限を有する個人データであって、その存否が明らかになることにより公益その他の利益が害されるものとして政令で定めるもの以外のものをいう。

7　「個人関連情報取扱事業者」とは、個人関連情報を含む情報の集合物であって、特定の個人関連情報を電子計算機を用いて検索することができるように体系的に構成したものその他特定の個人関連情報を容易に検索することができるように体系的に構成したものとして政令で定めるもの（「個人関連情報データベース等」という）を事業の用に供している者をいう。ただし、第2項各号に掲げる者を除く。

^(※1) 不特定多数の者に販売することを目的として合法的に発行されたもの等
^(※2) 個人情報を一定の規則に従って体系的に構成され、目次、索引など検索を容易にするためのものを有するもの
^(※3) 国の機関、地方公共団体、独立行政法人等、地方独立行政法人

6　個人情報データベース等の定義

　「個人情報データベース等」とは、個人情報を含む情報の集合体で、コンピュータを用いて検索することができるように**体系的に構成**したもの、あるいは、紙で処理した個人情報を一定の規則に従って整理・分類し、目次・索引等をつけて、**他人にも容易に検索可能な状態**に置いているものである。

　ただし、次の①から③までのいずれにも該当するものは、利用方法からみて個人の権利利益を害するおそれが少ないため、個人情報データベース等には該当しない。

> ①　不特定かつ多数の者に販売することを目的として発行されたもので、その発行が法律等の規定に違反して行われたものでないもの。
> ②　不特定かつ多数の者により随時に購入することができたり、できたもの。
> ③　生存する個人に関する他の情報を加えることなくその本来の用途で利用されているもの。

【個人情報データベース等に該当する事例】
- **事例1）**電子メールソフトに保管されているメールアドレス帳（メールアドレスと氏名を組み合わせた情報を入力している場合）
- **事例2）**インターネットサービスにおいて、ユーザが利用したサービスに係るログ情報がユーザIDによって整理され保管されている電子ファイル（ユーザIDと個人情報を容易に照合できる場合）
- **事例3）**従業者が、名刺の情報を業務用パソコンの表計算ソフト等を用いて入力・整理している場合
- **事例4）**人材派遣会社が登録カードを、氏名の五十音順に整理し、五十音順のインデックスを付してファイルしている場合

【個人情報データベース等に該当しない事例】
- **事例1）**自己の名刺入れについて他人が閲覧できる状況にあるが、他人には容易に検索できない独自の方法により名刺を分類してある場合
- **事例2）**アンケートの戻りはがきが、氏名、住所等により分類整理されていない状態である場合
- **事例3）**市販の電話帳、住宅地図、職員録、カーナビシステム等

❼　個人情報取扱事業者の定義

　「**個人情報取扱事業者**」とは、個人情報をデータベース化して事業活動に利用している事業者のことをいう。ただし、国の機関・地方公共団体・独立行政法人・地方独立行政法人は除かれる。

　事業活動については**営利・非営利は問わず**、企業だけでなく、任意団体や個人事業主・NPO法人・自治会・同窓会、さらに個人についても個人情報取扱事業者に該当しうる。

　また、法制定時は取り扱う個人情報の数が少ない小規模事業者として、個人情報データベース等を構成する個人情報の数が過去6カ月において5,000件を一度も超えていない場合には、個人情報取扱事業者には該当しないとされていたが、改正法ではその適用除外規定は廃止された。ただし、以前のそれらに該当し、かつ中小企業基本法上の従業員数が100人以下で、委託を受けて個人データを取り扱う者以外は、個人情報保護委員会のガイドラインにおいて、安全管理措置に関し、特例的な対応が許容されている。

❽　個人データの定義

　「**個人データ**」とは、個人情報取扱事業者が管理する「**個人情報データベース等**」を構成する個人情報をいう。

　なお、法2条4項および政令3条1項に基づき、利用方法からみて個人の権利利益を害するおそれが少ないため、個人情報データベース等から除かれているもの（市販の電話帳・住宅地図等）を構成する個人情報は、個人データに該当しない。

【**個人データに該当する事例**】
・**事例1**）個人情報データベース等から外部記録媒体に保存された個人情報
・**事例2**）個人情報データベース等から紙面に出力された帳票等に印字された個人情報

【**個人データに該当しない事例**】
・**事例**）個人情報データベース等を構成する前の入力用の帳票等に記載されている個人情報

---

9 保有個人データの定義

　「**保有個人データ**」とは、個人情報取扱事業者が、本人やその代理人から請求される開示、内容の訂正、追加または削除、利用の停止、消去および第三者への提供の停止のすべてに応じることができる権限を有する「個人データ」をいう。ただし、その個人データの存否が明らかになることにより、次のようなおそれがあるものは該当しない。

① **本人または第三者の生命、身体または財産に危害がおよぶおそれ**
・事例）家庭内暴力、児童虐待の被害者の支援団体が保有している、加害者および被害者を本人とする個人データ

② **違法または不当な行為を助長したり誘発するおそれ**
・事例１）暴力団等の反社会的勢力による不当要求の被害等を防止するために事業者が保有している該当する人物を本人とする個人データ
・事例２）不審者や悪質なクレーマー等による不当要求の被害等を防止するために事業者が保有している行為者の個人データ

③ **国の安全が害されるおそれや、他国や国際機関との信頼関係が損なわれるおそれや交渉上不利益を被るおそれ**
・事例１）製造業者、情報サービス事業者等が保有している、防衛に関連する兵器・設備・機器・ソフトウェア等の設計や開発の担当者名が記録された個人データ
・事例２）要人の訪問先や警備会社が保有している行動予定等の個人データ

④ **犯罪の予防、鎮圧または捜査その他の公共の安全と秩序の維持に支障がおよぶおそれ**
・事例１）警察から捜査関係事項照会等により初めて取得した個人データ
・事例２）警察から契約者情報等について捜査関係事項照会等を受けた事業者が、その対応の過程で作成した照会受理簿・回答発信簿、照会対象者リスト等の個人データ
・事例３）振り込め詐欺に利用された口座情報に含まれる個人データ

第2章第1節〜第5節◎過去問題チェック

1．個人情報保護法に関する以下のアからエまでの記述のうち、最も適切ではないものを1つ選びなさい。

ア．個人情報保護法は、デジタル社会の進展に伴い個人情報の利用が著しく拡大していることに鑑み、個人情報の適正な取扱いに関し、基本理念及び政府による基本方針の作成その他の個人情報の保護に関する施策の基本となる事項を定めている。

イ．個人情報保護法は、個人情報保護委員会を設置することにより、行政機関等の事務及び事業の適正かつ円滑な運営を図ることを目的としている。

ウ．個人情報保護法は、プライバシー権に配慮しつつ、個人の権利利益を保護することを目的としている。

エ．個人情報保護法は、個人情報を適切かつ効果的に活用すること等により、新たな産業の創出並びに活力ある経済社会及び豊かな国民生活の実現に資することを目的としている。　　　　　　　　　　〈第73回　問題3〉

2．個人情報に関する以下のアからエまでの記述のうち、最も適切なものを1つ選びなさい。

ア．統計情報は、個人との対応関係が排斥されている限りでは、個人情報に該当しない。

イ．性別や年齢といった属性情報や、全身のシルエット画像等に置き換えて作成した店舗等における移動軌跡データ（人流データ）は、原則として、個人情報に該当する。

ウ．個人に関する情報であって、暗号化等によって秘匿化されたものは、個人情報に該当しない。

エ．官報で公にされている特定の個人を識別できる情報は、個人情報に該当しない。　　　　　　　　　　　　　　　　　　〈第73回　問題4〉

3．個人識別符号に関する以下のアからエまでの記述のうち、最も適切ではないものを1つ選びなさい。

ア．基礎年金番号は、個人識別符号に該当する。

イ．労災保険に加入する際に付与される労働保険番号は、個人識別符号に該当する。

ウ．雇用保険被保険者証の被保険者番号は、個人識別符号に該当する。

エ．携帯電話番号やクレジットカード番号は、個人識別符号に該当しない。

〈第 72 回出題　問題 6〉

第2章

４．個人情報取扱事業者に関する以下のアからエまでの記述のうち、最も適切なものを１つ選びなさい。

ア．個人情報データベース等を事業の用に供している事業者のうち、取り扱う個人情報の数が一定の数に届かない場合は、個人情報取扱事業者に該当しない。

イ．法人格のない、権利能力のない社団であっても、個人関連情報データベース等を事業の用に供している場合は、個人情報取扱事業者に該当する。

ウ．委託元の個人情報データベース等を加工・分析等をせずにそのまま利用する場合、委託先は個人情報取扱事業者に該当しない。

エ．個人情報データベース等を事業の用に供している事業者のうち、自社の従業員に関する個人情報のみ取り扱っている場合は、個人情報取扱事業者に該当しない。

〈第 73 回出題　問題 12〉

５．「要配慮個人情報」に関する以下のアからエまでの記述のうち、最も適切なものを１つ選びなさい。

ア．医師等による診断結果と異なり、健康診断等を受診したという事実は、要配慮個人情報に該当しない。

イ．信条は、個人の基本的なものの見方、考え方であり、要配慮個人情報に該当しない。

ウ．有罪判決を受けた事実とは異なり、無罪判決を受けた事実は、要配慮個人情報に該当しない。

エ．本人の国籍や肌の色（推知情報に限る。）は「要配慮個人情報」に該当する。

〈第 71 回　問題 7〉

個人情報取扱事業者の義務

1 個人情報の種類と義務内容

　個人情報保護法では、制定当初から取り扱う情報の種類を、**個人情報**、**個人データ**、**保有個人データ**の3種類に分けて、**個人情報取扱事業者**に対し、階層的に義務を課している。改正法ではこれに加え、**要配慮個人情報**、**仮名加工情報**、**匿名加工情報**、および**仮名加工情報取扱事業者**、**匿名加工情報取扱事業者**が定義され、義務規定は多層構造となっている。

　まず、「**個人情報**」の定義に該当する情報に対しては、利用目的の特定、利用目的による制限、適正な取得、利用目的の通知等、および苦情処理と、匿名加工情報への適正加工の義務が課されている。

　「**個人データ**」に該当する場合は、それらは漏洩した際の権利利益侵害のリスクが高まる等により、個人情報に関する義務に加え、データ内容の正確性の確保、安全管理措置、従業者や委託先の監督、および第三者提供に関する義務が課されている。

　「**保有個人データ**」に該当する場合は、保有個人データに関する事項の公表等と開示・訂正等・利用停止等の、本人関与に関しての内容が定められており、ここでは個人情報取扱事業者の義務とともに、事業者の権利的な内容や本人の権利・義務が含まれている。

　そして、これらの3種類とは別に、「**要配慮個人情報**」に該当する情報に関して、取得の制限やオプトアウトの適用排除が定められている。

　また、「**仮名加工情報**」について、個人情報、個人データ、保有個人データ、仮名加工情報データベース等と構成する仮名加工情報のそれぞれに対し、**個人情報取扱事業者**および**仮名加工情報取扱事業者**に対して階層的に義務が課されている。さらに、「**匿名加工情報**」について、**個人情報取扱事業者が自ら作成**する場合の義務と、他者が作成した**匿名加工情報を取り扱う際の匿名加工情報取扱事業者**の義務が定義されている。

図表 2-11　個人情報の種類と義務内容

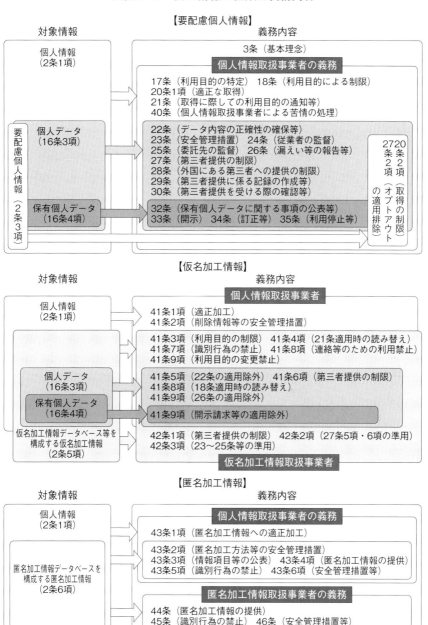

参考：『個人情報保護法の知識〈第5版〉』岡村久道著（日本経済新聞出版）

利用目的の特定と利用目的による制限

第四章 個人情報取扱事業者等の義務等

第二節 個人情報取扱事業者及び個人関連情報取扱事業者の義務

（利用目的の特定）

第 17 条　個人情報取扱事業者は、個人情報を取り扱うに当たっては、その利用の目的（以下「利用目的」という）をできる限り特定しなければならない。

2　個人情報取扱事業者は、利用目的を変更する場合[※1]には、変更前の利用目的と関連性を有すると合理的に認められる範囲を超えて行ってはならない[※2]。

（利用目的による制限）

第 18 条　個人情報取扱事業者は、あらかじめ本人の同意を得ないで、前条の規定により特定された利用目的の達成に必要な範囲を超えて、個人情報を取り扱ってはならない。

2　個人情報取扱事業者は、合併その他の事由により他の個人情報取扱事業者から事業を承継することに伴って個人情報を取得した場合は、あらかじめ本人の同意を得ないで、承継前における当該個人情報の利用目的の達成に必要な範囲を超えて、当該個人情報を取り扱ってはならない。

3　前二項の規定は、次に掲げる場合[※3]については、適用しない。

[※1] 変更された利用目的は本人に通知または公表義務がある（法21条3項）

[※2] 範囲を超えての個人情報の取扱いは、本人の同意を得なければならない（法18条1項）

[※3] 適用除外事由〔1〕、P.81 参照

1 利用目的の特定

　個人情報取扱事業者が個人情報を取り扱う場合は、**あらかじめどのような目的で利用するかを特定**しておく必要がある。個人情報保護法では「できる限り特定しなければならない（法17条1項）」とされている。個人情報保護法ガイドラインでは「利用目的を単に抽象的、一般的に特定するのではなく、個人情報が個人情報取扱事業者において、最終的にどのような事業の用に供され、どのような目的で個人情報を利用されるのかが、本人にとって一般的かつ合理的に想定できる程度に具体的に特定することが望ましい」とされている。具体的な事例として、「事業活動に用いるため」や「マーケティング活動に用いるため」といった程度では、特定したことにはならないとされ、具体的に特定している事例として以下のような事例が示されている。

> 事例）事業者が商品の販売に伴い、個人から氏名・住所・メールアドレス等を取得するに当たり、「○○事業における商品の発送、関連するアフターサービス、新商品・サービスに関する情報のお知らせのために利用いたします。」等の利用目的を明示している場合

　なお、利用目的は、その内容についての制限はなく、例えば第三者提供することが想定されている場合も利用目的とすることができる。ただし、その場合もその旨が明確にわかるよう特定しなければならない。

2 利用目的の変更と制限

　特定した利用目的は、変更前の利用目的と関連性を有すると合理的に認められる範囲、本人が通常予期し得る限度と**客観的に認められる範囲**で変更が可能である（法17条2項）。変更された利用目的は、特定の場合を除いて（適用除外事由〔2〕、P.86参照）、本人に通知または公表しなければならない（法21条3項）。特定された利用目的の達成に必要な範囲を超えて個人情報を取り扱う場合は、本人の同意を得なければならない（法18条1項）。

3　利用目的による制限の例外等

（1）事業承継による場合

　個人情報取扱事業者が、合併・分社化・事業譲渡等により他の個人情報取扱事業者から事業の承継をすることにともなって個人情報を取得した場合、承継前の利用目的の達成に必要な範囲内で取り扱う場合は、本人の同意を得る必要はないが、範囲を超える場合は必要となる（法18条2項）。

　これらの同意を得るためにメール送信や電話をかけること等により個人情報を利用することは、目的外利用には該当しない。

図表2-12　利用目的による制限と利用目的の変更との関係

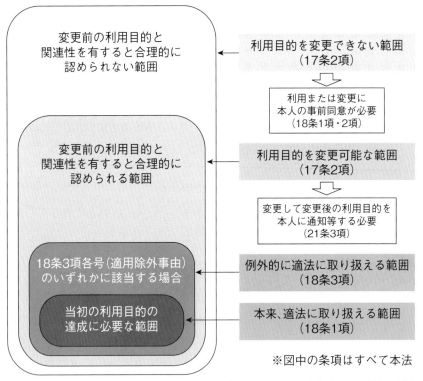

出典：『個人情報保護法の知識（第5版）』岡村久道著（日本経済新聞出版）

（2）本人の同意を得ることが困難な場合他

　本人の身体等の保護のために必要があって本人の同意を得ることが困難である場合など適用除外事由〔1〕に掲げる場合には、あらかじめ本人の同意を得ることなく、特定された利用目的の達成に必要な範囲を超えて、個人情報を取り扱うことができる（法18条3項）。

適用除外事由〔1〕

①　法令（条例を含む）に基づく場合

　税務署の所得税等に関する調査対応（国税通則法）、弁護士会からの照会対応（弁護士法）、警察の捜査関係事項照会対応（刑事訴訟法）、裁判官の発する令状に基づく捜査対応（刑事訴訟法）等

②　人の生命、身体または財産の保護のために必要がある場合で、本人の同意を得ることが困難であるとき

　急病の際に本人の病歴等を医師や看護師が家族から聴取する場合や、不正送金等の金融犯罪被害に関する情報を取得する場合、商品に重大な欠陥があり人の生命、身体、財産の保護が必要となる緊急時に、製造事業者から顧客情報の提供を求められ応じる必要がある場合等

　事例）不正送金等の金等

③　公衆衛生の向上または児童の健全な育成の推進のために特に必要がある場合で、本人の同意を得ることが困難であるとき

　健康診断の結果情報を疫学調査等に利用する場合や、児童虐待のおそれのある家庭情報を、児童相談所、警察、学校、病院等が共有する場合等

④　国の機関、地方公共団体またはその委託を受けた者が法令の定める事務を遂行することに対して、事業者が協力する必要がある場合で、本人の同意を得ることにより事務の遂行に支障を及ぼすおそれがあるとき

　事業者が税務署や警察の任意の求めに応じて個人情報を提出する場合等

⑤　学術研究機関等が、個人情報を学術研究目的で取り扱う必要があるとき

⑥　学術研究機関等に個人データを提供する場合で、学術研究機関等が学術研究目的で取り扱う必要があるとき

第2章

● 「本人に通知」とは

「本人に通知」とは、本人に直接知らしめることで、事業の性質や個人情報の取扱状況に応じ、内容が本人に認識される合理的かつ適切な方法によらなければならない。

【本人への通知に該当する事例】

・ちらし等の文書を直接渡すことにより知らせること

・口頭または自動応答装置等で知らせること

・電子メール、FAX、郵便等で送信、送付することにより知らせること

事業者に、本人に通知することが求められている主な条文

・取得に際しての利用目的の通知（法 21 条 1 項）、変更（法 21 条 3 項）

・漏洩等の事案発生時（法 26 条 2 項）

・オプトアウトによる第三者提供や変更（法 27 条 2、3、5 項）

・外国にある第三者への提供時（法 28 条 3 項）

・開示等の請求をうけたとき（法 32 条 2 項〜 35 条）

● 「公表」とは

「公表」とは、不特定多数の人々が知ることができるように発表することで、合理的かつ適切な方法によらなければならない。

【公表に該当する事例】

・自社ホームページのトップから 1 回程度の操作で到達できる所への掲載

・自社の店舗や事務所等、顧客が訪れることが想定される場所におけるポスター等の掲示、パンフレット等の備置き・配布

・通信販売の場合、通信販売用のパンフレット・カタログ等への掲載

事業者に、公表することが求められている主な条文

・取得に際しての利用目的の通知（法 21 条 1 項）、変更（法 21 条 3 項）

・仮名加工情報に関する情報項目等の公表（法 41 条）、提供（法 42 条）、

・匿名加工情報の提供（法 43 条、44 条）、安全管理措置等（法 46 条）

・適用除外された個人情報取扱事業者が行う自発的措置（法 57 条 3 項）

●「本人の同意」とは

　「本人の同意」とは、本人の個人情報が、個人情報取扱事業者によって示された取扱方法で取り扱われることを承諾する旨の当該本人の意思表示のことで、「本人の同意を得る」とは、本人の承諾する旨の意思表示を個人情報取扱事業者が認識することで、事業の性質や個人情報の取扱状況に応じ、本人が同意したと判断できる合理的かつ適切な方法によらなければならない。個人情報の取扱いに関して同意したことによって生ずる結果について、未成年者等が判断できる能力を有していないなどの場合は、親権者や法定代理人等から同意を得る必要がある。

【本人の同意を得ている事例】

・本人からの同意する旨の口頭による意思表示

・本人からの同意する旨の書面（電磁的記録を含む）の受領

・本人からの同意する旨のメールの受信

・本人による同意する旨の確認欄へのチェック

・本人による同意する旨のホームページ上のボタンのクリック

・本人による同意する旨の音声入力、タッチパネルへのタッチ、ボタンやスイッチ等による入力

　事業者に、本人の同意を得ることが求められている主な条文

・利用目的の達成に必要な範囲を超えて個人情報を取り扱う場合（法18条1項）

・事業承継前の利用目的の達成に必要な範囲を超えて個人情報を取り扱う場合（法18条2項）

・要配慮個人情報の取得（法20条2項）

・個人データの第三者提供の制限（法27条、28条）

・個人関連情報の第三者への提供の制限（法31条）

・個人情報の取得に際して、利用目的を特定しておくことが求められており、その利用目的の変更や、定めておいた範囲を超えて取り扱う場合には、一定のルールが定められている。

適正な取得と利用目的の通知・公表

（不適正な利用の禁止）

第19条　個人情報取扱事業者は、違法又は不当な行為を助長し、又は誘発するおそれがある方法により個人情報を利用してはならない。

（適正な取得）

第20条　個人情報取扱事業者は、<u>偽りその他不正の手段</u>により個人情報を取得してはならない。

2　個人情報取扱事業者は、<u>次に掲げる場合</u>^(※1)を除くほか、あらかじめ<u>本人の同意を得ないで、要配慮個人情報を取得してはならない。</u>

（取得に際しての利用目的の通知等）

第21条　個人情報取扱事業者は、<u>個人情報を取得した場合</u>^(※2)は、あらかじめその利用目的を公表している場合を除き、速やかに、その利用目的を、本人に通知し、又は公表しなければならない。

2　個人情報取扱事業者は、前項の規定にかかわらず、本人との間で契約を締結することに伴って契約書その他の書面（電磁的記録を含む）に記載された当該本人の個人情報を取得する場合その他本人から<u>直接書面に記載された当該本人の個人情報を取得する場合</u>は、あらかじめ、本人に対し、その利用目的を明示しなければならない。ただし、人の生命、身体又は財産の保護のために緊急に必要がある場合は、この限りでない。

3　個人情報取扱事業者は、利用目的を変更した場合は、変更された利用目的について、本人に通知し、又は公表しなければならない。

4　前三項の規定は、<u>次に掲げる場合</u>^(※3)については、適用しない。

(※1)　適用除外事由〔2〕、P.86 参照
(※2)　非直接取得のこと
(※3)　適用除外事由〔3〕、P.87 参照

1 不適正な利用禁止

　個人情報取扱事業者は、違法不当な行為を行う事業者に対して個人情報を提供したり、提供先が違法な第三者提供をすることが予見されるにもかかわらず個人情報を提供したり、性別・国籍等で差別的な取扱いのために個人情報を利用するなど、**違法や不当な行為を助長したり誘発するおそれがある方法**により個人情報を利用してはならない（法 19 条）。

2 適正な取得

　個人情報取扱事業者は、偽り等の**不正の手段**により個人情報を取得してはならない（法 20 条）。不正の手段とは、例えば、次のような場合が該当する。

> 事例 1）十分な判断能力のない子供や障害者から、取得状況から考えて関係のない家族の収入事情などの個人情報を、家族の同意なく取得する場合
> 事例 2）第三者提供制限違反をするよう強要して個人情報を取得する場合
> 事例 3）個人情報を取得する主体や利用目的等について、意図的に虚偽の情報を示して、本人から個人情報を取得する場合
> 事例 4）他の事業者に不正の手段で個人情報を取得させて、それを取得する場合
> 事例 5）第三者提供制限違反や、不正の手段による取得を知っていたり、容易に知ることができるにもかかわらず、個人情報を取得する場合

3 利用目的の通知または公表

（1）非直接取得

　個人情報取扱事業者は、個人情報を**非直接取得**する場合は、あらかじめその利用目的を公表していることが望ましく、公表していない場合は、取得後速やかに、その**利用目的を本人に通知か公表**をしなければならない。

　非直接取得とは、インターネット上で本人が自発的に公にしている個人情報の取得や、官報、職員録等からの個人情報の取得、さらに個人情報の第三者提供を受けた場合がこれにあたる。

（2）直接書面等による取得

　個人情報取扱事業者は、書面による記載、ユーザ入力画面への入力等により、**直接本人から個人情報を取得する場合**には、あらかじめ本人に対し、その**利用目的を明確に示さなければならない**。口頭により個人情報を取得する場合は、あらかじめ利用目的を公表するか、取得後速やかにその利用目的を、本人に通知するか公表しなければならない。

4　要配慮個人情報の取得

　要配慮個人情報を取得する場合には、あらかじめ本人の同意を得なければならない（法20条2項）。ただし、次の①から⑦までの場合については、本人の同意を得る必要はない。

適用除外事由〔2〕

①　法令に基づく場合

　適用除外事由〔1〕の内容に加え、利用目的による制限における例外のほか、労働安全衛生法に基づき健康診断を実施し、従業員の病状、治療等の情報を取得する場合等も該当。

②　人の生命、身体または財産の保護のために必要がある場合で、本人の同意を得ることが困難であるとき

　（適用除外事由〔1〕と同様）

③　公衆衛生の向上または児童の健全な育成の推進のために特に必要がある場合であって、本人の同意を得ることが困難であるとき

　（適用除外事由〔1〕と同様）

④　国の機関、地方公共団体またはその委託を受けた者が法令の定める事務を遂行することに対して、事業者が協力する必要がある場合で、本人の同意を得ることにより事務の遂行に支障を及ぼすおそれがあるとき

　（適用除外事由〔1〕と同様）

⑤　学術研究機関等が要配慮個人情報を学術研究目的で取り扱うとき

⑥　学術研究機関等から要配慮個人情報を学術研究目的で取得する場合

⑦　要配慮個人情報が、本人、国の機関、地方公共団体等により公開されている場合

5　利用目的の通知等をしなくてよい場合

　個人情報の取得や利用目的の変更の場合、利用目的を本人へ通知、公表、明示することが求められている（法21条1〜3項）。ただし、次の場合は不要である（法21条4項）。

> **適用除外事由〔3〕**
> ①　利用目的を本人に通知または公表することにより本人または第三者の生命、身体、財産その他の権利利益を害するおそれがある場合
> ②　利用目的を本人に通知または公表することにより事業者の権利または正当な利益を害するおそれがある場合
> 　暴力団等の反社会的勢力情報、疑わしい取引の届出の対象情報、業務妨害行為を行う悪質者情報等を、本人や他の事業者等から取得したことが明らかになることにより当該情報を取得した企業に害が及ぶ場合等
> ③　国の機関または地方公共団体が法令の定める事務を遂行することに対して協力する必要がある場合で、利用目的を本人に通知または公表することにより当該事務の遂行に支障を及ぼすおそれがあるとき
> 　警察が公開手配を行わないで、被疑者に関する個人情報を、被疑者の立ち回りが予想される個人情報取扱事業者に限って提供した場合において、警察から個人情報を受け取った個人情報取扱事業者が、利用目的を本人に通知または公表することにより、捜査活動に支障を及ぼすおそれがある場合等
> ④　取得の状況からみて利用目的が明らかであると認められる場合
> 　商品・サービス等を販売・提供するにあたって住所・電話番号等の個人情報を取得する場合で、その利用目的が販売・提供のみを確実に行うためという利用目的の場合や、一般の慣行として名刺を交換する場合、直接本人から、氏名・所属・肩書・連絡先等の個人情報を取得することとなるが、その利用目的が今後の連絡のためという利用目的である場合が該当する。ただし、ダイレクトメール等の目的に名刺を用いることは自明の利用目的に該当しない場合がある。

個人データに対する義務

（データ内容の正確性の確保等）

第22条　個人情報取扱事業者は、利用目的の達成に必要な範囲内において、個人データを<u>正確かつ最新の内容に保つ</u>とともに、<u>利用する必要がなくなったとき</u>は、当該個人データを遅滞なく消去するよう努めなければならない。

（安全管理措置）

第23条　個人情報取扱事業者は、その取り扱う個人データの漏えい、滅失又は毀損の防止その他の個人データの<u>安全管理のために必要かつ適切</u>な措置を講じなければならない。

（従業者の監督）

第24条　個人情報取扱事業者は、その従業者に個人データを取り扱わせるに当たっては、当該個人データの安全管理が図られるよう、<u>当該従業者に対する必要かつ適切な監督</u>を行わなければならない。

（委託先の監督）

第25条　個人情報取扱事業者は、個人データの取扱いの全部又は一部を委託する場合は、その取扱いを委託された個人データの安全管理が図られるよう、<u>委託を受けた者に対する必要かつ適切な監督</u>を行わなければならない。

（漏えい等の報告等）

第26条　個人情報取扱事業者は、その取り扱う<u>個人データの漏えい、滅失、毀損</u>その他の個人データの安全の確保に係る事態であって個人の権利利益を害するおそれが大きいものとして個人情報保護委員会規則で定めるものが生じたときは、個人情報保護委員会規則で定めるところにより、当該事態が生じた旨を個人情報保護委員会に報告しなければならない。[※]

[※]　当義務は本書本章第18節「事業者に求められる対応」参照

1 個人データの正確性・最新性の確保

個人情報取扱事業者は、利用目的の達成に必要な範囲内において、個人情報データベース等への個人情報の入力時の照合・確認の手続きの整備、誤り等を発見した場合の訂正等の手続きの整備、記録事項の更新、保存期間の設定等を行うことにより、個人データを**正確かつ最新の内容に保つ**よう努めなければならない（法22条）。

これは**努力義務**であり、保有するすべての個人データを常に最新化する必要はなく、それぞれの利用目的に応じて、その**必要な範囲内**で正確性・最新性を確保すればよい。

また、保有する個人データを利用する必要がなくなったとき、法令の定めにより保存期間等が定められている場合を除いて、**遅滞なく消去する**よう努めなければならない。特定の個人を識別できないよう対応してもよい。

2 安全管理措置

個人情報取扱事業者は、取り扱う個人データの安全管理のため、**必要かつ適切な措置**を講じなければならない（法23条）。その際は、個人データの漏洩や紛失等が起こった場合に、本人が被る権利利益の侵害の大きさを考慮し、**事業の規模やリスクに応じた必要かつ適切な措置**を講じる。

個人情報取扱事業者は、個人データの適正な取扱いの確保について組織として取り組むために基本方針を策定することが望まれている。また、個人データの具体的な取扱いに対する規律を整備することが求められている。

それらには、個人データの取得・利用・保存・提供・削除・廃棄等の段階ごとに、取扱方法、責任者・担当者とその任務等について定める個人データの取扱規程を策定し、それらの規程には、「組織的安全管理措置」、「人的安全管理措置」、「物理的安全管理措置」、「技術的安全管理措置」の内容を織り込むことが望まれている。これらに対する具体的な基準や対応内容例は、**個人情報保護法ガイドライン**で示されている。ガイドラインで示されている基準は、法律と同等の意義をもつため、事業者はそれらをもとに社内規程類を策定する必要がある。

（1）組織的安全管理措置

　個人情報取扱事業者は、組織的安全管理措置として、次に掲げる措置を講じなければならない。

---

① 組織体制の整備

② 個人データの取扱いに係る規律に従った運用

③ 個人データの取扱状況を確認する手段の整備

④ 漏洩等の事案に対応する体制の整備

⑤ 取扱状況の把握および安全管理措置の見直し

（2）人的安全管理措置

　個人情報取扱事業者は、人的安全管理措置として、従業者に個人データの適正な取扱いを周知徹底するとともに適切な教育を行わなければならない。また、従業者に個人データを取り扱わせるにあたって、個人データの安全管理が図られるよう従業者に対する監督をしなければならない。

（3）物理的安全管理措置

　個人情報取扱事業者は、物理的安全管理措置として、次に掲げる措置を講じなければならない。

---

① 個人データを取り扱う区域の管理

② 機器および電子媒体等の盗難等の防止

③ 電子媒体等を持ち運ぶ場合の漏洩等の防止

④ 個人データの削除および機器、電子媒体等の廃棄

（4）技術的安全管理措置

　個人情報取扱事業者は、情報システムを使用して個人データを取り扱う場合、技術的安全管理措置、いわゆる情報セキュリティ対策として、次に掲げる措置を講じなければならない。

---

① アクセス制御

② アクセス者の識別と認証

③ 外部からの不正アクセス等の防止

④ 情報システムの使用にともなう漏洩等の防止

---

3 従業者の監督

個人情報取扱事業者は、従業者に個人データを取り扱わせるにあたって、**安全管理措置を遵守**させるよう必要かつ適切な監督をしなければならない（法24条）。

従業者とは、個人情報取扱事業者の組織内にあって直接間接に事業者の指揮監督を受けて事業者の業務に従事している者を指す。正社員や、その他の雇用関係にある契約社員・嘱託社員・パート社員・アルバイト社員等だけでなく、取締役・執行役・理事・監査役・監事・派遣社員も含まれる。

4 委託先の監督

個人情報取扱事業者は、個人データの取扱いの全部または一部を委託する場合は、委託先において個人データについて安全管理措置が適切に講じられるよう、**委託先に対し必要かつ適切な監督**をしなければならない（法25条）。

委託する業務内容に対して必要のない個人データを提供しないようにするとともに、委託先にも自社内と同様の水準の安全管理措置を講じるよう監督を行う。再委託を行う場合は、再委託先に関して委託先から事前報告を受け、承認を行うことが望ましい。再々委託を行う場合も同様である。

委託先に対して、個人データが漏洩等をした場合に本人が被る権利利益の侵害の大きさを考慮し、委託する事業の規模やリスクに応じて、次の①から③の必要かつ適切な措置を講じる。

① 適切な委託先の選定

委託先の選定にあたって、委託先の安全管理措置が、委託する業務内容に沿って、確実に実施されることをあらかじめ確認しなければならない。

② 委託契約の締結

委託契約には、同意した内容とともに、委託先における個人データの取扱状況を委託元が合理的に把握することを盛り込むことが望ましい。

③ 委託先における個人データ取扱状況の把握

委託先の監査を定期的に行う等により、適切に評価することが望ましい。

第2章第6節〜第9節◎過去問題チェック

1. 個人情報の利用目的の特定及び変更に関する以下のアからエまでの記述のうち、最も適切ではないものを１つ選びなさい。

ア．個人情報取扱事業者は、個人情報を取り扱うに当たっては、利用目的をできる限り特定しなければならないが、利用目的を単に抽象的に特定するだけでは足りず、本人にとって一般的かつ合理的に想定できる程度に具体的に特定することが望ましい。

イ．個人情報取扱事業者は、個人情報を取得する時までに利用目的を特定しなければならない。

ウ．個人情報取扱事業者は、利用目的を変更する場合には、変更前の利用目的と相当の関連性を有すると合理的に認められる範囲を超えて行ってはならない。

エ．個人情報取扱事業者は、利用目的を変更した場合は、変更された利用目的について、本人に通知し、又は公表しなければならない。

〈第 72 回　問題 14〉

2. 個人情報の利用目的の制限に関する以下のアからエまでの記述のうち、最も適切ではないものを１つ選びなさい。

ア．個人情報取扱事業者は、あらかじめ本人の同意を得ないで、特定された利用目的の達成に必要な範囲を超えて、個人情報を取り扱ってはならない。

イ．個人情報取扱事業者は、合併その他の事由により他の個人情報取扱事業者から事業を承継することに伴って個人情報を取得した場合は、あらかじめ本人の同意を得ないで、承継前における当該個人情報の利用目的の達成に必要な範囲を超えて、当該個人情報を取り扱うことができない。

ウ．個人情報取扱事業者は、特定された利用目的の範囲を超えて個人情報を取り扱う場合、あらかじめ本人の同意を得なければならないが、未成年者等、本人の同意により生じる結果につき判断能力を有しないときは、本人の法定代理人等から同意を得る必要がある。

エ．健康保険組合等の保険者等が実施する健康診断の結果等に係る情報を、保健事業の効果の向上等に利用する場合は、あらかじめ本人の同意を得ることなく、特

定された利用目的の達成に必要な範囲を超えて個人情報を取り扱うことができ

る。　　　　　　　　　　　　　　　　　　　　　　　〈第 73 回　問題 17〉

3．個人情報の利用目的の制限の例外に関する以下のアからエまでの記述のうち、最
　も適切ではないものを１つ選びなさい。

　ア．個人情報取扱事業者が学術研究機関等である場合であって、当該個人情報を学
　　術研究の用に供する目的で取り扱う必要があるとき（当該個人情報を取り扱う目
　　的の一部が学術研究目的である場合を除く。）は、個人の権利利益を不当に侵害す
　　るおそれがない限り、特定された利用目的の達成に必要な範囲を超えて個人情報
　　を取り扱うことができる。

　イ．税務署の所得税等に関する調査に対応する場合は、あらかじめ本人の同意を得
　　ることなく、特定された利用目的の達成に必要な範囲を超えて個人情報を取り扱
　　うことができる。

　ウ．裁判官の発する令状に基づく捜査に対応する場合は、あらかじめ本人の同意を
　　得ることなく、特定された利用目的の達成に必要な範囲を超えて個人情報を取り
　　扱うことができる。

　エ．弁護士会からの照会に対応する場合は、あらかじめ本人の同意を得ることなく、
　　特定された利用目的の達成に必要な範囲を超えて個人情報を取り扱うことができ
　　る。　　　　　　　　　　　　　　　　　　　　　　〈第 72 回　問題 16〉

4．個人情報の不適正な利用の禁止に関する以下のアからエまでの記述のうち、最も
　適切ではないものを１つ選びなさい。

　ア．個人情報取扱事業者は、違法又は不当な行為を助長し、又は誘発するおそれが
　　ある方法により個人情報を利用してはならない。

　イ．「違法又は不当な行為」とは、個人情報保護法その他の法令に違反する行為をい
　　い、社会通念上適正とは認められないものの、直ちに違法とはいえない行為はこ
　　れに含まれない。

　ウ．違法又は不当な行為を誘発する「おそれ」の有無は、個人情報取扱事業者による
　　個人情報の利用が、違法又は不当な行為を助長又は誘発することについて、社会
　　通念上蓋然性が認められるか否かにより判断される。

エ．個人情報取扱事業者が、第三者に個人情報を提供する時点で、当該提供した個人情報がその第三者によって違法に利用されることが、一般的な注意力をもってしても予見できない状況であった場合には、「違法又は不当な行為を誘発するおそれ」は認められない。　　　　　　　　　　　　　　　　〈第73回　問題19〉

5．個人情報取扱事業者による個人情報の適正取得に関する以下のアからエまでの記述のうち、最も適切ではないものを1つ選びなさい。

ア．他の事業者に指示して不正な手段で個人情報を取得させ、当該他の事業者から個人情報を取得する場合には、指示した事業者も不正な手段によって個人情報を取得したことになる。

イ．個人情報取扱事業者は、いわゆる名簿業者から個人の名簿を取得することは禁止されている。

ウ．個人であっても個人情報取扱事業者に該当し得るため、個人が偽りその他不正の行為により個人情報を取得した場合は、個人情報の適正取得規定に違反する。

エ．個人情報を含む情報がインターネット等により公にされている場合、当該情報が含まれるファイルをダウンロードしてデータベース化することは、個人情報の取得に該当し得る。　　　　　　　　　　　　　　　　〈第72回　問題18〉

6．要配慮個人情報の取得に関する以下のアからエまでの記述のうち、最も適切なものを1つ選びなさい。

ア．人の生命、身体又は財産の保護のために必要がある場合は、あらかじめ本人の同意を得ずに要配慮個人情報を取得することができる。

イ．身体の不自由な客が店舗に来店し、対応した店員がその旨をお客様対応録に記録する場合は、あらかじめ本人の同意を得なければならない。

ウ．公衆衛生の向上又は児童の健全な育成の推進のために特に必要がある場合は、あらかじめ本人の同意を得ずに要配慮個人情報を取得することができる。

エ．学術研究機関である個人情報取扱事業者が、要配慮個人情報を学術研究目的で取り扱う必要がある場合は、個人の権利利益を不当に侵害するおそれがない限り、あらかじめ本人の同意を得ずに要配慮個人情報を取得することができる。

〈第73回　問題21〉

7. 「個人情報保護法ガイドライン（通則編）」の「（別添）講ずべき安全管理措置の内容」に関する以下のアからエまでの記述のうち、最も適切ではないものを1つ選びなさい。

ア．個人情報取扱事業者は、個人データの適正な取扱いの確保について組織として取り組むために基本方針を策定した場合、当該基本方針を公表する必要はない。

イ．個人情報取扱事業者が行うべき人的安全管理措置として、例えば、個人データについての秘密保持に関する事項を就業規則等に盛り込むことが挙げられる。

ウ．安全管理措置は、個人データが漏えい等をした場合に本人が被る権利利益の侵害の大きさを考慮し、事業の規模及び性質、個人データの取扱状況（取り扱う個人データの性質及び量を含む。）、個人データを記録した媒体の性質等に起因するリスクに応じて、必要かつ適切な内容としなければならない。

エ．個人情報取扱事業者は、物理的安全管理措置として、例えば、電子媒体等を持ち運ぶ場合の漏えい等の防止措置を講じなければならず、ここにいう「持ち運ぶ」とは、事業所内の移動を除く、個人データを管理区域又は取扱区域から外へ移動させること又は当該区域の外から当該区域へ移動させることすべてをいう。

〈第71回　問題24〉

8. 委託先の監督に関する以下のアからエまでの記述のうち、最も適切なものを1つ選びなさい。

ア．個人情報取扱事業者は、個人データの取扱いの全部を委託する場合のみ、その委託先に対し、個人データの安全管理に関する監督責任を負う。

イ．委託元・委託先の双方が安全管理措置の内容について合意をすれば法的効果が発生するため、当該措置の内容に関する委託元・委託先間の合意内容を客観的に明確化できる手段であれば、契約の形態・種類を問わない。

ウ．委託先の選定や委託先における個人データ取扱状況の把握に当たっては、個人データを取り扱う場所に赴いて確認することが考えられ、口頭により確認をすることは想定されていない。

エ．委託元が、個人情報保護法23条が求める水準を超える高い水準の安全管理措置を講じている場合は、委託先もこれと同等の安全管理措置を講じなければならない。

〈第72回　問題25〉

第三者提供に関する義務

（第三者提供の制限）

第27条　個人情報取扱事業者は、次に掲げる場合^(※1)を除くほか、あらかじめ本人の同意を得ないで、個人データを第三者に提供してはならない。

2　個人情報取扱事業者は、第三者に提供される個人データについて、本人の求めに応じて当該本人が識別される個人データの第三者への提供を停止することとしている場合であって、次に掲げる事項について、個人情報保護委員会規則で定めるところにより、あらかじめ、本人に通知し、又は本人が容易に知り得る状態に置くとともに、個人情報保護委員会に届け出たときは、前項の規定にかかわらず、当該個人データを第三者に提供することができる。ただし、第三者に提供される個人データが要配慮個人情報又は第20条第1項の規定に違反して取得されたもの若しくは他の個人情報取扱事業者からこの項本文の規定により提供されたもの（その全部又は一部を複製し、又は加工したものを含む）である場合は、この限りでない。

一　第三者への提供を行う個人情報取扱事業者の氏名又は名称及び住所並びに法人にあっては、その代表者（法人でない団体で代表者又は管理人の定めのあるものにあっては、その代表者又は管理人）の氏名

二　第三者への提供を利用目的とすること。

三　第三者に提供される個人データの項目

四　第三者に提供される個人データの取得の方法

五　第三者への提供の方法

六　本人の求めに応じて当該本人が識別される個人データの第三者への提供を停止すること。

七　本人の求めを受け付ける方法

八　その他個人の権利利益を保護するために必要なものとして個人情報保護委員会規則で定める事項

^(※1) 適用除外事由〔1〕、P.81 参照

1 第三者提供の制限

　個人情報取扱事業者は、個人データを**第三者提供**するには、あらかじめ**本人の同意**を得なければならない（法27条1項）。個人データの第三者提供の制限は、本人の知らないところで自らの情報が事業者から事業者へ流れて悪用されるなど、個人情報保護の趣旨である本人の個人情報に関する権利利益の保護を害する可能性があるための定めであり、自分や第三者の**不正な利益を図る目的で提供したときは、刑事罰が科されうる**（法174条）。これらの義務は**個人データ**が対象である。「あらかじめ」とは、第三者への提供時が基準となる。また、同一事業者内の他部門へデータ提供する場合は第三者提供にあたらないが、親子兄弟会社やグループ会社、フランチャイズ加盟店との個人データ交換は第三者提供に該当する。

　第三者への個人データの提供にあたって、利用目的による制限の例外（適用除外事由〔1〕、P.81参照）と同様の場合は、本人の同意は不要である。

2 オプトアウトによる第三者提供

　個人情報取扱事業者は、法27条2項の「**次に掲げる事項**」をあらかじめ本人に通知または本人が容易に知り得る状態に置くとともに、**個人情報保護委員会に届け出た場合**には、あらかじめ本人の同意を得ることなく、個人データを第三者に提供することができる（法27条2項）。これらを**オプトアウトによる第三者提供**という。委員会に届けた内容は自らもインターネット等により公表する。

　オプトアウトは、住宅地図業者やダイレクトメール用の名簿等を作成・販売するデータベース事業者が販売を行う場合等が想定されている。

　オプトアウトにより提供される個人データの項目、提供の方法、あるいは第三者提供を停止すべきとの本人の求めの受付方法を**変更する場合**は、変更する内容について、あらかじめ、本人に通知または本人が容易に知り得る状態に置くとともに、**個人情報保護委員会に届け出**なければならない（法27条3項）。この場合も、その内容を自らも公表する。

　要配慮個人情報は、オプトアウトによる**第三者提供はできない**。

第27条（第三者提供の制限）の続き

3　個人情報取扱事業者は、前項第一号に掲げる事項に変更があったとき又は同項の規定による個人データの提供をやめたときは遅滞なく、同項第三号から第五号まで、第七号又は第八号に掲げる事項を変更しようとするときはあらかじめ、その旨について、個人情報保護委員会規則で定めるところにより、本人に通知し、又は本人が容易に知り得る状態に置くとともに、個人情報保護委員会に届け出なければならない。

4　個人情報保護委員会は、第２項の規定による届出があったときは、個人情報保護委員会規則で定めるところにより、当該届出に係る事項を公表しなければならない。前項の規定による届出があったときも、同様とする。

5　次に掲げる場合において、当該個人データの提供を受ける者は、前各項の規定の適用については、第三者に該当しないものとする。

> 一　個人情報取扱事業者が利用目的の達成に必要な範囲内において個人データの取扱いの全部又は一部を委託することに伴って当該個人データが提供される場合
>
> 二　合併その他の事由による事業の承継に伴って個人データが提供される場合
>
> 三　特定の者との間で共同して利用される個人データが当該特定の者に提供される場合であって、その旨並びに共同して利用される個人データの項目、共同して利用する者の範囲、利用する者の利用目的並びに当該個人データの管理について責任を有する者の氏名又は名称及び住所並びに法人にあっては、その代表者の氏名について、あらかじめ、本人に通知し、又は本人が容易に知り得る状態に置いているとき。

6　個人情報取扱事業者は、前項第三号に規定する個人データの管理について責任を有する者の氏名、名称若しくは住所又は法人にあっては、その代表者の氏名に変更があったときは遅滞なく、同号に規定する利用する者の利用目的又は当該責任を有する者を変更しようとするときはあらかじめ、その旨について、本人に通知し、又は本人が容易に知り得る状態に置かなければならない。

3 第三者に該当しない場合

　次の①から③の場合は、個人データの提供先は個人情報取扱事業者とは別の主体であり、形式上は第三者に該当するが、本人との関係において、個人情報取扱事業者と一体として取り扱うことに合理性があると考えられ、**第三者に該当しない**ものとされる。

　これらの要件を満たす場合には、個人情報取扱事業者は、法27条1項から3項までの規定にかかわらず、あらかじめの本人の同意や第三者提供におけるオプトアウトを行うことなく、個人データを提供することができる。

① 委託（法27条5項一号）

　利用目的の達成に必要な範囲内において、個人データの取扱いに関する業務の全部または一部を委託することにともない、当該個人データが提供される場合は、提供先は第三者に該当しない。

　ただし、提供元には、委託先に対する監督責任が課される。

② 事業の承継（法27条5項二号）

　合併、分社化、事業譲渡等により事業が承継されることで事業に関係する個人データが提供される場合は、提供先は第三者に該当しない。

　ただし、事業承継後も、個人データが事業承継により提供される前の利用目的の範囲内で利用しなければならない。

　また、事業承継のための契約締結前の交渉段階で、相手会社から自社の調査を受け、自社の個人データを相手会社へ提供する場合も該当する。

- **事例1）**合併、分社化により、新会社に個人データを提供する場合
- **事例2）**事業譲渡により、譲渡先企業に個人データを提供する場合

③ 共同利用（法27条5項三号）

　特定の者との間で共同して利用される個人データを、その者に提供する場合で、指定された情報をあらかじめ本人に通知または本人が容易に知り得る状態に置いているときには、第三者に該当しない。

　既に特定の事業者が取得している個人データを他の事業者と共同利用する場合も、当初に特定した利用目的の範囲で利用しなければならない。

4 共同利用するにあたり通知等が必要な情報

共同利用するにあたり以下の情報の通知等が必要である。

① 共同利用をする旨

② 共同して利用される個人データの項目

③ 共同して利用する者の範囲

本人がどの事業者まで将来利用されるか判断できる程度に明確にする。

④ 利用する者の利用目的

利用目的は、すべて本人に通知または本人が容易に知り得る状態に置いていなければならないが、個人データの項目によって異なる場合には、個人データの項目ごとに区別して記載することが望まれている。

⑤ 該当する個人データの管理について責任を有する者の氏名、名称および住所、法人の場合はその代表者の氏名

個人データの管理について責任を有する者とは、開示等の請求および苦情を受け付け、その処理に尽力するとともに、個人データの内容等について、開示、訂正、利用停止等の権限を有し、安全管理等個人データの管理について責任を有する者をいう。

「責任を有する者」とは、共同して利用するすべての事業者の中で、第一次的に苦情の受付・処理、開示・訂正等を行う権限を有する者をいう。

5 共同利用する事項の変更時の対応

個人データを共同利用する場合、利用目的については本人が通常に予期できる限度と客観的に認められる範囲内において、そして管理の責任を有する者については、変更することができるが、いずれも変更する前に、本人に通知または本人が容易に知り得る状態に置かなければならない（法27条6項）。

共同利用を行う個人データの項目や事業者を変更する場合は、あらかじめ本人の同意を得る必要がある。ただし、事業者の名称変更だけの場合や、事業承継が行われた場合は該当しない。

（外国にある第三者への提供の制限）

第 28 条　個人情報取扱事業者は、外国（本邦の域外にある国又は地域をい
　　う。以下この条及び第 31 条第 1 項第二号において同じ）（個人の権利利
　　益を保護する上で我が国と同等の水準にあると認められる個人情報の保
　　護に関する制度を有している外国として個人情報保護委員会規則で定め
　　るものを除く。以下この条及び同号において同じ）にある第三者（個人
　　データの取扱いについてこの節の規定により個人情報取扱事業者が講ず
　　べきこととされている措置に相当する措置（第 3 項において「相当措置」
　　という）を継続的に講ずるために必要なものとして個人情報保護委員会
　　規則で定める基準に適合する体制を整備している者を除く。以下この項
　　及び次項並びに同号において同じ）に個人データを提供する場合には、
　　前条第 1 項各号に掲げる場合を除くほか、あらかじめ外国にある第三者
　　への提供を認める旨の本人の同意を得なければならない。この場合にお
　　いては、同条の規定は、適用しない。

2　個人情報取扱事業者は、前項の規定により本人の同意を得ようとする
　　場合には、個人情報保護委員会規則で定めるところにより、あらかじめ、
　　当該外国における個人情報の保護に関する制度、当該第三者が講ずる個
　　人情報の保護のための措置その他当該本人に参考となるべき情報を当該
　　本人に提供しなければならない。

3　個人情報取扱事業者は、個人データを外国にある第三者（第 1 項に規
　　定する体制を整備している者に限る）に提供した場合には、個人情報保護
　　委員会規則で定めるところにより、当該第三者による相当措置の継続的
　　な実施を確保するために必要な措置を講ずるとともに、本人の求めに応
　　じて当該必要な措置に関する情報を当該本人に提供しなければならない。

6　外国にある第三者への提供の制限

　外国にある第三者に個人データを提供する場合には、あらかじめ**外国に
ある第三者への提供を認める旨の本人の同意**を得なければならない（法 28
条）。この事項についての詳細は、「個人情報の保護に関する法律について
のガイドライン（外国にある第三者への提供編）」で定められている。

7　第三者提供に係る記録の作成等

（第三者提供に係る記録の作成等）

第29条　個人情報取扱事業者は、個人データを第三者（第16条第2項各号に掲げる者を除く）に提供したときは、個人情報保護委員会規則で定めるところにより、当該個人データを提供した年月日、当該第三者の氏名又は名称その他の個人情報保護委員会規則で定める事項に関する記録を作成しなければならない。ただし、当該個人データの提供が第27条第1項各号又は第5項各号のいずれか（前条第1項の規定による個人データの提供にあっては、第27条第1項各号のいずれか）に該当する場合は、この限りでない。

2　個人情報取扱事業者は、前項の記録を、当該記録を作成した日から個人情報保護委員会規則で定める期間保存しなければならない。

　個人情報取扱事業者は、個人データを第三者に提供したときは、**指定の事項に関する記録**を、提供した都度、速やかに作成しなければならない（法29条1項）。ただし、第三者に対し個人データを継続的や反復して提供するときの記録は、一括して作成することができる。記録は、文書、電磁的記録やマイクロフィルムを用いて作成する。

　記録すべき指定の事項は、以下のとおり。

①・オプトアウトの場合は、個人データを提供した年月日
　・それ以外の場合は、本人の同意を得ている旨
②・第三者の氏名または名称と住所
　・法人の場合は、それらとともにその代表者の氏名
　（不特定かつ多数の者に対して提供したときは、その旨）
③　個人データによって識別される本人の氏名、その他の本人を特定するに足りる事項
④　提供した個人データの項目

物品やサービス提供のために本人の個人データを第三者提供した場合、提供に関する契約書等の書面に記録すべき事項が記載されているときは、この書面をもって記録に代えることができる。

（1）記録の適用除外

個人データの第三者提供に対し、記録の作成をしなければならない義務における第三者のうち、国の機関、地方公共団体、独立行政法人等、地方独立行政法人の間で個人データの授受を行う場合は、次条における確認・記録義務は適用されない。

さらに、形式的には第三者提供の外形を有する場合であっても、記録義務の趣旨からすると、実質的に確認や記録義務を課する必要性に乏しい次のような場合の第三者提供については、確認・記録義務の対象とならない。

① 本人による提供

事業者が運営する SNS 等に本人が入力した内容が、自動的に個人データとして不特定多数の第三者が取得できる状態に置かれている場合、実質的に本人による提供をしている。したがって、個人情報取扱事業者がSNS 等を通じて本人に係る個人データを取得したときでも、SNS 等の運営事業者と取得した事業者の双方において、確認・記録義務は適用されない。

② 家族や代理人への提供

本人の代理人や家族など、本人と一体と評価できる関係にある者に提供する場合、本人側に対する提供とみなし、受領者に対する提供には該当せず、確認・記録義務は適用されない。

③ 家族や代理人への提供

不特定多数の者が取得できる公開情報は、受領者も自ら取得できる情報であり、それをあえて提供者から受領者に提供する行為は、取得行為を提供者が代行しているものであることから、実質的に確認・記録義務を課すべき第三者提供には該当しない。

（2）記録の保存期間

これらの記録は、該当する個人データの提供を行った日から起算して原則 3 年間、契約書等の書面の場合は 1 年間保存しなければならない。

8　第三者提供を受ける際の確認等

（第三者提供を受ける際の確認等）

第 30 条　個人情報取扱事業者は、第三者から個人データの提供を受ける に際しては、個人情報保護委員会規則で定めるところにより、次に掲げ る事項の確認を行わなければならない。ただし、当該個人データの提供 が第 27 条第 1 項各号又は第 5 項各号のいずれかに該当する場合は、こ の限りでない。

> 一　当該第三者の氏名又は名称及び住所並びに法人にあっては、その代 表者の氏名
> 二　当該第三者による当該個人データの取得の経緯

2　前項の第三者は、個人情報取扱事業者が同項の規定による確認を行う 場合において、当該個人情報取扱事業者に対して、当該確認に係る事項 を偽ってはならない。

3　個人情報取扱事業者は、第 1 項の規定による確認を行ったときは、個 人情報保護委員会規則で定めるところにより、当該個人データの提供を 受けた年月日、当該確認に係る事項その他の個人情報保護委員会規則で 定める事項に関する記録を作成しなければならない。

4　個人情報取扱事業者は、前項の記録を、当該記録を作成した日から個 人情報保護委員会規則で定める期間保存しなければならない。

　個人情報取扱事業者は、第三者から個人データの提供を受けるに際しては、適切な方法により、提供元の氏名または名称および住所、法人の場合は代表者の氏名、および取得の経緯の確認を行わなければならない（法 30 条 1 項）。

　確認を行ったときの記録は、第三者から個人データの提供を受けた都度、速やかに作成しなければならない。ただし、個人データを授受する前に記録を作成することもできる。記録すべき項目や記録の方法は、提供を行った場合の内容と同様。

　それらの記録は、提供を受けた場合も、提供を行った場合の義務と同じ期間、保存しなければならない。

図表 2-13　確認・記録義務の全体図

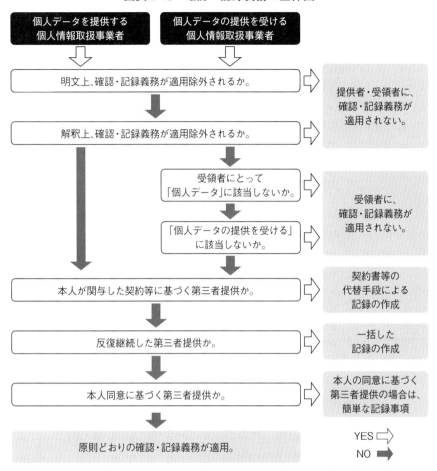

出典：個人情報保護法ガイドライン（第三者提供時の確認・記録義務編）をもとに改変

PICK UP
・個人データに対する義務として、正確性の確保や安全管理措置が求められ、さらに本人の権利利益の侵害を防ぐため、第三者提供についての義務が定められており、確認や記録の作成等さらなる詳細と刑事罰も定められた。

9 個人関連情報の第三者提供の制限等

第２条７項

この法律において「個人関連情報」とは、生存する個人に関する情報で
あって、個人情報、仮名加工情報及び匿名加工情報のいずれにも該当し
ないものをいう。

（個人関連情報の第三者提供の制限等）

第31条　個人関連情報取扱事業者は、第三者が個人関連情報（個人関連情
報データベース等を構成するものに限る）を個人データとして取得する
ことが想定されるときは、第27条第１項各号に掲げる場合を除くほか、
次に掲げる事項について、あらかじめ個人情報保護委員会規則で定める
ところにより確認することをしないで、当該個人関連情報を当該第三者
に提供してはならない。

> 一　当該第三者が個人関連情報取扱事業者から個人関連情報の提供を受
> けて本人が識別される個人データとして取得することを認める旨の当
> 該本人の同意が得られていること。
>
> 二　外国にある第三者への提供にあっては、前号の本人の同意を得よう
> とする場合において、個人情報保護委員会規則で定めるところにより、
> あらかじめ、当該外国における個人情報の保護に関する制度、当該第
> 三者が講ずる個人情報の保護のための措置その他当該本人に参考とな
> るべき情報が当該本人に提供されていること。

2　第28条第３項の規定は、前項の規定により個人関連情報取扱事業者
が個人関連情報を提供する場合について準用する。この場合において、
同条第３項中「講ずるとともに、本人の求めに応じて当該必要な措置に
関する情報を当該本人に提供し」とあるのは、「講じ」と読み替えるもの
とする。

3　前条第２項から第３項までの規定は、第１項の規定により個人関連情
報取扱事業者が確認する場合について準用する。この場合において、同
条第３項中「の提供を受けた」とあるのは、「を提供した」と読み替える
ものとする。

（1）個人関連情報

　生存する個人に関する情報で、個人情報、仮名加工情報および匿名加工情報のいずれにも該当しないものを個人関連情報という。

【個人関連情報に該当する例】

　例1）Cookie 等を通じて収集されたある個人の Web サイトの閲覧履歴

　例2）メールアドレスに結び付いたある個人の年齢・性別・家族構成

　例3）ある個人の商品購買履歴・サービス利用履歴

　例4）ある個人の位置情報

　例5）ある個人の興味・関心を示す情報

（2）個人関連情報取扱事業者

　国の機関、地方公共団体、地方独立行政法人を除く、個人関連情報データベース等を事業の用に供している者を個人関連情報取扱事業者という。

（3）個人関連情報の第三者提供の制限等

　個人関連情報取扱事業者は、提供先の第三者が個人関連情報データベース等を構成する個人関連情報を個人データとして取得することが想定されるときは、オプトアウトの場合を除き、あらかじめ本人の同意が得られていること等を確認しないで、個人関連情報を提供してはならない。

　この義務は、個人関連情報取扱事業者による個人関連情報の第三者提供一般に適用されるものではなく、提供先の第三者が個人関連情報を「個人データとして取得することが想定されるとき」に適用されるものである。そのため、個人関連情報の提供を行う個人関連情報取扱事業者は、提供先の第三者との間で、提供を行う個人関連情報の項目や、提供先の第三者における個人関連情報の取扱い等を踏まえた上で、それにもとづいてこの義務の適用の有無を判断する。

　個人関連情報取扱事業者は、個人情報取扱事業者の第三者提供における確認と記録義務（法29,30条）と同様に、個人関連情報を提供する先の第三者が個人関連情報を取得することが想定されるときに、本人の同意が得られていることの確認に対して、記録をしなければならない。また、記録の保存期間も同様である。

第2章

第2章第10節◎過去問題チェック

1．本邦における個人データの第三者提供の制限に関する以下のアからエまでの記述のうち、最も適切なものを１つ選びなさい。

　ア．個人情報取扱事業者は、あらかじめ書面による本人の同意を得なければ、個人データを第三者に提供することはできない。

　イ．同一事業者内の他の部署へ個人データを提供する場合であっても、原則として、あらかじめ、第三者提供に関する本人の同意を得なければならない。

　ウ．個人データは、提供される件数を問わず、第三者提供の制限の対象となる。

　エ．個人データの第三者提供の同意を得るに当たり、当該本人には提供先の氏名又は名称を明示しなければならない。　　　　　　〈第73回　問題28〉

2．本邦における個人データの第三者提供の制限に関する以下のアからエまでの記述のうち、最も適切ではないものを１つ選びなさい。

　ア．個人情報取扱事業者は、あらかじめ書面による、本人の同意を得なければ、個人データを第三者に提供することはできない。

　イ．個人情報取扱事業者が、自社を退職した従業者に関する在籍確認や勤務状況等について、第三者から問合せを受けた場合、その情報が個人データであるときには、その問合せに回答することは個人データの第三者提供に該当し、原則として、あらかじめ本人の同意を得る必要がある。

　ウ．個人データは、提供される件数を問わず、第三者提供の制限の対象となる。

　エ．従業者の個人データを含む情報について弁護士会から適法に照会があった場合、個人情報取扱事業者は、あらかじめ本人の同意を得なくても、当該弁護士会に当該情報を提供することができる。　　〈第71回　問題28〉

3．本邦における個人データの第三者提供の制限に関する以下のアからエまでの記述のうち、最も適切なものを１つ選びなさい。

　ア．企業の代表者情報等の公開情報を第三者提供する際には、あらかじめ本人の同意が必要となる。

　イ．株主より株主名簿の閲覧を求められた場合に株主名簿を開示することは

第三者提供に該当するため、あらかじめ全株主の同意が必要となる。

ウ．株主総会開催の際に管轄の警察署に会場の警備を依頼している場合、それに伴う要注意株主のリスト（氏名、住所、持株数等）の提出を警察署から求められた場合は、あらかじめ本人の同意が必要となる。

エ．自社を退職した従業者に関する在籍確認や勤務状況等の第三者からの問合せへの答えは、本人の同意が必要となる。　　　〈第72回　問題28〉

4．オプトアウトによる第三者提供に関する以下のアからエまでの記述のうち、最も適切ではないものを1つ選びなさい。

ア．個人情報取扱事業者は、個人データの第三者への提供に当たり、一定の事項をあらかじめ本人に通知し、又は本人が容易に知り得る状態に置くとともに、個人情報保護委員会に届け出た場合には、原則として、あらかじめ本人の同意を得ることなく、個人データを第三者に提供することができる。

イ．要配慮個人情報は、オプトアウトによる方法で第三者に提供することはできない。

ウ．オプトアウトによる方法で提供を受けた個人情報は、同じ方法で再提供することができる。

エ．個人情報取扱事業者がオプトアウトによる方法で個人データを第三者に提供する場合、オプトアウト事項を個人情報保護委員会に届け出なければならないが、届け出たときは、その内容を自らもインターネットの利用その他の適切な方法により公表するものとされている。　〈第73回　問題30〉

5．個人情報取扱事業者は、オプトアウト方式により個人データを第三者に提供したときは、個人情報保護委員会規則で定める事項に関する記録を作成しなければならない。ここでいう「個人情報保護委員会規則で定める事項」に該当しないものを、以下のアからエまでのうち1つ選びなさい。

ア．第三者の氏名又は名称及び住所並びに法人にあっては、その代表者の氏名

イ．個人データの項目

ウ．個人データを提供した理由

エ．個人データを提供した年月日　　　　　　　　　　　〈第73回　問題31〉

6．個人データの共同利用に関する以下のアからエまでの記述のうち、最も適切ではないものを1つ選びなさい。

ア．特定の者との間で共同して利用される個人データを当該特定の者に提供する場合とは、全ての共同利用者が双方向で行う場合だけではなく、一部の共同利用者に対し、一方向で行うことも含まれる。

イ．特定の者との間で共同して利用される個人データを当該特定の者に提供する場合であって、一定の事項を、あらかじめ本人に通知し、又は本人が容易に知り得る状態に置き、かつ、個人情報保護委員会に届け出たときは、あらかじめ本人の同意を得ることなく、又は第三者提供におけるオプトアウト手続を行うことなく、当該個人データを提供することができる。

ウ．共同利用者の範囲については、本人がどの事業者まで将来利用されるか判断できる程度に明確にする必要があり、当該範囲が明確で本人がどの事業者まで利用されるか判断できるような場合は、必ずしも事業者の名称等を個別に全て列挙する必要はない。

エ．個人情報取扱事業者は、共同利用する者の利用目的を変更しようとする場合には、変更する内容について、あらかじめ本人に通知等をしなければならない。　　　　　　　　　　　　　　　　　　　　　　〈第71回　問題30〉

7．第三者提供に係る記録の作成等に関する規定が適用されるものを以下のアからエまでのうち1つ選びなさい。

ア．外国にある第三者に個人データを提供する場合

イ．訴訟代理人の弁護士・裁判所に、訴訟の相手方に係る個人データを含む証拠等を提出する場合

ウ．顧客からグループ会社の紹介を求められたため、当該顧客本人の氏名・住所等の連絡先等を、当該グループ会社に提供する場合

エ．顧客が別の者を指定して、自己に連絡をする際は指定した者を通すようにと事業者に要請していた場合、その連絡内容に当該顧客に係る個人デー

タが含まれていたとき 〈第 72 回　問題 31〉

8．第三者提供を受ける際の確認等に関する以下のアからエまでの記述のうち、最も適切なものを 1 つ選びなさい。

　ア．個人情報取扱事業者は、第三者から個人データの提供を受けた場合は、所定の事項を確認しなければならないが、複数回にわたって同一「本人」の個人データの授受をする場合であっても、その都度、確認を行わなければならない。

　イ．個人情報取扱事業者は、第三者から個人データの提供を受ける際には、原則として、当該第三者による当該個人データの取得の経緯を確認しなければならないが、提供者がホームページで個人データの取得の経緯を公表している場合は、その内容を確認することも適切な確認方法である。

　ウ．個人情報取扱事業者は、法人である第三者から個人データの提供を受ける際には、当該第三者の法人名を確認しなければならないが、その法人の代表者の氏名を確認することまでは求められていない。

　エ．個人情報取扱事業者は、合併その他の事由による事業の承継に伴って個人データの提供を受ける場合は、当該個人データの取得の経緯等の確認を行わなければならない。 〈第 73 回　問題 34〉

保有個人データに対する義務

(保有個人データに関する事項の公表等)

第32条　個人情報取扱事業者は、保有個人データに関し、次に掲げる事項について、本人の知り得る状態(本人の求めに応じて遅滞なく回答する場合を含む)に置かなければならない。

> 一　当該個人情報取扱事業者の氏名又は名称及び住所並びに法人にあっては、その代表者の氏名
> 二　全ての保有個人データの利用目的(※1)
> 三　次項の規定による求め又は次条第1項、第34条第1項若しくは第35条第1項、第3項若しくは第5項の規定による請求に応じる手続(第38条第2項の規定により手数料の額を定めたときは、その手数料の額を含む)
> 四　前三号に掲げるもののほか、保有個人データの適正な取扱いの確保に関し必要な事項として政令で定めるもの

2　個人情報取扱事業者は、本人から、当該本人が識別される保有個人データの利用目的の通知を求められたときは、本人に対し、遅滞なく、これを通知しなければならない。ただし、次の各号のいずれかに該当する場合は、この限りでない。

> 一　前項の規定により当該本人が識別される保有個人データの利用目的が明らかな場合
> 二　第21条第4項第一号から第三号まで(※2)に該当する場合

3　個人情報取扱事業者は、前項の規定に基づき求められた保有個人データの利用目的を通知しない旨の決定をしたときは、本人に対し、遅滞なく、その旨を通知しなければならない。

(※1) 第21条第4項第一号から第三号までに該当する場合を除く
(※2) 適用除外事由〔2〕の①〜③、P.86 参照

1 保有個人データに関する事項の公表等

　個人情報取扱事業者は、保有個人データについて、次の①から④までの情報を**本人の知り得る状態**に置かなければならない（法 32 条 1 項）。本人の求めに応じて遅滞なく回答することも可能である。

> ①　個人情報取扱事業者の氏名または名称、法人の場合はその代表者の氏名
> ②　すべての保有個人データの利用目的（ただし一定の場合を除く）
> ③　保有個人データの利用目的の通知の求め又は開示等の請求に応じる手続および保有個人データの利用目的の通知の求めや開示の請求に係る手数料を定めた場合、その金額
> ④　保有個人データの安全管理のために講じた措置や取扱いに関する苦情の申出先

2 保有個人データの利用目的の通知

　個人情報取扱事業者は、次の①から④までの場合を除いて、本人から、当該本人が識別される保有個人データの利用目的の通知を求められたときは、遅滞なく、**本人に通知**しなければならない（法 32 条 2 項）。利用目的を通知しないことを決定した場合も同様に通知する義務がある（法 32 条 3 項）。

> ①　本人が識別される保有個人データの利用目的が明らかである場合
> ②　利用目的を本人に通知または公表することにより本人または第三者の生命、身体、財産その他の権利利益を害するおそれがある場合
> ③　利用目的を本人に通知または公表することにより個人情報取扱事業者の権利または利益が侵害されるおそれがある場合
> ④　国の機関等が法令の定める事務を実施する上で、民間企業等の協力を得る必要がある場合で、協力する民間企業等が国の機関等から受け取った保有個人データの利用目的を本人に通知または公表することにより、本人の同意を得ることが事務の遂行に支障を及ぼすおそれがある場合

（開示）

第33条　本人は、個人情報取扱事業者に対し、当該本人が識別される保有個人データの電磁的記録の提供による方法その他の個人情報保護委員会規則で定める方法による開示を請求することができる。

2　個人情報取扱事業者は、前項の規定による請求を受けたときは、本人に対し、同項の規定により当該本人が請求した方法（当該方法による開示に多額の費用を要する場合その他の当該方法による開示が困難である場合にあっては、書面の交付による方法）により、遅滞なく、当該保有個人データを開示しなければならない。ただし、開示することにより次の各号のいずれかに該当する場合は、その全部又は一部を開示しないことができる。

> 一　本人又は第三者の生命、身体、財産その他の権利利益を害するおそれがある場合
>
> 二　当該個人情報取扱事業者の業務の適正な実施に著しい支障を及ぼすおそれがある場合
>
> 三　他の法令に違反することとなる場合

3　個人情報取扱事業者は、第１項の規定による請求に係る保有個人データの全部若しくは一部について開示しない旨の決定をしたとき、当該保有個人データが存在しないとき、又は同項の規定により本人が請求した方法による開示が困難であるときは、本人に対し、遅滞なく、その旨を通知しなければならない。

4　他の法令の規定により、本人に対し第２項本文に規定する方法に相当する方法により当該本人が識別される保有個人データの全部又は一部を開示することとされている場合には、当該全部又は一部の保有個人データについては、第１項及び第２項の規定は、適用しない。

5　第１項から第３項までの規定は、当該本人が識別される個人データに係る第29条第１項及び第30条第３項の記録^{（※1）}（「第三者提供記録」という）について準用する。

(※1)　その存否が明らかになることにより公益その他の利益が害されるものとして政令で定めるものを除く

3　保有個人データの開示

　個人情報取扱事業者は、本人から、当該本人が識別される保有個人データの開示の請求を受けたときは、本人に対し、電磁的記録の提供による方法、書面の交付による方法等により、遅滞なく、該当の**保有個人データを開示**しなければならない（法33条1、2項）。開示請求を受けた情報が存在しないときには、その旨を知らせることを含む（法33条3項）。さらに、他の法令で方法が規定されている場合はその方法で行う（法33条4項）。

　ただし、開示することにより次の①から③までのいずれかに該当する場合は、その全部または一部を**開示しない**とすることができるが、これにより開示しない旨の決定をしたときまたは請求に係る保有個人データが存在しないときは、遅滞なく、その旨を**本人に通知**しなければならない。

> ①　本人または第三者の生命、身体、財産その他の権利利益を害するおそれがある場合
> 　事例）医療機関等において、病名等を患者に開示することにより、患者本人の心身状況を悪化させるおそれがある場合
> ②　個人情報取扱事業者の業務の適正な実施に著しい支障を及ぼすおそれがある場合
> 　事例）同一の本人から複雑な対応を要する同一内容について繰り返し開示の請求があり、事実上問合せ窓口が占有されることによって他の問合せ対応業務が立ち行かなくなる等、業務上著しい支障を及ぼすおそれがある場合
> ③　他の法令に違反することとなる場合
> 　事例）刑法134条（秘密漏示罪）や電気通信事業法4条（通信の秘密の保護）に違反することとなる場合

　また、他の法令の規定により、指定どおりの方法により当該本人が識別される保有個人データを開示することとされている場合には、これらの規定は適用されず、該当の他の法令の規定が適用される。そして、個人データを提供・受領した第三者提供記録も開示対象とされている。

（訂正等）

第34条　本人は、個人情報取扱事業者に対し、当該本人が識別される保有個人データの内容が事実でないときは、当該保有個人データの内容の訂正、追加又は削除（以下「訂正等」という）を請求することができる。

2　個人情報取扱事業者は、前項の規定による請求を受けた場合には、その内容の訂正等に関して他の法令の規定により特別の手続が定められている場合を除き、利用目的の達成に必要な範囲内において、遅滞なく必要な調査を行い、その結果に基づき、当該保有個人データの内容の訂正等を行わなければならない。

3　個人情報取扱事業者は、第1項の規定による請求に係る保有個人データの内容の全部若しくは一部について訂正等を行ったとき、又は訂正等を行わない旨の決定をしたときは、本人に対し、遅滞なく、その旨（訂正等を行ったときは、その内容を含む）を通知しなければならない。

（利用停止等）

第35条　本人は、個人情報取扱事業者に対し、当該本人が識別される保有個人データが第18条[※1]若しくは第19条[※2]の規定に違反して取り扱われているとき、又は第20条[※3]の規定に違反して取得されたものであるときは、当該保有個人データの利用の停止又は消去（以下「利用停止等」という）を請求することができる。

2　個人情報取扱事業者は、前項の規定による請求を受けた場合であって、その請求に理由があることが判明したときは、違反を是正するために必要な限度で、遅滞なく、当該保有個人データの利用停止等を行わなければならない。ただし、当該保有個人データの利用停止等に多額の費用を要する場合その他の利用停止等を行うことが困難な場合であって、本人の権利利益を保護するため必要なこれに代わるべき措置をとるときは、この限りでない。

[※1]　第18条：利用目的外利用
[※2]　第19条：違法又は不当な行為を助長したり、誘発するおそれがある方法により取得したものの利用
[※3]　第20条：偽りその他不正の手段による取得、あらかじめ本人の同意を得ないで要配慮個人情報を取得

4 保有個人データの訂正等

　個人情報取扱事業者は、本人から、**内容の訂正、追加、削除の請求を受**けた場合は、利用目的の達成に必要な範囲で遅滞なく必要な調査を行い、その結果に基づき、原則として、それらの対応を行わなければならない（法34条2項）。ただし、あくまでも情報が事実でないという誤りに対する対応のみが義務であり、それら以外の本人の希望等による請求の場合は、法律の定めとは関係なく、対応するかどうかは事業者の判断によるものとなる。

　法の定めに基づいて対応を行ったとき、あるいはそれらを行わない旨を決定したときは、遅滞なく、その旨を**本人**に**通知**しなければならない。訂正等の対応を行ったときは、その内容もあわせて通知する。

5 保有個人データの利用停止等

　個人情報取扱事業者は、本人から、**保有個人データの利用の停止または消去の請求**を受けた場合、原則として遅滞なく、それらの対応を行わなければならない（法35条1項）。ただし、その対応が義務となるのは、本人が識別される保有個人データが、本人の**同意なく目的外利用**されている場合（法18条）、不適正な方法で利用されている場合（法19条）、あるいは**偽りその他不正の手段により個人情報が取得**されたり、本人の**同意なく要配慮個人情報が取得**されたもの（法20条）であるという理由に限られ、その請求に理由の確認も必要となる。

　ただし、事業者が利用停止等の対応をするのに**多額の費用**を要する場合等、利用停止等を行うことが困難な場合で、本人の権利利益を保護するために必要なこれに代わる措置をとることも許される。

　また、利用停止や消去に関して、**義務として対応するべき対象**は、不正な取得等の場合に限られるため、本人の事前同意があるものや、本人の意図に基づいて取得した個人データに関しては、対応するかどうかは法律の定めとは関係なく、**事業者の判断**によるものとなる。本人の権利利益保護の観点からは、事業活動の特性・規模等を考慮して、自主的に利用停止や消去に応じる等、本人からの求めにできる限り対応することが望ましい。

第 35 条（利用停止等）の続き

3　本人は、個人情報取扱事業者に対し、当該本人が識別される保有個人データが第 27 条第 1 項又は第 28 条の規定に違反して第三者に提供されているときは、当該保有個人データの第三者への提供の停止を請求することができる。

4　個人情報取扱事業者は、前項の規定による請求を受けた場合であって、その請求に理由があることが判明したときは、遅滞なく、当該保有個人データの第三者への提供を停止しなければならない。ただし、当該保有個人データの第三者への提供の停止に多額の費用を要する場合その他の第三者への提供を停止することが困難な場合であって、本人の権利利益を保護するため必要なこれに代わるべき措置をとるときは、この限りでない。

5　本人は、個人情報取扱事業者に対し、当該本人が識別される保有個人データを当該個人情報取扱事業者が利用する必要がなくなった場合、当該本人が識別される保有個人データに係る第 26 条第 1 項本文に規定する事態が生じた場合その他当該本人が識別される保有個人データの取扱いにより当該本人の権利又は正当な利益が害されるおそれがある場合には、当該保有個人データの利用停止等又は第三者への提供の停止を請求することができる。

6　個人情報取扱事業者は、前項の規定による請求を受けた場合であって、その請求に理由があることが判明したときは、本人の権利利益の侵害を防止するために必要な限度で、遅滞なく、当該保有個人データの利用停止等又は第三者への提供の停止を行わなければならない。ただし、当該保有個人データの利用停止等又は第三者への提供の停止に多額の費用を要する場合その他の利用停止等又は第三者への提供の停止を行うことが困難な場合であって、本人の権利利益を保護するため必要なこれに代わるべき措置をとるときは、この限りでない。

6 第三者提供の停止

　本人から、**第三者提供の停止の請求**を受けた場合、その請求に理由があることが判明したときは、原則として遅滞なく、第三者提供を停止しなければならない（法35条4項）。ただし、その対応が義務となるのは、本人の同意なく第三者に提供されていたり、外国にある第三者への提供の制限の**規定に違反**しているという理由による請求に限られる。

　また、事業者が第三者への提供の停止に**多額の費用**を要する場合等、第三者への提供を停止することが困難な場合で、本人の権利利益を保護するために必要なこれに代わる措置をとることも許される。

　利用停止や消去の求めと同様に、第三者提供に関して、本人の事前同意をとっている場合にそれらの求めに対応するかどうかは、法律の定めとは関係なく、**事業者の判断**によるものとなる。本人の権利利益保護の観点から、自主的に提供停止に応じる等、本人からの求めにできる限り対応することが望ましい。

7 利用停止等の対応に関する通知

　個人情報取扱事業者は、これらの利用停止等の保有個人データに対する対応について、応じるか否かを決定をしたとき、遅滞なく、その旨を**本人に通知**しなければならない（法35条7項前段）。

　また、第三者提供の停止の求めに対しても、第三者提供を停止する、しないにかかわらず、本人がその旨を知れるよう、遅滞なく、その旨を**本人に通知**しなければならない（法35条7項後段）。

8 理由の説明

　個人情報取扱事業者は、保有個人データの利用目的の通知の求めや保有個人データの開示・訂正等・利用停止等、あるいは第三者提供の停止に関する請求に対する措置の全部や一部について、その措置をとらない旨や、その措置と異なる措置をとる旨を本人に通知する場合は、本人に対して、その**理由を説明**するように努めることが求められている（法36条）。

第 35 条（利用停止等）の続き

7　個人情報取扱事業者は、第 1 項の規定による請求に係る保有個人デー タの全部若しくは一部について<u>利用停止等を行ったとき</u>若しくは<u>利用停 止等を行わない旨の決定をしたとき</u>、又は第 3 項の規定による請求に係 る保有個人データの全部若しくは一部について<u>第三者への提供を停止し たとき</u>若しくは<u>第三者への提供を停止しない旨の決定をしたとき</u>は、本 人に対し、遅滞なく、その旨を<u>通知</u>しなければならない。

（理由の説明）

第 36 条　個人情報取扱事業者は、第 32 条第 3 項、第 33 条第 3 項、第 34 条第 3 項又は前条第 7 項の規定により、本人から求められ、又は請 求された措置の全部又は一部について、その<u>措置をとらない旨を通知す る場合</u>又はその<u>措置と異なる措置をとる旨を通知する場合</u>には、本人に 対し、<u>その理由を説明する</u>よう努めなければならない。

（開示等の請求等に応じる手続）

第 37 条　個人情報取扱事業者は、第 32 条第 2 項の規定による求め又は 第 33 条第 1 項、第 34 条第 1 項若しくは第 35 条第 1 項、第 3 項若し くは第 5 項の規定による請求（以下「開示等の請求等」という）に関し、政 令で定めるところにより、<u>その求め又は請求を受け付ける方法を定める ことができる</u>。この場合において、<u>本人は、当該方法に従って、開示等 の請求等を行わなければならない</u>。

2　個人情報取扱事業者は、本人に対し、開示等の請求等に関し、その対 象となる保有個人データ又は第三者提供記録を特定するに足りる事項の <u>提示を求める</u>ことができる。この場合において、個人情報取扱事業者は、 本人が容易かつ的確に開示等の請求等をすることができるよう、当該保 有個人データ又は当該第三者提供記録の特定に資する情報の提供その他 本人の利便を考慮した適切な措置をとらなければならない。

3　開示等の請求等は、<u>政令で定めるところ</u>[※1]により、<u>代理人</u>によって することができる。

4　個人情報取扱事業者は、前三項の規定に基づき開示等の請求等に応じ る手続を定めるに当たっては、本人に<u>過重な負担を課するものとならな いよう配慮</u>しなければならない。

[※1]　(1) 未成年者又は成年被後見人の法定代理人　(2) 本人が委任した代理

9 開示等の請求等に応じる手続

　個人情報取扱事業者は、開示等の請求等において、これを**受け付ける方法**として次の①から④までの事項を定めることができる。

> ①　開示等の請求等の申出先
> ②　提出すべき書面の様式、その他の開示等の請求等の受付方法
> ③　請求をする者が本人またはその代理人であることの確認の方法
> ④　利用目的の通知や開示をする際に徴収する手数料の徴収方法

　開示等の請求等を受け付ける方法を定めた場合には、**本人の知り得る状態**に置いておかなければならない。本人の求めに応じて遅滞なく回答する対応も可能である。

　開示等の請求等を受け付ける方法を**合理的な範囲**で定めたときは、本人は、指定の方法に従って開示等の請求等を行わなければならず、従わなかった場合、個人情報取扱事業者は開示等の請求等を拒否することができる。

　個人情報取扱事業者は、円滑に開示等の手続きが行えるよう、本人に対し、開示等の請求等の対象となる**本人を確認**するため、保有個人データの特定に必要な、住所・ID・パスワード・会員番号等の事項の提示を求めることができる。その際には、本人が容易かつ的確に開示等の請求等ができるよう、保有個人データの特定のための情報を提供するなど、本人の利便性を考慮しなければならない。

10 手数料

　個人情報取扱事業者は、保有個人データの利用目的の通知を求められたり、開示の請求を受けたとき、さらに第三者提供記録の開示の請求を受けたときは、それらの措置に関し、**手数料の額**を定め、徴収することができる（法38条1項）。手数料を徴収する場合は、**実費を勘案**して合理的な範囲内でその手数料の額を定めなければならない（同2項）。なお、手数料の額を定めた場合は、本人の知り得る状態に置いておかなければならない（法32条1項三号）。

（手数料）

第 38 条　個人情報取扱事業者は、第 32 条第 2 項の規定による<u>利用目的の通知</u>を求められたとき又は第 33 条第 1 項の規定による<u>開示の請求</u>を受けたときは、当該措置の実施に関し、<u>手数料を徴収</u>することができる。

2　個人情報取扱事業者は、前項の規定により手数料を徴収する場合は、<u>実費を勘案して合理的であると認められる範囲内</u>において、その手数料の額を定めなければならない。

（事前の請求）

第 39 条　本人は、第 33 条第 1 項^{（※ 1）}、第 34 条^{（※ 2）}第 1 項又は第 35 条^{（※ 3）}第 1 項、第 3 項若しくは第 5 項の規定による請求に係る<u>訴えを提起</u>しようとするときは、その訴えの被告となるべき者に対し、<u>あらかじめ、当該請求を行い</u>、かつ、その<u>到達した日から 2 週間を経過した後</u>でなければ、その訴えを提起することができない。ただし、当該訴えの被告となるべき者がその請求を拒んだときは、この限りでない。

2　前項の請求は、その請求が通常到達すべきであった時に、到達したものとみなす。

3　前二項の規定は、第 33 条第 1 項^{（※ 1）}、第 34 条^{（※ 2）}第 1 項又は第 35 条^{（※ 3）}第 1 項若しくは第 5 項の規定による請求に係る仮処分命令の申立てについて準用する。

（個人情報取扱事業者による苦情の処理）

第 40 条　個人情報取扱事業者は、個人情報の取扱いに関する<u>苦情の適切かつ迅速な処理</u>に努めなければならない。

2　個人情報取扱事業者は、前項の目的を達成するために<u>必要な体制の整備</u>に努めなければならない。

---

^{（※ 1）}　開示請求
^{（※ 2）}　訂正、追加または削除請求
^{（※ 3）}　利用の停止または消去請求

11　裁判上の訴えの事前請求

　自身の保有個人データに対する開示、訂正、利用停止等、第三者提供の停止および提供記録の開示の個人情報取扱事業者への請求について、**裁判上の訴えを起こそうとするとき**は、その訴えの前にそれらの請求を個人情報取扱事業者に対して行い、請求が個人情報取扱事業者に到達した日から**2週間後**でなければできない（法39条1項）。

　これらは、**個人の権利に配慮**しつつも、事業者がその請求の要件を満たしているかなど、検討の時間をもてるよう、**事業者への配慮**が含まれ、双方の便益を考慮し改正法から盛り込まれた。

　ただし、個人情報取扱事業者が裁判外の請求を拒んだときは、2週間を経過する前に、裁判上の訴えを起こすことができる。ここでいう「拒む」は、開示・訂正・追加や削除の求めや、その通知とともに、それらの対応をしない場合に理由の説明をせずに通知した場合も含む。

　事前の請求を受けた個人情報取扱事業者がすべて応じたときは訴えを提起できないが、一部でも応じなかったときは、その部分の提起はできる。

12　個人情報の取扱いに関する苦情処理

　個人情報取扱事業者は、個人情報の取扱いに関する**苦情の適切かつ迅速な処理**に努めなければならない（法40条1項）。また、苦情の適切かつ迅速な処理を行うにあたり、**苦情処理窓口の設置**や苦情処理の手順を定める等、必要な体制の整備に努めなければならない（法40条2項）。

　これらは、ともに**努力義務**であり、いわゆるクレーマーなどによる無理な要求にまで対応する必要はない。

　保有個人データの取扱いに関する**苦情の申出先**については、本人の知り得る状態に置かなければならない（法32条1項四号）。

　本人からの苦情に関しては、一般的には国民生活センターや関係省庁へ伝達されることが少なくないが、事業者の個人情報の取扱いに関しては、その事業者との間での解決が求められており、事業者自体がその処理に努めるべきである。それらで解決しない場合は、認定個人情報保護団体や、地方公共団体などを含め、対応を行う体制がとられている。

第2章

第2条（定義）

5　この法律において「仮名加工情報」とは、次の各号に掲げる個人情報の区分に応じて当該各号に定める措置を講じて他の情報と照合しない限り特定の個人を識別することができないように個人情報を加工して得られる個人に関する情報をいう。

> 一　第1項第一号に該当する個人情報　当該個人情報に含まれる記述等の一部を削除すること（当該一部の記述等を復元することのできる規則性を有しない方法により他の記述等に置き換えることを含む）。
>
> 二　第1項第二号に該当する個人情報　当該個人情報に含まれる個人識別符号の全部を削除すること（当該個人識別符号を復元することのできる規則性を有しない方法により他の記述等に置き換えることを含む）。

第四章　個人情報取扱事業者等の義務等　第16条（定義）

5　この章、第六章及び第七章において「仮名加工情報取扱事業者」とは、仮名加工情報を含む情報の集合物であって、特定の仮名加工情報を電子計算機を用いて検索することができるように体系的に構成したものその他特定の仮名加工情報を容易に検索することができるように体系的に構成したものとして政令で定めるもの（「仮名加工情報データベース等」という）を事業の用に供している者をいう。ただし、第2項各号に掲げる者[※1]を除く。

第三節　仮名加工情報取扱事業者等の義務

（仮名加工情報の作成等）

第41条　個人情報取扱事業者は、仮名加工情報（仮名加工情報データベース等を構成するものに限る）を作成するときは、他の情報と照合しない限り特定の個人を識別することができないようにするために必要なものとして個人情報保護委員会規則で定める基準に従い、個人情報を加工しなければならない。

[※1] 国の機関、地方公共団体、独立行政法人等、地方独立行政法人

1 仮名加工情報制度制定の背景

　情報通信社会の進展にともなって、ビッグデータ処理など仮名化・匿名化された個人情報を利活用しようとするニーズが高まってきた。2015年改正法で創設された匿名加工情報では、元の情報に復元できないような加工基準等が求められ、それらは利活用促進を妨げる要因であった。

　それらに対し、一定の安全性を確保しつつ、データとしての有用性を加工前の個人情報と同等程度に保つことにより、匿名加工情報よりも詳細な分析を比較的簡便な加工方法で実施し得るものとして、氏名等を削除した**「仮名加工情報」**が2020年改正法で創設された。簡便な仮名加工によって、漏洩した際に本人が受ける権利利益の侵害リスクを低減させられることにともない、個人情報に対する義務を緩和されることにより、情報の内部分析や利活用を促進させることが目指されている。

2 仮名加工情報制度における定義

（1）　仮名加工情報
　「仮名加工情報」とは、他の情報と照合しない限り特定の個人を識別することができないように加工された個人に関する情報である。個人情報に含まれる特定の個人を識別することができる記述等の一部を削除または置換をしたものや、個人識別符号の全部を削除または置換したものである。

（2）　仮名加工情報データベース等
　仮名加工情報を含む情報の集合物で、特定の仮名加工情報を、電子計算機を用いて検索することができるように体系的に構成したもの、および特定の仮名加工情報を容易に検索することができるように体系的に構成したものを**「仮名加工情報データベース等」**という。

（3）　仮名加工情報取扱事業者
　仮名加工情報データベース等を、事業に利用している者を**仮名加工情報取扱事業者**という。仮名加工情報取扱事業者等の義務（法第四章第三節）は、仮名加工情報データベース等を構成するものに限られる。

第41条（仮名加工情報の作成等）の続き

2　個人情報取扱事業者は、<u>仮名加工情報を作成したとき</u>、又は仮名加工情報及び当該仮名加工情報に係る<u>削除情報等</u>^(※1)を取得したときは、削除情報等の漏えいを防止するために必要なものとして個人情報保護委員会規則で定める基準に従い、削除情報等の<u>安全管理のための措置を講じ</u>なければならない。

3　仮名加工情報取扱事業者（個人情報取扱事業者である者に限る）は、第18条の規定にかかわらず、法令に基づく場合を除くほか、第17条第1項の規定により特定された利用目的の達成に必要な範囲を超えて、仮名加工情報（個人情報であるものに限る）を取り扱ってはならない。

5　仮名加工情報取扱事業者は、仮名加工情報である個人データ及び削除情報等を利用する必要がなくなったときは、当該個人データ及び削除情報等を遅滞なく消去するよう努めなければならない。この場合においては、第22条の規定^(※2)は、適用しない。

7　仮名加工情報取扱事業者は、仮名加工情報を取り扱うに当たっては、当該仮名加工情報の作成に用いられた個人情報に係る本人を識別するために、当該仮名加工情報を他の情報と照合してはならない。

9　仮名加工情報、仮名加工情報である個人データ及び仮名加工情報である保有個人データについては、第17条第2項^(※3)、第26条^(※4)及び第32条から第39条までの規定^(※5)は、適用しない。

（仮名加工情報の第三者提供の制限等）

第42条　仮名加工情報取扱事業者は、法令に基づく場合を除くほか、仮名加工情報（個人情報であるものを除く）を第三者に提供してはならない。

3　第23条から第25条まで、第40条^(※6)並びに前条第7項及び第8項の規定は、仮名加工情報取扱事業者による仮名加工情報の取扱いについて準用する。

^(※1) 仮名加工情報の作成に用いられた個人情報から削除された記述等及び個人識別符号並びに前項の規定により行われた加工の方法に関する情報をいう
^(※2) データ内容の正確性の確保等　^(※3) 利用目的の変更　^(※4) 漏えい時の報告等
^(※5) 保有個人データに関する義務
^(※6) 安全管理措置、従業者の監督、委託先の監督、苦情処理

3　仮名加工情報を取り扱う事業者の義務

　仮名加工情報は、他の情報と照合しない限り特定の個人を識別できないよう個人情報を仮名加工した情報である。仮名加工とは、氏名など識別性のある記述等や、旅券番号など個人識別符号を削除・置換することで、それらの削除された情報や加工方法の情報を**削除情報等**という。事業者は、これらの削除情報等を消去する義務はない。

　仮名加工情報は、他の情報と照合することで誰の情報か識別できるなら**個人情報に該当**し、通常と同様の個人情報や個人データ、保有個人データに対する義務規定が適用される。ただし、制度趣旨に沿うよう、義務内容や適用が一部緩和されているとともに、特有の制限や管理が求められている。

　例えば、仮名加工情報は一般の個人情報と同様に利用目的の範囲内に限られるが、取得後の利用目的の変更は可能で、それらは、本人同意は不要で公表することで行える。これらにより、当初目的には該当しない目的での利用や、該当するかどうか判断が難しい新たな目的での内部分析、さらに将来的に統計分析に利用するために加工した上で保管するなどの利活用ができる。また、保有個人データに該当する場合でも、開示等の請求等の対象にはならない。逆に、仮名加工情報の作成に用いられた削除情報等に対して安全管理措置が定められ、適切な管理が求められている。

（1）　仮名加工情報扱事業者が遵守する義務等

　個人情報取扱事業者が、事業で仮名加工情報データベース等を作成する場合等、および個人情報取扱事業者である仮名加工情報取扱事業者が遵守すべき義務を規定している（法第四章第三節）。

① 　仮名加工情報の適正な加工（法41条1項）

② 　仮名加工情報と削除情報等の安全管理措置等（法41条2項）

③ 　仮名加工情報の利用目的の制限（法41条3項・4項）

④ 　仮名加工情報である個人データや削除情報の消去努力（法41条5項）

⑤ 　第三者提供の禁止（法41条6項、法42条）

⑥ 　識別行為の禁止（法41条7項）

(2)　仮名加工情報の適正な加工（法41条1項）

　仮名加工情報を作成するとき、他の情報と照合しない限り特定の個人を識別できないようにするために、施行規則で基準が定められており、以下の情報の削除や置換が求められている。

① 　氏名等の特定の個人を識別することができる記述等

② 　個人識別符号

③ 　不正な利用により財産的被害が生じるおそれがある記述等

(3)　仮名加工情報の安全管理措置等（法41条2項・5項・9項）

　仮名加工情報は、削除情報や加工方法が漏洩した際、情報を復元するおそれがあるため、それらに対して安全管理措置義務が施行規則で定められている。

① 　削除情報等を取り扱う者の権限と責任の明確化

② 　削除情報等の取扱いに関する規程類の整備、規程類に従った適切な取扱い、および削除情報等の取扱状況の評価およびその結果に基づき改善を図るために必要な措置の実施

③ 　削除情報等を取り扱う正当な権限を有しない者による削除情報等の取扱いを防止するために必要かつ適切な措置

　仮名加工情報は、個人の権利利益が侵害されるリスクが低減されているので、個人データに該当しても、漏洩等の報告等に義務を負わず、開示や利用停止等の個人の請求対応義務も適用されない。また、仮名加工情報である個人データや削除情報等は、それらを利用しなくなった際は、遅滞なく消去するよう努力義務が課されているが、正確性の確保は不要である。なお、仮名加工前の個人情報は削除の必要はなく、それらの利用は可能である。

(4)　仮名加工情報の利用目的の制限（法41条3項・4項・9項）

　個人情報に該当する仮名加工情報は、加工前の個人情報の利用目的が引き継がれ、それらの範囲内に限られる。しかし、利用目的に変更の制限は適用されない。変更後の利用目的は、本人に通知は必要としないが公表が必要である。

（5）　仮名加工情報の第三者提供の禁止（法41条6項、法42条）

仮名加工情報の第三者提供は禁止されている。本人同意による提供もできない。法令に基づく場合や、委託または事業承継にともなう場合、共同利用については、仮名加工情報だけを提供することができる。提供を受けた事業者においては、それらは個人情報に該当せず、個人情報取扱事業者に該当しない場合もあるが、それらの事業者は、安全管理措置、従業者および委託先の監督、苦情処理、識別行為の禁止等、仮名加工情報取扱事業者の義務を負う。

（6）　仮名加工情報の識別行為の禁止（法41条7項）

仮名加工情報取扱事業者は、仮名加工情報の作成に用いられた個人情報の識別のために、仮名加工情報を**他の情報と照合することを禁止**されている。

【識別行為にあたらない取扱いの事例】

事例1）複数の仮名加工情報を組み合わせて統計情報を作成すること。

事例2）仮名加工情報を個人と関係のない情報（例：気象情報、交通情報、金融商品等の取引高）とともに傾向を統計的に分析すること。

【識別行為にあたる取扱いの事例】

事例1）保有する個人情報と仮名加工情報について、共通する記述等を選別してこれらを照合すること。

事例2）仮名加工情報を、当該仮名加工情報の作成の元となった個人情報と照合すること。

（※）「他の情報」に限定はなく、本人を識別する目的をもって行う行為であれば、個人情報、個人関連情報、仮名加工情報および匿名加工情報を含む情報全般と照合する行為が禁止される。また、具体的にどのような技術または手法を用いて照合するかは問わない。

 PICK UP
・仮名加工情報は、加工の容易性と利用制限によって、社内におけるビッグデータ等の利活用促進等を目指し創設された。
・仮名加工情報には、個人情報にあたるものとそうでないものがある。

第13節

匿名加工情報

第2条（定義）

6　この法律において「匿名加工情報」とは、次の各号に掲げる個人情報の区分に応じて当該各号に定める措置を講じて特定の個人を識別することができないように個人情報を加工して得られる個人に関する情報であって、当該個人情報を復元することができないようにしたものをいう。

> 一　第1項第一号に該当する個人情報　当該個人情報に含まれる記述等の一部を削除すること（当該一部の記述等を復元することのできる規則性を有しない方法により他の記述等に置き換えることを含む）。
> 二　第1項第二号に該当する個人情報　当該個人情報に含まれる個人識別符号の全部を削除すること（当該個人識別符号を復元することのできる規則性を有しない方法により他の記述等に置き換えることを含む）。

第四章　個人情報取扱事業者等の義務等　第16条（定義）

6　この章、第六章及び第七章において「匿名加工情報取扱事業者」とは、匿名加工情報を含む情報の集合物であって、特定の匿名加工情報を電子計算機を用いて検索することができるように体系的に構成したものその他特定の匿名加工情報を容易に検索することができるように体系的に構成したものとして政令で定めるもの（「匿名加工情報データベース等」という）を事業の用に供している者をいう。ただし、第2項各号に掲げる者(※)を除く。

(※)　国の機関、地方公共団体、独立行政法人等、地方独立行政法人

1　匿名加工情報制度制定の背景

　高度情報通信社会の進展にともなって、さまざまな情報が収集され、ビッグデータとして取り扱われるようになった。これらの情報が**匿名化**されていればよいが、加工された情報が復元されたり、特定の個人の情報だとわかれるようであれば問題がある。これらに対し、情報の適切な利活用促進を目指し、匿名加工方法やその情報の利用に関する規則が定められた。

2　匿名加工情報制度における定義

（1）　匿名加工情報

　「**匿名加工情報**」とは、所定の措置によって特定の個人を識別できないように個人情報を加工した個人に関する情報で、その情報を復元して特定の個人を再識別することができないようにしたものである（法2条6項）。

　個人識別符号が含まれない個人情報を加工元とする際は、特定の個人を識別することができなくなるように個人情報に含まれる**氏名、生年月日その他の記述等を削除**することで匿名加工情報となる。

　個人識別符号が含まれる場合は、個人情報に含まれる**個人識別符号の全部**を特定の個人を識別することができなくなるように**削除**することで匿名加工情報となる。「削除すること」には、置き換えた記述から、置き換える前の特定の個人を識別することとなる記述等や個人識別符号の内容を復元することができない方法も含まれる。

（2）　匿名加工情報データベース等

　特定の匿名加工情報を、電子計算機を用いて検索することができるように体系的に構成した匿名加工情報を含む情報の集合物、および特定の匿名加工情報を容易に検索することができるように体系的に構成したものを「**匿名加工情報データベース等**」という。電子計算機を用いず、一定の規則に従って整理・分類し、目次や索引によって検索可能な紙媒体のものも対象となる。

（3）　匿名加工情報取扱事業者

　匿名加工情報データベース等を、事業に利用している者を「**匿名加工情報取扱事業者**」という。

　事業とは、一定の目的をもって反復継続して遂行される同種の行為であり、かつ社会通念上事業と認められるものをいい、営利・非営利の別は問わない。

　法人格のない任意団体や個人であっても匿名加工情報データベース等を事業の用に供している場合は該当する。ただし、国の機関・地方公共団体・独立行政法人等・地方独立行政法人は除かれる。

第2章

第四節　匿名加工情報取扱事業者等の義務

（匿名加工情報の作成等）

第43条　個人情報取扱事業者は、<u>匿名加工情報</u>（匿名加工情報データベース等を構成するものに限る）<u>を作成するとき</u>は、特定の個人を識別すること及びその作成に用いる個人情報を<u>復元</u>することができないようにするために必要なものとして個人情報保護委員会規則で定める基準に従い、当該個人情報を加工しなければならない。

2　個人情報取扱事業者は、<u>匿名加工情報を作成したとき</u>は、その作成に用いた個人情報から削除した記述等及び個人識別符号並びに前項の規定により行った加工の方法に関する情報の漏えいを防止するために必要なものとして個人情報保護委員会規則で定める基準に従い、これらの情報の<u>安全管理のための措置</u>を講じなければならない。

3　個人情報取扱事業者は、<u>匿名加工情報を作成したとき</u>は、個人情報保護委員会規則で定めるところにより、当該匿名加工情報に含まれる個人に関する<u>情報の項目を公表</u>しなければならない。

4　個人情報取扱事業者は、匿名加工情報を作成して<u>当該匿名加工情報を第三者に提供するとき</u>は、個人情報保護委員会規則で定めるところにより、あらかじめ、第三者に提供される匿名加工情報に含まれる個人に関する<u>情報の項目及びその提供の方法</u>について公表するとともに、当該第三者に対して、当該提供に係る情報が<u>匿名加工情報である旨を明示</u>しなければならない。

5　個人情報取扱事業者は、匿名加工情報を作成して自ら<u>当該匿名加工情報を取り扱う</u>に当たっては、当該匿名加工情報の作成に用いられた個人情報に係る本人を識別するために、当該匿名加工情報を<u>他の情報と照合</u>してはならない。

3　匿名加工情報を取り扱う事業者の義務

匿名加工情報は、特定の個人を識別できない情報のため、**個人情報には該当しない**。**匿名加工情報データベース等**についても、個人識別性がない情報の集りなので、**個人データに該当しない**。したがって、個人情報や個人データ、保有個人データに関する義務の対象にはならない。

　しかし、これらの**匿名加工情報の有用性の確保**のために、匿名加工情報を作成する個人情報取扱事業者の義務を定めるとともに、それらの提供を受けて情報を取り扱う事業者を、新たに**匿名加工情報取扱事業者**と定義し、それらが個人情報取扱事業者に該当しない場合もあることから、匿名加工情報取扱事業者の義務として定められている。

　なお、匿名加工情報取扱事業者は、匿名加工情報の入手元は個人情報取扱事業者とは限らない。

（1）　匿名加工情報を作成する個人情報取扱事業者が遵守する義務等

　匿名加工情報を作成する個人情報取扱事業者が、匿名加工情報を取り扱う場合等に遵守すべき義務を規定している。

① 匿名加工情報の適正な加工（法43条1項）
② 匿名加工情報等の安全管理措置等（法43条2項・6項）
③ 匿名加工情報の作成時の公表（法43条3項）
④ 匿名加工情報の第三者提供（法43条4項）
⑤ 識別行為の禁止（法43条5項）

（2）　匿名加工情報取扱事業者が遵守する義務等

　匿名加工情報データベース等を事業で利活用している匿名加工情報取扱事業者が、その情報を取り扱う場合に遵守すべき義務が定められている。

① 匿名加工情報の第三者提供（法44条）
② 識別行為の禁止（法45条）
③ 匿名加工情報等の安全管理措置等（法46条）

（3）　匿名加工情報の適正な加工（法43条6項関係）

　個人情報取扱事業者は、匿名加工情報を作成するとき、特定の個人を識別できないよう、また復元できないようにするために、個人情報保護委員会規則で基準が定められており、以下のような対応が求められている。

① 特定の個人を識別することができる記述等の削除
② 個人識別符号の削除
③ 情報を相互に連結する符号の削除
④ 特異な記述等の削除

第2章

第 43 条（匿名加工情報の作成等）の続き

6　個人情報取扱事業者は、<u>匿名加工情報を作成したとき</u>は、当該匿名加工情報の安全管理のために必要かつ適切な措置、当該匿名加工情報の作成その他の取扱いに関する苦情の処理その他の当該匿名加工情報の適正な取扱いを確保するために<u>必要な措置を自ら講じ</u>、かつ、当該措置の<u>内容</u>を公表するよう努めなければならない。

（匿名加工情報の提供）

第 44 条　<u>匿名加工情報取扱事業者</u>は、<u>匿名加工情報</u>（自ら個人情報を加工<u>して作成したものを除く</u>）を<u>第三者に提供するとき</u>は、個人情報保護委員会規則で定めるところにより、あらかじめ、第三者に提供される匿名加工情報に含まれる個人に関する情報の項目及びその提供の方法について<u>公表する</u>とともに、当該第三者に対して、当該提供に係る情報が匿名加工情報である旨を<u>明示</u>しなければならない。

（識別行為の禁止）

第 45 条　<u>匿名加工情報取扱事業者</u>は、<u>匿名加工情報を取り扱うに当たって</u>は、当該匿名加工情報の作成に用いられた個人情報に係る本人を識別するために、当該個人情報から削除された記述等若しくは個人識別符号若しくは第 43 条第 1 項[※1]若しくは第 114 条第 1 項[※2]の規定により行われた加工の方法に関する情報を取得し、又は当該匿名加工情報を他の情報と<u>照合してはならない</u>。

（安全管理措置等）

第 46 条　<u>匿名加工情報取扱事業者</u>は、匿名加工情報の<u>安全管理</u>のために必要かつ適切な措置、匿名加工情報の取扱いに関する苦情の処理その他の匿名加工情報の適正な取扱いを確保するために<u>必要な措置を自ら講じ</u>、かつ、当該措置の<u>内容を公表</u>するよう努めなければならない。

[※1]　個人情報取扱事業者による匿名加工情報作成時
[※2]　行政機関等による匿名加工情報作成時

（4）　匿名加工情報の作成時の公表（法 43 条 6 項）

　個人情報取扱事業者は、匿名加工情報を作成したとき、作成後遅滞なく、**匿名加工情報に含まれる個人に関する情報の項目を公表**しなければならない。これらを同じ手法で反復・継続的に作成する場合は、継続的な作成を予定している旨を明らかにしておくことで対応が可能である。

（5）　匿名加工情報等の安全管理措置等（法43条2項・6項、46条）

個人情報取扱事業者および匿名加工情報取扱事業者は、匿名加工情報の安全管理措置、苦情処理等の匿名加工情報の適正な取扱いを確保するために**必要な措置を自ら講じ**、その措置の内容を**公表**するよう努めなければならない。匿名加工情報は、個人情取扱事業者に対しての個人データに対する安全管理措置等の対象ではないが、それらを参考に合理的かつ適切な措置を講ずることが望ましい。

（6）　匿名加工情報の第三者提供（法43条4項、44条）

個人情報取扱事業者および匿名加工情報取扱事業者は、匿名加工情報を第三者に提供するときは、提供にあたりあらかじめインターネット等を利用して、以下を公表する。

①　第三者に提供する匿名加工情報に含まれる個人に関する情報の項目

②　匿名加工情報の提供の方法

また、第三者に対して、提供する情報が匿名加工情報である旨を電子メールや書面等により明示しなければならない。反復・継続的に提供する場合には、その旨を明記することにより対応可能である。

匿名加工情報をインターネット等で公開する場合も、不特定多数への第三者提供にあたるため、これらの義務を履行する必要がある。

（7）識別行為の禁止（法43条5項、45条）

個人情報取扱事業者が、自ら作成した匿名加工情報に対して本人を識別するために他の情報と照合すること、および、匿名加工情報取扱事業者が、他者の作成した匿名加工情報を取り扱う場合において、受領した匿名加工情報の**加工方法等情報を取得**したり、本人を識別するために**他の情報と照合することは、禁止**されている。

PICK UP

・ビッグデータの時代に対応し、個人情報の匿名化について詳細が定義された。匿名化を行う際の義務とともに、それらの情報の提供を受ける事業者に対して詳細に義務が定められている。

第2章第11節～第13節◎過去問題チェック

1．仮名加工情報に関する以下のアからエまでの記述のうち、最も適切ではないものを1つ選びなさい。

ア．個人情報取扱事業者である仮名加工情報取扱事業者は、法令に基づく場合を除くほか、仮名加工情報である個人データを第三者に提供してはならない。

イ．仮名加工情報は、個人情報に該当する場合と該当しない場合がある。

ウ．個人識別符号が含まれている個人情報を仮名加工情報に加工する場合は、当該個人情報に含まれる個人識別符号の全部を削除することで他の情報と照合しない限り特定の個人を識別することができないようにしなければならない。

エ．仮名加工情報とは、個人情報に含まれる記述等を削除することで他の情報と照合しない限り特定の個人を識別することができないように個人情報を加工して得られる個人に関する情報をいうが、この場合の削除には、復元することのできる規則性を有しない方法により他の記述等に置き換えることは含まない。　　　　　　　　　　　　　　　〈第73回　問題8〉

2．匿名加工情報に関する以下のアからエまでの記述のうち、最も適切ではないものを1つ選びなさい。

ア．匿名加工情報を取り扱うに当たっては、利用目的を特定する必要はない。

イ．個人情報を安全管理措置の一環等としてマスキング等によって匿名化した場合は、個人情報保護法における匿名加工情報の取扱いに係る規律が適用される。

ウ．提供を受けた匿名加工情報を再度加工することは、新たな別の匿名加工情報の作成に当たらない。

エ．要配慮個人情報を含む個人情報を加工して匿名加工情報を作成することは禁止されていない。　　　　　　　　　　　　　　　　　　〈第72回　問題9〉

3．個人関連情報に関する以下のアからエまでの記述のうち、最も適切ではないものを1つ選びなさい。

ア．個人関連情報は、仮名加工情報及び匿名加工情報のいずれにも該当しない。

イ．個人関連情報は、生存する個人に関する情報に限定されている。

ウ．Cookie 等の端末識別子を通じて収集された、ある個人のウェブサイトの
　　閲覧履歴は個人関連情報に該当する。

エ．個人の興味・関心を示す情報は、個人関連情報に該当し得ない。

〈第 73 回　問題 10〉

4．保有個人データに関する事項の公表等に関する以下のアからエまでの記述
　のうち、最も適切ではないものを 1 つ選びなさい。

　　ア．個人情報取扱事業者は、本人から、当該本人が識別される保有個人デー
　　　タの利用目的の通知を求められたときは、原則として、本人に対し、遅滞
　　　なく、これを通知しなければならない。

　　イ．個人情報取扱事業者は、保有個人データの安全管理のために講じた措置（本
　　　人の知り得る状態に置くことにより当該保有個人データの安全管理に支障を及
　　　ぼすおそれがあるものを除く。）を本人の知り得る状態に置かなければならない。

　　ウ．個人情報取扱事業者は、全ての保有個人データの利用目的について、本
　　　人の知り得る状態に置かなければならないが、取得の状況からみて利用目
　　　的が明らかであると認められるときは、この限りではない。

　　エ．個人情報取扱事業者は、当該個人情報取扱事業者が行う保有個人データ
　　　の取扱いに関する苦情の申出先について、本人の知り得る状態に置かなけ
　　　ればならない。

〈第 73 回　問題 35〉

5．保有個人データの開示、訂正及び利用停止に関する以下のアからエまでの
　記述のうち、最も適切ではないものを 1 つ選びなさい。

　　ア．「保有個人データ」とは、個人情報取扱事業者が、開示、内容の訂正、追
　　　加又は削除、利用の停止、消去及び第三者への提供の停止を行うことのでき
　　　る権限を有する個人データであって、その存否が明らかになることにより公
　　　益その他の利益が害されるものとして政令で定めるもの以外のものをいう。

　　イ．個人情報取扱事業者は、本人から保有個人データの開示の請求を受けた
　　　が、開示することにより本人又は第三者の生命、身体、財産その他の権利
　　　利益を害するおそれがある場合は、保有個人データの全部若しくは一部を
　　　開示しないことができる。

ウ．個人情報取扱事業者は、本人から、当該本人が識別される保有個人データの内容の訂正等の請求を受けたときは、当該措置の実施に関し、手数料を徴収することができる。

エ．個人情報取扱事業者は、本人から、当該本人が識別される保有個人データが、個人情報保護法の規定に違反して本人の同意なく目的外利用されているという理由によって、利用停止等の請求を受けた場合であって、その請求に理由があることが判明したときは、原則として、違反を是正するために必要な限度で、遅滞なく、利用停止等を行わなければならない。

〈第 73 回　問題 36〉

6．保有個人データの利用停止等及び第三者提供の停止に関する以下のアからエまでの記述のうち、最も適切ではないものを 1 つ選びなさい。

ア．個人情報取扱事業者は、本人から、当該本人が識別される保有個人データが、個人情報保護法の規定に違反して本人の同意なく目的外利用されているという理由によって、利用停止等の請求を受けた場合であって、その請求に理由があることが判明したときは、原則として、違反を是正するために必要な限度で、遅滞なく、利用停止等を行わなければならない。

イ．個人情報取扱事業者は、保有する個人データに関し、本人から利用停止等の請求を受け、その請求に理由があることが判明したときは、当該保有個人データの利用停止等を行うことが困難な場合を除き、遅滞なく、当該保有個人データの利用停止等を行わなければならない。

ウ．個人情報取扱事業者は、本人から、当該本人が識別される保有個人データが、個人情報保護法の規定に違反して本人の同意なく第三者に提供されているという理由によって、第三者提供の停止の請求を受けた場合であって、その請求に理由があることが判明したときは、原則として、遅滞なく、第三者提供の停止を行わなければならない。

エ．個人情報取扱事業者は、個人情報保護法の規定による請求に係る保有個人データの全部について第三者への提供を停止したときは、本人に対し、遅滞なく、その旨を通知しなければならない。　　　〈第 72 回　問題 35〉

7．保有個人データの開示の請求等に係る手数料に関する以下のアからエまで
　　の記述のうち、最も適切ではないものを1つ選びなさい。

　ア．個人情報取扱事業者は、規定により手数料を徴収する場合は、実費を勘
　　　案して合理的であると認められる範囲内において、その手数料の額を定め
　　　なければならない。

　イ．個人情報取扱事業者は、本人から、当該本人が識別される保有個人デー
　　　タの内容の訂正等の請求を受けたときは、当該措置の実施に関し、手数料
　　　を徴収することができる。

　ウ．個人情報取扱事業者は、本人から、当該本人が識別される保有個人デー
　　　タの利用目的の通知を求められたときは、当該措置の実施に関し、手数料
　　　を徴収することができる。

　エ．個人情報取扱事業者は、本人から、当該本人が識別される保有個人デー
　　　タの開示の請求を受けたときは、当該措置の実施に関し、手数料を徴収す
　　　ることができる。　　　　　　　　　　　　　　　　〈第71回　問題36〉

8．個人情報の取扱いについての苦情処理に関する以下のアからエまでの記述
　　のうち、最も適切ではないものを1つ選びなさい。

　ア．個人情報取扱事業者は、個人情報の取扱いに関する苦情の適切かつ迅速
　　　な処理に努めなければならない。

　イ．認定個人情報保護団体は、本人その他の関係者から対象事業者の個人情
　　　報等の取扱いに関する苦情について解決の申出があったときは、その相談
　　　に応じ、申出人に必要な助言をし、その苦情に係る事情を調査するととも
　　　に、当該対象事業者に対し、その苦情の内容を通知してその迅速な解決を求
　　　めなければならない。

　ウ．個人情報取扱事業者は、苦情を受け付ける担当窓口名等、保有個人デー
　　　タの取扱いに関する苦情の申出先について、本人の知り得る状態に置かな
　　　ければならない。

　エ．国は、個人情報の取扱いに関し事業者と本人との間に生じた苦情の適切
　　　かつ迅速な処理を図るために必要な措置を講ずるよう努めなければならな
　　　い。　　　　　　　　　　　　　　　　　　　　　　〈第72回　問題36〉

認定個人情報保護団体

第五節 民間団体による個人情報の保護の推進

（認定）

第47条　個人情報取扱事業者、仮名加工情報取扱事業者又は匿名加工情報取扱事業者（以下「個人情報取扱事業者等」という）の個人情報、仮名加工情報又は匿名加工情報（以下「個人情報等」という）の適正な取扱いの確保を目的として次に掲げる業務^(※)を行おうとする法人（法人でない団体で代表者又は管理人の定めのあるものを含む）は、個人情報保護委員会の認定を受けることができる。

（苦情の処理）

第53条　認定個人情報保護団体は、本人その他の関係者から対象事業者の個人情報等の取扱いに関する苦情について解決の申出があったときは、その相談に応じ、申出人に必要な助言をし、その苦情に係る事情を調査するとともに、当該対象事業者に対し、その苦情の内容を通知してその迅速な解決を求めなければならない。

（個人情報保護指針）

第54条　認定個人情報保護団体は、対象事業者の個人情報等の適正な取扱いの確保のために、個人情報に係る利用目的の特定、安全管理のための措置、開示等の請求等に応じる手続その他の事項又は匿名加工情報に係る作成の方法、その情報の安全管理のための措置その他の事項に関し、消費者の意見を代表する者その他の関係者の意見を聴いて、この法律の規定の趣旨に沿った指針を作成するよう努めなければならない。

2　認定個人情報保護団体は、前項の規定により個人情報保護指針を作成したときは、個人情報保護委員会規則で定めるところにより、遅滞なく、当該個人情報保護指針を個人情報保護委員会に届け出なければならない。これを変更したときも、同様とする。

4　認定個人情報保護団体は、前項の規定により個人情報保護指針が公表されたときは、対象事業者に対し、当該個人情報保護指針を遵守させるため必要な指導、勧告その他の措置をとらなければならない。

---

^(※)「(2) 認定個人情報保護団体の業務」、P.141 参照

1 認定個人情報保護団体

（1） 認定個人情報保護団体とは

認定個人情報保護団体とは、苦情等に対して、個人情報取扱事業者と本人の間に立って問題解決にあたったり、個人情報保護指針を定めて遵守させる等、個人情報取扱事業者等の**個人情報等の適正な取扱いの確保**を目的として、自主的な個人情報保護の取り組みを推進する法人や団体である。

認定個人情報保護団体は、個人情報保護委員会に認定され公示されるが、改正前に比べ、よりその**位置づけや任務が重要視**されている。

（2） 認定個人情報保護団体の業務

認定個人情報保護団体の業務は、次のように規定されている（法 47 条）。

① 業務の対象となる個人情報取扱事業者の個人情報等の取扱いに関する**苦情の処理**

② 個人情報等の適正な取扱いの確保に寄与する事項についての対象事業者に対する**情報の提供**

③ 対象事業者の個人情報等の適正な取扱いの確保に関し必要な業務

2 個人情報保護指針

認定個人情報保護団体は、対象事業者の個人情報等の適正な取扱いの確保のために、利用目的の特定、安全管理措置、開示等の請求等に応じる手続や、匿名加工情報の作成方法、その情報の安全管理のための措置などに関し、**消費者の意見を代表する者など関係者の意見を聴いて**、この法律の規定の趣旨に沿った指針として**個人情報保護指針**を作成するよう努めなければならない（法 54 条）。

この指針を作成したり変更したときは、個人情報保護委員会に届け出なければならない。届出により個人情報保護委員会からその個人情報保護指針が公表されたとき、認定個人情報保護団体は、対象事業者に対し、個人情報保護指針を遵守させるため必要な指導、勧告など措置をとらなければならない。この措置は、当初努力義務であったが、2015 年改正法では**義務**とされて、**より積極的な指導監督**が期待されている。

第15節

雑則

第四章 個人情報取扱事業者等の義務等　第六節 雑則

（適用除外）

第57条　個人情報取扱事業者等及び個人関連情報取扱事業者のうち次の各号に掲げる者については、その個人情報等及び個人関連情報を取り扱う目的の全部又は一部がそれぞれ当該各号に規定する目的であるときは、この章の規定は、適用しない。

> 一　放送機関、新聞社、通信社その他の報道機関（報道を業として行う個人を含む）　報道の用に供する目的
> 二　著述を業として行う者　著述の用に供する目的
> 三　宗教団体　宗教活動（これに付随する活動を含む）の用に供する目的
> 四　政治団体　政治活動（これに付随する活動を含む）の用に供する目的

2　前項第一号に規定する「報道」とは、不特定かつ多数の者に対して客観的事実を事実として知らせること（これに基づいて意見又は見解を述べることを含む）をいう。

3　第一項各号に掲げる個人情報取扱事業者等は、個人データ、仮名加工情報又は匿名加工情報の安全管理のために必要かつ適切な措置、個人情報等の取扱いに関する苦情の処理その他の個人情報等の適正な取扱いを確保するために必要な措置を自ら講じ、かつ、当該措置の内容を公表するよう努めなければならない。

第七章 雑則

（適用範囲）

第166条　この法律は、個人情報取扱事業者、仮名加工情報取扱事業者、匿名加工情報取扱事業者又は個人関連情報取扱事業者が、国内にある者に対する物品又は役務の提供に関連して、国内にある者を本人とする個人情報、当該個人情報として取得されることとなる個人関連情報又は当該個人情報を用いて作成された仮名加工情報若しくは匿名加工情報を、外国において取り扱う場合についても、適用する。

1 適用除外

個人情報取扱事業者等または個人関連情報取扱事業者のうち、以下の事業者が特定目的の活動を行う場合は、個人情報取扱事業者等の義務等（第四章）の規定は適用されない（法57条1項）。

- ・放送機関、新聞社、通信社その他の報道機関による報道活動
- ・著述を業として行う者による著述活動
- ・宗教団体による宗教活動とそれに付随する活動
- ・政治団体による政治活動とそれに付随する活動

報道機関には報道を業として行う個人、著述には著述を業とする出版社も含まれる。事業者そのものが適用除外とされるのではなく、それぞれの事業において指定された活動のみ適用除外となるため、それぞれの適用除外活動以外の活動における個人情報の取扱いについては、個人情報取扱事業者としての義務規定が適用される。また、これらの主体は、安全管理措置、苦情処理等、個人情報等の適正な取扱いを確保するために必要な措置を講じ、その内容を公表するよう努めなければならない（法57条3項）。

なお、2021年法改正により、それまで一律適用除外とされていた学術研究機関等は、義務ごとの例外規定として精緻化された。

2 域外適用

外国にある個人情報取扱事業者、仮名加工情報取扱事業者、匿名加工情報取扱事業者、個人関連情報取扱事業者のうち、日本の居住者に対して物品やサービスの提供を行い、これに関連して個人情報を取得した者が、外国においてその個人情報や個人情報を用いて作成した仮名加工情報や匿名加工情報を外国において取り扱う場合には、**外国にある個人情報取扱事業者**に対して個人情報保護法の規定が適用され、個人情報保護委員会の指導、助言、勧告、命令等の対象にもなる。

これらの対象は、日本に支店や営業所等がある個人情報取扱事業者等の外国にある本店や、本店は日本で外国にある支店や営業所等も含まれる。

3　EU から移転を受けた個人データの取扱いに関する補完的ルール

　個人情報保護委員会は、EU を、個人の権利利益を保護する上で我が国と同等の水準にあると認められる個人情報保護制度を有している外国と指定し、欧州委員会は、GDPR 第 45 条に基づき、日本が個人データについて十分な保護水準を確保しているとしている。これらにより日本と EU 間で、個人の権利利益を高い水準で保護した上で、相互の円滑な個人データ移転が図られている。

　日本と EU の制度は類似しているが、いくつかの関連する相違点がある。EU 域内から十分性認定により移転を受けた個人情報について、適切な取扱いや有効な義務の履行を確保するため、個人情報保護委員会は「**個人情報の保護に関する法律に係る EU 域内及び英国から十分性認定により移転を受けた個人データの取扱いに関する補完的ルール**」を策定し、2019 年 1 月から施行されている。

　英国は 2020 年 2 月に EU を離脱したが、日本の指定や英国からの認定は維持しており、これらのルールの対象としている。以下、EU または英国域内を EU 等という。

(1)　補完的ルール内容
①　要配慮個人情報（法２条３項関係）

　EU 等から十分性認定に基づき提供を受けた個人データに、GDPR と英国 GDPR それぞれにおいて特別な種類の個人データと定義されている性生活、性的指向または労働組合に関する情報が含まれる場合には、個人情報取扱事業者は、その情報を要配慮個人情報と同様に取り扱うこととする。

②　保有個人データ（法 16 条４項関係）

　個人情報取扱事業者が、EU 等から十分性認定に基づき提供を受けた個人データについては、消去することとしている期間にかかわらず、保有個人データとして取り扱うこととする。

　なお、EU 等から十分性認定に基づき提供を受けた個人データであっても、その存否が明らかになることにより公益その他の利益が害されるものとして政令で定めるものは、保有個人データから除かれる。

③　利用目的の特定、利用目的による制限（法 17 条、18 条、30 条関係）

　個人情報取扱事業者が、EU 等から十分性認定に基づき個人データの提供を受ける場合、EU 等から個人データの提供を受ける際に特定された利用目的を含め、その取得の経緯を確認し、記録することとする。

　また、個人情報取扱事業者が、EU 等から十分性認定に基づき移転された個人データの提供を受けた他の個人情報取扱事業者から個人データの提供を受ける場合、その個人データの提供を受ける際に特定された利用目的を含め、その取得の経緯を確認し、記録することとする。

　上記のいずれの場合においても、個人情報取扱事業者は、法 30 条 1 項および 3 項の規定に基づき確認し、記録した当該個人データを当初またはその後提供を受ける際に特定された利用目的の範囲内で利用目的を特定し、その範囲内で当該個人データを利用することとする（法 17 条、18 条）。

④　外国にある第三者への提供の制限（法 28 条、規則 11 条の 2 関係）

　個人情報取扱事業者は、EU 等から十分性認定に基づき提供を受けた個人データを外国にある第三者へ提供する場合、次の**ア**から**ウ**までの場合を除いて、本人が同意に係る判断を行うために必要な移転先の状況についての情報を提供した上で、あらかじめ外国にある第三者への個人データの提供を認める旨の本人の同意を得ることとする。

　ア．第三者が、個人の権利利益の保護に関して、我が国と同等の水準にあると認められる個人情報保護制度がある国として定める国にある場合

　イ．個人情報取扱事業者と個人データの提供を受ける第三者との間で、適切かつ契約などの方法により、個人情報保護法と同等水準の個人情報の保護に関する措置を連携して実施している場合

　ウ．法 27 条 1 項各号に該当する場合

⑤　匿名加工情報（法 2 条 6 項、法 43 条 1 項・2 項関係）

　EU 等から十分性認定に基づき提供を受けた個人情報については、個人情報取扱事業者が、加工方法等情報（匿名加工情報の作成に用いた個人情報から削除した記述等および個人識別符号と加工の方法に関する情報）を削除することにより、匿名化された個人を再識別できなくした場合に限り、匿名加工情報とみなすこととする。

個人情報保護委員会

第六章 個人情報保護委員会　第一節 設置等

（設置）

第 130 条　内閣府設置法第 49 条第 3 項の規定に基づいて、<u>個人情報保護委員会</u>（以下「委員会」という）を置く。

2　委員会は、内閣総理大臣の所轄に属する。

（任務）

第 131 条　委員会は、行政機関等の事務及び事業の適正かつ円滑な運営を図り、並びに個人情報の適正かつ効果的な活用が新たな産業の創出並びに活力ある経済社会及び豊かな国民生活の実現に資するものであることその他の個人情報の有用性に配慮しつつ、個人の権利利益を保護するため、個人情報の適正な取扱いの確保を図ること[※1]を任務とする。

（所掌事務）

第 132 条　委員会は、前条の任務を達成するため、<u>次に掲げる事務</u>[※2]をつかさどる。

（組織等）

第 134 条　委員会は、委員長及び委員 8 人をもって組織する。

3　委員長及び委員は、人格が高潔で識見の高い者のうちから、両議院の同意を得て、<u>内閣総理大臣が任命</u>する。

（任期等）

第 135 条　委員長及び委員の任期は、<u>5 年</u>とする。

（規則の制定）

第 145 条　委員会は、その所掌事務について、法律若しくは政令を実施するため、又は法律若しくは政令の特別の委任に基づいて、<u>個人情報保護委員会規則</u>を制定することができる。

[※1] 個人番号利用事務等実施者に対する指導及び助言その他の措置を含む
[※2] 「(1) 個人情報保護委員会の所掌事務」、P.148 参照

第二節 監督　第一款 個人情報取扱事業者等の監督

（報告及び立入検査）

第146条　委員会は、第四章（第五節を除く）の規定の施行に必要な限度において、個人情報取扱事業者、仮名加工情報取扱事業者、匿名加工情報取扱事業者又は個人関連情報取扱事業者（以下「個人情報取扱事業者等」という）その他の関係者に対し、個人情報等の取扱いに関し、<u>必要な報告若しくは資料の提出</u>を求め、又はその職員に、当該個人情報取扱事業者等その他の関係者の事務所その他必要な場所に<u>立ち入らせ</u>、個人情報等の取扱いに関し<u>質問させ</u>、若しくは帳簿書類その他の物件を<u>検査させる</u>ことができる。

（指導及び助言）

第147条　委員会は、第四章の規定の施行に必要な限度において、個人情報取扱事業者等に対し、個人情報等の取扱いに関し必要な<u>指導及び助言</u>をすることができる。

（勧告及び命令）

第148条　委員会は、個人情報取扱事業者等が対象の規定^(※)に違反した場合において個人の権利利益を保護するため必要があると認めるときは、当該個人情報取扱事業者等に対し、当該違反行為の中止その他違反を是正するために必要な措置をとるべき旨を<u>勧告する</u>ことができる。

2　委員会は、前項の規定による勧告を受けた個人情報取扱事業者等が正当な理由がなくてその勧告に係る措置をとらなかった場合において個人の重大な権利利益の侵害が切迫していると認めるときは、当該個人情報取扱事業者等に対し、その勧告に係る措置をとるべきことを<u>命ずる</u>ことができる。

（権限の委任）

第150条　委員会は、緊急かつ重点的に個人情報等の適正な取扱いの確保を図る必要があることその他の政令で定める事情があるため、個人情報取扱事業者等に対し、第145条第1項の規定による勧告又は同条第2項若しくは第3項の規定による命令を効果的に行う上で必要があると認めるときは、政令で定めるところにより、民事訴訟法の規定による権限を事業所管大臣に委任することができる。

(※) ほぼすべての義務規定が対象となるが一部対象外規定あり

1 　個人情報保護委員会

　当初内閣府の所管であった個人情報保護法は、2009年消費者庁設立にともない移管されたが、民間部門の監督等については事業分野ごとの主務大臣制がしかれ、それぞれの分野ごとにガイドラインが策定されていた。

　しかし、事業によっては複数の分野にまたがっていて主務大臣が明確でないなどにより、迅速な対応や監督ができにくい場合があった。また、諸外国においては、公的部門、民間部門かかわらず、すべての分野を所管している監督機関が設置されており、それらとの連携等において課題があった。

　2015年改正法によって、マイナンバー法で設置が定義されていた**特定個人情報保護委員会**を改組・拡大し、内閣府に個人情報保護に関する独立した監督機関として**個人情報保護委員会**が新設され2016年1月に発足した。

　2017年5月、2015年改正法全面施行により、**監督機関の役割が個人情報保護委員会に完全に移行**した。ただし、報告・立入検査については、事業所管大臣等への**権限委任**が認められており、所管官庁と委員会の連携による任務達成が目指されている（法150条）。

（1）　個人情報保護委員会の所掌事務

　個人情報保護委員会の所掌事務は以下のとおりである。

> ①　基本方針の策定および推進
> ②　個人情報と匿名加工情報の取扱いに関する監督、苦情の申出についての必要なあっせんやその処理を行う事業者への協力
> ③　認定個人情報保護団体に関係する業務
> ④　特定個人情報の取扱いに関する監視、監督、苦情の申出についての必要なあっせんやその処理を行う事業者への協力
> ⑤　特定個人情報保護評価
> ⑥　個人情報の保護および適正かつ効果的な活用についての広報、啓発
> ⑦　上記事務を行うために必要な調査および研究
> ⑧　所掌事務に係る国際協力
> ⑨　法律に基づき委員会に属させられた事務

（2）　個人情報保護ガイドラインの適用

　個人情報保護委員会は、自らが公表した**個人情報保護ガイドライン**に対し、個人情報取扱事業者等がそれらに沿って必要な措置等を講じたか否かについて判断し「勧告」、「命令」・「緊急命令」を行う。

　ガイドラインの中で、「しなければならない」や「してはならない」とされている事項については、これらに従わなかった場合、規定違反と判断される可能性がある。

　一方、「努めなければならない」、「望ましい」等とされている事項については、これに従わなかったことをもって直ちに法違反と判断されることはないが、法の基本理念（法3条）を踏まえ、事業者の特性や規模に応じ可能な限り対応することが望まれている。

（3）　個人情報取扱事業者等の監督

　これらをもとに個人情報保護委員会は、個人情報取扱事業者等から個人情報等の取扱いに関し、**報告や資料の徴収や立入検査**を行うことができる（法146条）。

　それらに加え、個人情報取扱事業者等の義務規定の施行に対し、必要な**指導や助言**をすることができる（法144条）。

　これらは法的拘束力がないため、それらでは解決できない場合のために、個人情報保護委員会による**勧告・命令**の対応が定められている（法148条）。

　通常は、事業者の違反を是正するために、一定期間内に必要な措置をとるよう勧告される。その勧告に従わず、個人の重大な権利利益の侵害が切迫している場合は、勧告の措置をとるよう命令することができる。

　また、個人の重大な権利利益を害する事実があり、緊急に措置すべき場合は、勧告を経ず、**緊急命令**を行うことができる。

　これらの命令に対し、指定した期間中に措置が講じられない場合は、公表の対象となり、さらに罰則の対象となる。

　また、個人情報保護委員会は、事案の性質等に応じて、国民への情報提供等の観点から、個人情報保護委員会による権限行使について、公表を行うことがある。

罰則

第八章 罰則

第176条 行政機関等の職員若しくは職員であった者、第66条第2項各号に定める業務^(※1)若しくは第73条第5項^(※2)若しくは第121条第3項^(※3)の委託を受けた業務に従事している者若しくは従事していた者又は行政機関等において個人情報、仮名加工情報若しくは匿名加工情報の取扱いに従事している派遣労働者若しくは従事していた派遣労働者が、正当な理由がないのに、<u>個人の秘密に属する事項が記録された</u>第60条第2項第一号に係る<u>個人情報ファイル</u>を<u>提供したとき</u>は、二年以下の懲役又は百万円以下の罰金に処する。

第178条 第148条第2項又は第3項の規定による<u>命令に違反した場合</u>には、当該違反行為をした者は、一年以下の懲役又は百万円以下の罰金に処する。

第179条 個人情報取扱事業者(その者が法人である場合にあっては、その役員、代表者又は管理人)若しくはその従業者又はこれらであった者が、その業務に関して取り扱った<u>個人情報データベース等</u>(その全部又は一部を複製し、又は加工したものを含む)を自己若しくは第三者の<u>不正な利益を図る目的</u>で提供し、又は<u>盗用したとき</u>は、一年以下の懲役又は五十万円以下の罰金に処する。

第182条 次の各号のいずれかに該当する場合には、当該違反行為をした者は、五十万円以下の罰金に処する。

> 一 第146条第1項^(※4)の規定による報告若しくは資料の提出をせず、若しくは<u>虚偽の報告</u>をし、若しくは<u>虚偽の資料</u>を提出し、又は当該職員の質問に対して<u>答弁をせず</u>、若しくは<u>虚偽の答弁</u>をし、若しくは<u>検査を拒み、妨げ、若しくは忌避した</u>とき。
>
> 二 第153条^(※5)の規定による<u>報告をせず</u>、又は<u>虚偽の報告</u>をしたとき。

^(※1) 行政機関等からの個人情報の取扱い業務
^(※2) 行政機関の長等からの仮名加工情報の取扱い業務
^(※3) 行政機関等からの行政機関等匿名加工情報等の取扱い業務
^(※4) 報告の徴収、立入検査
^(※5) 認定個人情報保護団体への報告の徴収

第183条　第176条、第177条及び第179条から第181条までの規定は、<u>日本国外において</u>これらの条の罪を犯した者にも適用する。

第184条　法人の代表者又は法人若しくは人の代理人、使用人その他の従業者が、その法人又は人の業務に関して、次の各号に掲げる違反行為をしたときは、<u>行為者を罰するほか、</u>その<u>法人に対して</u>当該各号に定める<u>罰金刑を、その人に対して各本条の罰金刑を科する。</u>

一　第178条及び第179条　一億円以下の罰金刑

二　第182条　同条の罰金刑

2　法人でない団体について前項の規定の適用がある場合には、その代表者又は管理人が、その訴訟行為につき法人でない団体を代表するほか、法人を被告人又は被疑者とする場合の刑事訴訟に関する法律の規定を準用する。

第185条　次の各号のいずれかに該当する者は、十万円以下の過料に処する。

一　第30条第2項^(※1)（第31条第3項^(※2)において準用する場合を含む）の規定に違反した者

(※1) 個人情報取扱事業者が第三者から個人データの提供を受ける際の確認時の偽り
(※2) 個人関連情報取扱事業者が個人データを提供する際の確認の偽り

1　罰則

個人情報保護委員会の命令に違反した場合は、1年以下の懲役または100万円以下の罰金となる（法178条）。個人情報保護委員会への報告や資料提出を怠ったり、虚偽の報告・資料提出を行った場合、さらに立入検査を妨害した場合などは、50万円以下の罰金の対象となる（法182条1号）。

これらの罰則は、法人の代表者、代理人、従業者等その行為者とともに、法人に対しても処せられる両罰規定となっている（法184条）。

従業者が不正な利益を図る目的で個人情報データベース等を提供または盗用した場合、個人情報データベース等不正提供罪として、1年以下の懲役または50万円以下の罰金となる（法179条）。

また、第三者提供を受ける者が確認を行う際、確認に関する事項を偽った場合は、10万円以下の過料に処せられる（法185条）。

第 **18** 節

事業者に求められる対応

■1 個人情報取扱事業者等が講ずべき個人情報保護措置

(1) 基本方針で求められている事項

　政府の基本方針において、「個人情報取扱事業者等が講ずべき個人情報の保護のための措置に関する基本的な事項」が記載されている。

　基本方針では、個人情報取扱事業者は、法の規定に従うとともに、個人情報保護委員会のガイドライン、認定個人情報保護団体の個人情報保護指針等に則して、消費者の権利利益を一層保護する観点から、個人情報保護を推進する上での考え方や方針をプライバシーポリシーやプライバシーステートメント等として対外的に明確化するなど、個人情報の保護と適正かつ効果的な活用について主体的に取り組むことが期待され、体制の整備等に積極的に取り組んでいくことが求められている。

　そして、これらの実施の際は、事業の規模や性質、個人データの取扱状況等に応じて、各事業者において適切な取り組みが実施されることが重要であるとされている。

(2) ガイドラインで求められている事項

　基本方針に記載の内容に対応し、個人情報保護委員会のガイドラインでは、講ずべき安全管理措置の内容として、具体的に講じなければならない措置や当該措置を実践するための手法の例が示されており、それらは、個人データが**漏洩をした場合に本人が被る権利利益の侵害の大きさ**を考慮し、事業の規模や性質、取り扱う個人データの性質または量を含む個人データの取扱状況や、個人データを記録した媒体の性質に起因するリスクに応じて、必要かつ適切な内容とすべきものであるとされている。

　中小規模の事業者については、その他の個人情報取扱事業者と同様に安全管理措置を講じなければならないが、取り扱う個人データの数量や個人データを取り扱う従業者数が一定程度にとどまることなどを踏まえ、円滑にその義務を履行し得るようにするため、その手法の例が示されている。

（3）　個人情報取扱事業者が講ずべき安全管理措置の内容

3-1. 組織的安全管理措置

　組織的安全管理措置として、次に掲げる措置を講じる。

①　組織体制の整備

　安全管理措置を講ずるための組織体制を整備する。

②　個人データの取扱いに係る規律に従った運用

　あらかじめ整備された個人データの取扱いに関する規律に従って取り扱う。それらの運用状況を確認するため、システムログや利用実績を記録することも重要である。

③　個人データの取扱状況を確認する手段の整備

　個人データの取扱状況を確認するための手段を整備する。

④　漏洩等の事案に対応する体制の整備

　漏洩等の事案の発生または兆候を把握した場合に適切かつ迅速に対応するための体制を整備する。

⑤　取扱状況の把握および安全管理措置の見直し

　個人データの取扱状況を把握し、安全管理措置の評価、見直しおよび改善に取り組む。

3-2. 人的安全管理措置

　人的安全管理措置として、従業者に、個人データの適正な取扱いを周知徹底するとともに、個人データの取扱いに関する留意事項について、従業者に定期的な研修等を行う。また、従業者に個人データを取り扱わせるにあたって、従業者に対する監督を行う。さらに、個人データについての秘密保持に関する事項を就業規則等に盛り込む。

3-3. 物理的安全管理措置

　物理的安全管理措置として、次に掲げる措置を講じる。

①　個人データを取り扱う区域の管理

　個人情報データベース等を取り扱うサーバやメインコンピュータ等の重要な情報システムを管理する管理区域およびその他の個人データを取り扱う事務を実施する取扱区域について、それぞれ適切な管理を行う。

第2章

② 　機器および電子媒体等の盗難等の防止

　個人データを取り扱う機器、電子媒体および書類等の盗難または紛失等を防止するために、適切な管理を行う。

③ 　電子媒体等を持ち運ぶ場合の漏洩等の防止

　個人データが記録された電子媒体または書類等を持ち運ぶ場合、容易に個人データが判明しないよう、安全な方策を講じる。

④ 　個人データの削除および機器、電子媒体等の廃棄

　個人データを削除または個人データが記録された機器、電子媒体等を廃棄する場合は、復元不可能な手段で行う。また、個人データを削除した場合や、個人データが記録された機器、電子媒体等を廃棄した場合には、削除または廃棄した記録を保存する。また、それらの作業を委託する場合には、委託先が確実に削除または廃棄したことについて証明書等により確認することも重要である。

3-4. 技術的安全管理措置

　情報システムを使用して個人データを取り扱う場合、技術的安全管理措置として、次に掲げる措置を講じる。

① 　アクセス制御

　担当者および取り扱う個人情報データベース等の範囲を限定するために、適切なアクセス制御を行う。

② 　アクセス者の識別と認証

　個人データを取り扱う情報システムを使用する従業者が正当なアクセス権を有する者であることを、識別した結果に基づき認証する。

③ 　外部からの不正アクセス等の防止

　個人データを取り扱う情報システムを外部からの不正アクセスまたは不正ソフトウェアから保護する仕組みを導入し、適切に運用する。

④ 　情報システムの使用にともなう漏洩等の防止

　情報システムの使用にともなう個人データの漏洩等を防止するための措置を講じ、適切に運用する。

2 個人情報取扱事業者に義務づけられている事項

(1) 公表および本人が容易に知り得る状態に置く事項

　個人情報取扱事業者等の義務として、公表あるいは本人が容易に知り得る状態に置かなければならない事項が定められている。これらは、明示が要求されている場合を除き、各事業者の Web ページに、プライバシーポリシーとあわせて掲載することで対応が可能である。

図表 2-14　通知・公表等を要する主な場合

通知・公表等を要する主な場合	対応条項
個人情報を取得する際	法 21 条
漏洩等事案の発生時	法 26 条 2 項
オプトアウト方式で第三者提供する場合	法 27 条 2 項
オプトアウト方式で個人情報保護委員会に届け出た事項の公表	施行規則 10 条
利用目的を変更する場合	法 27 条 3 項
共同利用する場合	法 27 条 5 項 3 号
共同利用する者の利用目的またはデータの管理について責任を有する者の氏名・名称を変更する場合	法 27 条 6 項
外国にある第三者への提供時	法 28 条 3 項
保有個人データに関し、本人の知り得る状態に置くべき事項	法 32 条 1 項
開示等の請求を受けたとき	法 32、33、34 条
仮名加工情報を第三者に提供するとき	法 41 条 6 項
仮名加工情報の提供を受けるとき	法 42 条 2 項
匿名加工情報を作成したとき	法 43 条 3 項・6 項
匿名加工情報を作成し、それを第三者に提供するとき	法 43 条 4 項
自ら以外が作成し加工した匿名加工情報を第三者に提供するとき	法 44 条
自ら以外が作成し加工した匿名加工情報を取り扱う場合	法 46 条

(2) 委員会への届出

　オプトアウト方式で第三者提供をする場合における通知などの事項、および変更する場合における通知などの事項は、個人情報保護委員会への届出が義務づけられている（法 27 条 2 項・3 項）。

(3) 記録の作成、保存の対象事項

　個人データの第三者提供における提供元および提供先となる事業者は、記録の作成および保存義務を負う（法 29 条、30 条）。

第2章

3　個人データの漏洩等の報告等

　個人情報取扱事業者は、取り扱う個人データの漏洩、滅失、毀損その他の個人データの安全の確保において、個人の権利利益を害するおそれが大きいもの（漏洩等事案）が生じたときは、個人情報保護委員会への報告や本人への通知等の措置を講じなければならない（法26条）。

　これらは個人情報保護委員会規則で定められており、個人情報保護ガイドライン（通則編）に対応すべき内容が詳細に記載されている。

(1)　漏洩等事案が発覚した場合に講ずべき措置

　個人情報取扱事業者は、漏洩等事案が発覚した場合は、次の①から⑤の事項について必要な措置を講じなければならない。

①　事業者内部における報告および被害の拡大防止

　責任ある立場の者に直ちに報告するとともに、漏洩等事案による被害が発覚時よりも拡大しないよう必要な措置を講ずる。

②　事実関係の調査および原因の究明

　漏洩等事案の事実関係の調査や原因の究明に必要な措置を講ずる。

③　影響範囲の特定

　上記②で把握した事実関係による影響範囲の特定のために必要な措置を講ずる。

④　再発防止策の検討および実施

　上記②の結果を踏まえ、漏洩等事案の再発防止策の検討及び実施に必要な措置を講ずる。

⑤　個人情報保護委員会への報告および本人への通知

　漏洩等事案の内容等に応じて、事実関係等について速やかに本人へ連絡するか、本人が容易に知り得る状態に置く。

　なお、漏洩等事案の内容等に応じて、二次被害の防止、類似事案の発生防止等の観点から、事実関係及び再発防止策等について、速やかに公表することが望ましい。

図表 2-15　漏洩等事案の各定義

「漏洩」	外部への誤送信や公開、盗難などにより、個人データが外部に流出することをいう。個人データを第三者に閲覧されないうちに全てを回収した場合は、漏洩に該当しない。
「滅失」	誤った廃棄や紛失などにより、個人データの内容が失われることをいう。廃棄や紛失したものと内容の同じデータが他に保管されている場合は、滅失に該当しない。
「毀損」	改ざんや復元不可などにより、個人データの内容が意図しない形で変更されることや、内容を保ちつつも利用不能な状態となることをいう。復元不可となったものと内容の同じデータが他に保管されている場合は、毀損に該当しない。

（2）　個人情報保護委員会等への報告

2-1.　報告対象となる事態

　個人情報取扱事業者は、次の①から④までに掲げる報告対象事態を知ったときは、個人情報保護委員会に報告しなければならない。なお、個人情報保護委員会が報告を受理する権限を事業所管大臣に委任している場合には、その事業所管大臣に報告する。

①　要配慮個人情報が含まれる個人データの漏洩等が発生または発生したおそれがある事態

②　不正に利用されることにより財産的被害が生じるおそれがある個人データの漏洩等が発生または発生したおそれがある事態

③　不正の目的をもって行われたおそれがある個人データの漏洩等が発生または発生したおそれがある事態

　不正の目的をもって漏洩等を発生させた主体には、従業者も含まれる。

④　個人データの数が 1,000 人を超える漏洩等が発生または発生したおそれがある事態

　事態が発覚した当初は 1,000 人以下であっても、その後 1,000 人を超えた場合には、1,000 人を超えた時点で報告対象事態に該当する。

　なお、漏洩等が発生または発生したおそれがある個人データについて、高度な暗号化等の秘匿化がされている場合等、高度な暗号化その他の個人の権利利益を保護するために必要な措置が講じられている場合については、報告を必要としない。

2-2．報告義務の主体

　漏洩等報告の義務を負う主体は、漏洩等が発生または発生したおそれが
ある個人データを取り扱う個人情報取扱事業者である。

　個人データの取扱いを委託している場合、委託元と委託先の双方が個人
データを取り扱っていることになるため、報告対象事態においては原則と
して委託元と委託先の双方が報告する義務を負う。この場合、委託元およ
び委託先の連名で報告することができる。なお、委託先が、報告義務を負っ
ている委託元に当該事態が発生したことを通知したときは、委託先は報告
義務を免除される。

2-3．速報

　個人情報取扱事業者は、報告対象事態を知ったとき、速やか（個人情報
取扱事業者が当該事態を知った時点からおおむね 3 〜 5 日以内）に報告し
なければならない。

　個人情報保護委員会への漏洩等報告については、指定された事項で把握
している内容を、原則として、個人情報保護委員会のホームページの報告
フォームに入力する方法により行う。

2-4．確報

　個人情報取扱事業者は、報告対象事態を知ったときは、速報に加え、30
日以内または 60 日以内に報告しなければならない。速報の時点で全ての
事項を報告できる場合は、1 回の報告で速報と確報を兼ねることができる。

2-5．委託元への通知による例外

　委託先は、個人情報保護委員会への報告義務を負っている委託元に対し、
その時点で把握しているものを通知したときは、報告義務を免除される。
この場合、委託先から通知を受けた委託元が報告をする。

（3）　本人への通知

　個人情報取扱事業者は、報告対象事態を知ったときは、事態の状況に応
じて速やかに、本人の権利利益を保護するために必要な範囲において、本
人への通知を行わなければならない。当初報告対象事態に該当すると判断
したものの、その後実際には報告対象事態に該当していなかったことが判
明した場合には、本人への通知は不要である。

　個人データの取扱いを委託している場合において、委託先が、報告義務を負っている委託元に必要事項を通知したときは、委託先は報告義務を免除されるとともに、本人への通知義務も免除される。

【本人の権利利益を保護するために必要な範囲において通知を行う事例】
事例1）不正アクセスにより個人データが漏洩した場合において、その原因を本人に通知するに当たり、個人情報保護委員会に報告した詳細な内容ではなく、必要な内容を選択して本人に通知すること。
事例2）漏洩等が発生した個人データの項目が本人ごとに異なる場合において、当該本人に関係する内容のみを本人に通知すること。

　本人への通知は、事業の性質及び個人データの取扱状況に応じ、通知すべき内容が本人に認識される合理的かつ適切な方法によらなければならない。また、漏洩等報告と異なり、本人への通知については、その様式が法令上定められていないが、本人にとって分かりやすい形で通知を行うことが望ましい（P.84参照）。

　なお、本人への通知を要する場合であっても、本人への通知が困難である場合は、本人の権利利益を保護するために必要な代替措置を講ずることによる対応が認められる。ただ、代替措置として事案の公表を行わない場合であっても、当該事態の内容等に応じて、二次被害の防止、類似事案の発生防止等の観点から公表を行うことが望ましい。

【本人への通知が困難な場合に該当する事例】
事例1）保有する個人データの中に本人の連絡先が含まれていない場合
事例2）連絡先が古いために通知を行う時点で本人へ連絡できない場合
【代替措置に該当する事例】
事例1）事案の公表
事例2）問合せ窓口を用意してその連絡先を公表し、本人が自らの個人データが対象となっているか否かを確認できるようにすること

第一章 総則

第2条(定義)

8 この法律において「行政機関」とは、次に掲げる機関をいう。

一 法律の規定に基づき内閣に置かれる機関及び内閣の所轄の下に置かれる機関

二 内閣府、宮内庁並びに内閣府設置法に規定する機関

三 国家行政組織法に規定する機関

四 内閣府設置法並びに宮内庁法で定める機関並びに内閣府設置法に定める特別の機関で、政令で定めるもの

五 国家行政組織法に定める施設等機関及び同法で定める機関で、政令で定めるもの

六 会計検査院

9 この法律において「独立行政法人等」とは、独立行政法人通則法に規定する法人及び別表第一に掲げる法人[※1]をいう。

10 この法律において「地方独立行政法人」とは、地方独立行政法人法に規定する法人をいう。

11 この法律において「行政機関等」とは、次に掲げる機関をいう。

一 行政機関

二 地方公共団体の機関(議会を除く)

三 独立行政法人等(別表第二に掲げる法人[※2]を除く)

四 地方独立行政法人

[※1] 別表第一に掲げる法人:沖縄科学技術大学院大学学園、株式会社日本政策金融公庫、国立大学法人、大学共同利用機関法人、日本銀行、日本中央競馬会、日本年金機構、放送大学学園等

[※2] 別表第二に掲げる法人:沖縄科学技術大学院大学学園、国立研究開発法人、国立大学法人、大学共同利用機関法人、独立行政法人国立病院機構、独立行政法人地域医療機能推進機構、放送大学学園

第五章 行政機関等の義務等　第一節 総則

（定義）

第60条　この章及び第八章において「保有個人情報」とは、行政機関等の職員（独立行政法人等及び地方独立行政法人にあっては、その役員を含む）が職務上作成し、又は取得した個人情報であって、当該行政機関等の職員が組織的に利用するものとして、当該行政機関等が保有しているものをいう。ただし、行政文書、法人文書又は地方公共団体等行政文書（「行政文書等」という）に記録されているものに限る。

2　この章及び第八章において「個人情報ファイル」とは、保有個人情報を含む情報の集合物であって、次に掲げるものをいう。

> 一　一定の事務の目的を達成するために特定の保有個人情報を電子計算機を用いて検索することができるように体系的に構成したもの
>
> 二　前号に掲げるもののほか、一定の事務の目的を達成するために氏名、生年月日、その他の記述等により特定の保有個人情報を容易に検索することができるように体系的に構成したもの

3　この章において「行政機関等匿名加工情報」とは、次の各号のいずれにも該当する個人情報ファイルを構成する保有個人情報の全部又は一部を加工して得られる匿名加工情報をいう。

4　この章において「行政機関等匿名加工情報ファイル」とは、行政機関等匿名加工情報を含む情報の集合物であって、次に掲げるものをいう。

> 一　特定の行政機関等匿名加工情報を電子計算機を用いて検索することができるように体系的に構成したもの
>
> 二　前号に掲げるもののほか、特定の行政機関等匿名加工情報を容易に検索することができるように体系的に構成したものとして政令で定めるもの

5　この章において「条例要配慮個人情報」とは、地方公共団体の機関又は地方独立行政法人が保有する個人情報（要配慮個人情報を除く）のうち、地域の特性その他の事情に応じて、本人に対する不当な差別、偏見その他の不利益が生じないようにその取扱いに特に配慮を要するものとして地方公共団体が条例で定める記述等が含まれる個人情報をいう。

第2章

第五章　行政機関等の義務等の続き

第二節　行政機関等における個人情報等の取扱い

第 61 条（個人情報の保有の制限等）

第 62 条（利用目的の明示）

第 63 条（不適正な利用の禁止）

第 64 条（適正な取得）

第 65 条（正確性の確保）

第 66 条（安全管理措置）

第 67 条（従事者の義務）

第 68 条（漏えい等の報告等）

第 69 条（利用及び提供の制限）

第 70 条（保有個人情報の提供を受ける者に対する措置要求）

第 71 条（外国にある第三者への提供の制限）

第 72 条（個人関連情報の提供を受ける者に対する措置要求）

第 73 条（仮名加工情報の取扱いに係る義務）

第三節　個人情報ファイル

第 74 条（個人情報ファイルの保有等に関する事前通知）

第 75 条（個人情報ファイル簿の作成及び公表）

第四節　開示、訂正及び利用停止

第一款　開示（第 76 条〜第 89 条）

第二款　訂正（第 90 条〜第 97 条）

第三款　利用停止（第 98 条〜第 103 条）

第四款　審査請求（第 104 条〜第 107 条）

第五款　条例との関係（第 108 条）

第五節　行政機関等匿名加工情報の提供等（第 109 条〜第 128 条）

・行政機関等の義務規定は、個人情報取扱事業者の項目とほぼ同じであるが、内容は行政機関の特性を反映したものとなっている。

1　個人情報保護法の改正・統合による法構成

　日本で最初に制定された行政機関の個人情報保護法および独立行政法人の個人情報保護法は、2021年改正法によって個人情報保護法の中に統合され、2021年改正法第二弾施行によって、地方公共団体も対象となった。

　個人情報保護法第一章から第三章は、当初の制定時から、官民共通の目的や定義、基本理念などが定められていたが、第四章以降は主に民間部門を対象とした一般法となっていた。2021年改正法で、第五章に行政機関等の義務等を定めた行政機関等向けの一般法が組み入れられた。

　これにより、用語の定義について、共通のものは第一章に、民間部門と行政機関で異なるものは、それぞれの章の冒頭に置かれている。

　また、行政機関等の監視監督機能が個人情報保護委員会に統合されたため、官民共通の監視機関として、それぞれの一般法が定められている後に第六章に個人情報保護委員会の規定が置かれている。

2　個人情報保護法への統合の意義と特性反映

　一つの個人情報保護法に統合された行政機関等の義務規定内容は、これまでの個人情報取扱事業者の義務規定項目にあわせるとともに、行政機関等の特性を反映する内容となっている。

　利用目的の特定や変更、明示や提供の制限などは、もとの規定を踏襲する形、適正な取得や委員会への報告、仮名加工情報の取扱いなど、これまでになかったものは個人情報保護法のガイドライン等で定めることとし、安全管理措置や従業者の義務などは、規律の充実が図られ、こちらもガイドラインで定められる。

　また、病院や大学など国公立か私立かによって区別することの意味が薄い医療分野や学術研究分野については、民間部門と同様の義務が適用され、それらの機関の特性に対応し適用除外規定が定められている。

　個人情報保護委員会による行政機関等の監視について、指導、助言、勧告や報告の要求は同様であるが、命令の規定や命令違反に対する罰則規定はない。

3　行政機関等の義務等における特有の定義

　法律の統合にあわせ、行政機関等の義務等において、各種用語の概念は、個人情報取扱事業者を対象とした義務における用語に概念にあわせるよう努められているが、職務内容の違いなどから、行政機関等特有の義務に対しての用語が定義され（法60条）、行政機関等の義務等の章においてのみ適用される（一部は罰則規定の章（第八章）にも適用）。

（1）　保有個人情報

　保有個人情報とは、行政機関等の職員が、職務上作成や取得した個人情報で、組織的に利用するものとして保有しているもの指すが、行政文書等に記録されているものに限られる。これらは、行政機関特有の定義となるが、以前の行政機関等の個人情報保護法を踏襲している。

（2）　個人情報ファイル

　個人情報データベース等と同様の概念の情報の集合物を個人情報ファイルという。これらは、一定の事務の目的を達成するためのものに限定される。

（3）　行政機関等匿名加工情報

　行政機関等匿名加工情報とは、個人情報ファイルを構成する保有個人情報の全部または一部を加工して得られる匿名加工情報のことで、事務や事業に支障を及ぼすおそれがあるために個人情報ファイル簿に掲載しないとされるものでなく、開示の請求に対応するものであり、加工して匿名加工情報を作成することができるものに限定される。

（4）　行政機関等匿名加工情報ファイル

　行政機関等匿名加工情報を含む情報の集合物で検索できるよう体系的に構成されたものを行政機関等匿名加工情報ファイルという。

（5）　条例要配慮個人情報

　要配慮個人情報にはあたらないが、地域の特性その他の事情に応じて取扱いに特に配慮を要するものとして地方公共団体が条例で定める記述等が含まれる個人情報を条例要配慮個人情報という。

4 行政機関等の特有の義務項目

（個人情報の保有の制限等）

　利用目的を変更する場合、変更前の利用目的と相当の関連性を有すると合理的に認められる範囲を超えて行ってはならないとされ、「相当の」というより厳しい内容となっている。

　個人情報を取得した場合、あらかじめその利用目的を公表している場合を除き、その利用目的を本人に通知や公表することは必要とされない。

　保有できる個人情報は、法令・条例が定める所掌事務や、事務遂行に必要な場合に限られる（法61条）。利用目的の変更の範囲も同様。

　要配慮個人情報を取得に際し、あらかじめ本人の同意を得ることは不要である。

（正確性の確保）

　行政機関等の場合は、公文書管理法等の対象となるため、利用する必要がなくなったときの消去に関する規定はない。

（従事者の義務）

　従業者やそうであった者に対し、業務に関して知り得た個人情報の内容をみだりに他人に知らせたり不当な目的に利用してはならないという守秘義務が課されている（法67条）。

（利用及び提供の制限）

　行政機関の長等は、法令に基づいて利用や提供が可能である。提供先に対し、利用目的や利用方法など必要な制限を設けて安全管理措置を講じるよう求めるものとされている（法69条）。

（開示、訂正、利用停止）

　訂正要求と利用停止請求は、開示を受けた場合に限られる（法76条〜108条）。

（行政機関等匿名加工情報の提供等）

　行政機関等匿名加工情報に関する規定は、行政機関の長等が保有する個人情報ファイルに関し、行政機関等匿名加工情報を用いる事業に関する提案を募集し、それらを審査して提供する際の特有の業務に対する規定である（法109条〜123条）。

第2章

第20節

個人情報保護法の関連法規

1 官民データ活用推進基本法

　2016年12月、国や自治体、民間事業者がもつ「官民データ」の活用推進を目的とした「**官民データ活用推進基本法**」が公布、施行された。

　官民データ活用推進基本法制定により、少子高齢社会におけるさまざまな課題に対応するため、国、地方公共団体、独立行政法人、民間事業者などが管理するデータを活用し、データを活用した新ビジネスの創出や、データに基づく行政、医療介護、教育などの効率化が期待されている。

　法律で初めてAIやIoTなどの用語が定義されるとともに、行政手続のオンライン化やマイナンバーカードの普及・活用にも言及されている。

(1) 基本理念

　官民データ活用の推進は、その理念として、高度情報通信ネットワーク社会形成基本法、サイバーセキュリティ基本法、個人情報の保護に関する法律、マイナンバー法等による施策とあわせて、個人や法人の権利利益を保護しつつ情報の円滑な流通の確保を図るとされ、さらに、地域経済の活性化や地域の就業機会創出を通じた地域社会の形成や、新たな事業の創出、産業の健全な発展および国際競争力の強化を図ることにより、活力ある日本社会の実現に寄与することが示されている。

(2) 基本的施策

　官民データ活用推進基本法は、基本的施策として以下が挙げられている。

・行政機関にかかわる申請、届出などの手続きのオンライン化
・国や地方公共団体、および事業者による自ら保有する官民データの活用推進など関連する制度の見直し
・官民データの円滑な流通促進、データ流通時の個人関与の仕組みの構築
・情報通信技術に関する地理的制約や年齢等による格差の是正
・マイナンバーカードの普及・活用計画、研究開発の推進、人材育成、教育、学習振興、普及啓発等

（3） 官民データ活用推進基本法による用語

「官民データ」

電磁的記録に記録された情報であって、国もしくは地方公共団体または独立行政法人もしくはその他の事業者により、その事務または事業の遂行にあたり、管理され、利用され、または提供されるものをいう。

AI：「人工知能関連技術」

人工的な方法による学習、推論、判断等の知的な機能の実現および人工的な方法により実現した機能の活用に関する技術をいう。

IoT：「インターネット・オブ・シングス活用関連技術」

インターネットに多様かつ多数の物が接続されて、それらの物から送信され、またはそれらの物に送信される大量の情報の活用に関する技術であって、情報の活用による付加価値の創出によって、事業者の経営の能率および生産性の向上、新たな事業の創出ならびに就業の機会の増大をもたらし、もって国民生活の向上および国民経済の健全な発展に寄与するものをいう。

「クラウド・コンピューティング・サービス関連技術」

インターネットその他の高度情報通信ネットワークを通じて電子計算機を他人の情報処理の用に供するサービスに関する技術をいう。

図表 2-16 官民データ活用推進基本法制定の背景

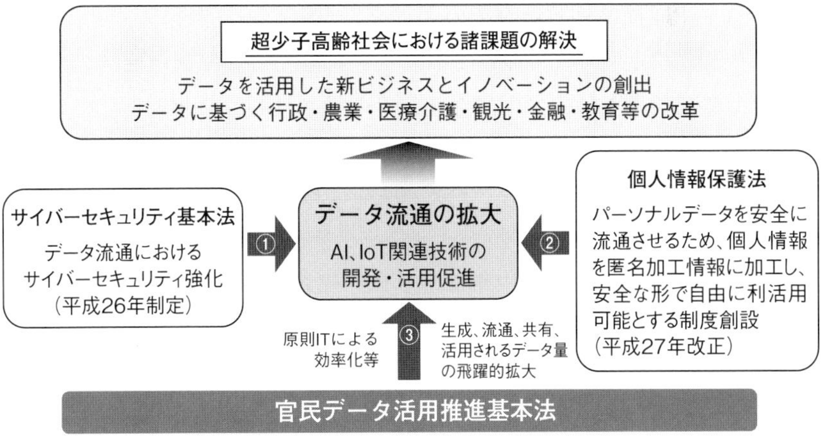

出典：「官民データ活用推進基本法について」（内閣官房IT総合戦略室）

2　不正アクセス行為の禁止等に関する法律

不正アクセス行為の禁止等に関する法律（**不正アクセス禁止法**）は、ネットワークを通じて行われるコンピュータを利用した犯罪の防止や、アクセス制御機能により実現される電気通信に関する秩序の維持を図り、高度情報通信社会の健全な発展に寄与することを目的に、2000年に制定された。

不正アクセス禁止法には、次の2つの側面がある。

① 不正アクセス行為等の禁止・処罰という行為者に対する規制
② 不正アクセス行為を受ける立場のアクセス管理者に防御措置を求め、防御措置を的確に講じられるよう行政が援助するという防御側の対策

（1）サイバー犯罪

サイバー犯罪とは、「コンピュータ技術や電気通信技術を悪用した犯罪」のことで、以前はハイテク犯罪と呼ばれていたが、国際的な用語にあわせて変更された。ネットワーク利用犯罪、コンピュータ・電磁的記録を対象とした犯罪、不正アクセス禁止法違反の3つに大別される。

サイバー犯罪の特徴として、匿名性が高いこと、痕跡が残りにくいこと、不特定多数の人に被害が及ぶこと、容易に国境を越えることなどが挙げられる。

サイバー犯罪検挙件数は、その大半をネットワーク利用犯罪が占める。不正アクセス禁止法によりネットワークを通じたコンピュータへの不正アクセス行為が禁止されるようになり、その検挙件数は毎年増加している。

（2）ネットワーク利用犯罪

ネットワーク利用犯罪とは、犯罪の実行手段として、インターネットや電子メール、電子掲示板などのネットワークを利用した犯罪のことである。

ネットワーク利用犯罪の中には、詐欺、児童買春・児童ポルノ法違反、青少年保護育成条例違反、出会い系サイト規制法違反、商標法違反、猥褻物頒布、著作権法違反などがある。この中では、**ネットワーク利用による詐欺**が最も多く、主に、インターネットオークションを利用した犯罪となっている。

（3）　コンピュータ・電磁的記録対象犯罪

　コンピュータ・電磁的記録対象犯罪とは、コンピュータシステムの機能を阻害したり、コンピュータシステムを不正に使用する犯罪のことである。

　刑法で、電子計算機使用詐欺罪、電磁的記録不正作出及び供用罪、電子計算機損壊等業務妨害罪が規定されている。

３　不正競争防止法

　不正競争防止法は、事業者間の公正な競争とこれに関する国際約束の的確な実施を確保するため、不正競争の防止と不正競争にかかわる損害賠償に関する措置などを講じて国民経済の健全な発展に寄与することを目的に定められている。

　不正競争防止法は、営業活動における営業情報や開発情報などの「機密」と企業ブランドなどの「信用」を保護対象としており、機密情報については、不正取得する行為、不正利用する行為、競合他社に不正開示する行為などを禁止している。この法律で保護される「**営業秘密**」は、秘密として管理され（**秘密管理性**）、事業活動に有用であり（**有用性**）、公然と知られていない（**非公知性**）ことを満たす情報を指す。

４　特定電子メールの送信の適正化等に関する法律

　特定電子メールの送信の適正化等に関する法律（**特定電子メール法**）は、特定電子メールの送信の適正化のための措置などを定めることにより、電子メールの利用についての良好な環境の整備を図り、高度情報通信社会の健全な発展に寄与することを目的として制定された。

　特定電子メール法は、迷惑メール防止法とも呼ばれ、一時に多数の者に対して発信される特定電子メールによる電子メールの送受信上の支障を防止する必要性を考慮した法律である。

　なお、2008年の改正により、広告宣伝メールは、あらかじめ送信に同意した者に対してのみ送信を認める方式（**オプトイン方式**）が導入された。

第2章

個人情報保護法の施行状況

1 　個人情報保護法施行状況の報告と公表

（1）　施行状況の報告と公表

　個人情報保護法の基本方針で、個人情報保護委員会の活動状況を公表することとされており、また個人情報保護法雑則で、毎年度、報告をとりまとめ、概要を公表することとされている（法 165 条、法 168 条）。

> 【個人情報の保護に関する基本方針】
>
> 2　国が講ずべき個人情報の保護のための措置に関する事項
>
> （5）個人情報保護委員会の活動状況等の公表
>
> 　　個人情報保護委員会は、必要に応じて関係機関の協力を得て、毎年、法第 6 章第 2 節に基づく報告の徴収、助言等による個人情報取扱事業者等及び認定個人情報保護団体の監督並びに行政機関等の監視の実施の状況のほか、苦情の処理等の取組状況、各主体における個人データや保有個人情報の漏えい等事案の状況等を含む所掌事務の処理状況を国会へ報告し、その概要を公表するものとする。また、当該報告を通じ、個人情報保護制度の運用の透明性を確保する。

> 【個人情報保護法】
>
> 第四節　雑則
>
> 　（施行の状況の公表）
>
> 　第 165 条　委員会は、行政機関の長等に対し、この法律の施行の状況について報告を求めることができる。
>
> 　2　委員会は、毎年度、前項の報告を取りまとめ、その概要を公表するものとする。
>
> 　（国会に対する報告）
>
> 　第 168 条　委員会は、毎年、内閣総理大臣を経由して国会に対し所掌事務の処理状況を報告するとともに、その概要を公表しなければならない。

（2）　個人情報保護委員会 年次報告

　法165,168条にもとづき、「個人情報保護委員会 年次報告」が公表され、付表 活動実績にて、個人情報の取扱いに関する監視や監督の状況等が記載されている。

令和4年度 個人情報保護委員会 年次報告 目次（抜粋）

第1章　委員会の組織等及び所掌事務

第2章　委員会の所掌事務の処理状況

　Ⅰ　個人情報保護法等に関する事務

　　第1節　令和2年改正法の円滑かつ適切な施行等に関する取組

　　第2節　個人情報保護制度の一元化

　　第3節　令和3年改正法全面施行に向けた監視・監督の取組

　　第4節　基本方針の一部変更

　　第5節　個人情報等の適正な取扱いに関係する政策の基本原則の策定

　　第6節　個人情報保護法に基づく監督等

　　第7節　個人情報保護法等に基づく個人情報等の利活用等

　Ⅱ　マイナンバー法に関する事務

　　第1節　マイナンバー法に基づく監督等

　　第2節　特定個人情報保護評価

　Ⅲ　国際協力

　Ⅳ　個人情報保護法、マイナンバー法等に共通する事務

　　第1節　相談受付

　　第2節　広報及び啓発

　　第3節　人材育成

付表　活動実績

　　1　個人情報の取扱いに関する監視又は監督の状況

　　2　特定個人情報の取扱いに関する監視又は監督の状況

　　3　特定個人情報保護評価書の承認日

　　4　評価実施機関の特定個人情報保護評価書の公表状況

　　　※　https://www.ppc.go.jp/aboutus/report/annual_report_2022/

（3）　2022（令和4）年度個人情報保護委員会 年次報告（抜粋）

第6節 個人情報保護法に基づく監督等 1 個人情報取扱事業者等に対する監督

（1）漏えい等事案に関する報告の処理状況等

　令和4年度においては、個人データの漏えい等事案について7,685件の個人情報保護法第26条1項に基づく報告があった。このうち、委員会に対する直接報告は4,217件、委任先省庁を経由したものは3,468件であった。前年度の受付件数5,846件に比して件数が増加しているが、これは令和2年改正法により報告対象を個人の権利利益を害するおそれが大きいものとして委員会規則に定める一定の事態とした一方で、報告が義務化されたこと及びその周知が進んだこと等によるものと考えられる。

　上記の報告事案のうち1件当たりの事案で漏えい等した人数は1,000人以下が最も多く（93.8%）、5万人を超える事案の割合は0.5%だった。

　委員会に対し直接報告された事案において、漏えい等した情報の種類は顧客情報が最も多く（83.9%）、その形態別に見ると、紙媒体のみが漏えい等したもの（95.1%）が、電子媒体のみが漏えい等したもの（0.2%）より多かった。個人情報保護法第26条1項及び個人情報の保護に関する法律施行規則第7条が定める報告義務の類型による分類において、最も多くを占めたのは要配慮個人情報を含む個人データの漏えい等であり（85.0%）、これに次いで不正アクセス等、不正の目的をもって行われたおそれのある個人データの漏えい等が多かった（11.1%）。このような傾向となった要因は、漏えい等事案の発生原因の多くが誤送付、誤交付、誤廃棄、紛失等のいわゆるヒューマンエラーであったこと（合計83.6%）も踏まえると、漏えい等が生じた場合その対象となった本人数が1人であっても報告義務がある要配慮個人情報を含む個人データについて、当該個人データが記載された紙媒体（例えば診療報酬明細書等）の誤交付等のいわゆるヒューマンエラーによる漏えい等事案が多かったことにあると考えられる。他方、漏えい等事案の発生原因としては、上記のいわゆるヒューマンエラーに次いでインターネット等のネットワークを経由した不正アクセスを原因とするものが多く（8.7%）、このような事案においては本人数100万人を超える個人データの漏えいのおそれが生じたものもあった。

　上記の漏えい等報告を受けて、委員会では、本人への対応の実施状況として本人に対する通知（個人情報保護法第26条2項）が適切になされているか、発生原因を適切に特定及び分析しているか、再発防止のための措置として記載されている事項が発生原因に適切に対応したものであるか等、施行規則第8条所定の報告対象事項についてその内容を確認し、必要に応じて発生原因分析や再発防止策検討の手法等につき情報提供する等の対応を行った。

　また、要配慮個人情報を含む個人データの漏えい等が多かったことを受け、医療関係の業界団体と漏えい等事案の防止に向けた意見交換を行った。

（2）報告徴収、立入検査、指導及び助言の状況

　令和4年度においては、個人情報取扱事業者等に対して報告徴収を81件、立入検査を1件、指導及び助言を115件行った。

（3）勧告及び命令の状況

　多数の破産者等の個人情報を個人情報保護法に反する態様で継続的にウェブサイトに掲載していた個人情報取扱事業者に対し、①不特定多数の者による当該破産者等に対する人格的、財産的差別が誘発されるおそれがあることが十分に予見できるにもかかわらず、インターネット上に公開されている地図データと紐づける形で個人情報を掲載していることから法19条に違反し、②個人情報の取得に際して速やかにその利用目的を本人に通知し、又は公表していないことから法21条1項に違反し、③インターネット上において個人データが不特定多数の者から閲覧可能な状態におかれているにもかかわらず係る第三者提供に際してあらかじめ本人の同意を得ていないことから法27条1項に違反することを理由に、当該ウェブサイトを通じた個人データの提供を直ちに停止するよう勧告を行った。しかし、正当な理由なく当該勧告に係る措置が講じられなかったため、当該個人情報取扱事業者に対し、令和4年11月2日付けで、当該ウェブサイトを通じた個人データの提供を直ちに停止するよう命令を行った。さらに、当該個人情報取扱事業者が正当な理由なく上記命令に係る措置をとらなかったため、法173条等の罰則に抵触するものとして関係捜査機関に告発を行った。

（4）　付表 活動実績

1　個人情報取扱事業者等に対する監督

対応事項	令和4年度	令和3年度	令和2年度
漏えい等事案に関する報告の処理件数	7,685件 （内訳） 委員会直接受付分： 4,217件 （うち域外適用分： 8件） 委任先省庁経由： 3,468件 認定団体経由： （※）	5,846件 （内訳） 委員会直接受付分： 1,042件 （うち域外適用分： 5件） 委任先省庁経由： 2,386件 認定団体経由： 2,418件	4,141件 （内訳） 委員会直接受付分： 1,027件 （うち域外適用分： 8件） 委任先省庁経由： 1,122件 認定団体経由： 1,992件
報告徴収	176件 （内訳） 委員会実施分： 81件 委任先省庁実施分： 95件	407件 （内訳） 委員会実施分： 328件 委任先省庁実施分： 79件	357件 （内訳） 委員会実施分： 354件 委任先省庁実施分： 3件
立入検査	26件 （内訳） 委員会実施分： 1件 委任先省庁実施分： 25件	30件 （内訳） 委員会実施分： 0件 委任先省庁実施分： 30件	4件 （内訳） 委員会実施分： 2件 委任先省庁実施分： 2件
指導及び助言	115件 （うち域外適用分： 0件）	217件 （うち域外適用分： 0件）	198件 （うち域外適用分： 2件）
勧告	1件	3件	0件
命令	1件	1件	2件

（※）令和2年改正法が令和4年4月1日に施行されたことに伴い認定団体を経由した漏えい等事案の報告制度は廃止された。

2　個人データ及び保有個人情報の漏えい等事案の状況

（期間：令和4年4月1日～令和5年3月31日）

①　漏えいした人数

件数 （割合）		漏えい等した人数				
		1,000人 以下	1,001～ 10,000人	10,001～ 50,000人	50,001人 以上	不明
個人情報 取扱事象 者等	7,685件 (100%)	7,206件 (93.8%)	245件 (3.2%)	56件 (0.7%)	42件 (0.5%)	136件 (1.8%)
行政機関 等	114件 (100%)	109件 (95.6%)	5件 (4.4%)	0件 (0.0%)	0件 (0.0%)	0件 (0.0%)
計	7,799件 (100%)	7,315件 (93.8%)	250件 (3.2%)	56件 (0.7%)	42件 (0.5%)	136件 (1.7%)

（※）漏えい等事案には、「漏えい」のほか、「滅失」、「毀損」の事案及びこれらのおそれがある場合を含む。

（※）「漏えい等した人数」とは、漏えい等した個人情報によって識別される特定の本人の数であり、人数が確定できない場合は、漏えい等した可能性のある本人を含む最大人数として報告を受けている。

②　漏えい等した情報の種類（①のうち委員会に報告されたもの）

件数 （割合）		漏えい等した情報の種類					
		顧客情報		従業員情報		その他の情報	
	うち基本 情報のみ		うち基本 情報のみ		うち基本 情報のみ		うち基本 情報のみ
4,217件 (100%)	89件 (2.1%)	3,540件 (83.9%)	74件 (1.8%)	369件 (8.8%)	8件 (0.2%)	595件 (14.1%)	13件 (0.3%)

③　漏えい等した情報の形態

件数 （割合）	漏えい等した情報の形態			
	電子媒体のみ	紙媒体のみ	電子・紙媒体	その他
4,217件 (100%)	7件 (0.2%)	4,010件 (95.1%)	0件 (0.0%)	200件 (4.7%)

第2章

個人情報保護法の解釈に関する Q&A

　　個人情報保護委員会は、個人情報保護法ガイドラインとともにそれらに関する Q&A を公表している。これは、法改正時だけでなく、諸環境の変化を踏まえて必要に応じ見直しを行うものとされており、随時更新されている。以下は、「個人情報の保護に関する法律についてのガイドライン」に関する Q&A 2024 年 3 月 1 日更新版の中から、一部を抜粋し掲載している。

※最新のQ&Aは、個人情報保護委員会「法令・ガイドライン等」ページを参照のこと。
https://www.ppc.go.jp/personalinfo/legal/

1 「個人情報」について

Q 「特定の個人を識別することができる」とは、どのような意味ですか。

A 「特定の個人を識別することができる」とは、社会通念上、一般人の判断力や理解力をもって、生存する具体的な人物と情報との間に同一性を認めるに至ることができることをいいます。

Q メールアドレスだけでも個人情報に該当しますか。

A メールアドレスのユーザー名及びドメイン名から特定の個人を識別することができる場合（例：kojin_ichiro@example.com）、当該メールアドレスは、それ自体が単独で、個人情報に該当します。これ以外の場合、個別の事例ごとに判断することになりますが、他の情報と容易に照合することにより特定の個人を識別することができる場合、当該情報とあわせて全体として個人情報に該当することがあります。

Q 新聞やインターネットなどで既に公表されている個人情報は、個人情報保護法で保護されるのですか。

A 公知の情報であっても、その利用目的や他の個人情報との照合など取扱いの態様によっては個人の権利利益の侵害につながるおそれがあることから、個人情報保護法では、既に公表されている情報も他の個人情報と区別せず、保護の対象としています。

Ⓠ 顧客との電話の通話内容を録音していますが、通話内容から特定の個人を識別することはできません。この場合の録音記録は、個人情報に該当しますか。

Ⓐ 基本的には個人情報に該当しません。ただし、その他の情報と容易に照合でき、それによって特定の個人を識別することができれば、その情報とあわせて全体として個人情報に該当することはありますので、個別の事例ごとの判断が必要です。なお、録音した音声から特徴情報を抽出し、これを話者認識システム等本人を認証することを目的とした装置やソフトウェアにより、本人を認証することができるデータに変換した場合、当該データは個人識別符号に該当し、それ単体で個人情報に該当します。

2　個人識別符号

Ⓠ 携帯電話番号やクレジットカード番号は個人識別符号に該当しますか。

Ⓐ 携帯電話番号やクレジットカード番号は、様々な契約形態や運用実態があり、およそいかなる場合においても特定の個人を識別することができるとは限らないこと等から、個人識別符号に位置付けておりません。なお、このような番号も、氏名等の他の情報と容易に照合することができ、それにより特定の個人を識別することができることとなる場合には、個人情報に該当します。

3　要配慮個人情報

Ⓠ 診療又は調剤に関する情報は、全て要配慮個人情報に該当しますか。

Ⓐ 本人に対して医師等により行われた健康診断等の結果及びその結果に基づき医師等により行われた指導又は診療若しくは調剤が行われたことは、要配慮個人情報に該当します（施行令第2条第2号及び第3号）。具体的には、病院、診療所、その他の医療を提供する施設における診療や調剤の過程において、患者の身体の状況、病状、治療状況等について、医師、歯科医師、薬剤師、看護師その他の医療従事者が知り得た情報全てを指し、診療記録や調剤録、薬剤服用歴、お薬手帳に記載された情報等が該当します。また、病院等を受診したという事実及び薬局等で調剤を受けたという事実も該当します。

第2章

4 　個人情報データベース等

Ⓠ メールソフトのアドレス帳や一定の規則で整理された名刺について、従業者本人しか使用できない状態であれば、企業の個人情報データベース等には該当しないと考えてよいですか。

Ⓐ 従業者の私的な使用のみに用いられているのであれば、企業にとっての個人情報データベース等に該当しないと考えられます。しかし、従業者が企業における業務の用に供するために使用しているのであれば、企業の個人情報データベース等に該当することになり得ます。

Ⓠ 個人情報データベース等に入力する前の帳票類であれば、個人情報データベース等に該当しませんか。

Ⓐ 個人情報データベース等に入力する前の帳票等であっても、それに記載された個人情報を 50 音順に整理している場合など、特定の個人情報を容易に検索することができるように体系的に構成している場合には、それ自体が個人情報データベース等に該当します。

5 　個人情報取扱事業者

Ⓠ 個人情報を「事業の用に供している」とは、どのような意味ですか。加工、分析などをせず、データベースとして利用しているのみであれば、該当しませんか。

Ⓐ 「事業の用に供している」とは、事業者がその行う事業のために個人情報を利用していることをいい、特にその方法は限定されません。事業のために個人情報データベース等を作成、加工、分析、提供することだけでなく、事業を行う上で必要となる顧客情報、従業員情報、配達先情報などをデータベースとして利用していることなども含みます。

Ⓠ 従業者に関する個人情報データベース等しか保有していない場合であっても、個人情報取扱事業者に該当しますか。

Ⓐ 取り扱っている個人情報が従業者の個人情報のみであっても、個人情報データベース等を事業の用に供している者は、個人情報取扱事業者に該当します。

6 保有個人データ

Ⓠ 個人データの取扱いが委託される場合、当該個人データは委託元と委託先のどちらの保有個人データとなりますか。

Ⓐ 特に定めのない限り、委託元の保有個人データになると考えられますが、具体的には個別の事例ごとに判断することとなります。委託元が、個人データを受託処理する個人情報取扱事業者である委託先に対し、自らの判断で当該個人データの開示等を行う権限を付与していないとき（委託元・委託先間で何ら取決めがなく委託先が自らの判断で開示等をすることができない場合も含む。）は、本人に対する開示等の権限を有しているのは委託元であるため、当該個人データは委託元の「保有個人データ」となります。

7 公表

Ⓠ 店頭販売が中心の事業者が「公表」を行う場合、店頭ではなくホームページで公表することは可能ですか。

Ⓐ 「公表」とは、広く一般に自己の意思を知らせることであり、公表に当たっては、事業の性質及び個人情報の取扱状況に応じ、合理的かつ適切な方法による必要があります。ホームページで公表することも可能と解されますが、当該店舗に来訪した者にとってそのホームページが合理的に把握可能であることを含め、分かりやすい場所への掲載が求められるものと解されます。

8 本人の同意

Ⓠ 本人に対して、一定期間内に回答がない場合には同意したものとみなす旨の電子メールを送り、当該期間を経過した場合に、本人の同意を得たこととすることはできますか。

Ⓐ 本人が同意に係る判断を行うために必要と考えられる合理的かつ適切な方法によらなければなりません。したがって、一定期間回答がなかったことのみをもって、一律に本人の同意を得たものとすることはできません。

第2章

9　個人情報の利用目的

Q　「利用」とは何を意味しますか。

A　特段の定義があるわけではありませんが、取得及び廃棄を除く取扱い全般を意味すると考えられます。したがって、保管しているだけでも利用に該当します。

Q　当初の利用目的が変更となったためその旨を通知する際、利用目的の範囲に含まれない商品告知等もあわせて同封することは問題はないのですか。

A　利用目的の範囲に含まれない商品告知等をすることはできません。利用目的の達成に必要な範囲を超える利用は、事前に本人の同意が必要となります。

10　個人情報の取得

Q　名簿業者から個人の名簿を購入することは禁止されていますか。また、不正取得された名簿をそれと知らずに購入した場合は、どうですか。

A　名簿業者から個人の名簿を購入すること自体は禁止されていませんが、その購入に際しては、適正取得（法第 20 条第 1 項）や第三者提供を受ける際の確認・記録義務（法第 30 条）が適用される点に留意する必要があります。具体的には、名簿の購入の際、相手方が個人データを取得した経緯などを確認・記録する必要があり、その結果、相手方が不正の手段により個人データを取得したことを知り又は容易に知ることができたにもかかわらず当該個人データを取得する場合、法第 20 条第 1 項に違反するおそれがあります。特に、平成 27 年改正の施行（平成 29 年 5 月 30 日）以降は、一般的に名簿業者はオプトアウト規定による届出が必要となるため（法第 27 条第 2 項及び第 3 項）、個人情報保護委員会のホームページ上で、当該名簿業者が届出をしていることを確認する必要があると解されます。

Q　申込書やホームページ上のユーザー入力画面で連絡先を記入させる場合、当該連絡先の利用目的を明示する必要がありますか。また、具体的にどのような場合に取得の状況からみて利用目的が明らかで利用目的の明示が不要となりますか。

A　申込書等の書面（ホームページ上の入力画面を含む。）に本人が記入し、直接

その本人から個人情報を取得する場合は、原則として利用目的の明示が必要です（法第21条第2項）。ただし、取得の状況からみて利用目的が明らかな場合は、例外的に利用目的の明示は不要です（同条第4項第4号）。具体的には、次のような事例が考えられます。

【取得の状況からみて利用目的が明らかであると認められる場合】

○申込書の記載により取得したメールアドレス情報等を申込内容の確認、履行の結果通知等の目的で利用する場合（ただし、新たなサービスの案内、提携先への提供等に利用することは自明の利用目的に該当しない場合があるので注意を要します。）

○懸賞付きアンケートによって取得した連絡先を、懸賞商品の抽選や懸賞商品に関する連絡・発送等のみに利用する場合

11 個人データの管理

Q A事業のために個人データを取得した後、B事業のために取得した個人データの内容から住所変更があった事実が判明した場合、A事業についても住所変更を反映させることが可能ですか。

A 法第22条により、個人データを正確かつ最新の内容に保つよう努めなければならないとされていることから、住所変更の内容を反映させることは可能と考えられます。ただし、A事業とB事業における個人情報の利用目的が異なる等、利用目的の達成に必要な範囲を超えて個人情報を取り扱うこととなる場合には、あらかじめ本人の同意が必要と考えられます。

Q 町内会やマンション管理組合等において、監督が必要となる「従業者」には、どのような者が該当しますか。

A 町内会やマンション管理組合等の形態や管理の実態にもよりますが、例えば、町内会やマンション管理組合の運営を担う理事等は、個人情報保護法における「従業者」に該当するものと考えられます。

Q 委託元が、法第23条が求める水準を超える高い水準の安全管理措置を講じている場合、委託先は、これと同等の水準の措置を講じる必要がありますか。

A 委託元が法第23条が求める水準を超える高い水準の措置を講じている場合に、委託先はこれと同等の措置を講じることまで法により義務付けられる

わけではなく、法律上は、委託先は法第23条が求める水準の安全管理措置を講じれば足りると解されます。

12 個人データの第三者への提供

Q ある大学から当社に対して、当社に勤務する当該大学の卒業生の名簿（氏名・卒業年度・所属部署）の提出を求められました。これは第三者提供に該当しますか。従業者数が多いので同意の取りようがないのですが、具体的に何をすればよいですか。

A 第三者提供に該当しますので、本人の同意が必要になります。例えば、該当する従業者に対しメール等でその旨を通知し、同意を得られた従業者のみを名簿にして提出するなどの方法が考えられます。

Q 本人の同意は、個人データの第三者提供に当たってその都度得る必要があるのですか。

A 必ずしも第三者提供のたびに同意を得なければならないわけではありません。例えば、個人情報の取得時に、その時点で予測される個人データの第三者提供について、包括的に同意を得ておくことも可能です。

Q ホームページに継続的に掲載すれば、法第27条第2項の「本人が容易に知り得る状態」に該当しますか。

A 「本人が容易に知り得る状態」とは、本人が知ろうとすれば、時間的にも、その手段においても、簡単に知ることができる状態をいい、事業の性質及び個人情報の取扱状況に応じ、本人が確実に認識できる適切かつ合理的な方法によらなければなりません。例えば、本人が閲覧することが合理的に予測される個人情報取扱事業者のホームページにおいて、本人が分かりやすい場所（例：ホームページのトップページから1回程度の操作で到達できる場所等）に法に定められた事項を分かりやすく継続的に掲載しておくことで、通常は、「本人が容易に知り得る状態」になり得ると考えられます。

Q ダイレクトメールの発送業務を業者に委託する場合、ダイレクトメールの発送業務の委託に伴い、ダイレクトメールの送付先である顧客の氏名や住所等を本人の同意なくこの業者に伝えることはできますか。

A 個人情報取扱事業者が、その利用目的の達成に必要な範囲内において、ダ

イレクトメールの発送業務を業者に「委託」（法第 27 条第 5 項第 1 号）する場合には、顧客の氏名や住所等をダイレクトメールの発送業者に伝えても第三者提供の制限に違反することにはなりません。ただし、委託者は、委託先を監督する義務があります（法第 25 条）。

Q 複数の企業でセミナーを共催して、申込受付やアンケートを共同で実施する場合等、個人情報を数社が共同で取得する際には、どのようにすればよいですか。

A 申込受付やアンケートの形式上、共催する各社が、それぞれ個人情報を取得することが分かるようにする方法があります。この場合には、各社ごとに、利用目的をあらかじめ明示する必要があります（法第 21 条第 2 項）。また、申込受付やアンケートの形式上、幹事会社だけが取得する場合で、その後、個人データとして幹事会社から共催各社に提供するのであれば、原則として、本人の同意を取得する必要があります（法第 27 条第 1 項）。その他、共同利用の要件（法第 27 条第 5 項第 3 号）を満たせば、共同利用とすることも可能です。

Q クラウドサービスの利用が、法第 27 条の「提供」に該当しない場合、クラウドサービスを利用する事業者は、クラウドサービスを提供する事業者に対して監督を行う義務は課されないと考えてよいですか。

A クラウドサービスの利用が、法第 27 条の「提供」に該当しない場合、法第 25 条に基づく委託先の監督義務は課されませんが、クラウドサービスを利用する事業者は、自ら果たすべき安全管理措置の一環として、適切な安全管理措置を講じる必要があります。

13　保有個人データに関する事項の公表等、開示等の請求等

Q 法第 32 条第 1 項第 3 号は、開示等の請求等に応じる手続を本人の知り得る状態に置かなければならないと定めていますが、必ずホームページに掲載しなければいけませんか。

A 必ずしもホームページに掲載しなければならないわけではありません。開示等の請求等に応じる手続については、本人の知り得る状態に置かなければなりませんが、本人の求めに応じて遅滞なく回答する場合も含むとされています（法第 32 条第 1 項）。例えば、問合せ窓口を設け、問合せがあれば、口頭又は文書で回答できるよう体制を構築しておけば足ります。なお、問

合せ窓口（保有個人データの取扱いに関する苦情の申出先。施行令第 10 条第 2 号）については、分かりやすくしておくことが望ましいと考えられます。

Ⓠ 市販の人名録を利用してダイレクトメール等を送付していた場合、人名録の利用者は、その内容の訂正、追加、削除等の権限を有していないため、保有個人データに該当しないものとして、開示等の請求を受けた場合であっても、これに応じる義務はないと考えてよいですか。

Ⓐ 市販の人名録を用いる場合であっても、これを営業活動等に利用している限り、このデータについては、その内容の訂正、追加、削除等の権限を有します。したがって、その他の保有個人データの要件を満たす場合には、開示等の請求に応じる義務が課されます。

Ⓠ 一般的には「削除」と「消去」は同じ意味と考えられますが、保有個人データを削除すべき場合（法第 34 条）と消去すべき場合（法第 35 条）の違いは何ですか。

Ⓐ 法第 34 条は、保有個人データの内容が事実ではない場合について規定しており、他方、法第 35 条は、保有個人データが法第 18 条若しくは第 19 条の規定に違反して取り扱われている場合又は法第 20 条の規定に違反して取得されたものである場合について規定しており、その適用場面が異なります。なお、「削除」とは、不要な情報を除くことであり、他方、「消去」とは、保有個人データを保有個人データとして使えなくすることであり、当該データを削除することのほか、当該データから特定の個人を識別できないようにすること等を含みます。

Ⓠ 当社では、電話で資料請求をしてきたお客様にダイレクトメールを送付していますが、お客様から、ダイレクトメールの停止及び個人情報の消去を求められた場合、応じなければならないですか。

Ⓐ ダイレクトメールを送付することについて、利用目的として特性した上で、当該利用目的を顧客に通知又は公表する必要があります。そして、個人情報取扱事業者は、保有個人データを法第 18 条若しくは第 19 条の規定に違反して取り扱っている場合又は法第 20 条の規定に違反して取得したものである場合には、当該保有個人データの利用の停止又は消去をする義務があります（法第 35 条第 2 項）。また、個人情報取扱事業者は、当該本人の権利

又は正当な利益が害されるおそれがある場合等、法第 35 条第 5 項の要件を満たす場合には、当該保有個人データの利用の停止又は消去をする義務があります（法第 35 条第 6 項）。

Q 本人からの開示等の請求等に備えて、開示等の請求等を受け付ける方法をあらかじめ定めておく必要がありますか。

A 個人情報保護法上、個人情報取扱事業者は、開示等の請求に応じる義務がありますが、その手続については各事業者において定めることができます（法第 37 条第 1 項）。開示等の請求等を受け付ける方法をあらかじめ定めている場合には、本人は当該方法に従って開示等の請求等をすることになります。一方、当該方法をあらかじめ定めていない場合には、本人は任意の方法により開示等の請求等をすることとなりますので、その事業者は、個別に相談しながら対応することとなります。

14　講ずべき安全管理措置の内容

Q「中小規模事業者」も、大企業と同等の安全管理措置を講じなくてはいけませんか。

A 法第 23 条により、個人情報取扱事業者は、取り扱う個人データの安全管理のために必要かつ適切な措置を講じなければなりません。ただし、安全管理措置を講ずるための具体的な手法については、個人データが漏えい等をした場合に本人が被る権利利益の侵害の大きさを考慮し、事業の規模及び性質、個人データの取扱状況（取り扱う個人データの性質及び量を含む。）、個人データを記録した媒体の性質等に起因するリスクに応じて、必要かつ適切な内容とすべきものであるため、中小規模事業者において、必ずしも大企業と同等の安全管理措置を講じなければならないわけではありません。

15　ガイドライン（外国にある第三者への提供編）

Q 外国にあるサーバに個人データを含む電子データを保存することは外国にある第三者への提供に該当しますか。

A 個人情報取扱事業者自らが外国に設置し、自ら管理・運営するサーバに個人データを保存することは、外国にある第三者への提供（法第 28 条第 1 項）

に該当しません。また、個人情報取扱事業者が、外国にある事業者が外国に設置し、管理・運営するサーバに個人データを保存する場合であっても、当該サーバを運営する当該外国にある事業者が、当該サーバに保存された個人データを取り扱わないこととなっている場合には、外国にある第三者への提供に該当しません。ここでいう「当該サーバに保存された個人データを取り扱わないこととなっている場合」とは、契約条項によって当該事業者がサーバに保存された個人データを取り扱わない旨が定められており、適切にアクセス制御を行っている場合等が考えられます。

16　ガイドライン（第三者提供時の確認・記録義務編）

Q 電話や口頭で個人情報を聞いた場合には、確認・記録義務は適用されますか。

A 個人データに該当しない個人情報を取得した場合には、確認・記録義務は適用されません。

Q 本人以外の者（「当初の提供元」）から個人データの提供を受けた場合において、あらかじめ公表している利用目的の範囲内で、後日、当初の提供元に対して、同じ内容の個人データを提供するとき、確認・記録義務は適用されますか。

A 当初の提供の際に作成した記録の枠内であれば、改めて、確認・記録義務は適用されません。なお、当初に作成した記録の範囲内にとどまらず、実質的に新規の第三者提供と同視される場合は、確認・記録義務が適用されるものと考えられます。

Q 確認・記録義務の履行のために個人データを保存する場合は、消去義務（法第19条）に違反しませんか。また、利用目的の特定・通知等をしなければなりませんか。

A 個人情報取扱事業者は、個人データを利用する必要がなくなったときは、当該個人データを遅滞なく消去するよう努めなければなりませんが、確認・記録義務の履行のために個人データを保存する場合は、この限りではないものと考えられます。また、利用目的の特定・通知等は不要です。

Q 対象となる複数の本人の記録を一体として作成する際に、保存期間は個々の個人ごとに計算するものですか。

Ⓐ 対象となる複数の本人の記録を一体として作成した場合も、保存期間は個々の個人ごとに計算することとなります。例えば、施行規則第19条第2項・第23条第2項に基づく記録を作成した場合は、個々の個人ごとに最後に当該記録に係る個人データの提供を行なった日から起算して3年を経過する日までの間が保存期間となります（施行規則第21条第2号・第25条第2号）。

17 ガイドライン（仮名加工情報・匿名加工情報編）

Ⓠ 要配慮個人情報を含む個人情報から仮名加工情報を作成することはできますか。

Ⓐ 法第2条第3項に定める要配慮個人情報を含む個人情報を加工して仮名加工情報を作成することも可能です。

Ⓠ 個人情報を加工して仮名加工情報を作成すること自体を、利用目的として特定する必要はありますか。

Ⓐ 仮名加工情報への加工を行うこと自体を個人情報の利用目的として特定する必要はありません。

Ⓠ 個人情報を、安全管理措置の一環等としてマスキング等によって匿名化した場合、匿名加工情報として取り扱う必要がありますか。

Ⓐ 匿名加工情報を作成するためには、匿名加工情報作成の意図を持って、法第43条第1項に基づき、施行規則第34条各号で定める基準に従い加工する必要があります。したがって、匿名加工情報作成基準に基づかずに、個人情報を安全管理措置の一環等としてマスキング等によって匿名化した場合には、匿名加工情報としては扱われません。

Ⓠ 委託に伴って提供された個人データを、委託先が自社のために匿名加工情報に加工した上で利用することはできますか。

Ⓐ 委託先は、委託（法第27条第5項第1号）に伴って委託元から提供された個人データを、委託された業務の範囲内でのみ取り扱わなければなりません。委託先が当該個人データを匿名加工情報に加工することが委託された業務の範囲内である場合には、委託先は当該加工を行うことができますが、委託された業務の範囲外で委託先が当該加工を行い、作成された匿名加工情報を自社のために用いることはできません。

第2章

第２章第14節〜第22節◎過去問題チェック

1．漏えい等の報告等に関する以下のアからエまでの記述のうち、最も適切ではない ものを１つ選びなさい。

ア．個人データが記録された USB メモリを紛失し、紛失場所が社内か社外か特定 できない場合には、「漏えい」（又は漏えいのおそれ）に該当する。

イ．個人情報取扱事業者は、個人データに係る本人の数が 1,000 人を超える漏えい 等が発生し、又は発生したおそれがある事態を知ったときは、原則として、当該 事態が生じた旨を個人情報保護委員会に報告しなければならない。

ウ．漏えい等が発生し、又は発生したおそれがある個人データについては、高度な 暗号化等の秘匿化がされている場合等、「高度な暗号化その他の個人の権利利益 を保護するために必要な措置」が講じられているときであっても、個人情報保護 委員会に漏えい等の報告をしなければならない。

エ．個人データの取扱いが委託されている場合において、当該個人データの漏えい、 滅失、毀損その他の個人データの安全の確保に係る事態であって個人の権利利益 を害するおそれが大きいものとして個人情報保護委員会規則で定めるものが生じ たときは、委託先である個人情報取扱事業者は、委託元である他の個人情報取扱 事業者に対し、当該事態が生じた旨を通知すれば、個人情報保護委員会に報告を する必要はない。　　　　　　　　　　　　　　　　　　〈第 73 回　問題 27〉

2．認定個人情報保護団体に関する以下のアからエまでの記述のうち、最も適切では ないものを１つ選びなさい。

ア．認定個人情報保護団体は、個人情報保護委員会の認定を受ける必要があり、監 督機関も個人情報保護委員会となっている。

イ．認定個人情報保護団体は、個人情報等の適正な取扱いの確保を目的として、対 象事業者に対して、個人情報保護法で定める認定業務を行う他、対象事業者の個 人情報等の取扱いに関する紛争の調停や仲裁を行う。

ウ．認定個人情報保護団体は、本人その他の関係者から対象事業者の個人情報等の 取扱いに関する苦情について解決の申出があったときは、その相談に応じ、申出 人に必要な助言をし、その苦情に係る事情を調査するとともに、当該対象事業者

に対し、その苦情の内容を通知してその迅速な解決を求めなければならない。

　　エ．認定個人情報保護団体でない者は、認定個人情報保護団体という名称又はこれ
　　　　に紛らわしい名称を用いてはならない。　　　　　　　　　〈第73回　問題37〉

3．個人情報保護法上、一定の個人情報取扱事業者等が一定の目的で個人情報等を取
　　り扱う場合、個人情報取扱事業者の義務等に関する規定の適用が除外されることが
　　ある。この適用除外に関する以下のアからエまでの記述のうち、最も適切ではない
　　ものを1つ選びなさい。

　　ア．放送機関、新聞社、通信社その他の報道機関が、報道の用に供する目的で、個
　　　　人情報を取り扱う場合は、個人情報取扱事業者の義務等に関する規定は適用され
　　　　ないが、ここでいう「報道機関」には、報道を業とするフリージャーナリストのよ
　　　　うな個人も含まれる。

　　イ．著述を業として行う者が、著述の用に供する目的で、個人情報を取り扱う場合は、
　　　　個人情報取扱事業者の義務等に関する規定は適用されないが、文芸作品の創作は、
　　　　ここでいう「著述」に該当し、文芸批評や評論等は「著述」には該当しない。

　　ウ．政治団体が、政治活動（これに付随する活動を含む）の用に供する目的で、個人
　　　　情報を取り扱う場合は、個人情報取扱事業者の義務等に関する規定の適用は除外
　　　　される。

　　エ．宗教の教義を広め、儀式行事を行い、及び信者を教化育成することを主たる目
　　　　的とする宗教団体は、個人情報取扱事業者の義務等に関する規定の適用から除外
　　　　される。　　　　　　　　　　　　　　　　　　　　　　　〈第73回　問題38〉

4．行政機関等の保有個人情報の開示請求に関する以下のアからエまでの記述のうち、
　　最も適切ではないものを1つ選びなさい。

　　ア．開示請求は、開示請求をする者の氏名及び住所又は居所と開示請求に係る保有
　　　　個人情報が記録されている行政文書等の名称その他の開示請求に係る保有個人情
　　　　報を特定するに足りる事項を記載した書面を行政機関の長等に提出してしなけれ
　　　　ばならない。

　　イ．開示請求をする者は、政令で定めるところにより、開示請求に係る保有個人情
　　　　報の本人であることを示す書類を提示し、又は提出しなければならない。

　　ウ．行政機関の長等は、開示請求書に形式上の不備があると認めるときは、開示請
　　　　求をした者に対し、相当の期間を定めて、その補正を求めることができる。

　　エ．行政機関等の保有個人情報の開示請求に関する開示決定等は、原則として、開
　　　　示請求があった日から 14 日以内にしなければならない。

〈第 72 回　問題 38〉

５．個人情報保護委員会に関する以下のアからエまでの記述のうち、最も適切なもの
　　を１つ選びなさい。

　　ア．個人情報保護委員会の委員長及び委員は、両議院の同意を得て、総務大臣が任
　　　　命する。

　　イ．個人情報保護委員会の委員長及び委員は、独立してその職権を行う。

　　ウ．個人情報保護委員会の委員長及び委員の任期は４年とし、再任も認められてい
　　　　る。

　　エ．個人情報保護委員会は、委員長及び委員５人をもって組織する。

〈第 71 回　問題 39〉

６．個人情報保護法の罰則に関する以下のアからエまでの記述のうち、最も適切では
　　ないものを１つ選びなさい。

　　ア．個人情報保護法の規定による個人情報データベース等の不正提供を行った場合、
　　　　行為者は、１年以下の懲役又は 50 万円以下の罰金に処され、行為者が法人の従
　　　　業者であれば、両罰規定により、その法人も、１億円以下の罰金に処される。

　　イ．個人情報保護法の規定に基づく報告徴収や立入検査に対し、虚偽の報告や虚偽
　　　　の資料提出をした場合、行為者は、50 万円以下の罰金に処され、行為者が法人の
　　　　従業者であれば、両罰規定により、その法人も、100 万円以下の罰金に処される。

　　ウ．行政機関等の職員がその職権を濫用して、専らその職務の用以外の用に供する
　　　　目的で個人の秘密に属する事項が記録された文書、図画又は電磁的記録を収集し
　　　　たときは、１年以下の懲役又は 50 万円以下の罰金に処される。

　　エ．個人情報取扱事業者が、個人情報保護法に基づく個人情報保護委員会の命令に
　　　　違反した場合には、１年以下の懲役又は 100 万円以下の罰金に処される。

〈第 73 回　問題 40〉

第 **3** 章

マイナンバー法の背景と取り組み

①マイナンバー法の経緯と展開

②マイナンバー制度の概要

マイナンバー法の経緯と展開

■1■ マイナンバー法制定の経緯

　近年、少子高齢化の進行による高齢者の増加や労働人口減少が続き、所得格差や低所得者層の増加といった問題への不安が高まってきた。このため、社会保障と税を一体としてとらえ、正確な所得等の情報に基づいて適切に所得を再分配し、国民が社会保障給付を適切に受ける権利を守る必要に迫られている。そこで、所得情報等の社会保障や税への活用を効率的に行うとともに、情報通信技術を活用することで効率的かつ安全に情報連携を行える仕組みとしての番号制度を整備する必要性が指摘されている。

　2009年12月、平成22年度税制改正大綱で「社会保障制度と税制を一体化し、真に手を差し伸べるべき人に対する社会保障を充実させるとともに、社会保障制度の効率化を進めるため、また所得税の公正性を担保するために、正しい所得把握体制の環境整備が必要不可欠です。そのために社会保障・税共通の番号制度の導入を進めます。」と、マイナンバー制度の原型についての言及がなされた。

　これ以降、政府において制度導入の検討が進められた。

　検討過程では、番号制度を活用して情報を連携させる範囲や、番号に何を使うか、個人情報保護のための保護措置をどうするか等が議論された。

　番号制度を活用して情報を連携させる範囲については、ドイツ型（税務分野のみ）、スウェーデン型（幅広い行政分野で利用）などが考えられるが、社会保障と税制を一体化し、真に手を差し伸べるべき人に対する社会保障を充実させる等の見地から、幅広い行政分野、行政分野以外への番号の利用を目指すことになった。ただし、制度導入の負担や国民の不安感等に配慮して、必要最小限の範囲で制度を開始し、その後、国民の意見を聴いた上で利用範囲の拡大を進めていくこととなった。

　番号に何を使うかについては、従来からある基礎年金番号や住民票コードなども考えられたが、プライバシー保護の観点から、従来の情報が紐付

けられている番号ではなく、住民票コードを変換して作成する新たな番号を用いることになった。

また、個人情報保護のために、個人番号および個人番号と紐付いた個人情報（特定個人情報）について、個人情報保護法よりも厳しい保護措置を講ずることになり、個人番号の利用範囲の制限、特定個人情報の取扱いの原則禁止、個人番号を取得する際の本人確認措置などの各種規制が設けられるとともに、類型的に悪質な漏洩行為等の罰則規定も設けられた。

そして、マイナンバー関連法の法律案が準備されて国会に提出され、2013年5月に番号関連4法が国会で可決・成立した。

2 関連法令の公布と法改正

（1） 番号関連法令の公布
2013年5月31日、番号関連4法として、以下の法律が公布された。
- 「行政手続における特定の個人を識別するための番号の利用等に関する法律」（マイナンバー法、番号法、番号利用法）
- 「行政手続における特定の個人を識別するための番号の利用等に関する法律の施行に伴う関係法律の整備等に関する法律」（整備法）
- 「地方公共団体情報システム機構法」
- 「内閣法等の一部を改正する法律」（内閣CIO法）

（2） マイナンバー法と個人情報保護法の改正
① 2015年改正
2015年9月に個人情報保護法とマイナンバー法が改正され、特定個人情報の適正な取扱いの確保を図るための機関であった「特定個人情報保護委員会」が「**個人情報保護委員会**」に改組されるとともに権限を拡大し、個人情報の適正な取扱いの確保を図るための機関となった。

この改正では、個人番号の利用範囲も拡大されている。例えば、健康保険組合等の行う特定健康診査情報の管理や保健指導に関する事務における個人番号の利用、地方公共団体間における予防接種履歴に関する情報連携のための個人番号の利用などが可能となった。

また、「預貯金口座への個人番号の付番」も実現した。これは、金融機

関の預貯金口座を個人番号と紐付け、金融機関に預貯金情報を個人番号により検索可能な状態で管理する義務を課すことで、金融機関破綻時の自己資産保全（ペイオフ）のための預貯金額の合算、税務調査、生活保護の資産調査の実効性を高めるものである。

　なお、2021 年 10 月時点において、原則として、金融機関等への個人番号の提供は法令上の義務ではなく任意となっており、また、預貯金に付番される個人番号の利用目的も、預貯金額合算や税務調査・生活保護における資産調査に限定され、行政などが広く個人の資産を把握できることにはなっていない。

② 2019 年改正

　2019 年 5 月にマイナンバー法が改正され、個人番号の通知は、それまでの「通知カード」を送付する方法から「個人番号通知書」を送付する方法に変更された。個人番号通知書は、通知カードのように番号確認書類として利用することはできないものとされた。

③ 2020 年改正

　2020 年 6 月に個人情報保護法とマイナンバー法が改正され、特定個人情報の漏えい等事案の本人への通知が新設された（現・法 29 条の 4 第 2 項）。また、法人の罰則が強化され、一定の行為について、法人に科される罰金の額が 1 億円以下に引き上げられた（法 57 条 1 号）。

④ 2021 年改正

　2021 年 5 月にマイナンバー法が改正され、以下の規定が新設された。
・マイナンバーカードの発行等に関する規定（法 16 条の 2、18 条の 2）
・特定個人情報を提供できる場合として「使用者等から他の使用者等に対する従業者等に関する特定個人情報の提供」（法 19 条 4 号）
・地方公共団体情報システム機構（機構）の役職員等の秘密保持義務（法 38 条の 3 の 2）
・個人番号カード関係事務に係る中期目標等（法 38 条の 8 ～ 38 条の 13）
・38 条の 3 の 2 違反による秘密漏えいの罪（法 52 条の 2）

⑤ 2023 年改正

　2023 年 6 月のマイナンバー法改正では、国家資格等、自動車登録、在

留資格に係る許可等に関する事務等においてマイナンバーの利用を可能とすること（マイナンバーの利用範囲の拡大）や、マイナンバーカードと健康保険証の一体化等が導入された。

（3）　個人番号の利用範囲の拡大

　マイナンバー制度においては、制度開始当初は主に社会保障、税および災害対策分野の必要最小限の範囲で利用を始めて、その検証をしつつ、国民の意見を聴いた上で、利用範囲を拡大していくことになった。

　マイナンバー法の基本理念でも、「個人番号及び法人番号の利用に関する施策の推進は、……社会保障制度、税制及び災害対策に関する分野における利用の促進を図るとともに、他の行政分野及び行政分野以外の国民の利便性の向上に資する分野における利用の可能性を考慮して行われなければならない」と定められている（法3条2項）。

　なお、個人番号カード（マイナンバーカード）やマイナポータルについては、個人番号そのものを利用しない利活用が可能であり、その利活用のための法改正も不要である。このため、個人番号カードやマイナポータルの利用範囲は順次拡大され、マイナポイント、引っ越しワンストップサービス、個人番号カードの健康保険証としての運用などが実現している。

- ・マイナンバー制度の目的は①行政の効率化、②公平・公正な社会の実現、③国民の利便性の向上である。これらは基本理念でも触れられている重要な用語であり、その利用場面（社会保障・税・災害対策、そして条例による事務）とともに、今後の利用範囲の拡大等について議論されていくことになる。
- ・情報管理は「分散管理」方式を採用している。その情報連携のために情報提供ネットワークシステムが必要となる。
- ・個人番号の提供を受け、記載して、所定の提出先に提出する事務が「個人番号関係事務」、行政機関や地方公共団体、年金機構などが行う行政事務を「個人番号利用事務」という。
- ・2019年5月の改正により、通知カードが廃止され、個人番号の通知は「個人番号通知書」で行うこととなった。
- ・2020年6月の改正により、特定個人情報の漏洩等事案の本人への通知が新設され、一定の行為について法人に科される罰金の額が1億円以下に引き上げられた。

第3章

マイナンバー制度の概要

1 社会保障・税番号制度（マイナンバー制度）の概要

社会保障・税番号制度（マイナンバー制度）とは、住民票を有する全員に、「1人1番号」、「生涯不変」の個人番号（マイナンバー）を割り当てて、個人番号を情報連携の「キー」（鍵）として、複数の機関が管理している個人の情報が同一人の情報であることの確認（名寄せ）を行えるようにするための社会基盤（インフラ）である。

マイナンバー制度が実現しようとしているものは、①**行政の効率化**、②**公平・公正な社会の実現**、そして③**国民の利便性の向上**である。

すなわち、①各機関が保有している個人情報（市町村であれば福祉情報・所得情報・住基情報等）と個人番号を紐付けて情報の検索・抽出等を容易にすることで、情報の照合、転記、入力等の情報管理の労力や作業の重複等が削減されることが期待される【行政の効率化】。

また、②情報提供ネットワークシステムによる情報連携によって、所得や他の行政サービスの受給状況を把握できるようになれば、税や社会保障の負担を不当に免れることや不正受給などが防止でき、さらには本当に困っている人にきめ細かな支援を行うことも期待できる【公平・公正な社会の実現】。

それだけでなく、③情報連携等により、住民も、社会保障・税関係の申請をする際に求められる課税証明書などの添付書類が削減されたり、マイナポータル（情報提供等記録開示システム）を利用して自分の情報を確認できるなどの利益を享受できることになる【国民の利便性向上】。

他方で、個人番号によって名寄せされた個人情報の漏洩等によりプライバシー等の権利利益が侵害されるのではないかという国民の不安も根強い。

そこで、マイナンバー法では、個人番号の利用や情報連携に関する規定だけでなく、個人情報保護のための各種の保護措置が規定されている。

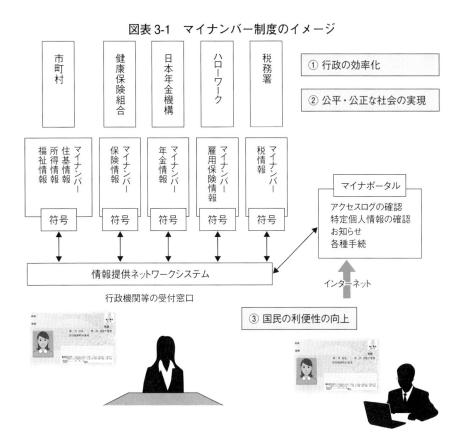

図表3-1　マイナンバー制度のイメージ

2　個人番号とその利用場面

　個人番号（マイナンバー）は、住民票コードを変換して得られる12桁の番号であって、当該住民票コードが記載された住民票に係る者を識別するために指定されるものである（マイナンバー法2条5項）。

　個人番号は、国の行政機関や地方公共団体などにおいて、社会保障、税、災害対策等の分野で利用される。

　国民は、国の行政機関や地方公共団体等が個人番号を利用するために、年金、雇用保険、医療保険の手続き、生活保護・児童手当等の福祉給付、確定申告の税の手続きなどで、申請書等に個人番号を記載することが求められる。

　また、税や社会保険の手続きにおいて、勤務先や金融機関が個人番号の

本人に代わって手続きを行うこととされている場合（源泉徴収票の作成・提出等）、勤務先や金融機関などに個人番号を提出することが求められる。

図表 3-2　個人番号が利用される主な場合

社会保障分野	年金分野	・年金の資格取得・確認、給付　　　　　　　　　　　　　　等
	労働分野	・雇用保険法による失業等給付の支給、雇用安定事業、能力開発事業の実施に関する事務 ・労働者災害補償保険法による保険給付の支給、社会復帰促進等事業の実施に関する事務　　　　　　　　　　　等
	福祉・医療等の分野	・児童扶養手当等の支給に関する事務 ・生活保護の決定・実施に関する事務 ・介護保険の保険給付の支給、保険料の徴収に関する事務 ・健康保険の保険給付の支給、保険料の徴収に関する事務 ・日本学生支援機構における学資の貸与に関する事務 ・公営住宅、改良住宅の管理に関する事務　　　　　　　等
税分野		・確定申告書、届出書、法定調書等に記載 ・国税の賦課・徴収に関する事務 ・地方税の賦課・徴収に関する事務　　　　　　　　　　　等
災害対策分野		・被災者生活再建支援金の支給に関する事務　　　　　　　等
社会保障、地方税、防災に関する事務その他これらに類する事務であって地方公共団体が条例で定める事務（独自利用事務）		

3　マイナンバー制度における情報の管理

　我が国のマイナンバー制度においては、各行政機関が管理する情報を共通のデータベースに集約してそこから各機関が情報を閲覧する「一元管理」の方法は採用せず、年金情報は年金事務所、税の情報は税務署というように、各機関が情報を個別に管理しつつ、情報提供ネットワークシステムを介して情報の照会・提供を行う「分散管理」の方法を採用している。一元管理の場合には共通データベースから情報がまとめて漏洩する危険があるが、分散管理下では、各機関が管理する情報が個別に漏洩する危険はあるものの、各機関が管理する情報がまとめて漏洩する危険はない。

4　民間事業者（事業主）が個人番号を扱う場面

　一般の民間事業者は、社外の取引先のほか、社内の従業員等から個人番

号の提供を受けて、個人番号を扱うことになる。

　例えば、事業者は、セミナーの講演者や顧問税理士などに報酬を支払ったり、著作権者に著作権料を支払った場合には、支払調書を作成して税務署に提出する必要がある。この支払調書に支払先の個人番号（法人の場合は法人番号）を記載しなければならないために、報酬等の支払先から個人番号の提供を受けて、個人番号を扱うことになる。

　また、事業者は、社内の従業員やその扶養親族の個人番号を、源泉徴収票や被保険者資格取得届などの書類に記載して、税務署・市町村や年金事務所・健康保険組合・ハローワークなどの行政事務を行う機関に提出しなければならない。そのため、従業員等から個人番号の提供を受け、個人番号を扱うことになる。

　このように、他人から個人番号の提供を受けて保管し、また所定の書類に個人番号を記載して所定の機関に提出する事務を「**個人番号関係事務**」という（国の行政機関や地方公共団体等も職員がいるので、給与の源泉徴収票の作成・提出などの個人番号関係事務は行う）。

　これに対し、国の行政機関や地方公共団体、年金事務所等が個人番号を利用して行う行政事務を、「**個人番号利用事務**」という。

図表3-3　事業者における番号の利用例

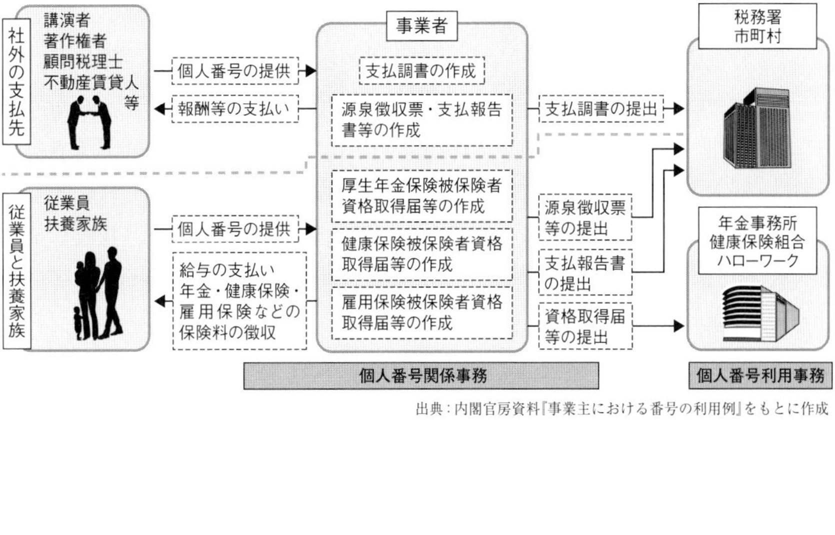

出典：内閣官房資料『事業主における番号の利用例』をもとに作成

第3章◎過去問題チェック

1.　番号法の目的条文に関する以下のアからエまでの記述のうち、最も適切ではないものを1つ選びなさい。

ア.　行政機関、地方公共団体その他の行政事務を処理する者が、効率的な情報の管理及び利用並びに他の行政事務を処理する者との間における迅速な情報の授受を行うことができるようにすることを目的としている。

イ.　行政運営の効率化及び行政分野におけるより公正な給付と負担の確保を図ることを目的としている。

ウ.　国民の的確な理解と監督の下にある民主的な行政の推進に資することを目的としている。

エ.　個人番号その他の特定個人情報の取扱いが安全かつ適正に行われるよう、個人情報保護法の特例を定めることを目的としている。　〈第72回　問題41〉

2.　番号法の用語の定義に関する以下のアからエまでの記述のうち、最も適切ではないものを1つ選びなさい。

ア.　「個人番号」とは、番号法の規定により住民票コードを変換して得られる番号であって、当該住民票コードが記載された住民票に係る者を識別するために指定されるものをいう。

イ.　「特定個人情報」とは、個人番号（個人番号に対応し、当該個人番号に代わって用いられる番号、記号その他の符号であって、住民票コード以外のものを含む。）をその内容に含む個人情報をいい、死者の特定個人情報も含まれる。

ウ.　「個人番号利用事務」とは、行政機関、地方公共団体、独立行政法人等その他の行政事務を処理する者が、番号法の規定する社会保障、税及び災害対策に関する特定の事務において、保有している個人情報の検索、管理のために個人番号を利用する事務をいう。

エ.　「個人番号関係事務」とは、番号法の規定により個人番号利用事務に関して行われる他人の個人番号を必要な限度で利用して行う事務をいい、従業員等が、所得税法の規定に従って、扶養親族の個人番号を扶養控除等申告書に記載して、勤務先である事業者に提出することも個人番号関係事務に当たる。

〈第73回　問題41〉

マイナンバー法の理解

第 1 節

個人情報保護法制とマイナンバー法の構成

1 個人情報保護法とマイナンバー法の関係

　個人情報保護法制において、個人情報保護法は**一般法**である。そしてマイナンバー法は、個人番号や特定個人情報（個人番号をその内容に含む個人情報）の取扱い等について、個人情報保護法よりも厳格な規制を定める**特別法**である。したがって、民間事業者が個人番号及び特定個人情報（特定個人情報等）を取り扱う場合、まず特別法たるマイナンバー法の規定が適用され、特別法たるマイナンバー法に規定がなければ、一般法たる個人情報保護法が適用される。

　ただし、一般法たる個人情報保護法の規定には、そのまま特定個人情報等に適用してしまうとマイナンバー法の規制に抵触するものがある。そのような個人情報保護法の規定については、その適用を排除したり読み替えて適用することになっている（マイナンバー法 30 条。本書 P.257 参照）。

　個人情報保護法における個人情報取扱事業者の義務の規定（同法 17 条〜 40 条）のうち、特定個人情報等にそのまま適用される規定と適用を排除される規定、読み替えて適用される規定については、マイナンバー法 30 条 2 項の解説を参照されたい。

図表 4-1　特別法と一般法の関係

特別法

番号法
（規制の例）
・利用範囲の限定（9条）
・取扱いの制限（15条・19条・20条）
・本人確認の措置（16条）
・死者の個人番号も保護対象

特別法に規定のない分野は一般法が更に適用される。
※一般法の規定が特別法と矛盾する場合は、適用しないか
　読み替え等で対処

一般法

個人情報保護法
（番号法にはない規制の例）
・利用目的の特定・変更（17条1項・2項）
・利用目的の通知等（21条）
・保有個人データの開示請求等（33条〜39条）

2　マイナンバー関連の政省令・ガイドライン等

(1)　政省令・ガイドライン等の公表

　マイナンバー法の成立後、マイナンバー法に関連した政令・省令や指針・ガイドラインが順次公表されている（主な政省令等は以下のとおり）。

① 　政省令・規則

・「行政手続における特定の個人を識別するための番号の利用等に関する法律施行令」（平成 26 年政令第 155 号）

・「行政手続における特定の個人を識別するための番号の利用等に関する法律施行規則」（平成 26 年内閣府・総務省令第 3 号）

・「特定個人情報保護評価に関する規則」（平成 26 年特定個人情報保護委員会規則第 1 号）、「特定個人情報の漏えいその他の特定個人情報の安全の確保に係る重大な事態の報告に関する規則」（平成 27 年特定個人情報保護委員会規則第 5 号）

② 　ガイドライン等（告示）

・「特定個人情報保護評価指針」（平成 26 年特定個人情報保護委員会告示第 4 号）

・「特定個人情報の適正な取扱いに関するガイドライン（事業者編）」（平成 26 年特定個人情報保護委員会告示第 5 号）

・「特定個人情報の適正な取扱いに関するガイドライン（行政機関等・地方公共団体等編）」（平成 26 年特定個人情報保護委員会告示第 6 号）

・「独立行政法人等及び地方公共団体等における特定個人情報の漏えい事案等が発生した場合の対応について」（平成 27 年特定個人情報保護委員会告示第 1 号）

・「事業者における特定個人情報の漏えい事案等が発生した場合の対応について」（平成 27 年特定個人情報保護委員会告示第 2 号）

第4章

（2）　ガイドラインの適用対象

　個人情報保護委員会が公表しているマイナンバー法の指針・ガイドラインは、個人番号を扱う主体ごとに異なっている。
- 「特定個人情報の適正な取扱いに関するガイドライン（事業者編）」
  →民間事業者を対象

　　なお、金融機関が金融業務に関連して顧客の個人番号を取り扱う事務を行う際の指針として「（別冊）金融業務における特定個人情報の適正な取扱いに関するガイドライン」も公表されている。
- 「特定個人情報の適正な取扱いに関するガイドライン（行政機関等・地方公共団体等編）」
  →行政機関等及び地方公共団体等を対象
- 「特定個人情報保護評価指針」
  →行政機関の長等を対象とした特定個人情報保護評価のガイドライン

（3）　個人情報保護法のガイドラインとの関係

　一般法である個人情報保護法については、「個人情報の保護に関する法律についてのガイドライン（通則編）」等のガイドラインが策定されている。この個人情報保護法のガイドラインとマイナンバー法の上記ガイドライン（特定個人情報の適正な取扱いに関するガイドライン（事業者編）等）との関係は、個人情報保護法とマイナンバー法における一般法と特別法の関係と同様である。すなわち、民間事業者の場合、特定個人情報等の取扱いにおいて、一般法である個人情報保護法が適用される部分については、個人情報保護法のガイドラインの遵守が求められる。

③　マイナンバー法の構成

図表 4-2　マイナンバー法の構成

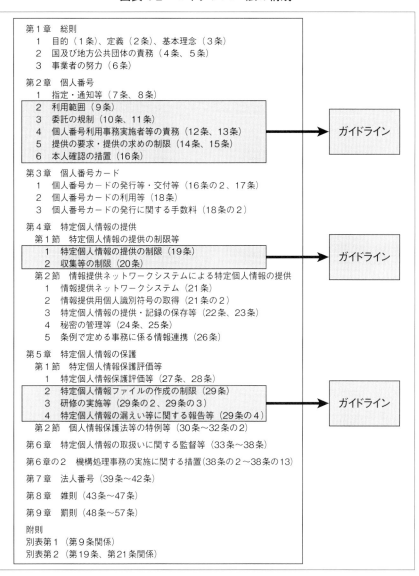

第1章　総則
　1　目的（1条）、定義（2条）、基本理念（3条）
　2　国及び地方公共団体の責務（4条、5条）
　3　事業者の努力（6条）

第2章　個人番号
　1　指定・通知等（7条、8条）
　2　利用範囲（9条）
　3　委託の規制（10条、11条）
　4　個人番号利用事務実施者等の責務（12条、13条）
　5　提供の要求・提供の求めの制限（14条、15条）
　6　本人確認の措置（16条）　　　　　　　　　　　　　　　　→ ガイドライン

第3章　個人番号カード
　1　個人番号カードの発行等・交付等（16条の2、17条）
　2　個人番号カードの利用等（18条）
　3　個人番号カードの発行に関する手数料（18条の2）

第4章　特定個人情報の提供
　第1節　特定個人情報の提供の制限等
　　1　特定個人情報の提供の制限（19条）
　　2　収集等の制限（20条）　　　　　　　　　　　　　　　　→ ガイドライン
　第2節　情報提供ネットワークシステムによる特定個人情報の提供
　　1　情報提供ネットワークシステム（21条）
　　2　情報提供用個人識別符号の取得（21条の2）
　　3　特定個人情報の提供・記録の保存等（22条、23条）
　　4　秘密の管理等（24条、25条）
　　5　条例で定める事務に係る情報連携（26条）

第5章　特定個人情報の保護
　第1節　特定個人情報保護評価等
　　1　特定個人情報保護評価等（27条、28条）
　　2　特定個人情報ファイルの作成の制限（29条）
　　3　研修の実施等（29条の2、29条の3）
　　4　特定個人情報の漏えい等に関する報告等（29条の4）　　→ ガイドライン
　第2節　個人情報保護法等の特例等（30条〜32条の2）

第6章　特定個人情報の取扱いに関する監督等（33条〜38条）

第6章の2　機構処理事務の実施に関する措置（38条の2〜38条の13）

第7章　法人番号（39条〜42条）

第8章　雑則（43条〜47条）

第9章　罰則（48条〜57条）

附則
別表第1（第9条関係）
別表第2（第19条、第21条関係）

第 **2** 節

マイナンバー法の目的と基本理念

1 　目的（マイナンバー法１条）

マイナンバー法１条は、法の目的として、次の①から④を掲げている。

① 　行政事務を処理する者が、情報システムを運用して、効率的な情報の
管理・利用、他の行政事務を処理する者との迅速な情報の授受を行うこ
とができるようにする

② 　①により、行政運営の効率化と行政分野におけるより公正な給付と負
担の確保を図る

③ 　①により、国民の利便性の向上を図る

④ 　個人情報保護法制の特例を定めること

2 　基本理念（マイナンバー法３条）

マイナンバー法３条１項は、基本理念として、個人番号及び法人番号の
利用は、次に掲げる事項を旨として、行われなければならないとしている。

① 　行政事務の処理において、個人又は法人その他の団体に関する情報の
管理を一層効率化するとともに、当該事務の対象となる者を特定する簡
易な手続を設けることによって、国民の利便性の向上及び行政運営の効
率化に資すること。

② 　情報提供ネットワークシステムその他これに準ずる情報システムを利
用して迅速かつ安全に情報の授受を行い、情報を共有することによって、
社会保障制度、税制その他の行政分野における給付と負担の適切な関係
の維持に資すること。

③ 　個人又は法人等から提出された情報については、これと同一の内容の
情報の提出を求めることを避け、国民の負担の軽減を図ること。

④ 　個人番号を用いて収集され、又は整理された個人情報が法令に定めら
れた範囲を超えて利用され、又は漏えいすることがないよう、その管理
の適正を確保すること。

第 3 節

用語の定義

1　個人情報関連の用語の定義

（1）　個人情報ファイル（マイナンバー法2条4項）

　「個人情報ファイル」は、個人情報保護法60条2項に規定する個人情報ファイルであって行政機関等が保有するもの又は同法16条1項に規定する個人情報データベース等であって行政機関等以外の者が保有するものをいう。

（2）　個人番号（マイナンバー法2条5項）

　「個人番号」は、番号法の規定により住民票コードを変換して得られる番号であって、当該住民票コードが記載された住民票に係る者を識別するために指定されるものである。

　個人番号には、次の特徴がある。

- ・　悉皆性（住民票を有する全員に付番する）
- ・　唯一無二性（1人1番号で重複のないように付番する）
- ・　最新の基本4情報（氏名，住所，生年月日，性別）が関連付けられる。
- ・　死者の番号も含む（個人情報のような「生存する」という要件がない）
- ・　個人番号は個人識別符号に該当するので、生存する者の個人番号は「個人情報」に該当し、個人情報保護法が適用される。

（3）　本人（マイナンバー法2条6項）

　「本人」とは、個人番号によって識別される特定の個人である。

（4）　個人番号カード（マイナンバー法2条7項）

　「個人番号カード」は、氏名、住所、生年月日、性別、個人番号その他政令で定める事項が記載され、本人の写真が表示され、かつ、これらの事項その他総務省令で定めるカード記録事項が電磁的方法により記録されたカードであって、マイナンバー法等に定めるところによりカード記録事項を閲覧・改変する権限を有する者以外の者による閲覧・改変を防止するために必要なものとして総務省令で定める措置が講じられたものをいう。

第4章

ICチップに記録されている情報は、原則として、氏名、住所、生年月日、性別、個人番号その他政令で定める事項（住民票コード等）や電子証明書（e-Taxなどの電子申請で利用する）等に限られており、税や年金の情報などの情報のように**プライバシー性の高い情報は記録されない**。

なお、条例又は政令の定めに基づいて、地方公共団体、国の機関等及び民間業者がICチップの空き領域を独自利用することができる。

個人番号カードを紛失した場合は、コールセンターに電話で連絡すれば、当該カードの一時停止措置ができる（24時間365日受付）。

（5）　特定個人情報（マイナンバー法２条８項）

「**特定個人情報**」は、**個人番号**（個人番号に対応し、当該個人番号に代わって用いられる番号、記号その他の符号であって、住民票コード以外のものを含む）**をその内容に含む個人情報**である。

特定個人情報を構成する「個人番号」は、個人番号に対応し、当該個人番号に代わって用いられる番号、記号その他の符号も含まれるとされているが、個人番号は住民票コードを変換して作られる番号であるから、住民票コードは個人番号に含まれないものとされている。

> **【「個人番号」に含まれる例】**
> ・個人番号を暗号化等により秘匿化した場合
> ・個人番号をばらばらの数字に分解して保管する場合（個人番号利用事務等の処理にあたり、分解した数字を集めて複合し、分解前の個人番号に復元して利用することになる以上、全体として「個人番号」である）
> ・情報提供ネットワークシステムを利用した情報提供に用いられる情報提供用個人識別符号（情報提供ネットワークを利用した情報連携では個人番号は用いず個人番号を個人識別符号に置き換えてやりとりするが、この個人識別符号も「個人番号」に含まれる）

（6）　特定個人情報ファイル（マイナンバー法２条９項）

特定個人情報ファイルは、個人番号をその内容に含む個人情報ファイルである。個人情報ファイル（法２条４項）に個人番号が紐付けられたもの、または特定個人情報（法２条８項）がデータベース化したものともいえる。

2 個人番号利用事務と個人番号関係事務の定義

（1）　個人番号利用事務（マイナンバー法2条10項）

　「個人番号利用事務」は、行政機関、地方公共団体、独立行政法人等その他の行政事務を処理する者が、法9条1項から3項までが規定する社会保障、税及び災害対策に関する特定の事務において、保有している個人情報の検索、管理のために個人番号を利用することをいう事務である。

（2）　個人番号関係事務（マイナンバー法2条11項）

　「個人番号関係事務」は、法9条4項の規定により個人番号利用事務に関して行われる他人の個人番号を必要な限度で利用して行う事務である。

　従業員等を有する全事業者が個人番号を扱うことになるのが、個人番号関係事務である。

> **【個人番号関係事務の例】**
> ・事業者が、従業員等から個人番号の提供を受けて、これを給与所得の源泉徴収票、給与支払報告書に記載して、税務署長に源泉徴収票を、市町村長に支払報告書を提出する事務
> ・事業者が、従業員等から個人番号の提供を受けて、これを健康保険・厚生年金保険被保険者資格取得届、雇用保険被保険者資格取得届等の書類に記載して、健康保険組合・日本年金機構・ハローワークに提出する事務
> ・事業者が講師に講演料を支払った場合に、講師の個人番号を報酬、料金、契約金および賞金の支払調書に記載して、税務署長に提出する事務
> ・従業員が、扶養家族の個人番号を扶養控除等（異動）申告書に記載して、勤務先の事業者に提出する事務
> ・個人番号関係事務の委託を受けた事業者が委託のために行う事務

（3）　個人番号利用事務等（マイナンバー法10条1項）

　マイナンバー法では、個人番号利用事務又は個人番号関係事務を「個人番号利用事務等」としている（法10条1項）。

第4章

3　個人番号利用事務実施者と個人番号関係事務実施者の定義

（1）　個人番号利用事務実施者（マイナンバー法２条12項）

　「個人番号利用事務実施者」は、個人番号利用事務を処理する者および個人番号利用事務の全部または一部の委託を受けた者である。

　国の行政機関や地方公共団体、日本年金機構等がこれに該当する。

　個人番号利用事務実施者には「特定個人情報の適正な取扱いに関するガイドライン（行政機関等・地方公共団体等編）」が適用される。

　原則として、一般の民間事業者が個人番号利用事務実施者に該当することはない。しかし、個人番号利用事務の全部または一部の委託を受けた民間事業者は、個人番号利用事務実施者となる。この場合は、民間事業者であっても、委託の内容に応じて、「特定個人情報の適正な取扱いに関するガイドライン（行政機関等・地方公共団体等編）」が適用される。

（2）　個人番号関係事務実施者（マイナンバー法２条13項）

　「個人番号関係事務実施者」は、個人番号関係事務を処理する者および個人番号関係事務の全部または一部の委託を受けた者である。

　一般の民間事業者のほとんどは個人番号関係事務実施者に該当し、行政機関や地方公共団体等も、職員の源泉徴収票を作成し届け出るといった個人番号関係事務を行う場合は、個人番号関係事務実施者に該当する。個人番号関係事務実施者には、「特定個人情報の適正な取扱いに関するガイドライン（事業者編）」（事業者GL）が適用される。

（3）　個人番号利用事務等実施者（マイナンバー法12条）

　マイナンバー法では、個人番号利用事務実施者及び個人番号関係事務実施者を「個人番号利用事務等実施者」としている（法12条）。

4　情報提供ネットワークシステム（マイナンバー法２条14項）

　「情報提供ネットワークシステム」とは、**行政機関の長等**の使用に係る電子計算機を相互に電気通信回線で接続した電子情報処理組織であって、暗号その他その内容を容易に復元することができない通信の方法を用いて行われる法19条8号または9号の規定による特定個人情報の提供を管理

するために、法 21 条 1 項の規定に基づき**内閣総理大臣が設置し、および管理する**ものをいう。

「行政機関の長等」は、行政機関の長、地方公共団体の機関、独立行政法人等、地方独立行政法人および地方公共団体情報システム機構（「機構」）ならびに情報照会者および情報提供者ならびに条例事務関係情報照会者および条例事務関係情報提供者である。

情報提供ネットワークシステムを通じて特定個人情報の提供を求める者を「情報照会者」（法 19 条 8 号）または「条例事務関係情報照会者」（同条 9 号）といい、当該特定個人情報を保有し情報提供ネットワークシステムを通じて提供する者を「情報提供者」（同条第 8 号）または「条例事務関係情報提供者」（同条 9 号）という。

5 法人番号の定義（マイナンバー法 2 条 15 項）

法人番号は、法 39 条 1 項または 2 項の規定により、特定の法人その他の団体を識別するための番号として指定されるものである。

法人番号は、個人番号のような**利用範囲の制約がなく、自由に流通させる**ことができるし、原則として、当該団体の商号または名称、本店または主たる事務所の所在地とともに、**インターネット**（法人番号公表サイト）で公表されている。法人番号公表サイトでは、公表情報の変更履歴も公表され、**法人格が消滅しても法人番号は抹消されず**、法人格消滅事由等を公表事項に加えることになっている。

- 個人番号は住民票コードを変換して得られる 11 桁の番号と 1 桁の検査用数字の合計 12 桁で構成されている。
- 「特定個人情報」とは、個人番号を含む個人情報である。
- 暗号化などにより秘匿化したものも「個人番号」に該当する。
- 個人番号利用事務の委託を受けた場合は、民間事業者でも個人番号利用事務実施者となる。
- 「情報提供ネットワークシステム」は、内閣総理大臣が設置・管理し、行政機関の長等が利用する。
- 法人番号は利用範囲の制約がなく、所在地とともに公表され、番号自体は抹消されない。

個人番号の指定・通知等、個人番号カード

1 個人番号の指定・通知と変更等

(1) 個人番号の生成と指定・通知

① 個人番号の生成（マイナンバー法8条）

　個人番号は、地方公共団体情報システム機構（機構）が生成した個人番号とすべき番号を市区町村長に通知して、市区町村長が個人番号として指定する（法8条）。

② 個人番号の指定・通知（マイナンバー法7条1項）

　市区町村長は、指定した個人番号を、券面に個人番号等（個人番号・氏名・生年月日・交付申請用QRコード・音声コード等）を記載した個人番号通知書で通知する（法7条1項）。

　指定・通知の対象者は、住民票に住民票コードが記載されている者である。 このため、住民票コードが住民票に記載されている日本国民だけでなく、住民票作成の対象となる外国人住民（中長期在留者、特別永住者等）も個人番号が指定される。

　他方で、日本人でも、国外滞在者で住民票がない場合は個人番号の指定の対象外となる（住民票が作成されれば対象となる）。

(2) 個人番号の変更（マイナンバー法7条2項）

　個人番号は**原則として生涯不変**であり、漏洩して不正に用いられるおそれがあると認められるときに限り、**本人の請求**によるか、**市区町村長の職権**により、変更される（法7条2項）。この場合は、個人番号の生成のときと同じ方法で新しい個人番号を指定し、個人番号通知書により通知する（法7条2項）。

(3) 個人番号カードの概要

① 個人番号カードの交付等

　個人番号カードは、機構が、住民基本台帳に記録されている者の申請に基づき、発行する（法16条の2第1項）。

　個人番号カードは、市町村長が、当該市町村が備える住民基本台帳に記録されている者に対し、上記申請を受けて交付する（法17条1項）。

　個人番号カードは、表面に基本4情報のほか**顔写真が記載**されていて、表面は身分証明書として広く利用することができる。このため、個人番号カードを交付する際には、**申請を受けた市町村長は、交付を受ける者が本人であることを確認するための措置をとらなければならず**（法17条1項）、**個人番号カードには**有効期間の定めもある（施行令27条）。

図表4-3　個人番号カード（「個人番号カードの様式について」（総務省）より）

表面　　　　　　　　　　　　　　　裏面

②　個人番号カードの交付を受けている者の義務

　個人番号カードの交付を受けている者は、次の義務を負う。

> ・転出・転入した際は、市町村長への転入の届出と同時に個人番号カードを提出しなければならない（法17条2項）。
>
> ・記載事項に変更があったときは、14日以内に住所地市町村長に届け出て、個人番号カードを提出しなければならない（法17条4項）。
>
> ・個人番号カードを紛失した場合は、直ちに、その旨を住所地市町村長に届け出なければならない（法17条5項）
>
> ・個人番号カードは身分証明書として利用することが想定されているため、有効期限があり、有効期限が満了した場合は市町村長に返納しなければならない（法17条7項）。有効期限は、本人が20歳以上の場合は発行の日から10回目の誕生日、20歳未満の場合は発行の日から5回目の誕生日とされている（施行令26条）。

③　個人番号カードの利用促進

　個人番号カードは、市町村の機関が地域住民の利便性の向上に資するものとして条例で定める事務、および特定の個人を識別して行う事務を処理する行政機関、地方公共団体、民間事業者その他の者であって政令で定める者の事務に、独自利用することができる（法18条）。

　条例または政令による独自利用は、個人番号カードの **IC チップ内の空き領域を利用**して行う。

　条例または政令による独自利用の例としては、行政手続のオンライン申請、印鑑登録証・図書館カードとしての利用、住民票・印鑑登録証等の取得、健康保険証としての利用等が行われている。将来的には、オンラインバンキング、引越時の各種届出や電気・ガス・水道などの民間サービスの届出のワンストップ化も検討されている。

④　個人番号カードの発行に関する手数料

　機構は、個人番号カードの発行に係る事務に関し、機構が定める額の手数料を徴収することができる（法18条の2第1項）。

（4）　罰則

　偽りその他不正の手段により個人番号カードの交付を受けた者は、6月以下の懲役又は50万円以下の罰金に処せられる（法55条）。

・個人番号の指定・通知の対象は住民票に住民票コードが記載されている者である。
・個人番号は、原則、生涯不変である。
・不正利用のおそれがあるときは、本人の請求か市区町村長の職権により変更できる。
・個人番号カードでは顔写真が記載され身分証明書として利用でき、有効期限がある。また、条例や政令により、IC チップの空き領域を活用して独自利用をすることができる。

第 **5** 節

特定個人情報等の保護措置の趣旨と概要

1　保護措置の趣旨と概要

　個人番号は、住民票に係る者を識別するために指定される 12 桁の番号
であり、データマッチングの「キー」（鍵）として機能し、各種の個人情報
が個人番号と紐づけ（名寄せ）されることで、個人情報の検索・抽出や集
積、連携がしやすくなる。これにより、行政の効率化、公平・公正な社会
の実現そして国民の利便性の向上が期待できる。

　他方で、あらゆる個人情報と個人番号が紐づけされ悪用されてしまうと、
個人番号によって大量の個人情報が検索・集積され、プライバシー等の人
権が侵害される危険がある。

　そこで法は、個人番号や、個人番号と紐付けられた「特定個人情報」に
ついて、個人情報保護法（一般法）におけるよりも厳格な保護措置を設け
ている。詳細は、第 6 節以下を参照。

【個人番号・特定個人情報の保護措置の例】

① 　個人番号の利用範囲の限定

　個人番号は、社会保障・税・災害対策分野のうち、法令が限定的に列挙
した特定の事務（個人番号利用事務や個人番号関係事務等）の処理に必要
な範囲でしか利用できない（マイナンバー法 9 条）。

② 　特定個人情報の取扱いの制限

　特定個人情報は取扱い（取得・利用・保存・提供）が原則として禁止さ
れ、法令が限定的に明記した場合に限り、取扱いが認められている（マイ
ナンバー法 15 条、19 条、20 条）。

③ 　本人確認の措置

　他人から個人番号の提供を受ける際には、なりすましを防ぐために「本人
確認の措置」をとらなければならない（マイナンバー法 16 条）。

④ 　委託の規制

　個人番号を扱う事務（個人番号利用事務および個人番号関係事務）を委託

第4章

する者には委託先の監督義務が課されている（マイナンバー法11条）。

また、個人番号を扱う事務の再委託は制限され、最初の委託者の許諾を得た場合に限り再委託できる（マイナンバー法10条）。

⑤　安全管理措置

個人番号利用事務等実施者は、個人番号の漏洩等を防ぐために必要な安全管理措置を講ずる義務が課されている（マイナンバー法12条）。

2　保護措置の実効性を担保するための制度

保護措置の実効性を担保するために、次のような制度が設けられている。

①　個人情報保護委員会による監視・監督

個人情報保護委員会には、特定個人情報の取扱いに関する監視・監督を行うため、個人番号利用事務実施者や個人番号関係事務実施者に対する指導・助言、勧告、命令や、立入検査等の権限が認められている。

②　マイナポータルによる監視

マイナポータル（情報提供等記録開示システム）は、情報提供ネットワークシステムにおける特定個人情報の提供等の記録や法律・条例で定める個人情報の開示、本人の利益になると認められる情報の提供等を行うためのシステムである（法附則6条3項）。

マイナポータルにより、本人は、情報提供ネットワークシステムにおける自分の特定個人情報のやりとりの記録を確認して、行政機関等その他の行政事務を処理する者による特定個人情報の取扱いを監視することが可能となる。

なお、高齢者やパソコン等を利用できない者でもマイナポータルにアクセスできるよう、全市区町村にマイナポータル用端末が配置される。

また、個人番号カードを取得せず、マイナポータルを利用できない者でも、情報保有機関に対する「**書面による開示請求**」ができる。

③　罰則

マイナンバー法では、個人情報保護委員会の監督権限行使に対する違反行為だけでなく、類型的に悪質な漏洩行為等（故意犯）の罰則が設けられている（法48条～57条）。

第 **6** 節

利用範囲の制限（マイナンバー法9条）

1 概要

　マイナンバー法は、個人番号を利用できる事務の範囲を、社会保障、税、災害対策分野に限定し、しかもその中で特定の事務（個人番号利用事務や個人番号関係事務等）に限定している（法9条）。個人番号を利用しようとする者は、マイナンバー法があらかじめ限定的に定めた事務の中から具体的な利用目的を特定した上で個人番号を利用することを要し、**特定した利用目的の範囲を超えて個人番号を利用することができないのが原則**である。

2 利用範囲の制限

　マイナンバー法は、個人番号を利用することができる範囲について、社会保障、税及び災害対策に関する以下の特定の事務に限定している（法9条）。

【個人番号の利用範囲】
- ① 個人番号利用事務（法9条1項から3項）
- ② 個人番号関係事務（法9条4項）
- ③ 金融機関が激甚災害時等に金銭の支払を行うため（法9条5項）
- ④ 法19条13号から17号のいずれかにより提供を受けた場合（法9条6項）

【個人情報保護法との比較】
　個人情報保護法では、個人情報を利用することができる事務の範囲は法律では限定されていない（それゆえ、個人情報保護法17条1項は事業者が自ら個人情報の利用目的を特定して自己規制することを求めている）。
　これに対してマイナンバー法では、個人番号を利用できる事務の範囲が9条で限定されているから、法律によって**個人番号の本来の利用目的が限定され**、事業者は法律で限定された利用目的の中から個人番号の利用目的を特定することになる。

第4章

217

3　目的外利用について

　マイナンバー法は、原則として個人番号・特定個人情報を本来の利用目的を超えて利用すること（目的外利用）を認めていない。ただし、例外的に目的外利用の必要性が認められ、かつ、プライバシー等の人権侵害の危険がない次の２類型に限り、目的外利用を認めている。

①　激甚災害等の場合における金融機関による目的外利用（法９条５項）

　銀行等の預金取扱金融機関等が、本来の利用目的である個人番号関係事務のために保管している顧客の個人番号を、激甚災害等の事態に際して目的外利用することを認める規定である。

②　人の生命、身体又は財産の保護のために必要がある場合であって、本人の同意があり、又は本人の同意を得ることが困難である場合（法９条６項、19条16号及び法30条２項により読み替えて適用される個人情報保護法18条３項２号）

> 【個人情報保護法との比較】
> 　個人情報保護法の場合、個人情報の目的外利用は「あらかじめ本人の同意」を得れば可能であるし（同法18条１項）、その他にも６類型の例外的な目的外利用を認めている（同法18条３項１号〜６号）。
> 　これに対してマイナンバー法では、**上記２類型しか認めておらず、それ以外は、あらかじめ本人の同意を得たとしても許されない。**
> 　したがって、個人番号の場合、事業者が利用目的を「源泉徴収票の作成・提出等」と特定して従業員から個人番号を取得した場合に、人事管理や営業管理のために目的外利用することはできない。

4　特定個人情報ファイルの作成制限（マイナンバー法29条）

　個人番号利用事務等実施者その他個人番号利用事務等に従事する者であっても、特定個人情報ファイルを作成することができるのは、次の場合に限定されている（法29条）。

> ①　個人番号利用事務及び個人番号関係事務（個人番号利用事務等）を処理するために必要な範囲
> ②　法19条13号から17号までのいずれかに該当して特定個人情報を提供することができ、又は提供を受けることができる場合

　なお、個人番号利用事務等に従事する者以外の者は、特定個人情報ファイル作成の前提となる**特定個人情報の収集・保管が原則として禁止される**から（法20条）、特定個人情報ファイルを自由に作成できるわけではない。

　マイナンバー法では、**本人の同意による特定個人情報ファイルの作成を認めていない**から、上記①②に該当しない場合には、たとえ本人の同意を得たとしても、特定個人情報ファイルを作成・利用することはできない。

　例えば、個人番号関係事務実施者は従業員の個人番号を利用して源泉徴収票作成・提出のための特定個人情報ファイルを作成することができるが（上の①に該当）、特定個人情報ファイルを従業員の人事・営業等を管理するデータベースに転用することは法29条違反となる。

　なお、個人番号を含むデータベースを、個人番号関係事務以外の事務を含む複数の事務で利用することは不可能ではないが、その場合は、個人番号関係事務以外の事務では個人番号にアクセスできないように**アクセス制御を行う**ことで、法29条違反にならないようにする必要がある。

　また、障害への対応等のために特定個人情報ファイルのバックアップファイルを作成することはできるが、バックアップファイルも特定個人情報であるので、安全管理措置を講ずる必要がある。

第4章

図表 4-4　利用範囲の限定 ―まとめ―（一般の民間事業者の場合）

特定個人情報の目的外利用

利用目的＝個人番号関係事務等の処理

雇用保険関連の届出・申請
健康保険・厚生年金保険届出
源泉徴収票の作成、提出
支払調書の作成、提出……

　個人番号の利用
　特定個人情報の利用
　特定個人情報ファイルの作成

① 銀行等が、激甚災害が発生したときに金銭の支払にかかる業務をする場合（法30条２項による個人情報保護法18条３項１号の読替え）

② 人の生命、身体又は財産の保護のために必要がある場合であって、本人の同意があり、又は本人の同意を得ることが困難であるとき（法30条２項による個人情報保護法18条３項２号の読替え）

✕ 従業員の人事管理・営業管理に個人番号（特定個人情報）を用いる。
　※本人の同意を得ても、✕

特定個人情報ファイルの目的外での作成

 人の生命、身体又は財産の保護のために必要がある場合において、本人の同意があり、又は本人の同意を得ることが困難であるとき（法29条・19条16号）

✕ 従業員の個人番号を利用して営業成績等を管理するデータベースを作成する
　※本人の同意を得ても、✕

第 7 節

取扱いの制限・規制

1 総論

個人情報保護法では、個人情報の取扱いそのものは原則として禁止されておらず、取得の方法を規制したり（偽りその他不正の手段により取得してはならない＝20条1項）、個人データの第三者提供には本人の同意を要する（27条）などの規制にとどまっている。

これに対し、**マイナンバー法では、特定個人情報の取扱い（取得・利用・保存・提供）が原則として禁止**され、法令（マイナンバー法19条各号）が限定的に明記した場合に限り、取扱いが認められている（マイナンバー法15条、19条、20条）。

【特定個人情報の取扱いの制限・規制】

（取得の段階）

・何人も、法19条各号により特定個人情報の提供が認められている場合を除き、他人に対し、特定個人情報の提供を求めてはならない（法15条）。

・本人から個人番号の提供を受ける際には、本人確認の措置が義務付けられている（法16条）。

（利用・保存の段階）

・何人も、特定個人情報の提供が認められている場合を除き、特定個人情報を収集・保管してはならない（法20条）。

（提供の段階）

・特定個人情報を提供できる場合は、法19条各号に該当する場合に限定されている（法19条）。

本書では、特定個人情報の取扱いの制限・規制について、取得、利用・保存、提供および削除・廃棄という取扱いの段階ごとに分類して、それぞれ解説する。

2 取得段階の制限・規制

(1) 個人番号の提供の求めの制限（マイナンバー法14条・15条）

> **（提供の求めの制限）**
> 第15条　何人も、<u>第19条各号のいずれかに該当して特定個人情報の提供を受けることができる場合を除き</u>[※]、他人（自己と同一の世帯に属する者以外の者をいう。第20条において同じ。）に対し、個人番号の提供を求めてはならない。

[※] 法が限定的に明記する場合を除き、個人番号の提供を求めることを禁止

① 個人番号の提供の求めの原則禁止

個人番号利用事務等実施者は、個人番号利用事務等を処理するために必要があるときは、本人または他の個人番号利用事務等実施者に対し個人番号の提供を求めることができる（法14条1項）。

また、**特定個人情報の提供の求めは、何人であっても原則として禁止**され、法19条各号で限定的に明記された場合に限り、提供を求めることが認められている（法15条）。

ア．「何人も」

法15条は、「何人も」法19条各号のいずれかに該当する場合を除いて、他人（……）に対し、個人番号の提供を求めてはならないとしている。

「何人も」となっており、提供の求めが制限される主体には限定がない。

イ．「他人」に対し

法15条は、法19条各号のいずれかに該当する場合を除いて、他人（自己と同一の世帯に属する者以外の者をいう）に対し、個人番号の提供を求めることができないとしている。

「**同一の世帯**」は住居および生計をともにする者の集まりを意味するとされているから、同居の子に対しては、法19条各号に該当しない場合でも個人番号の提供を求めることができるが（子の通知カードを預かって保管する等）、別居し独立して生計を営んでいる子に対しては、原則として個人番号の提供を求めることができない。

ウ．法19条各号で限定的に明記された場合

　法19条各号で限定的に明記された場合（個人番号の提供を求めることができる場合）の主なものは、次のとおりである。

【19条各号で限定的に明記された場合（抄）】

2号　個人番号関係事務者が提供する場合

（例）　従業員が、扶養親族の個人番号を記載した扶養控除等申告書を事業者に提出する場合（この場合の従業員は「個人番号関係事務実施者」である）

　→事業者は、扶養控除等申告書を受領して個人番号関係事務書処理するために、従業員に対し、扶養控除等申告書に記載した扶養親族の個人番号の提供を求めることができる。

3号　本人または代理人が個人番号利用事務実施者等に提供する場合

（例）　従業員が、事業者（個人番号関係事務実施者）に、給与の源泉徴収票作成事務等（個人番号関係事務）のために個人番号を提供する場合

　→事業者は、源泉徴収票作成事務等の個人番号関係事務を処理するために、従業員本人に対し、個人番号の提供を求めることができる。しかし、営業成績管理や人事評価の管理に個人番号を使うために個人番号の提供を求めることはできない。

4号　使用者等から他の使用者等に対する従業者等に関する特定個人情報の提供

（例）　A社の従業員がB社に転籍する場合に、A社が当該従業員の同意を得た上で、B社の個人番号関係事務の処理に必要な限度で、当該従業員の特定個人情報をB社に提供する場合

　→B社は、A社に対し、B社の個人番号関係事務を処理するために必要な限度で、A社が保有している特定個人情報の提供を求めることができる。

6号　委託、合併に伴う提供

（例）　個人番号の保管を委託した者が、委託先に個人番号を提供する場合

　→委託先は、委託者に対し、委託者が保管している個人番号の提供を求めることができる。

---

②　個人番号の提供を求めることができる時期

　個人番号利用事務等実施者は、個人番号利用事務等を処理するために必要がある場合に限り、本人または他の個人番号利用事務等実施者に対し個人番号の提供を求めることができるので（法14条）、個人番号関係事務が発生した時点で個人番号の提供を求めるのが原則である。

　ただし、本人との法律関係等に基づいて、個人番号関係事務の発生が予想される場合には、契約締結時点等、当該**事務の発生が予想できる時点で提供を求めることが可能である**とされている。

【契約締結時点等に個人番号の提供を求めることができる場合】
- 従業員に対しては、源泉徴収票等を作成する時点よりも前の雇用契約締結時点で、個人番号の提供を求めることができる。
- 内定者に対しては、確実に雇用されることが予想される場合（正式な内定通知がなされ、入社に関する誓約書を提出した場合等）には、その時点で提供を求めることができると解される。
- 非上場会社の株主に対しては、配当金の支払いの確定の都度、個人番号の提供を求めるのが原則だが、株主の地位を得た時点で提供を求めることも可能である。
- 人材派遣会社が派遣登録した者に対して個人番号の提供を求めることができるのは、雇用契約成立時が原則だが、派遣登録した段階でも、登録時しか本人確認した上で個人番号の提供を求める機会がなく、実際に雇用する際の給与支給条件等を決める等、近い将来雇用契約が成立する蓋然性が高いと認められる場合は、雇用契約が成立した場合に準じて、派遣登録の時点で個人番号の提供を求めることができる。

（2）　個人番号の利用目的の特定と通知等

　生存する者の個人番号は個人情報（個人識別符号）に該当するので、事業者が個人番号を取得する際には個人情報保護法が適用され、利用目的の特定・変更、通知・公表、明示等の義務（個人情報保護法17条、21条等）を負う。

　利用目的の通知・公表等については、P.85を参照。

　個人番号は、個人情報保護法 17 条 1 項の規定に基づいて特定した利用目的の範囲を超えて利用することができないのが原則である（マイナンバー法 30 条 2 項により読み替えて適用される個人情報保護法 18 条 1 項）。

【利用目的の範囲内として利用できる場合】

・源泉徴収票は扶養控除等申告書の記載に基づいて作成されるため、扶養控除申告書に記載された個人番号の取得時の利用目的には源泉徴収票の作成が含まれていると解される。したがって、扶養控除等申告書に記載された個人番号は、源泉徴収票の作成に利用することができる。

・給与所得の源泉徴収票と給与支払報告書、退職所得の特別徴収票は、源泉徴収票とともに統一的な書式で作成することになるので、「源泉徴収票作成事務」という利用目的には、給与支払報告書と退職所得の特別徴収票の作成も含まれる。したがって、給与所得の源泉徴収票作成事務のために取得した個人番号を、給与支払報告書や退職所得の特別徴収票の作成に利用できる。

・給与所得の源泉徴収票作成事務のために提供を受けた個人番号の利用目的には、次年度以降の源泉徴収票作成事務のためという利用目的も含まれる。したがって、当該個人番号を次年度以後の源泉徴収票作成事務のために利用することができる。

・退職者と再雇用契約を締結した場合に、前の雇用契約の際に給与所得の源泉徴収票作成事務のために提供を受けた個人番号を、再雇用契約に基づく給与所得の源泉徴収票作成事務のために利用することができる（前の雇用契約で提供を受けた個人番号の利用目的の範囲内）。

・講師との間で講演契約を再度締結した場合や、不動産の賃貸借契約を追加して締結した場合に、前の契約の際に支払調書作成事務のために提供を受けた個人番号を、後の契約に基づく支払調書作成事務のために利用する（前の契約の際に提供を受けた個人番号の利用目的の範囲内）。

①　個人番号の利用目的の変更（個人情報保護法 17 条 2 項）

　個人番号の利用目的を特定した場合でも、個人情報保護法 17 条 2 項に

第4章

基づき、利用目的を変更することができる。その場合は、**変更後の利用目的の通知・公表等が必要である**（個人情報保護法21条3項）。

（3）　本人確認の措置（マイナンバー法 16 条）

①　概要と趣旨

個人番号利用事務等実施者が、本人から個人番号の提供を受けるときは、マイナンバー法施行令（令）及び同法施行規則（規）が定める本人確認の措置をとらなければならない（法16条）。

この本人確認の措置の趣旨は、個人番号の提供を受ける際に、提供者が他人の個人番号を告知してなりすましを行うことを防止することにある。

②　本人から個人番号の提供を受ける場合

本人から個人番号の提供を受ける場合の「本人確認」は、a.示された番号が正しい個人番号であることの確認（番号確認）と、b.当該番号の提供者が個人番号の正しい持ち主であることの確認（身元確認）の措置を行う。

ア．個人番号カードの提示を受ける場合

この場合は、個人番号カードの提示だけで、a.番号確認と b.身元確認ができる。

個人番号カードには、番号確認に必要な個人番号と、身元確認に必要な基本四情報（氏名、住所、生年月日及び性別）及び顔写真が記載されているからである。

イ．個人番号カードの提示以外の場合

個人番号カードの提示以外の場合においては、**a.番号確認書類とb.本人の身元確認書類によって本人確認するのが原則である。**

a．番号確認書類

個人番号を記載した住民票の写し又は住民票記載事項証明書等

（通知カードは廃止されたが、当該通知カードに係る記載事項に変更がない場合に限り、通知カードを番号確認に利用できる。）

b．身元確認書類

運転免許証等（運転免許証、運転経歴証明書、旅券、身体障害者手帳、精神障害者保健福祉手帳、療育手帳、在留カード又は特別永住者証明書）

運転免許証等の提示を受けることが困難と認められる場合は、これに

代えて、国民健康保険、健康保険、後期高齢者医療若しくは介護保険の被保険者証、児童扶養手当証書等のうち2以上の書類の提示

なお、身元確認については、電話による場合や、特定の個人と同一の者であることが明らかな場合についての定めもある（マイナンバー法施行規則2条4項・6項）

③　本人の代理人から個人番号の提供を受ける場合

個人番号の提供を本人の代理人がする場合は、**a．代理権確認書類、b．代理人の身元の確認書類**及び**c．本人の番号確認書類**が必要となる。

ａ．代理権確認書類

代理人が法定代理人の場合は戸籍謄本（規則6条1項1号））、代理人が法定代理人以外の者である場合は委任状

ｂ．代理人の身元確認書類

代理人の個人番号カード（表面）や運転免許証等

なお、代理人の身元確認については、代理人が法人の場合や、電話による場合、特定の個人と同一の者であることが明らかな場合についての定めもある。

ｃ．本人の番号確認書類

本人に係る個人番号カード等

④　オンライン方式

本人から個人番号の提供を受ける場合も本人の代理人から個人番号の提供を受ける場合も、電子情報処理組織を利用して個人番号の提供を受ける方法（オンライン方式による提供）が認められており、その場合は、個人番号カードのICチップの読み取り、電子署名等の送信、個人番号利用事務実施者による地方公共団体情報システム機構への確認等による本人確認が定められている。

⑤　郵送の場合

書面の送付により個人番号の提供を受ける場合は、上記で提示を受けることとされている書類又はその写しの提出を受けなければならない。

⑥　従業員から扶養親族等の個人番号の提供を受ける場合

ア．扶養控除等申告書に扶養親族の個人番号が記載されている場合

従業員が事業者に提出する扶養控除等申告書に扶養親族の個人番号が記載されている場合は、事業主は、扶養親族の個人番号についての本人確認の措置を講じる必要はないと解されている。

イ．国民年金の第３号被保険者の届出書に配偶者の個人番号が記載されている場合

従業員が、配偶者の個人番号が記載されている国民年金の第３号被保険者の届出書を事業者に提出した場合は、従業員は、配偶者本人の代理人として個人番号を提供することになると解するのが一般である。従って、事業者は、代理人から個人番号の提供を受ける場合の本人確認をする必要がある。

3　収集・保管の制限・規制

> （収集等の制限）
> 第 20 条　何人も、前条各号のいずれかに該当する場合を除き、特定個人情報（他人の個人番号を含むものに限る。）を収集し、又は保管してはならない。

何人も、番号法 19 条各号のいずれかに該当する場合を除き、特定個人情報を収集・保管してはならない（法 20 条）。すなわち、特定個人情報の収集・保管は原則禁止され、法 19 条各号に該当して特定個人情報の提供を受けることができる場合に限り、特定個人情報を収集・保管できる。

（1）　収集制限

「収集」とは、集める意思を持って自己の占有に置くことを意味し、例えば、人から個人番号を記載したメモを受け取ること、人から聞き取った個人番号をメモすること等、直接取得する場合のほか、電子計算機等を操作して個人番号を画面上に表示させ、その個人番号を書き取ること、プリントアウトすること等を含む。

一方、特定個人情報の提示を受けただけでは、「収集」に当たらない。

一般の事業者の場合、源泉徴収票や支払調書の作成事務のような個人番号関係事務を処理するために従業員等の個人番号を収集することは、法 19 条 3 号に該当し許される。

　しかし、事業者の給与事務担当者として個人番号関係事務に従事する者が、その個人番号関係事務以外の目的で他の従業員等の特定個人情報をノートに書き写すことは、法 20 条に違反し許されない。

　また、事業者の中で、単に個人番号が記載された書類等を受け取り、支払調書作成事務に従事する者に受け渡す立場の者は、独自に個人番号を保管する必要がないため、個人番号の確認等の必要な事務を行った後はできるだけ速やかにその書類を受け渡すこととし、自分の手元に個人番号を残してはならないと解されている。

（2）　保管制限と廃棄

　特定個人情報は、マイナンバー法で限定的に明記された事務（個人番号関係事務など）を処理するために収集又は保管されるものであるから（法 20 条）、それらの事務を行う必要がある場合に限り特定個人情報を保管し続けることができる。

　また、個人番号が記載された書類等については、所管法令によって一定期間保存が義務付けられているものがある。例えば、源泉徴収義務者が保存する申告書（給与所得者の扶養控除等（異動）申告書や、給与所得者の保険料控除申告書兼給与所得者の配偶者特別控除申告書 等）は、所得税法により、事業者に対し、7 年間の保存義務が定められている。これらの書類等に記載された個人番号については、個人番号関係事務を行う必要がなくなった後も、法令が定めた期間保管することとなる。

　一方、それらの事務を処理する必要がなくなった場合で、所管法令において定められている保存期間を経過した場合には、個人番号をできるだけ速やかに廃棄又は削除しなければならない。

　なお、その個人番号部分を復元できない程度にマスキング又は削除した上で保管を継続することは可能である。もっとも、それが個人データに該当する場合は、当該個人データを利用する必要がなくなったときは、その個人データを遅滞なく消去するよう努めなければならない（個人情報保護法 22 条）。

第4章

【削除・廃棄についての注意】

① 個人番号部分を削除すれば、「特定個人情報」ではなくなりマイナンバー法20条の規制にはかからないが、削除した残りの情報が「個人データ」に該当する場合には、個人情報保護法22条で、利用する必要がなくなった個人データは「遅滞なく削除するよう努めなければならない」とされているので注意が必要である。

② 個人番号が記載された書類は保存期間経過後における廃棄を前提とした保管体制を、特定個人情報を保存するシステムは保存期間経過後における廃棄または削除を前提としたシステムを構築することが望ましい（ガイドライン）。

③ 特定個人情報に関する安全管理措置の手法の例として、特定個人情報ファイルの種類・名称、責任者・取扱部署、削除・廃棄状況等の個人番号を削除した記録を保存することが挙げられるが、削除した「個人番号」を記録してはならない。

4 提供段階の制限・規制

（特定個人情報の提供の制限）

第19条　何人も、次の各号のいずれかに該当する場合を除き、特定個人情報の提供をしてはならない。

一　個人番号利用事務実施者が個人番号利用事務を処理するために必要な限度で本人若しくはその代理人又は個人番号関係事務実施者に対し特定個人情報を提供するとき（略）。

二　個人番号関係事務実施者が個人番号関係事務を処理するために必要な限度で特定個人情報を提供するとき（第十号に規定する場合を除く。）。

三　本人又はその代理人が個人番号利用事務等実施者に対し、当該本人の個人番号を含む特定個人情報を提供するとき。

四　一の使用者等（使用者、法人又は国若しくは地方公共団体をいう。以下この号において同じ。）における従業者等（従業者、法人の業務を執行する役員又は国若しくは地方公共団体の公務員をいう。以下この号において同じ。）であった者が他の使用者等における従業者等になった場合において、当該従業者等の同意を得て、当該一の使用者等が当該他の使用者等に対し、その個人番号関係事務を処理するために必要な限度で当該従業者等の個人番号を含む特定個人情報を提供するとき。

　五　（略）

　六　特定個人情報の取扱いの全部若しくは一部の委託又は合併その他
　　の事由による事業の承継に伴い特定個人情報を提供するとき。

　七〜十二　（略）

　十三　第35条第1項の規定により求められた特定個人情報を個人情
　　報保護委員会に提供するとき。

　十四〜十五　（略）

　十六　人の生命、身体又は財産の保護のために必要がある場合におい
　　て、本人の同意があり、又は本人の同意を得ることが困難であるとき。

　十七　その他これらに準ずるものとして個人情報保護委員会規則で定
　　めるとき。

（1）　提供の原則禁止

　特定個人情報の提供は原則として禁止され、マイナンバー法19条各号
で限定的に明記された場合に限り、提供が認められている。

　個人情報保護法と異なり、**マイナンバー法では、本人の同意を得ても原
則として特定個人情報を第三者提供することができない**。また、マイナン
バー法19条は、条文上は、本人による特定個人情報の提供も制限してい
るから、**自己を本人とする特定個人情報の提供も原則として禁止**である。

　1号から17号のうち、主な場合を見ていく。

①　（1号）個人番号利用事務実施者が提供する場合

【ケース例】
○市区町村長が、地方税の特別徴収のために、給与支払者に対し特別徴収
　税額を通知する場合

②　（2号）個人番号関係事務実施者が提供する場合

　個人番号関係事務実施者が個人番号関係事務を処理するために必要な限
度で特定個人情報を提供することができる。

【ケース例】
○事業者が、法定調書（給与所得の源泉徴収票や支払調書など）に従業員や
　報酬を得た者などの個人番号を記載して税務署に提出する場合

○従業員が、扶養親族の個人番号を記載した扶養控除等申告書を事業者に
　提出する場合（この場合の従業員は「個人番号関係事務実施者」である）

③　（3号）本人または代理人が個人番号利用事務等実施者に提供する場合

　本人または代理人が個人番号利用事務等実施者に特定個人情報を提供す
ることを認める規定である。

【ケース例】

○従業員（本人）が、給与の源泉徴収事務、健康保険・厚生年金保険加入等
　事務等のために、自己の個人番号を記載した書類を事業主（個人番号関係
　事務実施者）に提出する場合

④　（4号）使用者等から他の使用者等に対する従業者等に関する特定個人情報の提供

　グループ会社間における従業者等の転籍や、退職・再就職等の場合には、
前職の使用者等（Ａ社）から転籍先・再就職先（Ｂ社）に対し、マイナンバー
等の特定個人情報を提供することができれば、従業者等が転籍先・再就職
先（Ｂ社）にマイナンバー等の提供を行う必要がなくなり、従業者等や転
籍先・再就職先の負担が軽減される。

　そこで、前職の使用者等（Ａ社）が、当該従業者等の同意を得た場合には、
転職先・再就職先（Ｂ社）に対して、Ｂ社の個人番号関係事務を処理する
ために必要な限度で、当該従業者等の特定個人情報を提供することができ
ることとした。

　なお、法19条4号に基づく提供が認められる特定個人情報の範囲は、「そ
の個人番号関係事務を処理するために必要な限度」とされている。従って、
出向先や再就職先などにおける健康保険・厚生年金保険被保険者資格取得
届、給与支払報告書や支払調書の提出などの個人番号関係事務の処理に必
要な情報とは想定されない、前職の離職理由等の情報まで、法19条4号
に基づく提供をすることは認められない。

【ケース例】

○A社の従業員がB社に転籍するため、A社がB社に対し、B社における健康保険・厚生年金保険被保険者資格取得届、給与支払報告書や支払調書の提出など、B社がその個人番号関係事務を処理するために必要な当該従業員の特定個人情報を提供する場合

　従業者等からの同意の取得については、従業者等からの同意する旨の口頭による意思表示のほか、従業者等からの同意する旨の書面・電磁的記録の受領、従業者等からの同意する旨のメールの受信、従業者等による同意する旨の確認欄へのチェック、従業者等による同意する旨のウェブ上のボタンのクリック、従業者等による同意する旨のタッチパネルへのタッチ、ボタン等による入力等によることが考えられる。

　なお、本号により特定個人情報の提供を受けた使用者等は、マイナンバー法16条に基づく本人確認は不要であるとされている。

⑤ （6号）委託、合併にともなう提供

　特定個人情報の取扱いの全部もしくは一部の委託や、合併その他の事由による事業の承継の場合には、特定個人情報を提供することが不可欠であるから、この場合の特定個人情報の提供を認めている。

【ケース例】

○A社が源泉徴収票作成事務を含む給与事務の処理を子会社に委託し、A社がその従業員の個人番号を含む給与情報（特定個人情報）を子会社に提供する場合

○A社がB社を吸収合併したため、吸収されるB社がその従業員の特定個人情報をA社に提供する場合

⑥ （16号）人の生命、身体または財産の保護のための提供

　人の生命、身体または財産の保護のため必要があり、本人の同意があるかまたは本人の同意を得ることが困難である場合は提供できる。

【ケース例】
○客が小売店で個人番号カードを落としていったために、小売店が警察に
　遺失物として当該個人番号カードを届け出る場合

(2)　個人情報保護法 27 条の適用排除

　マイナンバー法においては、特定個人情報の提供ができるのは、法 19
条各号に限定的に明記された場合に限られており、法 19 条各号に該当し
ない場合には、たとえ本人の同意を得たとしても、特定個人情報の第三者
への提供はできない。

　一方、個人情報保護法（一般法）は、個人データの第三者提供について、
本人の同意がある場合にはこれを認めており（個人情報保護法 27 条）、こ
の規定を特定個人情報にそのまま適用すると、マイナンバー法の規制に抵
触してしまう。

　そこで、マイナンバー法は、法 30 条 2 項で、特定個人情報に関して、
個人情報保護法 27 条（個人データの第三者提供）の適用を排除している。

(3)　保有個人データの開示等の請求に応じた提供

　保有個人データの開示請求（個人情報保護法 33 条）、訂正等の請求（同
法 34 条）、又は利用停止等の請求（同法 35 条）において、本人から個人番
号を付して請求が行われた場合や本人に対しその個人番号又は特定個人情
報を提供する場合は、番号法 19 条各号に定めはないものの、法の解釈上
当然に特定個人情報の提供が認められるべき場合であり、特定個人情報を
提供することができる。

(4)　「提供」

　「提供」とは、法的な人格を超える特定個人情報の移動を意味するもの
であり、同一法人の内部等の**法的な人格を超えない**特定個人情報の移動は
「提供」ではなく「利用」にあたる。

【「利用」にあたる場合】
・営業部に所属する従業員の特定個人情報を、営業部庶務課を通じ、給与
　所得の源泉徴収票を作成する目的で経理部に提出した場合

【「提供」にあたる場合】

・事業者が、源泉徴収票作成事務を含む給与事務を子会社に委託し、子会社に対し、従業員等の個人番号を含む給与情報を提供すること（個人番号関係事務の委託にともなうので、法19条6号により提供できる）

「利用」にあたる場合は、法19条は適用されず、利用制限（法9条、29条、30条2項）に従うこととなる。

(5)　法19条違反の場合—第三者提供停止の求め

マイナンバー法19条違反の提供が行われている場合に、このことを知った本人から、当該特定個人情報の第三者提供停止を求められた場合であって、その求めに理由があると判明したときは、原則として、当該特定個人情報の第三者への提供を停止しなければならない（マイナンバー法30条2項により読み替えて適用される個人情報保護法35条3項）。

第4章

・個人情報保護法では、個人情報の取扱いそのものは原則として禁止されていないのに対し、マイナンバー法では、法令で限定的に明記した場合以外、特定個人情報の取扱い（取得・利用・保存・提供）が原則として禁止されている。

・個人番号利用事務（等）実施者が、本人から個人番号の提供を受けるときは、原則として番号確認と身元確認による本人確認の措置を取らなければならない。

・個人情報保護法と異なり、マイナンバー法では、本人の同意を得ても原則として特定個人情報を第三者提供することができない。また、自己を本人とする特定個人情報の提供も原則として禁止である。

第 **8** 節

委託の規制

1 委託先の監督（マイナンバー法 11 条）

（1） 概要

　個人番号利用事務又は個人番号関係事務（「個人番号利用事務等」）の全部又は一部の委託をする者（委託者）は、委託に係る個人番号利用事務等において取り扱う特定個人情報の安全管理が図られるよう、委託を受けた者（委託先）に対する必要かつ適切な監督を行わなければならない（法11条）。

　委託先を適切に監督するために必要な措置を講じず、又は、必要かつ十分な監督義務を果たすための具体的な対応をとらなかった結果、特定個人情報の漏えい等が発生した場合、委託者に法違反があると判断される可能性がある。

（2） 必要かつ適切な監督の内容

　「必要かつ適切な監督」については、マイナンバー法に基づき委託者が果たすべき安全管理措置と同等の措置が委託先においても講じられるよう、必要かつ適切な監督を行わなければならないとされている。具体的には次の3点の実施が必要とされている。

① 委託先の適切な選定

　委託先の設備、技術水準や従業者に対する監督・教育の状況等を確認する。

② 委託先に安全管理措置を遵守させるために必要な契約の締結

　秘密保持義務、事業所内からの特定個人情報の持ち出しの禁止、再委託の条件、漏洩事案等が発生した場合の委託先の責任、従業者に対する監督・教育、契約内容の遵守状況の報告等を契約の規定に盛り込む。

③ 委託先における特定個人情報の取扱状況の把握

　委託契約に基づき報告を求めること等により、委託契約で盛り込んだ内容の実施の程度を把握した上で、委託の内容等の見直しを検討することを含め、適切に評価することが望ましいとされている。

（3）　個人番号利用事務等の委託にあたらない場合

　特定個人情報の受渡しに関して、配送業者による配送手段を利用する場合や通信事業者による通信手段を利用する場合は、事業者と配送業者や通信業者との間で特に特定個人情報の取扱いについての合意があった場合を除き、個人番号利用事務等の委託には該当しない。

　したがって、これらの場合には、委託先の監督義務を負うことはない。

　もっとも、委託者は、自らの安全管理措置（法12条等）により、個人番号及び特定個人情報が漏洩しないよう、適切な外部事業者の選択、安全な配送方法の指定等の措置を講ずる必要がある。

２　再委託の制限（マイナンバー法 10 条）

　個人番号利用事務等の全部または一部の委託を受けた者は、当該個人番号利用事務等の最初の委託者の許諾を得た場合に限り、再委託できる（法10条1項）。

　再委託以降のすべての段階における委託についても、再委託を受けた者は個人番号利用事務等の「委託を受けた者」とみなされ、同様となる（法10条2項）。例えば、甲→乙→丙→丁と順次委託する場合、丙は、「最初の委託者」である甲の許諾を受けなければ丁に再委託することができない。

　本条のような規制は個人情報保護法にはない（個人情報の取扱いの委託契約に再委託制限条項を盛り込んで対応する）。

　なお、甲→乙→丙→丁と順次委託される場合、甲の乙に対する監督義務（法11条）の内容には、再委託の適否だけでなく、乙が丙や丁に対して必要かつ適切な監督を行っているかどうかを監督することも含まれると解されている。従って、甲は、（乙を介して）丙や丁に対する間接的な監督義務を負う。

第4章

安全管理措置

> **（個人番号利用事務実施者等の責務）**
> 第 12 条　個人番号利用事務実施者及び個人番号関係事務実施者（以下「個
> 　　人番号利用事務等実施者」という。）は、個人番号の漏えい、滅失又は毀
> 　　損の防止その他の個人番号の適切な管理のために必要な措置を講じなけ
> 　　ればならない。

❶　概要

　マイナンバー法 12 条は、個人番号利用事務等実施者（＝個人番号利用
事務実施者および個人番号関係事務実施者）に対し個人番号の適切な管理
のために必要な措置を講ずることを義務づけている。個人情報保護法 23
条（個人データの安全管理措置）と同趣旨の規制である。

　ただし、個人情報保護法 23 条の安全管理措置の対象となる個人データ（個
人情報）は生存する個人の情報であるのに対し（同法 2 条 1 項）、マイナン
バー法 12 条の安全管理措置の対象となる「個人番号」には死者の番号も含
まれる（死者の個人番号についても安全管理措置を講ずる必要がある）。

　また、マイナンバー法は、個人番号を利用できる事務の範囲、特定個人
情報ファイルを作成できる範囲、特定個人情報を収集・保管・提供できる
範囲等を制限しているから、事業者は、特定個人情報等の漏えい等の防止
等のための安全管理措置の検討に当たり、次に掲げる事項を明確にするこ
とが重要である。

　A　個人番号を取り扱う事務の範囲

　B　特定個人情報等の範囲

　C　特定個人情報等を取り扱う事務に従事する従業者（事務取扱担当
　　　者）

2　安全管理措置の検討手順

　個人番号及び特定個人情報（「特定個人情報等」）の安全管理措置の具体的な内容については、個人情報保護委員会が公表している事業者ガイドラインの「（別添1）特定個人情報に関する安全管理措置」（「別添安全管理措置」）が解説している。

　事業者は、特定個人情報等の取扱いに関する安全管理措置について、次の手順で検討を行う必要がある。

① 　個人番号を取り扱う事務の範囲の明確化
② 　特定個人情報等の範囲の明確化
③ 　事務取扱担当者の明確化
④ 　基本方針の策定
⑤ 　取扱規定等の策定・見直し

（1）　個人番号を取り扱う事務の明確化（①）

　事業者は、個人番号関係事務又は個人番号利用事務の範囲を明確にしておかなければならない。

（2）　特定個人情報等の範囲の明確化（②）

　①で明確化した事務において取り扱う**特定個人情報等**（使用される個人番号および個人番号と関連付けて管理される氏名・生年月日等の個人情報）**の範囲を明確**にする。

（3）　事務取扱担当者の明確化（③）

　①で明確化した事務に**従事する従業者**（「事務取扱担当者」）**を明確**にする。

（4）　基本方針の策定（④）

　特定個人情報等の適正な取扱いの確保について組織として取り組むために、基本方針を策定することが重要である。

（5）　取扱規程等の策定（⑤）

　①〜③で明確化した事務における特定個人情報等の適正な取扱いを確保するために、組織的・人的・物理的・技術的な安全管理措置を織り込んだ**取扱規程等の策定・見直しを行わなければならない**。

3　講ずべき安全管理措置の内容と中小規模事業者における対応方法

　事業者は、安全管理措置の検討に当たり、マイナンバー法及び個人情報保護法等関係法令並びに事業者ガイドライン及び個人情報保護法のガイドライン等を遵守しなければならない。

　事業者ガイドラインの別添安全管理措置は、A 基本方針の策定，B 取扱規程等の策定，C 組織的安全管理措置，D 人的安全管理措置，E 物理的安全管理措置，F 技術的安全管理措置，G 外的環境の把握　の各項目について、特定個人情報等の保護のために必要な安全管理措置と、その具体的な手法の例示を記述している。

　また、別添安全管理措置には、従業員数が 100 人以下の中小規模事業者における対応方法も記述されている。中小規模の事業者にまで大規模の事業者と同様の安全管理措置を要求するのは現実的ではないし、中小規模の事業者の場合は、事務で取り扱う個人番号の数量が少ないことや事務取扱担当者の候補者が限定的であることも多い。そこで、別添安全管理措置は、従業員の数が 100 人以下の事業者を「中小規模事業者」として、取扱規程の策定は義務としないなど、特例的な対応方法を認めている。ただし、以下の者は「中小規模事業者」には該当しないとされている。

① 　個人番号利用事務実施者
② 　委託に基づいて個人番号利用事務等を業務として行う事業者
③ 　金融分野の事業者
④ 　その事業の用に供する個人情報データベース等を構成する個人情報によって識別される特定の個人の数の合計が過去 6 月以内のいずれかの日において 5,000 を超える事業者

以下に、別添安全管理措置に記載された特定個人情報等の保護のために必要な安全管理措置等の概要を表形式で記載する。

図表 4-5　特定個人情報等の安全管理措置の項目と手法の例（別添安全管理措置）

講じなければならない措置	手法の例示	中小規模事業者における手法の例示
A　基本方針の策定		
特定個人情報等の適正な取扱いの確保について組織として取り組むために、基本方針を策定することが重要である。	基本方針に定める項目としては、次に掲げるものが挙げられる。 ・事業者の名称 ・関係法令・ガイドライン等の遵守 ・安全管理措置に関する事項 ・質問及び苦情処理の窓口	
B　取扱規程等の策定		
① 個人番号を取り扱う事務の範囲の明確化，② 特定個人情報等の範囲の明確化，③ 事務取扱担当者の明確化　により明確化した事務において事務の流れを整理し、特定個人情報等の具体的な取扱いを定める取扱規程等を策定しなければならない。	取扱規程等は、次に掲げる管理段階ごとに、取扱方法、責任者・事務取扱担当者及びその任務等について定めることが考えられる。 ① 取得段階 ② 利用段階 ③ 保存段階 ④ 提供段階 ⑤ 削除・廃棄段階 　なお、具体的に定める事項については、組織的安全管理措置、人的安全管理措置、物理的安全管理措置、技術的安全管理措置を織り込むことが重要である。 ※源泉徴収票等を作成する事務の場合、例えば、次のような事務フローに即して、手続を明確にしておくことが重要である。 ① 従業員等から提出された書類等を取りまとめる方法 ② 取りまとめた書類等の源泉徴収票等の作成部署への移動方法 ③ 情報システムへの個人番号を含むデータ入力方法 ④ 源泉徴収票等の作成方法 ⑤ 源泉徴収票等の行政機関等への提出方法 ⑥ 源泉徴収票等の控え、従業員等から提出された書類及び情報システムで取り扱うファイル等の保存方法 ⑦ 法定保存期間を経過した源泉徴収票等の控え等の廃棄・削除方法 等	・特定個人情報等の取扱い等を明確化する。 ・事務取扱担当者が変更となった場合、確実な引継ぎを行い、責任ある立場の者が確認する。

第4章

C 組織的安全管理措置		
a 組織体制の整備 　安全管理措置を講ずるための組織体制を整備する。	（組織体制として整備する項目の例） ・事務における責任者の設置及び責任の明確化 ・事務取扱担当者の明確化及びその役割の明確化 ・事務取扱担当者が取り扱う特定個人情報等の範囲の明確化 ・事務取扱担当者が取扱規程等に違反している事実又は兆候を把握した場合の責任者への報告連絡体制 ・漏えい等事案の発生又は兆候を把握した場合の従業者から責任者等への報告連絡体制 ・特定個人情報等を複数の部署で取り扱う場合の各部署の任務分担及び責任の明確化	・事務取扱担当者が複数いる場合、責任者と事務取扱担当者を区分することが望ましい。
b 取扱規程等に基づく運用 　取扱規程等に基づく運用を行うとともに、 　その状況を確認するため、特定個人情報等の利用状況等を記録する。	記録する項目としては、次に掲げるものが挙げられる。 ・特定個人情報ファイルの利用・出力状況の記録 ・書類・媒体等の持ち運びの記録 ・特定個人情報ファイルの削除・廃棄記録 ・削除・廃棄を委託した場合、これを証明する記録等 ・特定個人情報ファイルを情報システムで取り扱う場合、事務取扱担当者の情報システムの利用状況（ログイン実績、アクセスログ等）の記録。	・あらかじめ整備された基本的な取扱方法に従って個人データが取り扱われていることを、責任ある立場の者が確認する。
c 取扱状況を確認する手段の整備 　特定個人情報ファイルの取扱状況を確認するための手段を整備する。 　なお、取扱状況を確認するための記録等には、特定個人情報等は記載しない。	取扱状況を確認するための記録等としては、次に掲げるものが挙げられる。 ・特定個人情報ファイルの種類、名称 ・責任者、取扱部署 ・利用目的 ・削除・廃棄状況 ・アクセス権を有する者	・特定個人情報等の取扱状況の分かる記録を保存する。

d 漏えい等事案に対応する体制の整備 漏えい等事案の発生又は兆候を把握した場合に、適切かつ迅速に対応するための体制を整備する。 漏えい等事案が発生した場合、二次被害の防止、類似事案の発生防止等の観点から、事案に応じて、事実関係及び再発防止策等を早急に公表することが重要である。	漏えい等事案の発生時に、次のような対応を行うことを念頭に、体制を整備することが考えられる。 ・事実関係の調査及び原因の究明 ・影響を受ける可能性のある本人への通知 ・個人情報保護委員会への報告 ・再発防止策の検討及び決定 ・事実関係及び再発防止策等の公表	・漏えい等事案の発生等に備え、従業者から責任ある立場の者に対する報告連絡体制等をあらかじめ確認しておく。
e 取扱状況の把握及び安全管理措置の見直し 特定個人情報等の取扱状況を把握し、安全管理措置の評価、見直し及び改善に取り組む。	・特定個人情報等の取扱状況について、定期的に自ら行う点検又は他部署等による監査を実施する。 ・外部の主体による他の監査活動と合わせて、監査を実施する。	・責任ある立場の者が、特定個人情報等の取扱状況について、定期的に点検を行う。
D 人的安全管理措置		
a 事務取扱担当者の監督 事業者は、特定個人情報等が取扱規程等に基づき適正に取り扱われるよう、事務取扱担当者に対して必要かつ適切な監督を行う。 **b 事務取扱担当者の教育** 事業者は、事務取扱担当者に、特定個人情報等の適正な取扱いを周知徹底するとともに適切な教育を行う。	・特定個人情報等の取扱いに関する留意事項等について、従業者に定期的な研修等を行う。 ・特定個人情報等についての秘密保持に関する事項を就業規則等に盛り込む。	

第4章

E　物理的安全管理措置

a　特定個人情報等を取り扱う区域の管理 　　特定個人情報ファイルを取り扱う情報システム（サーバ等）を管理する区域（以下「管理区域」という。）を明確にし、物理的な安全管理措置を講ずる。 　　また、特定個人情報等を取り扱う事務を実施する区域（以下「取扱区域」という。）について、事務取扱担当者等以外の者が特定個人情報等を容易に閲覧等できないよう留意する必要がある。	・管理区域に関する物理的安全管理措置として、入退室管理及び管理区域へ持ち込む機器等の制限を行う。 ・入退室管理方法として、ＩＣカード、ナンバーキー等による入退室管理システムを設置する。 ・取扱区域に関して、間仕切り等の設置、座席配置の工夫、のぞき込みを防止する措置等を講ずる。	
b　機器及び電子媒体等の盗難等の防止 　　管理区域及び取扱区域における特定個人情報等を取り扱う機器、電子媒体及び書類等の盗難又は紛失等を防止するために、物理的な安全管理措置を講ずる。	・特定個人情報等を取り扱う機器、電子媒体又は書類等を、施錠できるキャビネット・書庫等に保管する。 ・特定個人情報ファイルを取り扱う情報システムが機器のみで運用されている場合は、セキュリティワイヤー等により固定する。	
c　電子媒体等の取扱いにおける漏えい等の防止 　　特定個人情報等が記録された電子媒体又は書類等を持ち運ぶ場合、容易に個人番号が判明しないよう、安全な方策を講ずる。 　　「持ち運ぶ」とは、特定個人情報等を管理区域又は取扱区域から外へ移動させること又は当該区域の外から当該区域へ移動させることをいい、事業所内での移動等であっても、特定個人情報等の紛失・盗難等に留意する必要がある。	・特定個人情報等が記録された電子媒体を安全に持ち運ぶ方法として、持ち運ぶデータの暗号化、パスワードによる保護、施錠できる搬送容器の使用、追跡可能な移送手段の利用等を採用する。 ※ただし、行政機関等に法定調書等をデータで提出するに当たっては、行政機関等が指定する提出方法に従う。 ・特定個人情報等が記載された書類等を安全に持ち運ぶ方法として、封緘、目隠しシールの貼付、追跡可能な移送手段の利用等を採用する。	・特定個人情報等が記録された電子媒体又は書類等を持ち運ぶ場合、パスワードの設定、封筒に封入し鞄に入れて搬送する等、紛失・盗難等を防ぐための安全な方策を講ずる。

F 技術的安全管理措置		
a アクセス制御 　情報システムを使用して個人番号関係事務又は個人番号利用事務を行う場合、事務取扱担当者及び当該事務で取り扱う特定個人情報ファイルの範囲を限定するために、適切なアクセス制御を行う。	・特定個人情報ファイルを取り扱うことのできる情報システム端末等を限定する。 ・各情報システムにおいて、アクセスすることのできる特定個人情報ファイルを限定する。 ・ユーザーIDに付与するアクセス権により、特定個人情報ファイルを取り扱う情報システムを使用できる者を事務取扱担当者に限定する。	・特定個人情報等を取り扱う機器を取り扱う事務取扱担当者を限定することが望ましい。 ・機器に標準装備されているユーザーにより、情報システムを取り扱う事務取扱担当者を限定することが望ましい。
b アクセス者の識別と認証 　特定個人情報等を取り扱う情報システムは、事務取扱担当者が正当なアクセス権を有する者であることを、識別した結果に基づき認証する。	・事務取扱担当者の識別方法として、ユーザーID、パスワード、磁気・ICカード等を採用する。	
c 外部からの不正アクセス等の防止 　情報システムを外部からの不正アクセス又は不正ソフトウェアから保護する仕組みを導入し、適切に運用する。	・情報システムと外部ネットワークとの接続箇所に、ファイアウォール等を設置し、不正アクセスを遮断する。 ・情報システム及び機器にセキュリティ対策ソフトウェア等（ウイルス対策ソフトウェア等）を導入し、不正ソフトウェアの有無を確認する。 ・機器やソフトウェア等に標準装備されている自動更新機能等の活用により、ソフトウェア等を最新状態とする ・ログ等の分析を定期的に行い、不正アクセス等を検知する。	
d 漏えい等の防止 　特定個人情報等をインターネット等により外部に送信する場合、通信経路における漏えい等を防止するための措置を講ずる。	・通信経路における漏えい等の防止策として、通信経路の暗号化の措置を講ずる。 ・情報システム内に保存されている特定個人情報等の漏えい等の防止策として、データの暗号化又はパスワードによる保護の措置を講ずる。	

G　外的環境の把握
　外国で特定個人情報等を取り扱う場合、当該外国の個人情報の保護に関する制度等を把握した上で、特定個人情報等の安全管理のために必要・適切な措置を講じなければならない。

第4章

特定個人情報の漏洩事案等が発生した場合の対応

個人番号利用事務等実施者（個人番号利用事務実施者及び個人番号関係事務実施者）は、特定個人情報ファイルに記録された特定個人情報の報告対象事態が生じたときは、個人情報保護委員会への報告と本人への通知の義務を負う（マイナンバー法29条の4）。

民間事業者において特定個人情報の漏えい等事案が発覚した場合に講ずべき措置等の具体的内容については、事業者ガイドラインの「（別添2）特定個人情報の漏えい等に関する報告等［事業者編］」に示されている。

1　漏えい等事案が発覚した場合に講ずべき措置

特定個人情報を取り扱う事業者は、特定個人情報の漏えい、滅失もしくは毀損（「漏えい等」）又はそのおそれのある事案その他のマイナンバー法違反の事案又はマイナンバー法違反のおそれのある事案（「漏えい等事案」という。）が発覚した場合は、漏えい等事案の内容等に応じて、次のAからEに掲げる事項について必要な措置を講じなければならない。

A　事業者内部における報告及び被害の拡大防止

責任ある立場の者に直ちに報告するとともに、漏えい等事案による被害が発覚時よりも拡大しないよう必要な措置を講ずる。

B　事実関係の調査及び原因の究明

漏えい等事案の事実関係の調査及び原因の究明に必要な措置を講ずる。

C　影響範囲の特定

上記Bで把握した事実関係による影響範囲の特定のために必要な措置を講ずる。

D　再発防止策の検討及び実施

上記Bの結果を踏まえ、漏えい等事案の再発防止策の検討及び実施に必要な措置を講ずる。

E　委員会への報告及び本人への通知

　「報告対象事態」を知ったときは、マイナンバー法及び事業者ガイドラインに従い、個人情報保護委員会への報告及び本人への通知を行う。なお、漏えい等事案の内容等に応じて、二次被害の防止、類似事案の発生防止等の観点から、事実関係及び再発防止策等について、速やかに公表することが望ましい。

2　個人情報保護委員会への報告

(1)　報告対象事態

　個人番号利用事務等実施者（個人番号利用事務実施者及び個人番号関係事務実施者）は、次の①から④までに掲げる「報告対象事態」を知ったときは、個人情報保護委員会に報告しなければならない（法29条の4第1項、規則2条）

　ただし、特定個人情報について、高度な暗号化等の秘匿化がされている場合等、「高度な暗号化その他の個人の権利利益を保護するために必要な措置」が講じられている場合については、報告を要しない（規則2条各号）。

［報告対象事態］

① 　次に掲げる特定個人情報漏えい等が発生し、又は発生したおそれがある事態

　イ　情報提供ネットワークシステム及びこれに接続された電子計算機に記録された特定個人情報

　ロ　個人番号利用事務実施者が個人番号利用事務を処理するために使用する情報システムにおいて管理される特定個人情報

　ハ　行政機関、地方公共団体、独立行政法人等及び地方独立行政法人が個人番号関係事務を処理するために使用する情報システム並びに行政機関、地方公共団体、独立行政法人等及び地方独立行政法人から個人番号関係事務の全部又は一部の委託を受けた者が当該個人番号関係事務を処理するために使用する情報システムにおいて管理される特定個人情報

② 　次に掲げる事態

イ　不正の目的をもって行われたおそれがある特定個人情報の漏えい等が発生し、又は発生したおそれがある事態

ロ　不正の目的をもって、特定個人情報が利用され、又は利用されたおそれがある事態

ハ　不正の目的をもって、特定個人情報が提供され、又は提供されたおそれがある事態

③　個人番号利用事務実施者又は個人番号関係事務実施者の保有する特定個人情報ファイルに記録された特定個人情報が電磁的方法により不特定多数の者に閲覧され、又は閲覧されるおそれがある事態

④　次に掲げる特定個人情報に係る本人の数が 100 人を超える事態

イ　漏えい等が発生し、又は発生したおそれがある特定個人情報

ロ　法 9 条の規定に反して利用され、又は利用されたおそれがある個人番号を含む特定個人情報

ハ　法 19 条の規定に反して提供され、又は提供されたおそれがある特定個人情報

（2）　報告義務の主体

　漏えい等報告の義務を負う主体は、前述した事態（報告対象事態）に該当する特定個人情報を取り扱う個人番号利用事務等実施者である。

　特定個人情報の取扱いを委託している場合においては、委託元と委託先の双方が特定個人情報を取り扱っていることになるため、報告対象事態に該当する場合には、原則として委託元と委託先の双方が報告する義務を負う。

　なお、委託先が、報告義務を負っている委託元に対し、次の（3）の①から⑨に掲げる事項のうち、その時点で把握しているものを通知したときは、委託先は報告義務を免除される（法 29 条の 4 第 1 項ただし書）。

（3）　速報

　個人番号利用事務等実施者は、報告対象事態を知ったときは、速やかに、次に掲げる事項のうち、報告をしようとする時点において把握している内容を、個人情報保護委員会に報告しなければならない（規則 3 条 1 項）。

①　概要

② 特定個人情報の項目

③ 特定個人情報に係る本人の数

④ 原因

⑤ 二次被害又はそのおそれの有無及びその内容

⑥ 本人への対応の実施状況

⑦ 公表の実施状況

⑧ 再発防止のための措置

⑨ その他参考となる事項

（4）　確報

個人番号利用事務等実施者は、当該事態を知った日から 30 日以内、（（1）の②の事態に加え、（1）の①③④の事態にも該当する場合も 60 日以内）に、（3）に掲げる事項（①〜⑨）の全てを、個人情報保護委員会に報告しなければならない。

3 本人への通知

（1）　通知対象となる事態等

個人番号利用事務等実施者は、報告対象事態を知ったときは、本人への通知を行わなければならない（法 29 条の 4 第 2 項）。

通知義務を負う主体は、報告対象事態に該当する特定個人情報を取り扱う個人番号利用事務等実施者である。

特定個人情報の取扱いを委託している場合においては、委託元と委託先の双方が特定個人情報を取り扱っていることになるため、原則として委託元と委託先の双方が通知する義務を負う。ただし、委託先が、報告義務を負っている委託元に、前述した 2 （3）①から⑨までに掲げる事項のうち、その時点で把握しているものを通知したときは、委託先は、本人への通知義務が免除される（法 29 条の 4 第 2 項かっこ書）。

（2）　通知の時間的制限

個人番号利用事務等実施者は、報告対象事態を知ったときは、当該事態の状況に応じて速やかに、本人への通知を行わなければならない（規則 5 条）。

（3）　通知の内容

　本人へ通知すべき事項は、漏えい等報告における報告事項（前述した **2** （3）の①から⑨に掲げる事項）のうち、①概要，②特定個人情報の項目，④原因，⑤二次被害又はそのおそれの有無及びその内容，及び⑨その他参考となる事項に限られている。

　なお、本人への通知については、「本人の権利利益を保護するために必要な範囲において」行うものである（法29条の2第2項ただし書）。

（4）　通知の方法

　「本人への通知」とは、本人に直接知らしめることをいい、特定個人情報の取扱状況に応じ、通知すべき内容が本人に認識される合理的かつ適切な方法によらなければならない。

（5）　通知の例外

　本人への通知を要する場合であっても、本人への通知が困難である場合は、本人の権利利益を保護するために必要な代替措置（事案の公表や、問い合わせ窓口を用意して連絡先を公表するなど）を講ずることによる対応が認められる（法29条の4第第2項ただし書）。

> ・マイナンバーの漏えい等が発生した場合、個人番号利用事務等実施者はマイナンバー法29条の4に従って、個人情報保護委員会への報告等の義務を負う。
> ・個人番号利用事務等実施者は、報告対象事態を知って報告をしようとする時点で、把握している内容を速報しなければならない。その後、当該事態を知った日から一定期間内に、法令で定める9事項すべてについて確報しなければならない。

第11節

個人情報保護法の規定の適用

1 個人情報保護法の適用

　個人情報保護法は一般法、マイナンバー法は特別法の関係にあるため、特定個人情報でマイナンバー法に規定がない分野については、一般法たる個人情報保護法の規定が適用される。なお、生存する者の個人番号は個人情報（個人識別符号）であるから、マイナンバー法に適用のない分野については個人情報保護法が適用される。

　個人情報保護法の規定は、**そのまま適用される規定**と、**読み替えられて適用される規定・適用排除される規定がある**（下記で、読み替えられて適用される、適用排除されるといったコメントのない規定は、そのまま適用される規定である）。

> A　利用目的の特定（個人情報保護法17条）
> 　①利用目的の特定（1項）
> 　②利用目的の変更（2項）
> B　利用目的による制限（同法18条）
> 　個人情報保護法18条の規定は読み替えて適用される規定と適用排除される規定がある（後述）。
> C　不適正利用の禁止（同法19条）
> D　適正取得（同法20条1項）
> 　個人情報保護法20条2項は適用されない（後述）。
> E　利用目的の通知等（同法21条）
> 　①利用目的の通知等（1項）
> 　②利用目的の明示（2項）
> 　③変更された利用目的の通知等（3項）
> 　④適用除外（4項）
> F　データ内容の正確性の確保等の努力義務（同法22条）
> 　個人データのデータ内容の正確性確保の努力義務（同法22条前段）に

関しては、個人情報取扱事業者は、従業員等に対し、個人番号が変更されたときは事業者に申告するよう周知しておくとともに、一定の期間ごとに個人番号の変更がないか確認することが望ましい。

　また、特定個人情報に関しては、個人番号利用事務等を処理する必要がなくなった場合には個人番号をできるだけ速やかに廃棄または削除「しなければならない」とされている点に注意を要する。個人番号を削除した後の個人データは、利用する必要がなくなれば消去するよう「努めなければならない」（法22条後段）。

G　個人データの安全管理措置（同法23条）

H　従業者の監督（同法24条）

I　委託先の監督（同法25条）

J　個人データの漏えい等の報告等（同法26条）

K　個人データの第三者提供に関する規定（同法27条〜30条）

　　個人データの第三者提供に関する個人情報保護法の規定（同法27条〜30条）は、特定個人情報には適用されない（後述）。

L　保有個人データに関する事項の周知（同法32条1項）

M　保有個人データの利用目的の通知の求め（同法32条2項・3項）

N　保有個人データの開示請求（同法33条）

O　保有個人データの訂正等の請求（同法34条）

P　保有個人データの利用停止等の請求（同法35条1項・2項・5項）

Q　保有個人データの第三者提供停止の請求（同法35条3項・4項・5項）

　　保有個人データの第三者提供停止の請求については、同法35条3項の規定が読み替えて適用される（後述）。

R　理由の説明（同法36条）

S　開示等の求めに応じる手続等（同法37条）

T　手数料（同法38条）

U　事前の請求（同法39条）

V　苦情の処理（同法40条）

2　個人情報保護法の規定の読み替え・適用排除

　個人情報保護法の規定の中には、そのまま特定個人情報に適用するとマイナンバー法の規制に抵触してしまうものがある。そこで、マイナンバー法は、30条2項で、一般法たる個人情報保護法の規定のうち、そのままだとマイナンバー法の規制に抵触してしまう以下の規定について、その適用を排除し、または字句を読み替えて適用する旨を定めている。

① 　個人情報保護法 18 条 1 項・2 項の読み替え

　個人情報保護法18条1項・2項は、特定個人情報に関しては、「あらかじめ本人の同意を得ないで」の字句を削除して適用する。

　これにより、特定個人情報の目的外利用は、「あらかじめ本人の同意」を得ていても認められないことになる。

② 　個人情報保護法 18 条 3 項の読替え等

　個人情報保護法18条3項1号から6号の規定は、適用排除または読替えをして、特定個人情報の目的外利用が認められる場合を、①金融機関が激甚災害時等に金銭の支払を行う場合（番号法9条5項）と②人の生命、身体又は財産の保護のために必要がある場合であって、本人の同意があり、又は本人の同意を得ることが困難である場合（番号法19条16号）の2類型に限定している。

③ 　個人情報保護法 20 条 2 項の適用排除

　個人情報保護法20条2項は特定個人情報に関しては適用しない。

④ 　第三者提供に関する規定（個人情報保護法 27 条～ 30 条）の適用排除

　個人情報保護法27条～30条までの規定は、特定個人情報に関しては適用しない。

　マイナンバー法では、特定個人情報の提供ができるのは法19条各号が限定的に明記した場合に限っていることから、特定個人情報の提供についての規制は個人情報保護法によらず、マイナンバー法の規制に一本化にしたのである。

　この結果、特定個人情報に関しては、あらかじめ本人の同意（個人情報保護法27条1項）を得ていなくても、マイナンバー法19条各号に掲げる

第4章

事由に該当すれば、提供することができる。

⑤　個人情報保護法 35 条 3 項の読み替え

　個人情報保護法 35 条 3 項は、同法 27 条又は 28 条に違反する個人データの第三者提供の停止請求の規定である。しかし、特定個人情報に関しては、マイナンバー法 30 条 2 項により個人情報保護法 27 ～ 30 条は適用排除され、特定個人情報の第三者提供に関してはマイナンバー法 19 条の規制が適用される（前述）。

　これに整合させるため、個人情報保護法 35 条 3 項の規定は、マイナンバー法 30 条 2 項により、マイナンバー法 19 条の規定に違反する第三者提供の停止請求に読み替えて適用される。

第12節

その他の制度

1 個人情報保護委員会による監督等（マイナンバー法33条〜37条）

個人情報保護委員会は、個人番号利用事務等実施者に対し、特定個人情報の取扱いに関し、次の権限を有する。

- ・マイナンバー法の施行に必要な限度において、指導・助言をすることができる（法33条）
- ・必要な報告・資料の提出を求め、必要な場所に職員を立ち入らせ、特定個人情報の取扱いに関し質問、帳簿書類等の検査をさせる（法35条）

法35条の規定による報告・資料の提出をしない、虚偽の報告、虚偽資料提出、職員の質問に答弁しない、虚偽の答弁、検査の拒否・妨害・忌避などの妨害行為が行われた場合については、1年以下の懲役又は50万円以下の罰金に処するとされている（法54条）。

また、個人情報保護委員会は、法令の規定に違反する行為が行われた場合に、違反行為をした者に対し、次の権限を有する。

- ・違反を是正するために必要な措置をとるべき旨を勧告できる（法34条1項）
- ・正当な理由がなく勧告に係る措置をとらなかったときは、勧告に係る措置を講ずることを命令できる（通常の命令。法34条2項）
- ・重大な権利利益を害する場合等は、勧告なしに命令できる（緊急命令。法34条3項）

法34条2項又は3項の規定による命令に違反した者は、2年以下の懲役又は50万円以下の罰金に処するとされている（法53条）。

第4章

② 情報提供ネットワークシステムによる特定個人情報の提供 （マイナンバー法21条〜26条）

　情報提供ネットワークシステムは、**行政機関の長等の間で、特定個人情報を安全、効率的にやりとりするための情報システム**であり、内閣総理大臣が、個人情報保護委員会と協議して、設置・管理するものである。

　情報提供ネットワークシステムは、国の行政機関、地方公共団体等の間での情報提供等に利用されるものであり、情報照会者および情報提供者は、直接情報をやりとりするのではなく、情報提供ネットワークシステムを介して情報連携を行う。

　情報提供ネットワークシステムは、内閣総理大臣が、個人情報保護委員会と協議の上、設置し、管理する（法21条1項）。

　情報提供等事務又は情報提供ネットワークシステムの運営に関する事務に従事する者（していた者）は、その業務に関して知り得た当該事務に関する秘密を漏らし、又は盗用してはならない（法25条）。マイナンバー法25条の違反行為は、3年以下の懲役もしくは150万円以下の罰金に処され、又は併科される（法50条）。

③ マイナポータル （マイナンバー法附則6条3項、4項）

　マイナポータル（情報提供等記録開示システム）は、情報提供ネットワークシステムにおける特定個人情報の提供等の記録や法律・条例で定める個人情報の開示、本人の利益になると認められる情報の提供等を行うためのシステムである（法附則6条3項・4項）。

　マイナポータルは、政府が運営するオンラインサービスであり、本人専用のサイトにログインすることで、行政手続の検索やオンライン申請をワンストップでできたり、行政機関からのお知らせを受け取るなどの様々なサービスを受けることができる。

【マイナポータルで順次提供されている（予定含む）サービスの例】
・情報提供ネットワークシステムにおける自分の特定個人情報のやり取り

について記録を確認できる（情報提供等記録表示）。

・行政機関などがもっている自分の特定個人情報が確認できる（自己情報開示）。

・行政機関などからの、一人ひとりの個人に合ったお知らせを確認できる。

・行政機関や民間企業等からのお知らせなどについて、民間の送達サービスを活用して受け取ることができる（民間送達サービスとの連携）。

・地方公共団体の子育てに関するサービスの検索やオンライン申請（子育てワンストップサービス）ができる（サービス検索・電子申請機能＝ぴったりサービス）。

・認可保育所等の利用申込の際に提出が必要とされる「就労証明書」について、作成する作業負担を軽減するためのサービスを利用できる（就労証明書作成コーナー）。

・法人設立に必要な諸手続について、オンラインでまとめて行うことができるサービスを利用できる（法人設立ワンストップサービス）。

・コミュニケーションアプリ「LINE」との連携により、LINEのメッセージで子育て等の行政サービスを検索し、マイナポータルの「ぴったりサービス」に移動して、電子申請や内容確認ができる。

・AIエージェントサービス「my daiz」との連携により、my daizで子育て等の行政サービスを検索し、マイナポータルの「ぴったりサービス」に移動して、電子申請や内容確認ができる。

・個人番号カードを健康保険証として利用するための利用申込ができる。

・マイナポータルのお知らせを使い、ネットバンキング（ペイジー）やクレジットカードでの公金決済ができる（公金決済サービス）。

・外部サイトに登録することで、マイナポータルから外部サイトへのログインが可能となる（外部サイト連携）。

第4章

　マイナポータルを利用するためには、個人番号カードのほかに、ICカードリーダライタおよびパソコン等の機器が必要である。

　なお、高齢者やパソコン等を利用することができない者でもマイナポータルを利用できるよう、各市区町村にはマイナポータル用端末（タブレッ

ト PC 、IC カードリーダライタ、wi-fi ルータ等）が設置されている。

　マイナポータルでは、なりすましにより特定個人情報が詐取されないように、厳格な本人認証が求められている。すなわち、マイナポータルサイトにログインする際は、IC カードリーダライタを用いて、個人番号カードに記録された電子証明書を用いた本人認証を行う。

　なお、マイナンバーカードを取得せず、マイナポータルを利用できなくても、自己情報開示については、別途、情報保有機関に「書面による開示請求」をする方法が用意されている。

４　特定個人情報保護評価（マイナンバー法 28 条）

　特定個人情報保護評価は、特定個人情報の漏えいその他の事態の発生の危険性及びプライバシー等に対する影響やリスクについて評価を実施する制度である。

　特定個人情報保護評価を義務づけられている評価実施機関は、行政機関の長等であり、原則として民間事業者は対象外である。

５　法人番号（マイナンバー法 39 条〜 42 条）

（1）　概要

　法人番号は、法 39 条１項または２項の規定により、特定の法人その他の団体を識別するための番号として指定されるものをいう（法２条 15 項）。

　法人番号は、**12 桁の基礎番号とその前に付された１桁の検査用数字**（チェックデジット）**で構成される 13 桁の番号**であり、個人番号と同様、**一団体一番号で、不変の番号である**（法人格が消滅しても抹消されない）。

（2）　法人番号の指定・通知等

　法人番号は、国税庁長官が指定して通知する。

（3）　法人番号の利用範囲や取扱い

　法人番号が個人番号と大きく異なるのは、法人番号には**利用範囲の制限がなく、自由に流通させることができ、インターネット**（法人番号公表サイト）**でも公表される**ということである。

　　法人番号には、個人番号や個人情報と異なってプライバシー等の問題が
ないからである。

　　法人番号公表サイトで公表される事項は、**①商号または名称、②本店ま
たは主たる事務所の所在地および③法人番号等**である。ただし、人格のな
い社団等については、公表に際して代表者等の同意を要するとされている
（法39条4項）。

第4章

PICK
UP

・マイナンバーを活用して様々な行政サービスを受けられる、
　マイナポータルの機能が拡大している。
・特定個人情報保護評価の評価実施機関は、行政機関以外にも、
　制度への関与が深く本人に対して与える影響も大きい健康保
　険組合等の民間事業者も含まれる。
・法人番号は、個人番号と同様に一団体一番号で不変の番号だ
　が、プライバシー等の問題がないためインターネット上（法
　人番号公表サイト）で公表される。

罰則

　個人情報保護法には、個人情報取扱事業者に適用される刑事罰として、個人情報データベース等不正提供等罪（同法179条。1年以下の懲役・50万円以下の罰金，法人処罰の場合は1億円以下の罰金）のほか、個人情報保護委員会の命令に違反した罪（同法178条。1年以下の懲役・100万円以下の罰金，法人処罰の場合は1億円以下の罰金）や個人情報保護委員会からの報告徴収・立入検査に応じなかった場合や報告徴収に対して虚偽の報告をした場合の罪（同法182条。50万円以下の罰金，法人処罰の場合は50万円以下の罰金）などの罰則がある。

　特定個人情報等に関する刑事罰としては、個人情報保護法が定める罰則に加えて、マイナンバー法において、正当な理由なく特定個人情報ファイルを提供する罪（同法48条。4年以下の懲役又は200万円以下の罰金，法人処罰の場合は1億円以下の罰金）、不正な利益を図る目的で個人番号を提供・盗用する罪（同法49条。3年以下の懲役・150万円以下の罰金）及び不正な方法により個人番号を取得する罪（同法51条。3年以下の懲役・150万円以下の罰金）のほか、個人情報保護委員会の命令に違反した罪（同法53条。2年以下の懲役又は50万円以下の罰金，法人処罰の場合は1億円以下の罰金）や個人情報保護委員会からの報告徴収・立入検査に応じなかった場合や報告徴収に対して虚偽の報告をした場合の罪（同法51条。1年以下の懲役又は50万円以下の罰金，法人処罰の場合は50万円以下の罰金）などの罰則がある。

　なお、**個人情報保護法やマイナンバー法の罰則は「故意犯」であり、過失（不注意）による情報漏洩等は処罰対象とされていない。**

　マイナンバー法が定める罰則には、次の表にみるように、行為主体が限定されていないものと、行為主体が一定の者に限定されているものがある。

　行為主体が限定されていない罰則のうち、48条・49条・50条が個人番号等を漏洩する行為の処罰規定である。48条の特定個人情報ファイルの不正提供罪が最も法定刑が重い。

53条・54条は、個人情報保護委員会の監督権限行使（法33条〜法35条）に対する罰則であり、55条は不正に個人番号カードの交付を受けた罪である。

行為主体が限定されている罰則のうち、50条は、25条の情報提供等事務・情報提供ネットワークシステムの運営に関する事務に従事する者（していた者）の秘密保持義務に対応する罰則である。

なお、48条から52条までは、日本国外においてこれらの罪を犯した者にも適用される（法56条）。これを「国外犯処罰」いう。

また、法人等の代表者（管理人）、法人（または人）の代理人、使用人その他の従業者が、その法人又は人等の業務に関して、48条・49条・51条・53条・53条の2〜55条の2の違反行為をしたときは、その行為者を罰するほか、その法人又は人に対しても罰金刑が科される（法57条）。これを「両罰規定」という。

図表4-6　マイナンバー法における罰則規定

行為		マイナンバー法の罰則（「法人」は両罰規定）	国外犯処罰	個人情報保護法の類似規定
個人番号関係事務又は個人番号利用事務に従事する者又は従事していた者が、正当な理由なく、特定個人情報ファイルを提供	行為者	4年以下の懲役若しくは200万円以下の罰金又は併科（48条）	○	−
	法人	1億円以下の罰金（57条1項1号）		
上記の者が、不正な利益を図る目的で、個人番号を提供又は盗用	行為者	3年以下の懲役若しくは150万円以下の罰金又は併科（49条）	○	1年以下の懲役又は50万円以下の罰金（174条）
	法人	1億円以下の罰金（57条1項1号）		1億円以下の罰金（179条1項1号）
情報提供ネットワークシステムの事務に従事する者又は従事していた者が、情報提供ネットワークシステムの業務に関して知り得た秘密を漏らす、又は盗用	行為者	3年以下の懲役若しくは150万円以下の罰金又は併科（50条）	○	−

人を欺き、人に暴行を加え、若しくは人を脅迫する行為により、又は財物の窃取、施設への侵入、不正アクセス行為その他の個人番号を保有する者の管理を害する行為により、個人番号を取得	行為者	3年以下の懲役又は150万円以下の罰金（51条）	○	―
	法人	150万円以下の罰金（57条1項2号）	○	―
国、地方公共団体、地方公共団体情報システム機構などの役職員が職権を濫用して、職務以外の目的で個人の秘密に属する特定個人情報が記録された文書などを収集	行為者	2年以下の懲役又は100万円以下の罰金（52条）	○	1年以下の懲役又は50万円以下の罰金（176条）
地方公共団体情報システム機構の役職員又はこれらの職にあった者が、機構処理事務に関して知り得た秘密を漏らす。機構処理事務特定個人情報等の電子計算機処理等の委託を受けた者、役職員又はこれらの者であった者が、その委託された業務に関して知り得た機構処理事務特定個人情報等に関する秘密又は機構処理事務特定個人情報等の電子計算機処理等に関する秘密を漏らす	行為者	2年以下の懲役又は100万円以下の罰金（52条の2）	○	―
戸籍関係情報作成用情報の作成に関する事務に従事する者又は従事していた者が戸籍関係情報作成用情報の作成に関する事務に関して知り得た当該事務に関する秘密を漏らす、又は盗用	行為者	2年以下の懲役若しくは100万円以下の罰金又は併科（52条の3）	○	―
個人情報保護委員会から命令を受けた者が命令に違反	行為者	2年以下の懲役又は50万円以下の罰金（53条）	×	1年以下の懲役又は100万円以下の罰金（173条）
	法人	1億円以下の罰金（57条1項1号）		1億円以下の罰金（179条1項1号）
取得番号の取扱い又は戸籍関係情報作成用情報の取扱いについて、個人情報保護委員会から命令を受けた者が命令に違反	行為者	1年以下の懲役又は50万円以下の罰金（53条の2）	×	―
	法人	50万円以下の罰金（57条1項2号）		

個人情報保護委員会に対し、報告・資料提出の懈怠、虚偽の報告、虚偽の資料提出、職員の質問に対し答弁拒否・虚偽答弁、検査拒否・妨害・忌避	行為者	1年以下の懲役又は50万円以下の罰金（54条）	×	50万円以下の罰金（177条）
	法人	50万円以下の罰金（57条1項2号）		同上（179条1項2号）
偽りその他の不正の手段により個人番号カードを取得	行為者	6月以下の懲役又は50万円以下の罰金（55条）	×	―
	法人	50万円以下の罰金（57条1項2号）		
取得番号の取扱い又は戸籍関係情報作成用情報の取扱いについて、個人情報保護委員会に対し、報告・資料提出の懈怠、虚偽の報告、虚偽の資料提出、職員の質問に対し答弁拒否・虚偽答弁、検査拒否・妨害・忌避	行為者	30万円以下の罰金（55条の2）	×	―
	法人	同上（57条1項2号）		
地方公共団体情報システム機構の役職員が、法38条の4の規定に違反して帳簿を備えず、帳簿に記載せず、若しくは帳簿に虚偽の記載をし、又は帳簿を保存しない	行為者	30万円以下の罰金（55条の3第1項1号）	×	―
地方公共団体情報システム機構の役職員が、総務大臣に対し、報告・資料提出の懈怠、虚偽の報告、虚偽の資料提出、質問に対し答弁拒否・虚偽答弁、検査拒否・妨害・忌避	行為者	30万円以下の罰金（55条の3第1項2号）	×	―

第4章

PICK UP

・マイナンバー法が定める罰則は、個人情報保護法における罰則よりも強化されており、また、類似の罰則よりも刑の上限が引き上げられている。ただし、マイナンバー法の罰則は「故意犯」であり、過失（不注意）による情報漏洩等は処罰対象とされていない。

・マイナンバー法の罰則には、「国外犯処罰」や「両罰規定」の対象となるものがある。

第4章◉過去問題チェック

1．番号法における用語の定義（2条）に関する以下のアからエまでの記述の
　うち、最も適切ではないものを1つ選びなさい。

　ア．「情報提供ネットワークシステム」は、個人情報保護委員会が設置し、及
　　　び管理する。

　イ．「特定個人情報」には、個人番号に対応し、当該個人番号に代わって用い
　　　られる番号、記号その他の符号も含まれる。

　ウ．「個人番号関係事務」とは、個人番号利用事務に関して行われる他人の個
　　　人番号を必要な限度で利用して行う事務である。

　エ．「個人番号」とは、住民票コードを変換して得られる番号であって、当該
　　　住民票コードが記載された住民票に係る者を識別するために指定されるも
　　　のである。

〈第71回　問題41〉

2．個人番号に関する以下のアからエまでの記述のうち、最も適切ではないも
　のを1つ選びなさい。

　ア．番号法における個人番号は、個人識別符号に該当する。

　イ．個人番号は、国の行政機関や地方公共団体などにおいて、社会保障、税
　　　及び災害対策等の分野で利用される。

　ウ．地方公共団体情報システム機構は、市町村長（特別区の区長を含む。以
　　　下同じ。）から個人番号とすべき番号の生成を求められたときは、政令で定
　　　めるところにより、電子情報処理組織を使用して、番号を生成し、速やか
　　　に本人に通知するものとする。

　エ．市町村長は、当該市町村が備える住民基本台帳に記録されている者の個
　　　人番号が漏えいして不正に用いられるおそれがあると認められるときは、
　　　その者に対し、職権で従前の個人番号に代わる新しい個人番号を指定する
　　　ことができる。

〈第71回　問題42〉

３．「特定個人情報」に該当しないものを、以下のアからエまでのうち１つ選び
なさい。

ア．公的年金等の受給者の扶養親族等申告書

イ．労働保険概算保険料申告書

ウ．市町村民税・道府県民税申告書

エ．所得税及び復興特別所得税の確定申告書

〈第71回　問題43〉

４．個人番号の利用範囲に関する以下のアからエまでの記述のうち、最も適切
ではないものを１つ選びなさい。

ア．前の賃貸借契約を締結した際に支払調書作成事務のために提供を受けた
個人番号については、後の賃貸借契約に基づく賃料に関する支払調書作成
事務のために利用することができる。

イ．従業員の雇用形態をアルバイトから正社員に変更した場合でも、当初の
利用目的の範囲内であれば当初取得した個人番号を利用することができる。

ウ．使用者が労働者との間で労働契約を締結した際に給与所得の源泉徴収票
作成事務のために提供を受けた個人番号は、その労働者の定年退職後の再
雇用契約に基づく給与所得の源泉徴収票作成事務のために利用することが
できる。

エ．労働契約に基づく給与所得の源泉徴収票作成事務のために提供を受けた
個人番号を、健康保険・厚生年金保険届出事務に利用することができる。

〈第72回　問題44〉

５．個人番号の提供・収集等の制限に関する以下のアからエまでの記述のうち、
最も適切ではないものを１つ選びなさい。

ア．個人情報取扱事業者の従業員は、番号法で限定的に明記された場合以外
でも、同居の配偶者や子に対しては、個人番号の提供を求めることができる。

イ．個人情報取扱事業者である親会社は、番号法で限定的に明記された場合
を除き、子会社に対して個人番号の提供を求めてはならない。

ウ．個人情報取扱事業者は、給与の源泉徴収票作成事務等のため、当該個人

　　情報取扱事業者の従業員の代理人から、従業員本人の個人番号を収集することができる。

エ．個人情報取扱事業者は、番号法で限定的に明記された場合を除き、所管法令によって定められた書類保存期間中であっても、契約終了等により個人番号関係事務を処理する必要がなくなったときは、特定個人情報が記載された書類を廃棄しなければならない。

〈第 73 回　問題 45〉

6．本人確認の措置に関する以下のアからエまでの記述のうち、最も適切ではないものを 1 つ選びなさい。

ア．事業者は、本人から個人番号の提供を受ける場合、本人確認のため、示された番号が正しい個人番号であることの確認と、当該番号の提供者が個人番号の持ち主であることの確認をしなければならない。

イ．事業者は、代理人から個人番号の提供を受ける場合、本人確認のため、委任状等の代理権確認書類、代理人の個人番号カード等の代理人身元確認書類、本人の個人番号カード等の番号確認書類の提示を受けなければならない。

ウ．従業員が、扶養親族の個人番号を記載した扶養控除等申告書を事業者に提出する場合、事業者は、扶養親族の個人番号についての本人確認の措置を講じなければならない。

エ．従業員から扶養親族等の個人番号の提供を受ける場合、従業員が、配偶者の個人番号が記載されている国民年金の第 3 号被保険者の届出書を事業者に提出したときは、事業者は、代理人から個人番号の提供を受ける場合の本人確認をする必要がある。

〈第 73 回　問題 46〉

7．個人番号カードに関するアからエまでの記述のうち、最も適切ではないものを 1 つ選びなさい。

ア．個人番号カードの交付を受けている者が死亡したときは、個人番号カードは失効する。

　　イ．個人番号カードの発行の日において 18 歳以上の者における個人番号カードの有効期間は、当該発行の日から 10 回目の誕生日までである。

　　ウ．個人番号カードの IC チップ内には、地方税関係情報や年金給付関係情報が記録される。

　　エ．個人番号カードの交付を受けている者は、当該個人番号カードを紛失したときは、直ちに、その旨を住所地市町村長に届け出なければならない。

〈第 72 回　問題 47〉

8．特定個人情報の取扱いに関する監督等におけるアからエまでの記述のうち、最も適切ではないものを 1 つ選びなさい。

　　ア．個人情報保護委員会は、個人番号利用事務等実施者に対し、特定個人情報の取扱いに関し、必要な指導・助言をすることができる。

　　イ．個人情報保護委員会は、法令の規定に違反する行為が行われた場合において、個人の重大な権利利益を害する事実があるため緊急に措置をとる必要があると認めるときは、違反行為をした者に対し、勧告を経ずに、違反を是正するために必要な措置をとるべき旨を命令することができない。

　　ウ．個人情報保護委員会は、個人番号利用事務等実施者に対し、特定個人情報の取扱いに関し、必要な報告・資料の提出を求め、または必要な場所に職員を立ち入らせ、特定個人情報の取扱いに関し質問、帳簿書類等の検査をさせることができる。

　　エ．個人情報保護委員会は、その所掌事務について、法律もしくは政令を実施するため、または法律もしくは政令の特別の委任に基づいて、個人情報保護委員会規則を制定することができる。

〈第 73 回　問題 48〉

9．特定個人情報の収集等の制限に関する以下のアからエまでの記述のうち、最も適切ではないものを 1 つ選びなさい。

　　ア．個人番号が記載された書類等を受け取る担当者に、個人番号の本人確認作業を行わせない場合、特定個人情報を見ることができないようにすることは、安全管理上有効な措置と考えられる。これに対して、個人番号が記

載された書類等を受け取る担当者に、個人番号の本人確認作業を行わせる場合は、特定個人情報を見ることができないようにする措置は必要ないと考えられる。

イ．個人番号利用事務等実施者が本人から個人番号の提供を受けるときは、本人確認（番号確認と身元確認）が義務付けられているため、個人番号利用事務等実施者により収集された個人番号に誤りがあった場合は、罰則が適用される。

ウ．個人番号を、個人番号関係事務と関係のない業務ソフトウェアを運用している筐体と同一筐体内、かつ同一データベース内で管理することはできるが、その場合には、個人番号関係事務と関係のない事務で利用することのないように、アクセス制御等を行う必要がある。

エ．保管している個人番号に誤りがあったり、変更があったりした場合、訂正等を行うことにより、個人番号を正確かつ最新の内容に保つよう努めなければならない。

〈第 72 回　問題 48〉

10.　**法人番号に関する以下のアからエまでの記述のうち、最も適切ではないものを１つ選びなさい。**

ア．法人番号は、設立の登記をした法人等に対して、内閣総理大臣により指定される。

イ．法人番号は、その法人の法人格が消滅した場合でも抹消されない。

ウ．法人番号は、一団体一番号であり、支店、支所や事業所には指定されない。

エ．法人番号は、利用範囲に制限がなく、法人番号公表サイトにも公表されている。

〈第 73 回　問題 49〉

11.　**法人番号に関する以下のアからエまでの記述のうち、最も適切ではないものを１つ選びなさい。**

ア．法人番号は、国税庁長官が指定し、これを当該法人等に通知する。

イ．法人名に変更があった場合であっても、法人番号は変更されない。

ウ．外国法人は、国内事務所を支店登記することにより、法人番号が指定される。

エ．法人番号は、自由に流通させることができ、インターネットでも公表されている。

〈第 72 回　問題 49〉

12．番号法における罰則に関する以下のアからエまでの記述のうち、最も適切ではないものを 1 つ選びなさい。

ア．番号法には、特定個人情報等の適切な取扱いの確保のための措置義務が設けられているが、これらの番号法上の規定に違反する行為があっても、それらのみを理由として、直ちに罰則が科されるわけではない。

イ．個人番号利用事務等に従事する者が、その業務に関して知り得た個人番号を第三者の不正な利益を図る目的で盗用したときは、行為者が法人の従業者であれば、その法人に対して 150 万円以下の罰金刑が科される。

ウ．日本国外で番号法に違反する行為が行われた場合でも、番号法に規定されている罰則が適用されることがある。

エ．個人情報保護委員会による勧告に係る措置をとるべきとする命令に違反した者には、2 年以下の懲役又は 50 万円以下の罰金刑が科される。

〈第 72 回　問題 50〉

13．番号法における罰則に関する以下のアからエまでの記述のうち、最も適切ではないものを 1 つ選びなさい。

ア．個人番号利用事務等に従事する者が、正当な理由なく、特定個人情報ファイルを提供した場合、4 年以下の懲役若しくは 200 万円以下の罰金が科されるが、個人番号利用事務等に従事していた者は対象とならない。

イ．個人番号利用事務等実施者が、個人情報保護委員会に対する報告若しくは資料の提出をせず、若しくは虚偽の報告をし、若しくは虚偽の資料を提出し、又は当該職員の質問に対して答弁をせず、若しくは虚偽の答弁をし、若しくは検査を拒み、妨げ、若しくは忌避した場合、その行為者を罰するほか、その法人に対して罰金刑を科する。

ウ．人を欺き、人に暴行を加え、もしくは人を脅迫する行為により、又は財
　物の窃取、施設への侵入、不正アクセス行為（不正アクセス行為の禁止等
　に関する法律に規定する不正アクセス行為をいう。）その他の個人番号を保
　有する者の管理を害する、国外における行為により、個人番号を取得した
　者には、３年以下の懲役又は150万円以下の罰金が科される。

エ．偽りその他の不正の手段により個人番号カードを取得した者には、６か
　月以下の懲役又は50万円以下の罰金が科される。

〈第73回　問題50〉

第 **5** 章

脅威と対策

第 **1** 節

個人情報保護の対策

1 個人情報保護の対策

（1）個人情報取扱事業者の義務規定

　個人情報保護法で個人情報取扱事業者に課せられた義務は、次の4項目に分類することができる（同法上の規定との対応は図表5-1参照）。

- ・個人情報の適切な取得・取扱（法17条〜法21条、法40条）
- ・個人情報の適切・安全な管理（法22条〜法25条）
- ・第三者提供の制限、記録、確認（法27条〜法30条）
- ・開示・削除請求などへの対応（法32条〜法38条）

　この中で、個人情報の適切・安全な管理について、情報セキュリティ対策が義務づけられている（図表5-1の網掛け部分）。

図表 5-1 個人情報取扱事業者の義務規定

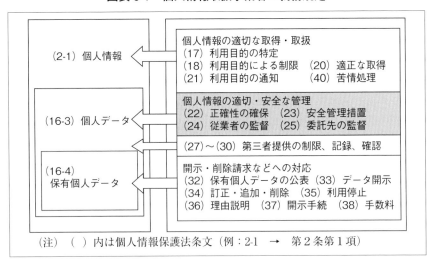

（注）（　）内は個人情報保護法条文（例：2-1 → 　第2条第1項）

　2020年の改正個人情報保護法から、要配慮個人情報や匿名加工情報に加え、仮名加工情報という新しい定義とそれにともなう義務規定が加わり、

マイナンバー法での特定個人情報も含めた対応が求められる。

(2)　情報セキュリティ対策の義務化

　個人情報保護法は、個人情報の適切・安全な管理という形で、民間企業に情報セキュリティ対策の実施を義務づけたものである。2017 年改正法施行後は、小規模取扱事業者、非営利組織や個人事業主も個人情報取扱事業者となり、自主的に適切な個人情報保護対策を実施することが要請されている。

(3)　プライバシーガバナンスによる企業価値向上への取り組み

　プライバシー・バイ・デザイン（PbD）という概念と「DX 時代における企業のプライバシーガバナンスモデルガイドブック」（経産省・総務省）の公表により、経営者が積極的にプライバシー問題に関与し、社会的責任（CSR）と企業価値向上を指向するプライバシーガバナンスが注目されている。

2　個人情報保護管理体制の構築

　個人情報を保護するための管理体制を構築するにあたり、注意すべきことは、情報の重要性を踏まえずにファイアーウォールや暗号化ツールを導入するなど、現場レベルでの場当たり的な対策に終始しないことである。

(1)　リスクの明確化

　個人情報の漏洩が発生した場合のリスクを十分に検討し、明確にしておくことが重要である。

　保有する個人情報の重要度、漏洩した場合に想定されるリスクや損失の大きさと、費用対効果を勘案し、個人情報の適切な管理体制を構築しなければならない。

(2)　マネジメントシステムの構築

　適切な管理体制を構築するためには、経営者から従業者にわたる体系的で全経営活動に統合された「個人情報保護に関するマネジメントシステム」を構築し、PDCA（Plan-Do-Check-Action）サイクルを運用することが必要である。

　このマネジメントシステムが成功するかどうかは、すべての組織階層および部門の関与、特に経営者の関与の度合いにかかっている。

第5章

3　個人情報保護対策の流れ

　まず、JIS Q 15001:2023 に示されている要求事項の管理目的および管理策に沿って、個人情報保護対策の流れを紹介する（図表 5-2）。

図表 5-2　JIS Q 15001:2023 に準拠した個人情報保護の要求事項

①組織の状況（4）

　組織の状況とその理解（4.1）

　利害関係者のニーズ及び期待の理解（4.2）

　適用範囲の決定（4.3）

　個人情報保護マネジメントシステム（4.4）

②リーダーシップ（5）

　リーダーシップ及びコミットメント（5.1）
　個人情報保護方針（5.2）内部向け（5.2.1）外部向け（5.2.2）
　組織の役割、責任及び権限（5.3）

③計画策定（6）

　個人情報の特定（6.1）
　リスク及び機会への取組（6.2）
　目的及びそれを達成するための計画策定（6.3）
　変更の計画策定(6.4)

④支援（7）　資源（7.1）力量（7.2）認識（7.3）コミュニケーション（7.4）
文書化した情報（7.5）

⑤運用（8）　⑤-1 運用の計画及び管理(8.1)　リスクアセスメント(8.2)　⑤-2 リスク対応(8.3)

⑦改善（10）

　継続的改善（10.1）
　不適合及び是正処置（10.2）

⑥パフォーマンス管理（9）

　監視、測定、分析及び評価（9.1）
　内部監査（9.2）マネジメントレビュー（9.3）

※①～⑦各要求事項に付けられた番号（4）～（10）は JIS Q 15001:2023 の項番である。

　JIS Q 15001 は、2017 版で全体構造が変更され、ISO マネジメント規格の「HLS（ハイレベルストラクチャー）」に合わせられており、同一組織内で運用している他の ISO 規格に規定を統一しやすくなるよう配慮されている。具体的な要求事項は、図表 5-2 と以下に説明する概要となる。

① 　組織の状況（4）

　組織の目的に関連し、かつ、個人情報保護マネジメントシステムの成果を達成するために、組織の内外の課題と利害関係者のニーズおよび期待を

明確にし、個人情報保護マネジメントシステムの適用範囲を決定する。決定に従い、個人情報保護マネジメントシステムの確立・実施・維持そして継続的改善を行うことが求められる。

② リーダーシップ (5)

経営者は、内部向け個人情報保護方針を文書化し従業員に周知するとともに、外部向け個人情報保護方針を作成し Web サイトや会社案内などで公表する。それにより、経営者が個人情報マネジメントシステムの構築・維持・改善にリーダーシップを発揮することを示す。そして、個人情報保護マネジメントシステムの有効性を確実にする部門・担当者、および経営者へ報告する部門・担当者につき、責任および権限を与える。

③ 計画策定 (6)

組織の課題及び利害関係者の要求事項を考慮して、対象となる個人情報の特定を行った上で、個人情報保護リスクアセスメントの計画とプロセスおよび実施基準を定め適用する。リスクアセスメントの実施結果をもとに、個人情報保護リスク対応を実施するための計画およびプロセスを定め、必要な管理策を特定し、リスク対応計画を策定する。リスク対応計画の妥当性を検証するとともに、残留リスクの受容について関係者の承認を得る。

④ 支援 (7)

マネジメントシステムに必要な資源を提供する。必要な資源として、人的力量、認識、コミュニケーションおよび文書化が挙げられている。

教育計画に沿って、従業員に適切な教育を実施する。従業員に個人情報保護対策の重要性や自身の役割を自覚させることが重要である。また、個人情報取扱いガイドブックやマニュアルを整備し、従業員向け教育を繰り返すことにより、人的な力量を向上させ、意識を高めていくことが望ましい。

また、個人情報保護マネジメントシステムに関連する内部および外部のコミュニケーションのための各種規定を定める。必要な情報を文書化して、維持・管理を行うための規定と仕組みを決定しておくことも必要である。

⑤ 運用 (8)

ア. ⑤-1　運用の計画及び管理 (8.1) とリスクアセスメント (8.2)

規程に沿って、個人情報保護に必要な対策を実施・運用する。体制や

責任を定めて周知し、安全管理措置を実施するほか、収集、利用、提供に関する措置および開示、訂正、削除に関する措置を実施する。

　あらかじめ定めた間隔で、あるいは重大な変更や重大な変化が発生した場合に、個人情報保護リスクアセスメントを実施する。

イ．⑤-2 リスク対応 (8.3)

リスク対応計画に従って対策を実施し、その結果を文書化し保持する。

⑥　パフォーマンス評価 (9)

ア．監視、測定、分析及び評価 (9.1)

　個人情報保護のプロセスおよび管理策の運用状況を監視・測定し、結果を分析することにより、個人情報保護対策のパフォーマンスおよび個人情報保護マネジメントシステムの有効性を評価する。

イ．内部監査 (9.2)

　監査計画や監査プログラムを策定し、監査計画に沿って定められた間隔で内部監査を実施する。個人情報保護対策の組織全体での運用状況について、要求事項に対する適合状況と、マネジメントシステムが有効に実施され、維持されているかどうかについて、内部監査の結果を関係する管理層、経営者に報告する。

ウ．マネジメントレビュー (9.3)

　経営者は、個人情報保護マネジメントシステムの運用状況に関する評価結果、監査結果から適宜マネジメントシステムの見直しを行う。継続的改善の機会、および個人情報保護マネジメントシステムの変更の必要性に関する決定を行い、文書化した情報として保持する。

⑦　改善 (10)

組織として、個人情報保護マネジメントシステムの適切性、妥当性および有効性を継続的に改善する。その上で、不適合に対する是正処置を確実に実施するための責任および権限を定める手順を確立する。手順に沿って是正処置を実施し、維持する。

　以上の個人情報保護マネジメントシステム規格 (JIS Q 15001:2023) の要求事項について、他のマネジメントシステムでのあり方と同様に、次の3

階層の PDCA サイクルを適用すべきと解される。

> A) 組織が自律的に個人情報保護を実施し、維持し、継続的に改善できるシステムの確立
>
> B) 優先順位付けされた戦略的レベルでの個人情報保護への取り組み
>
> C) 現場レベルでの実施プロセス

　3 階層の PDCA サイクルは、それぞれ①〜⑦の要求事項との対応が異なる。対応の概要を図表 5-3 に示す。

図表 5-3　3 階層の PDCA サイクルと要求事項の対応

要求事項		A)	B)	C)
①組織の状況		P		
②リーダーシップ				
③計画		D	P	
④支援			D	
⑤運用	1 計画と管理、リスクアセスメント			P
	2 リスク対応			D
⑥パフォーマンス管理		C	C	C
⑦改善		A	A	A

　このように、3 階層の PDCA サイクルとなっているが、上位の PDCA サイクルは、それらが組織の状況に対応し、個人情報保護対策を組織の戦略的な方向性と両立することを確実にすることを重要視している。個人情報保護マネジメントシステムを、組織のプロセスおよびマネジメント構造全体の一部とし、かつ、その中に組み込むことを想定している。そして、従来よりも組織体である事業者の規模、事業内容、そしてリスクの変化に応じた主体的で柔軟な個人情報保護マネジメントシステムの構築・運用・見直しが可能となり、また、それが求められているといえよう。

4　マネジメントサイクルの構築

　個人情報保護の活動を実効性あるものにするためには、PDCA に基づくマネジメントサイクルの構築が重要なことは前述したとおりである。本項では、特に参考にすべきマネジメントシステムの規格を取り上げる。

第5章

(1)　JIS Q 15001

　JIS Q 15001「個人情報保護マネジメントシステム─要求事項」は、個人情報保護に関するマネジメントシステムを構築・運用する上で最初に参照すべき規格であり、図表5-3および図表5-4に示すように、継続的にPDCAを回して改善するスパイラルアップモデルとなっている。改正個人情報保護法への対応と他のマネジメント規格(ISO)との整合を図った2023年版が発行され、現在のプライバシーマーク制度における個人情報保護マネジメントシステム構築・運用指針および審査基準はこれに準拠している。

図表 5-4　個人情報保護マネジメントシステムのスパイラルアップモデル

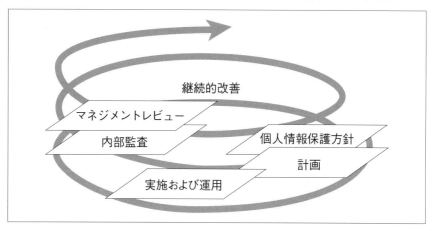

　なお、プライバシーマーク制度については、一般財団法人日本情報経済社会推進協会(JIPDEC)が、「プライバシーマークにおける個人情報保護マネジメントシステム構築・運用指針」ならびに「プライバシーマーク付与適格性審査基準」を公開しており、2021年8月の最新版が、2022年4月1日以降の申請に審査基準として適用される。

(2)　JIS Q 31000

　JIS Q 31000「リスクマネジメント─指針」は、2010年に制定された一般的なリスクマネジメントに関する規格である。2019年の改訂で、すべてのマネジメントシステム規格においてこの規格のリスクマネジメントの概念を活用することとなった。

　以上、JIS Q 15001 および JIS Q 31000 を紹介したが、個人情報保護で必要とされるマネジメントシステムは、ISO9000 など、他のマネジメントシステム規格の要求事項と共通する項目が多い。したがって、他のマネジメントシステム規格の認証を取得している組織では、その策定済みの規程類や管理体制を一部引用・共有することも可能である。これによって、個別に構築するよりも、マネジメントシステムを適切に統合でき、結果として実施体制の効率化も図ることができる。

(3) ISMS

　情報セキュリティマネジメントシステム (ISMS) は、個人情報保護の安全管理対策と親和性の高いマネジメントシステムである。ISMS では、情報セキュリティを「機密性、完全性、可用性を維持すること」と定義している（図表5-5）。ISMS は、組織が保護すべき情報資産について、機密性、完全性、可用性をバランスよく維持し改善する仕組みとして、PDCA サイクルを確立し情報セキュリティのレベル向上を図るものである。

図表 5-5　情報セキュリティの定義

要件	概要
機密性	アクセスを認可された者だけが、情報に確実にアクセスできる。
完全性	情報や処理方法が、正確かつ完全であることを保証する。
可用性	認可された利用者が、必要なときに、情報や関連する資産に確実にアクセスできる。

　ISMS の国際基準は ISO/IEC27000 シリーズであり、国内で JIS 規格化されている。一般財団法人日本情報経済社会推進協会(JIPDEC)が運営する「ISMS 適合性評価制度」の最新の認証基準は「情報セキュリティマネジメントシステム—要求事項」(JIS Q27001:2023)であり、上記3要素に、真正性、責任追跡性、否認防止、信頼性の4つの特性が加えられている。新しい規格の特徴の1つとして、より経営視点での企業・組織のガバナンスを強化に重点が置かれていることが挙げられる。また、JIS Q 31000 の標準的なリスクマネジメントプロセスと整合をとるほか、技術の変化を反映して管理策が追加されるなど、新たなリスクへの対応が進み、情報セキュリティ対策の改善・強化のための指針として有用である。

5　情報セキュリティポリシーの策定

　情報セキュリティを確保するために組織が最初に行う作業は、情報セキュリティポリシー（情報セキュリティ基本方針）の策定である。情報セキュリティ基本方針は、組織全体の取り組みを明示するものであり、経営方針として対外的に公開される文書として作成される。

　この情報セキュリティに関する文書体系は、基本方針を頂点に基準や実施手順を具体化する3階層の形をとる（図表5-6）。

図表5-6　情報セキュリティポリシーの階層

（1）　情報セキュリティ対策の流れ

　情報セキュリティ対策の流れは、一般的に次のとおりとなる。

- ①　情報セキュリティ基本方針の策定
- ②　リスク分析・評価・対策の検討
- ③　情報セキュリティ対策基準の策定
- ④　情報セキュリティ対策の実施・運用
- ⑤　監査・見直し

　この手順は、個人情報保護対策の流れと基本的に同じである。個人情報保護対策は、情報セキュリティ対策の一環である。

（2）　情報セキュリティ基本方針

　情報セキュリティ基本方針には、主に次の指針が含められており、これに基づいて各種の規程（ガイドライン）や規程類に沿った実施手順の文書.

化を進めていくことになる（記載例は図表 5-7 参照）。

> ・情報セキュリティの定義、目的および適用範囲
> ・情報セキュリティに関する経営者の方針
> ・情報セキュリティ基本方針の運用体制
> ・基本方針の遵守ならびに違反に対する措置

　なお、基本方針と各種規程を策定するためには、情報セキュリティ対策推進会議の「情報セキュリティポリシーに関するガイドライン」（2002 年 11 月 28 日改定版）や、日本ネットワークセキュリティ協会の「情報セキュリティポリシーサンプル改版（1.0 版）」（2016 年改版）などが参考になる。

図表 5-7　情報セキュリティ基本方針の例

> １．当社は情報セキュリティの重要性を認識し、情報セキュリティを確保することにより、情報通信社会の発展に貢献します。
> ２．当社が保有するすべての情報資産の保護に努め、適切な情報セキュリティ管理体制を構築します。
> ３．情報セキュリティ管理のための規程の整備、対策の実施、教育の充実および監査体制の整備を進めていきます。
> ４．当社の全従業員が本方針ならびに関連法規等を遵守するよう努めます。

（3）　個人情報保護方針との関係

　情報セキュリティ基本方針は、組織が保有する個人情報を含むすべての情報資産を安全に管理するための組織の方針を文書化したものである。

　これに対し、個人情報保護方針には、利用目的の特定や適正な取得、利用の制限といった個人情報保護特有の項目を含むため、この 2 つの方針は個別に作成するのが一般的である。

PICK UP
・個人情報保護対策は情報セキュリティ対策の一環である。
・個人情報保護対策には、利用目的の特定や適正な取得など固有の項目がある。

リスクマネジメント

1 リスクマネジメントシステム

（1） リスクとは

　リスクは一般的に「危険」と訳され、災害など不測の事態によって発生する損害の可能性を指す。しかし、リスクは「不確実」であることを指し、プラスの影響が出た場合に利益をもたらす側面もある。

　発生した事象により、利益または損失の影響をもたらすものを**投機リスク**と呼ぶ。一方、安全面にマイナスの影響を与えるものを**純粋リスク**と呼ぶ。情報セキュリティが対象とするのは、主に純粋リスクである。

（2） リスクマネジメントの定義

　リスクマネジメントはリスクアセスメント、リスクの受容、リスク対応およびリスクコミュニケーションを含んだ活動で、PDCAマネジメントサイクルを構築・運用し、継続的改善を図る組織の取り組みである。

　リスクマネジメント用語の規格であるJIS Q 0073では、リスクを純粋リスクに限定せず、リスクマネジメントを「リスクについて、組織を指揮統制するための調整された活動」と定義している（図表5-8）。

図表5-8　JIS Q 0073 リスクマネジメント用語の関係

(3) リスクマネジメントの規格

① JIS Q 31000「リスクマネジメント—原則と指針」

JIS Q 31000 では、図表 5-9 のようなリスクマネジメントのプロセスが提示されている。

図表 5-9 JIS Q 31000 リスクマネジメントのプロセス

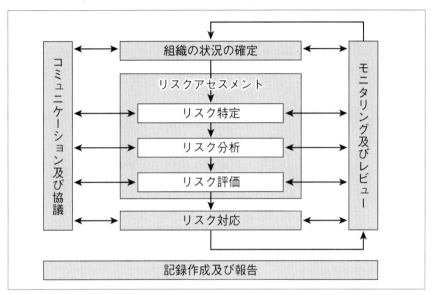

② JIS Q 27002「情報セキュリティマネジメントの実践のための規範」

JIS Q 27002 では、セキュリティリスクアセスメントを実施することによってセキュリティ要求事項が識別されるとし、リスク分析を体系的に行うことを推奨している。ただし、具体的な実施方法については言及されていない。

③ ISO/IEC 27005「情報通信技術セキュリティマネジメント」(MICTS)

リスク分析については、JIS Q 13335-1（通称 MICTS）に記述されていたが、規格が廃止され、ISO/IEC27005 に引き継がれている。MICTS が示すリスク分析手法は、図表 5-10 のとおりである（詳細リスク分析については、「 **2** (4) リスク分析の具体例」参照）。

図表 5-10　MICTS のリスク分析手法

手法	概要
ベースライン アプローチ	個々の情報資産に着目するのではなく、特定の実践規範のレベルとのギャップを分析する手法
非形式 アプローチ	個人の知識や経験をベースに、体系化されていない方法で分析を行う手法
詳細リスク 分析	個々の情報資産について脅威、脆弱性を識別し分析する手法
組合せ アプローチ	重要な情報資産については詳細リスク分析を、それ以外にはベースラインアプローチを適用する手法

❷　リスク分析・評価

　情報セキュリティのリスク分析・評価によって、情報資産および情報資産にかかわる脅威や脆弱性（図表 5-11）を明らかにし、情報資産へのリスクの影響を把握することができる。

図表 5-11　情報セキュリティリスクの要素

要素	概要
情報資産	情報システムに関連づけられる資産（データ、ソフトウェア資産、物理的資産など）
脅威	システムまたは組織に危害を与える、好ましくない事故の潜在的な原因
脆弱性	脅威によって影響を受け得る資産または資産グループの弱点
リスク	ある脅威が、資産または資産グループの脆弱性を利用して、資産への損失、または損害を与える可能性

（1）　リスク分析・評価の流れ

①　情報資産の洗い出し

　まず、組織の情報資産の保有状況を調査・確認し、資産目録を作成する。同時に、洗い出した情報資産の管理者を特定することも必要である。加えて、以降の作業を効率よく進めるため、情報資産をグループ化するとよい。

②　脅威の洗い出し

　情報資産が置かれている状況から、発生する可能性のある脅威を洗い出す。参考として、脅威の例が MICTS に示されている（図表 5-12）。

脅威は、おおまかに人為的（意図的、偶発的）なものと、環境的なものに分類される。脅威を分類することは、どのような対策が有効かを考える上で有用である。

図表 5-12 脅威の分類（MICTS での例示）

人為的		環境的 (Environmental)
意図的 (Deliberate)	偶発的 (Accidental)	
・盗聴、盗難	・誤りやケアレスミス	・地震
・情報の改ざん	・ファイルの削除	・落雷
・システム・ハッキング	・不正な経路	・洪水
・悪意のコード	・物理的な事故	・火災

③　脆弱性の洗い出し

脆弱性とは、脅威の影響を実際に誘引する情報資産のもつ弱点であり、管理体制やソフトウェアのセキュリティホールなどを指す。発生の可能性がある脅威と関連づけて整理すると、理解しやすい。なお、特定の脅威を誘引する可能性がない脆弱性については、必ずしもリスク評価の対象とする必要はない。

④　情報セキュリティリスクの大きさ

情報セキュリティリスクは、一般的に次の式で表される。

> リスクの大きさ = 情報資産（価値）×脅威（大きさ）×脆弱性（大きさ）
> リスクの大きさ = 被害の大きさ×発生確率（または発生頻度）

(2) 定量的評価と定性的評価

リスクの要素となる情報資産、脅威、脆弱性およびそれらの組合せの洗い出しを行った後、リスク評価の段階へ入る。リスク評価の方法は、定量的評価と定性的評価に大別できる。

①　定量的評価

リスクの大きさを金額で算出する手法である。代表的な手法に ALE（Annual Loss Exposure）がある。定量的手法は評価結果がわかりやすい反面、基準値の設定が難しく評価結果の妥当性の検証も難しい。

したがって、実際には定性的評価が使われる場合が多い。また、定量的評価を限定的に採用して、定性的評価と組み合わせる場合もある。

②　定性的評価

　リスクの大きさを高・中・低や５段階評価といった表現で評価する方式である。MICTSの第２部から引き継がれたISO/IEC 27005では定性的評価手法が紹介されており、ISMSでも推奨されているため、一般に広く使用されている。定性的評価では、情報資産や脅威といった各リスク因子を何段階に分類するか、そして分類の基準をどのように定義するかを決める必要がある。また、リスク値を求める場合、定性化されたリスク因子を加算する方法、乗算する方法など、さまざまな手法がある。

（3）　代表的リスク評価手法

①　ALE（Annual Loss Exposure）

　米国国立標準技術院が開発した年間予想損失額を算出する定量的評価手法である。最近ではAnnual Loss Expectancyとも呼ばれる。

> ALE ＝ f × i　　　　f：損失が発生する予想頻度　i：１回あたりの予想損失額

　各部門で情報資産ごとに年間予想損失額を算出し、評価する。

②　JNSA損害額算出モデル

　日本ネットワークセキュリティ協会（JNSA）が作成したセキュリティ事故の損害賠償額や情報セキュリティの対策投資額を算出するモデルである。また、JNSAからは「インシデント損害額調査レポート」が公表されており、インシデント発生時の具体的な対応、そのアウトソーシング先、対応等によって実際に生じるコスト（損害額・損失額）の調査結果が記載されているため、具体例として参考になる。

③　ビジネスインパクト分析（BIA：Business Impact Analysis）

　事業継続の観点から注目される手法である。起こり得るリスクに対して、事業継続に影響を及ぼす重要業務を特定し、その業務の目標復旧時間を算定する。BIAの結果が、事業継続計画の策定の根拠となる。

④　プライバシー影響評価（PIA：Privacy Impact Assessment）

　個人情報を保有する際、プライバシーや特定個人情報へ及ぼす影響を事前に評価し、その保護のための措置を講じる仕組み。マイナンバー制度で法的義務づけが生じたため、早急な対応が求められる。

（4）　リスク分析の具体例

ここでは、MICTS に示されている詳細リスク分析の手順を紹介する。

①　分析対象の確定

分析・評価の対象を特定する（IT 資産、環境、業務など）。

②　情報資産の洗い出しと評価

分析対象に含まれるすべての情報資産を洗い出し、一覧を作成する。個々の情報資産につき、その重要度を評価する。ここでは 5 段階評価とする。

③　脅威の評価

個々の情報資産に対して発生するおそれがある脅威を洗い出し、その脅威の発生頻度・可能性を評価する。ここでは 3 段階（高中低）評価とする。

④　脆弱性の評価

情報資産がもつ弱点を洗い出し、脅威との関係づけを行う。その上で、その脆弱性が脅威を発生させる誘引となり得る度合いを評価する。ここでは 3 段階（高中低）評価とする。

⑤　リスクの評価

MICTS が例示している「あらかじめ定義された評価用マトリックス」を利用する（図表 5-13）。そして、情報資産、脅威、脆弱性の組合せとそのリスク値を評価した結果が、図表 5-14 である。

図表 5-13　あらかじめ定義された評価用マトリックス（MICTS より抜粋）

脅威のレベル		低			中			高		
脆弱性のレベル		低	中	高	低	中	高	低	中	高
情報資産の価値	0	0	1	2	1	2	3	2	3	4
	1	1	2	3	2	3	4	3	4	5
	2	2	3	4	3	4	5	4	5	6
	3	3	4	5	4	5	6	5	6	7
	4	4	5	6	5	6	7	6	7	8

図表 5-14　マトリックスでの評価結果例

情報資産		脅威		脆弱性		評価
Web サーバ	2	不正アクセス	高	不適切なパスワード	中	5
ノート PC	4	紛失	中	持出規則の不徹底	高	7
顧客台帳	3	盗難	中	保管の不備	低	4

　リスクの評価結果として、許容可能なリスクの水準を設定しておき、それを超えるレベルのリスクを対象に必要な対策を行う。水準以下のリスクについては、対策を実施せずリスクを保有する場合もある。

❸　リスク対応

(1)　リスク対応の分類

　リスク対応は、回避、修正（軽減）、共有（移転）、保有（受容）に分類される（図表 5-15）。

図表 5-15　リスク対応の分類

分類	概要
リスクの回避	リスクが発生する状況に巻き込まれないように意思決定する、または撤退する。
リスクの修正（軽減）	対策を実施して、リスク発生の可能性を低減する、もしくはリスク発生時の損失を軽減する。
リスクの共有（移転）	リスク発生時の損失負担などを他者に分散、または他者と共有する。保険の利用が代表的である。
リスクの保有（受容）	特定の対策を実施せず、発生時の損失負担を受容し、リスクを保有する。

　リスク発生の可能性、発生時の損失、リスク対策に必要な費用などから、リスクを許容できるレベルとのかねあいで対応方法を決定する。一般的には、図表 5-16 に示す指針に沿って対応されることが多い。

図表 5-16　リスク対応指針

　組織内のリスクに対する認識の共有を円滑に行うために、リスク分析、評価および対応すべての過程で**リスクコミュニケーション**の重要性の認識が高まっている。組織内だけでなく、利害関係者や監督官庁、業界団体との連絡・情報共有・調整という面でも重要であり、リスクコミュニケー

ションおよび協議（コンサルテーション）の体制・方法を検討しておく。

(2) リスクファイナンス

リスクファイナンスとは、リスク対応を実施するコストおよび関連するコストに見合う資金供給の用意をすることである。積立金や準備金などの名目で必要な費用を**内部留保で確保する方法**と、保険を利用することにより**損失負担を外部へ移転する方法**がある。

リスクの発生確率は高くないが、発生時の損失が大きい場合に、リスクファイナンスとして保険を利用することが有効である。個人情報保護法の施行により、情報セキュリティ保険や個人情報保護保険といった保険商品が損害保険会社を中心に用意されている。

(3) 残存リスク

リスク対応した後に残っているリスクを残存リスクという。残存リスクは、リスク評価の過程で設定したリスクの許容水準以下に抑える必要がある。この残存リスクについては、現実にリスクが発生したときに必要な費用を負担することを受容した上でリスクを保有することになる。

リスクの許容水準の設定、および残存リスクの承認は、経営者の判断において行うべきで、現場担当者の判断によるべきではない。保有するリスクについては、リスクコミュニケーションの一端として、対象となる情報資産、脅威、脆弱性とともに、経営者や従業員などに周知する必要がある。

また、組織内部・外部の諸要因の変化によりリスクの状況は常に変動するため、定期的にリスク分析・評価を実施する必要がある。その際、残存リスクの変動状況についても調査・検討し、必要があれば許容水準自体の見直しを行う場合もある。

第5章

> **PICK UP**
> ・リスク分析の主要な要素は、情報資産、脅威、脆弱性である。
> ・リスク評価は、定量的評価と定性的評価に大別される。
> ・リスク対応は、リスクの発生頻度、損失の大きさに応じて決定する。
> ・リスク対応は、回避、修正（軽減）、共有（移転）、保有（受容）に分類される。

第 3 節

脅威への認識

先に述べたとおり、情報セキュリティに対するリスク要因である脅威については、MICTSで人為的（意図的、偶発的）、環境的なものに分類される（本章第2節図表5-12）。

ここでは、対策を打つ視点で、脅威を技術的、物理的および人的なものに分けて、個々の脅威の具体例を解説する。

1 技術的脅威

（1） 技術的脅威の分類

技術的脅威は、ネットワークシステムやWebアプリケーションなどに対して、技術を用いた意図的な不正による脅威である。技術的脅威の例として、脅威の頭文字を取った **STRIDE脅威モデル**（図表5-17）がよく知られている。また、技術的脅威には、STRIDE脅威モデルにあるもの以外に、ウイルスやワームといった一般によく知られた脅威も含まれる。

図表 5-17　STRIDE 脅威モデル

技術的脅威	脅威（英表記）
なりすまし	Spoofing Identity
データの改ざん	Tampering with Data
否認	Repudiation
情報の漏洩	Information Disclosure
サービス拒否	Denial of Service（DoS）
特権の昇格	Elevation of Privilege

（2） 技術的脅威の事例

① なりすまし

他人のユーザIDやパスワードを盗用し、本来その人しか見ることができない情報を盗み出したり、その人のふりをしてネットワーク上で不正行為を行ったりすることをいう。IDやパスワードの管理が適切に行われていないと、情報を盗み出される危険性がある。また、管理者のふりをして

パスワードを聞き出すソーシャル・エンジニアリングといった脅威もある（第5節参照）。最近では、スパイウェアや、Webサイトに不正なデータベース操作を行うSQLインジェクション（Webサイトの不備を突くSQL文を与えることにより、データを改ざんしたり、情報を不正入手するもの）といった新たな脅威による被害も増加している。

② データの改ざん

　ネットワークを通じて外部からコンピュータに侵入し、管理者の許可を得ずに、Webサイトやアクセスログ、機密情報などを書き換える行為をいう。

③ 否認

　ネットワーク上での売買や契約などを実行した後、それに関する事実を否認するような虚偽の主張をされることをいう。認証に不備がある場合や、通信履歴の適切な保管ができていないと、対抗できないおそれがある。

④ 情報の漏洩

　アクセス権限の管理が不適切な場合、ネットワークからの侵入により、サーバ内の機密情報を不正に取得されることをいう。競合企業への転売やWebサイトに公開されるといった漏洩事件につながる。

⑤ サービス拒否

　特定のサーバやネットワークに向けて大量の無意味な通信を送りつけ、大きな負荷を与えて、サービスを利用不能にする行為。一般に、**DoS攻撃**と呼ばれる。分散した多数の踏み台から一斉に攻撃を行う**DDoS (Distributed DoS) 攻撃**もある（図表5-18）。

図表5-18　DDoS攻撃

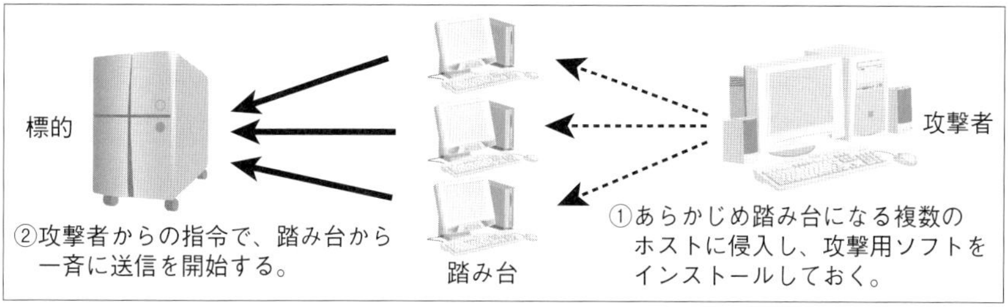

標的
攻撃者
②攻撃者からの指令で、踏み台から一斉に送信を開始する。
踏み台
①あらかじめ踏み台になる複数のホストに侵入し、攻撃用ソフトをインストールしておく。

⑥ 特権の昇格（不正取得）

　不正侵入した攻撃者が、コンピュータの特権ユーザ（administrator、

root など）の権限を取得することをいう。管理者特権を取得された場合、コンピュータやネットワーク上でのファイルを改ざん・削除したり、不正プログラムのインストールなどが容易に可能となる。

　以上①〜⑥の不正アクセスについては、サーバの設定の不備やセキュリティホールの修正版の適用漏れなどが原因になる場合が多い。具体的な攻撃手法や関連するセキュリティの最新情報を収集し、常に適切な対応ができるようにしておくことが必要である。

2　物理的脅威

（1）　物理的脅威の種類

　物理的脅威は、自然災害など環境的要因によるもの、建造物やオフィスにかかわるもの、コンピュータやネットワーク機器の故障などによるものに分けられる。MICTS の脅威分類との対応は、図表 5-19 のとおりである。

図表 5-19　物理的脅威の種類と MICTS の分類との対応

物理的脅威の種類	MICTS の分類
災害（自然災害や火災）	環境的
施設内への侵入による破壊や盗難	意図的
機器の故障や劣化	偶発的

（2）　物理的脅威の事例

① 　災害（自然災害や火災）

　ア．地震

　震度 4 程度の中規模地震であっても、コンピュータ、特にディスプレイ装置が転倒して損壊する場合がある。震度 6 以上の大地震の場合、建物の倒壊の危険性だけでなく、電気・ガス・水道の断絶、通信の途絶、交通の麻痺など社会インフラへの多大な影響により、長期にわたり業務継続ができない状況が続くといった、深刻な被害を受ける可能性が高い。

　イ．洪水

　1 階フロアが浸水し、機器や保管文書などが水没する危険性がある。加えて、1 階や地下にある電源設備、通信用設備あるいは空調設備が浸水し

た場合、建物や機器は無事でも業務が継続できないといった被害もあり得る。短時間で局所的な集中豪雨が大きな被害をもたらすケースが増えており、浸水対策は十分に検討すべきである。

ウ．台風

猛烈な風雨による建物の損壊や、電気、通信などのインフラへの影響が発生し、1日ないし数日の間、業務に影響が出るおそれがある。

エ．落雷・停電

落雷による瞬間的な過電圧や、停電が発生した場合、バックアップ電源などが整備されていないと、情報システムを使用する業務が停止することになる。また、電源断によって、機器の故障が引き起こされる可能性もある。

オ．火災

火災が発生すると、情報機器や文書が焼失する。また、消火活動によって、機器などが使用できなくなるといった被害もある。

②　施設内への侵入による破壊や盗難

情報システムや機密文書がある建物・区画への入退出のセキュリティ管理が甘いと、外部から侵入される危険性がある。いったん侵入されると、ノートパソコンや文書の盗難、あるいは機器が破壊されるといった被害が容易に起こり得る。さらに、サーバやクライアントパソコンのアクセス制御、パスワード管理が適切でなければ、誰にも気づかれないように、電子文書や管理者のパスワードだけを盗まれて悪用されることも考えられる。

③　機器の故障や劣化

サーバやネットワーク機器を長期連続運転することで老朽化し、故障が起きやすくなる状況を放置すると、サービス停止につながりかねない。

電源供給設備の劣化による電圧不安定、空調設備の不調による高温・多湿は、コンピュータなどの機器の故障の要因となる。また、ほこりや静電気の影響も、機器の誤作動の原因となり得るため無視できない。

以上①～③の物理的脅威については、経済産業省の「情報システム安全対策基準」や一般社団法人電子情報技術産業協会（JEITA）の「情報システムの設備ガイド」に多くの事例が挙げられており、参考になる。

第5章

3　人的脅威

（1）　人的脅威の分類

　人的脅威とは、人の不注意、怠慢、過失あるいは不正行為によって引き起こされるさまざまなセキュリティ上の問題をいう。具体的には、誤操作、設定ミス、持ち出し、紛失、不正行為、パスワードの不適切な管理、許可されていないソフトウェアの使用などが考えられる。

（2）　人的脅威の具体例

①　誤操作

　メールや FAX の宛先を間違う誤送信や、多数のメールアドレスが見える形式でメールを送信するなど、誤操作による情報漏洩事故は、個人情報保護法施行以降も後を絶たない。操作者自身の不注意だけでなく、操作マニュアルが整備されていない、または、操作マニュアルどおりに運用が守られていないことに起因するケースも多く見られる。

②　設定ミス

　管理者による設定ミスで Web サーバ上の機密情報が外部から参照できる状態になり、そこから漏洩した事例も多数発生している。

　セキュリティパッチの適用漏れやウイルス定義ファイルの更新忘れにより、ウイルスに感染した結果、情報漏洩したケースも多い。

③　持ち出し

　ノートパソコン、USB メモリといった小型記憶装置や顧客名簿などを、正規の手続きなしに持ち出されるケースが、後を絶たない。持ち出し規則そのものがない場合も多いが、規則が形骸化して守られていないといった問題も多い。規則の整備や規則遵守の徹底とともに、従業者に情報の重要性と、持ち出した場合の危険性を認識させる教育を行う必要がある。

④　紛失

　ノートパソコンの持ち出しや名簿などの紛失などが、数多くの組織で発生している。また、それらを電車の網棚などに置き忘れるケースも非常に多い。オフィス内で適切な管理が実施されていないため、文書や機器の所在がわからなくなったというケースもよくある。

⑤ 不正行為

内部の人間が、金銭目的や怨恨のために、故意に個人情報を持ち出して名簿業者に売り渡したり、匿名サイトに公開するといった意図的な不正行為は、後を絶たない。さらに、個人情報の経済的価値が広く知られ、外部からの金銭の授受や恐喝により不正行為に至るケースもある。

従業者の業務上の監視だけでなく、ちょっとした素行の変化にも注意を払うことが必要になってきている。従業者が「ついその気にならない」ような管理体制を整備する必要性が高まっているといえる。

⑥ パスワードの不適切な管理

類推されやすいパスワードを使用したり、パスワードのメモをディスプレイに貼り付けたり、パスワードを複数の人間で共有するなど、パスワードが適切に管理されていない組織もまだ多い。

パスワードが漏洩すると、正規の利用者になりすまされる事態も起こり得る。また、複数のサイトで同じパスワードを使い回している場合、1つのパスワードが漏洩・解析されると被害が拡大する危険性は高い。

⑦ 不適切なソフトウェアやサービスの使用

ファイル共有ソフトである Winny がインストールされたパソコンから、個人情報や原子力発電所の機密情報などが流失した事件が多発したように、ソフトウェア利用規則が整備されていない、または、整備されていても守られていない状態で、本来使用されるべきではないソフトウェアから漏洩するケースが目立ってきた。最近は、ソーシャル・ネットワーク・サービスやインターネット上の共有サービスの情報公開範囲の設定ミスにより、個人情報が流出する事故が増加している。

PICK UP

・技術的脅威は、不正アクセスやウイルスが代表的である。
・物理的脅威には、災害、建物への外部からの侵入者および機器の故障などがある。
・人的脅威は誤操作、設定ミス、持ち出し、紛失、パスワードの不適切な管理、許可されていないソフトウェアの使用などがある。

4　漏洩事故・事件の傾向

　個人情報保護法の施行以前より、大規模な漏洩事件が発生している（図表 5-20）。これらの漏洩事件は、内部による犯行も少なくない。また、委託先や派遣社員から漏洩した事例も目立っており、個人情報の取扱いを委託する場合の管理体制のあり方が問われている。

図表 5-20　大規模な個人情報漏洩事件

時期	事業者（件数）	発生原因とその後の経緯
2001年12月	自治体（22万）	委託先業者の学生アルバイトから住民基本台帳データが流出。慰謝料 1 万円、弁護士費用5,000円の判決
2003年 6 月	コンビニエンスストア（56万）	内部犯行により、カード会員情報が漏洩。500円の商品券を全員に送付
2007年 3 月	印刷（863万）	業務委託先の元社員が個人情報を不正に持ち出し、詐欺グループに売渡し。プライバシーマークの改善要請
2008年11月	学校（11万）	Winnyの暴露ウイルスに感染したシステム開発外部委託社員のパソコンから個人情報が流失
2011年4 〜 5 月	情報通信（1 億超）	外部から内部ネットワークに不正侵入され、クレジットカード情報を含む個人情報が漏洩。過去最大規模の事件
2014年 7 月	通信教育（2,070万）	委託先社員が不正に持ち出した顧客情報が転売され社会問題となった。経済産業省から改善勧告、プライバシーマーク認証取消
2015年 5 月	行政委託（125万）	標的型攻撃でマルウェアに感染したPC から個人情報が漏洩。社会に大きな影響を与え、マイナンバー法にも影響
2020年 1 月	情報通信（2,000万）	海外から不正アクセスを受け、個人情報や加盟店情報にアクセスされた可能性
2021 年 5 月	サービス業（171万）	外部からの不正アクセスで、画像を含む会員の個人情報が流出
2023年10月	情報通信（900万超）	コールセンターシステムの運用保守担当の元派遣社員が顧客情報を不正に流出

漏洩の原因としては、誤送・紛失や誤操作が多く、管理ミス等も含め、個人情報を取り扱う際の不注意や意識不足が目立っている（図表5-21）。つまり、担当者への教育・指導の不徹底といった、事業者の管理体制の不備を露呈した結果となっている。また、最近では、Webサイトを利用した巧妙な手法で個人情報を不正に取得する不正アクセスも増しており、利用者の意識向上を図るとともに、最新のセキュリティ情報を収集して迅速な措置を行うなど、管理体制の強化が求められている。

ただし、図表5-20にあるとおり、ウイルスや不正アクセス、あるいは関係者の不正行為の場合、発生すると大規模な漏洩事件になるおそれが大きい。したがって、これらの不正行為を許さない技術的対策や管理体制を軽視してはならない。

また、自組織の個人情報保護の管理体制の弱点や改善点を見出すために、漏洩事例や統計情報を活用することも有益である。

図表 5-21　漏洩原因の傾向 (2023)

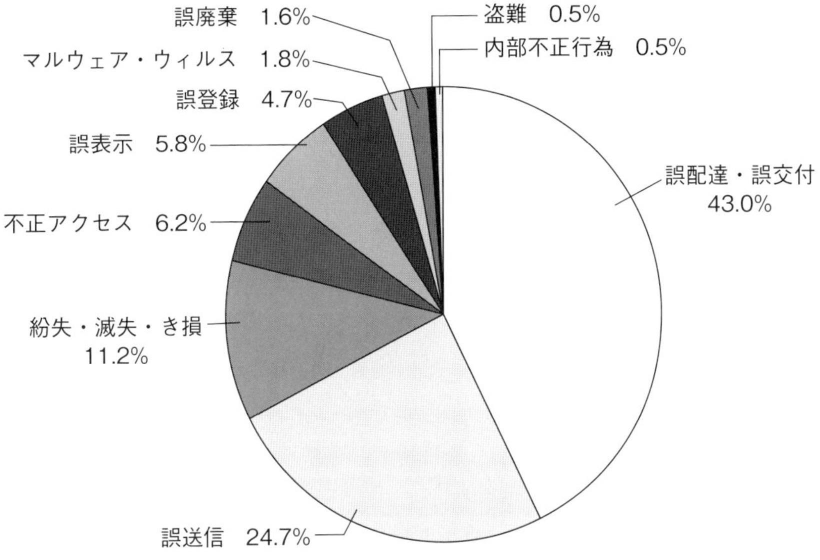

第5章

誤廃棄 1.6%
盗難 0.5%
内部不正行為 0.5%
マルウェア・ウィルス 1.8%
誤登録 4.7%
誤表示 5.8%
不正アクセス 6.2%
紛失・滅失・き損 11.2%
誤配達・誤交付 43.0%
誤送信 24.7%

出典：一般財団法人日本情報経済社会推進協会（JIPDEC）
「2022年度 個人情報の取扱いにおける事故報告集計結果」より

脆弱性への認識

1 脆弱性の分類と例

　情報資産に関する脆弱性とは、物理的な環境、組織的および人的な環境、技術的な環境などに含まれる弱点で、脅威によってつけこまれる可能性のあるものをいう（図表5-22）。

図表 5-22　脆弱性の分類の例

分類	対象	脆弱性の例
物理的	建物	災害対策の不足
	セキュリティ区画	入退出管理の不備
	電源、空調	電源や空調設備の保守不足
組織的	組織	不明確なセキュリティ体制
	規程	セキュリティポリシーの未策定
人的	セキュリティ意識	教育の不足
	業務ミス	マニュアルの不備
	無断持ち出し	規程の不備、モニタリングの不足
技術的	ソフトウェア	セキュリティパッチの更新漏れ
	ネットワーク	アクセスログの監視不足

　脆弱性は、情報資産や脅威が明確であれば、それに対する弱点として洗い出すことができる。また、脅威によるつけこまれやすさや頻度も分析しておかなければならない。

　さらに、認識した脆弱性について、実施されている保護対策の効果も考慮し、その程度を評価することも必要である（図表5-23）。

図表 5-23　脆弱性の評価基準の例

レベル	脆弱性の評価基準
高	保護対策がないため、脅威が発生すれば問題が発生する。
中	保護対策はあるが、発生する脅威によっては問題が発生する。
低	十分な保護対策があり、脅威が発生しても問題の発生はない。

2　脅威との組合せ

　脆弱性は、設備・施設やハードウェア、ソフトウェア、組織など、情報資産の区分ごとに分類できる。脅威との組合せ例は、図表5-24のとおりである。

図表5-24　脆弱性と脅威の組合せの例

分類	脆弱性の例	関連する脅威の例
設備・施設	ドア、窓など物理的保護の欠如	盗難
	不安定な電源配給設備	停電、誤作動
	災害を受けやすい立地条件	洪水、地震
ハードウェア	湿度変化	故障、誤作動
	メンテナンス不足	故障、情報漏洩
	持ち出し規則の不備	ノートパソコンの紛失、盗難
ソフトウェア	仕様書の不備	ソフトウェア障害、誤作動
	アクセスコントロールの欠如	なりすまし、改ざん、情報漏洩
	不適切なパスワード	不正アクセス、改ざん、情報漏洩
	監査証跡（ログ管理）の欠如	不正アクセス
	バックアップコピーの欠如	災害、故障（発生時に復旧不能）
	文書化の欠如	オペレーティングミス
通信	保護されていない通信経路	盗聴
	ケーブル接続の欠陥	通信傍受、通信不能
	非暗号化通信	情報漏洩
文書	保管不備	盗難、紛失
	コピーに関する教育の不徹底	盗難、情報漏洩
人事	要員の欠如	ミス、不満によるいやがらせ
	清掃員などに対する監督不在	盗難、システム破壊
	不十分なセキュリティ訓練	オペレーションミス、復旧遅延
	セキュリティ意識の欠如	情報漏洩、システム破壊
組織	継続的な見直しの欠如	新たに出現する脅威
	不明確な緊急時体制	災害、業務停止

第5章

　例えば、ハードウェアの分類にあるノートパソコンの場合、携帯性という利点がある反面、公共の場で用いられることによる盗難の脅威が挙げられる。適切な対策が実施されていなければ、これらが「盗難」「置き忘れ」および「情報漏洩」という脅威につけこまれるおそれが高くなる。

3　脆弱性と脅威の例

　実際の事件や事故から、脆弱性と関連する脅威の例を挙げる。

① 委託業者からの情報流失

　自治体がシステム開発業務を業者に委託したが、再委託の禁止を定めた契約を再委託業者との間では取り交わさなかった。委託業者は別の業者に再委託して開発作業を行った。そして、再委託先のアルバイト従業員がデータを不正にコピーし名簿販売業者に売却したことにより、情報流失が発生した。

［脆弱性］ 再委託先との業務委託契約の不備、委託先の監視不足
［脅　威］ 再委託先従業員による不正

② ネットワーク経由の情報漏洩

　Webサーバ上に個人情報ファイルを保存し、アクセス制御をかけていなかった。さらに、ファイル交換ソフトにより、個人情報がインターネットに流出した。

［脆弱性］ アクセスコントロールの欠如
［脅　威］ 情報漏洩

③ ワーム感染

　インターネットに接続している業務用パソコンのディスク内のファイルを暗号化され、要求された金額を支払うようメッセージが表示された。他のパソコンも数台が同様の症状に陥り、業務に混乱をきたした。調査の結果、ランサムウェアと呼ばれるワームに感染したことがわかった。Windowsの修正版の最新版を適用していれば回避できた可能性があったが、更新処理が怠られていた。

［脆弱性］ ソフトウェアの修正版適用の不徹底
［脅　威］ ウイルスやワームの感染、業務停止

④ 事務所からの盗難

　事務所の窓ガラスが割られ、机上においてあったノートパソコンやCD-ROMなどが盗難の被害にあった。

［脆弱性］ ドアや窓などの物理的保護の欠如、クリアデスクの実施の欠如
［脅　威］ 盗難、情報漏洩

⑤ 持ち出し先での紛失、盗難

　担当者が、帰宅途中、業務用のノートパソコンを電車の網棚に置き忘れ紛失した。また、営業担当者が客先回りを終え自動車に顧客名簿を置いた

ままにしていたところ、車上荒らしにあい、顧客名簿が盗まれた。

> ［脆弱性］　セキュリティ意識の欠如、持ち出し規則の不徹底
>
> ［脅　威］　紛失

⑥　文書管理の不備

　顧客名簿が、普段は施錠されている書庫からなくなっていることがわかった。いつなくなったのか、誰が持ち出したのかはわからなかった。その書庫の鍵の保管場所は、従業者であれば誰でも知っていた。

> ［脆弱性］　保管不備
>
> ［脅　威］　紛失、盗難

⑦　内部犯行による情報漏洩

　部署が異動になった前担当者の権限がそのままで変更されていなかったため、不正にアクセスされ、数万件の顧客情報が流出した。

> ［脆弱性］　アクセス制御の管理不備
>
> ［脅　威］　内部犯行、情報漏洩

⑧　建物の洪水対策不足

　集中豪雨により短時間のうちに洪水が発生し、地下フロアの配電設備区画が浸水し、停電により業務が停止した。

> ［脆弱性］　災害を受けやすい立地、災害（洪水）対策の不足
>
> ［脅　威］　浸水、業務停止

⑨　セキュリティ管理の欠如

　不正請求があったとの外部からの通報により、顧客情報の流出の可能性が判明した。ただし、流失した総数と原因は不明のままである。

> ［脆弱性］　セキュリティ管理の欠如
>
> ［脅　威］　情報漏洩など多数

第5章

PICK
UP

・脆弱性は、関連する脅威と組み合わせて認識すると効率的である。

・脆弱性は、物理的、組織的、人的、技術的に分類すると理解しやすい。

第 **5** 節

ソーシャル・エンジニアリング

1 ソーシャル・エンジニアリングとは

　ソーシャル・エンジニアリングは、情報セキュリティ上は、「パスワードなどの不正アクセスを行う上で必要な情報を、自分の身分を偽るなどして関係者から直接聞き出す不正アクセスの手口の１つ」という意味で使われている。技術的なセキュリティ対策の裏を突くことで、ネットワークを攻める方法ということができる。

　ソーシャル・エンジニアリングの手法には、のぞき見（ショルダーハック）、トラッシング（ゴミ箱あさり）、構内侵入、ピギーバック、なりすまし、リバース・ソーシャル・エンジニアリングといったものがある。

図表 5-25　ソーシャル・エンジニアリング

　特に最近では、不特定多数を相手としたフィッシング（phishing）や、特定の個人や企業を標的にしたスピア型攻撃（標的型攻撃）といった巧妙な手口が目立って増加している。2011 年に入り、標的型攻撃メールが急増し、個人情報を含む機密情報の漏洩事件が広範囲にわたり多発している。標的型攻撃メールの手口はますます巧妙になっており、個人の対応では限界があり、機密情報の管理体制の見直しが求められている。

2 ソーシャル・エンジニアリングの手法

(1) のぞき見（ショルダーハック）

不正アクセスするために、次のような方法で必要なパスワードを入手する行為である。

・ディスプレイに貼り付けられたパスワードを見る。
・キーボードで入力するところを後ろから盗み見る（ショルダーハック）。
・持ち主の不在時に机の上に置いてある手帳を見る。

または、パスワードを口頭で教えているのを聞くという方法もある。

(2) トラッシング（ゴミ箱あさり）

上記(1)ののぞき見もあわせて、情報をあさるような行為全般をいう。スカビンジングということもある。

次のような方法で、パスワードなどのメモ、再利用した裏紙、フロッピー、産業廃棄物としてのパソコンのハードディスクを収集する行為である。

・深夜にターゲットにした企業のゴミ収集所へ行く。
・清掃員になりすます、または実際に清掃員になってゴミをあさる。

(3) 構内侵入やピギーバック（偽装同伴）

次のような不正な方法でオフィス内部に侵入する行為である。いったん内部侵入を許してしまうと、トラッシングやのぞき見の原因になる。

・同伴者のふりをして、他人についていく（ピギーバック）。
・偽装または拾得したIDカードで、入門チェックをパスする。
・清掃員になりすます、または実際になったり、清掃員を共犯者にする。
・何かの用事で訪問したついでに侵入する。

(4) なりすまし

次のように、別の者になりすまして、不正に情報を入手する方法である。

・システム管理者やサービスプロバイダのサポート担当になりすまして、ユーザをだます（あまり疑われないため成功しやすい）。
・ユーザになりすまして、システム管理者をだます（初心者ユーザになりすまして管理者を面倒がらせたり、他部署の上司になりすまして上司には逆らいにくいことを利用して、パスワードを聞き出す）。

第5章

（5）　フィッシングメールなどのリバース・ソーシャル・エンジニアリング

　ソーシャル・エンジニアリングは、一般的に不正行為者がターゲットへ近づき目的を達成する。逆に、あらかじめ仕掛けをつくっておきターゲットからの行動を待つ手法をリバース・ソーシャル・エンジニアリングという。次のような流れである。

・偽の緊急連絡先を知らせておき、トラブル時に重要な情報を聞き出す。

・偽の Web サイトに誘導し、パスワードなどを入力させる（フィッシング）。

　最近は、インターネットの普及とともにフィッシングメールや標的型攻撃メールによる被害が深刻化している。次のようなものがある。

・DNS サーバのキャッシュを書き換えて、偽の Web サイトに誘導する。

・URL をメールで送りつけ、偽の Web サイトへ誘導し、パスワードやカード番号などを入力させる（図表 5-26）。

・特定の個人や組織に向け、偽の Web サイトに誘導したり、添付したマルウェアを開かせて、機密情報などを入手する（標的型攻撃メール）。

・ユーザが普段アクセスしている Web サイトを改ざんし、ユーザがアクセスした際にマルウェアをダウンロードさせる（水飲み場型攻撃）。

図表 5-26　フィッシングの例

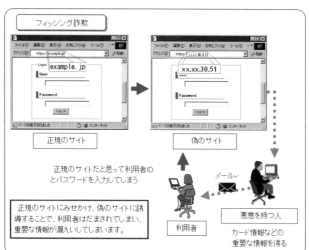

出典：独立行政法人情報処理推進機構（IPA）ホームページ

3　ソーシャル・エンジニアリングの対策

（1）　のぞき見やトラッシングへの対策

のぞき見やトラッシングに対しては、建物・施設面の対策および適切な入退出管理が前提であるが、その上で、次の対策を実施しておく必要がある。

・パスワードを書いたメモをディスプレイに貼り付けるなど、不適切な取扱いをしないこと。

・クリアデスク、クリアスクリーンを義務づけ、遵守させること。

・書類、メディアの廃棄方法を明確化し、遵守させること。

・適切な清掃業者を選定し、セキュリティ規定を契約に盛り込むこと。

（2）　なりすましへの対策

ユーザ ID やパスワードなどを付与・照会・変更する手続きを正規の手順に限定し、電話対応の場合などにも例外なく遵守させることが必要である。

（3）　フィッシングメールや標的型攻撃メールへの対策

フィッシングや標的型攻撃への対策は、ユーザ側が運用ルールに従った正しい行動をとることが基本である。次のことを普段から心がけるよう、教育や啓蒙を徹底しなければならない。

・メールを無条件に信用しない、リンクをクリックしない。

・メールヘッダの詳細情報を確認する。

・不審な点があるときは、こちらから本物の Web サイトにアクセスする。

・アドレスバーで「本物の Web サイト」かどうかを確認する。

・不審な点があるときは、不用意に添付ファイルを開かない。

なお、標的型攻撃の場合、不正なメールなのかどうかの判別が難しいため、組織内のファイルが外部へ送信される際の認証など、出口対策を実施して技術的に防御することも必要である。出口対策については、技術面と運用面の連携が求められる。具体的には、IPA が公表している「標的型メール攻撃対策に向けたシステム設計ガイド」などが参考になる。

・ソーシャル・エンジニアリングは、のぞき見、トラッシング、なりすまし、フィッシングが代表的であったが、近年、標的型攻撃メールなど新たな脅威が増加している。

第5章

第5章◎過去問題チェック

1．個人情報の保護と情報セキュリティに関する以下のアからエまでの記述の うち、最も適切ではないものを1つ選びなさい。

　ア．個人情報の漏えいリスクを軽減するためには、個人情報を取り扱う各主 体が自ら進んで情報セキュリティに関する意識・リテラシーを高め、主体 的にその対策に取り組むことが重要である。

　イ．情報セキュリティを実現するためには、組織に損害を与える「リスク」 に対して、組織として効果的なマネジメントを行う必要がある。そのため のマネジメントシステムとして、情報セキュリティマネジメントシステム （ISMS）の理解と実践が必要となる。

　ウ．「個人情報保護法」は、個人情報の適切・安全な管理という形で、多くの 民間企業に情報セキュリティ対策の実施を義務付けたものといえるが、情 報セキュリティに関する具体的な対策は明記されていないのが実状である。

　エ．構築した個人情報保護マネジメントシステム（PMS）が成功するか否か は、個人情報を取り扱う現場の従業者の自主性が大きく左右するため、 PMS運用については、経営者の関与は最小限とする。〈第71回　問題51〉

2．以下のアからエまでのうち、企業における情報セキュリティに関する次の 文章中の（　　）に入る最も適切な語句の組合せを1つ選びなさい。

> 通信技術を利用したコミュニケーションや産業、サービスなどの技術である ICTが発達した現代社会においては、情報漏えいや改ざんなどのリスクを常 に認識する必要がある。また、企業は、個人情報や個人データだけではなく、 秘密管理性・（　a　）・非公知性の要件を満たす「営業秘密」や技術情報な どの多くの情報を管理している。これらの情報の漏えいや消失、欠損、改ざ んなどの事故が発生すると、企業や顧客に損害を与えたり、（　b　）が発生 することにより、企業のブランドイメージが傷つくこともある。
> 従って、企業としては、個人情報の保護だけではなく、リスクマネジメン トの一環として、企業の情報資産すべてについて、安全管理の措置を講じ る必要がある。さらに、適切な情報セキュリティ対策を講じることは、企 業の（　c　）の一環として重要となる。

ア．a．新規性　　　　b．レピュテーションリスク　　c．CASE

イ．a．新規性　　　　b．システミックリスク　　　c．CSR

ウ．a．有用性　　　　b．レピュテーションリスク　　c．CSR

エ．a．有用性　　　　b．システミックリスク　　　c．CASE

〈第 73 回　問題 51〉

3．以下のアからエまでの記述のうち、「情報セキュリティの要素」の一つである「可用性」の説明に該当するものを 1 つ選びなさい。

ア．アクセスを認可された者以外の者には情報にアクセスさせないことであり、アクセス権限を適切に付与し、その管理を厳密に行うことである。

イ．ある活動または事象が起きたことを、後になって否認されないように証明する能力である。

ウ．情報が、必要になったときに利用できる状態であり、情報を提供するサービスが常に動作するということである。

エ．情報が、正確かつ完全な状態で保存されていることであり、情報の改ざんや破壊などが行われていないことである。　　〈第 72 回　問題 52〉

4．以下のアからエまでの記述のうち、JIS Q 27000:2019 における情報セキュリティの要素の一つである「真正性」の定義に該当するものを 1 つ選びなさい。

ア．エンティティの主張する特性が正しいという保証の提供。

イ．主張された事象又は処置の発生、及びそれらを引き起こしたエンティティを証明する能力。

ウ．エンティティは、それが主張するとおりのものであるという特性。

エ．意図した結果を達成するために、知識及び技能を適用する能力。

〈第 73 回　問題 52〉

5．以下のアからエまでのうち、プライバシー保護に関する次の文章中の（　　）に入る最も適切なものの組合せを 1 つ選びなさい。

総務省・経済産業省が公表している「DX 時代における企業の

（　a　）ガイドブック」において、企業の（a）とは、プライバシー問題の適切なリスク管理と信頼の確保による企業価値の向上に向けて、経営者が積極的にプライバシー問題への取組にコミットし、組織全体でプライバシー問題に取り組むための体制を構築し、それを機能させることが、基本的な考え方となると示している。

また、同ガイドブックでは、（a）においては、（　b　）は、企業がパーソナルデータの利活用によりどのような価値を提供していくかを踏まえ、法令遵守を当然の前提としながらも、組織のプライバシー保護の軸となる基本的な考え方やプライバシー問題が個人や社会に生じるリスク（プライバシーリスク）管理に能動的に対応していく姿勢を自ら明文化して「方向づけ」を行い、その方向性の実現のためにプライバシーリスク管理の活動等を「（　c　）」し、その結果を明文化した内容に基づいて「評価」し、評価結果等を踏まえてまた「方向づけ」を行っていくというサイクルを機能させることが有効であると示している。

なお、（c）は、従業者の不正行為を発見するためだけでなく、個人情報保護や情報セキュリティ上の企業の規則が機能していることを確認するために行うものでもある。

ア．a．プライバシーガバナンス　　b．監査責任者　　c．アサート

イ．a．プライバシーガバナンス　　b．経営者　　　　c．モニタリング

ウ．a．プライバシーシールド　　　b．監査責任者　　c．モニタリング

エ．a．プライバシーシールド　　　b．経営者　　　　c．アサート

〈第72回　問題54〉

6． 以下のアからエまでのうち、プライバシーを保護する仕組みに関する次の文章中の（　　）に入る最も適切なものの組合せを１つ選びなさい。

基本的なプライバシー保護の考え方として参照できるグローバルスタンダードの一つに、（　a　）というコンセプトがある。これは、ビジネスや組織の中でプライバシー問題が発生する都度、対症療法的に対応を考える

のではなく、あらかじめプライバシーを保護する仕組みをビジネスモデル
や技術、組織構築の最初の段階で組み込むべきであるという考え方である。
　また、（　a　）には、７つの原則が示されていて、例えば次のような原則が
ある。

●徹底したセキュリティ

　プライバシーに係る情報は生成される段階から廃棄される段階まで、常
に強固なセキュリティによって守られなければならない。全てのデータ
は、（　b　）管理の下に安全に保持され、プロセス終了時には確実に破
棄されること。

●可視性／透明性

　どのような事業または技術が関係しようとも、プライバシー保護の仕組
みが機能することを、（　c　）する。この際、システムの構成及び機能は、
利用者及び提供者に一様に、可視化され、検証できるようにする。

参考：「DX 時代における企業のプライバシーガバナンスガイドブック
　　　ver1.3」（総務省・経済産業省）

ア．a．PbD　　　b．データマイグレーション
　　c．利用者に対して速やかに通知

イ．a．PbD　　　b．データライフサイクル
　　c．全ての関係者に保証

ウ．a．PIA　　　b．データマイグレーション
　　c．全ての関係者に保証

エ．a．PIA　　　b．データライフサイクル
　　c．利用者に対して速やかに通知　　　　　　　　〈第 71 回　問題 54〉

7．以下のアからエまでのうち、リスクアセスメントの手法に関する次の文章
　中の（　　）に入る最も適切な語句の組合せを１つ選びなさい。

（　a　）リスク分析は、リスクレベルを相対的な数字や高・中・低

で表したり、5段階評価などにより評価する手法である。この手法は、基準値を設定しやすいため、実務で用いられることが多い。（ a ）リスク分析の代表的な手法の一つとして、（　b　）が挙げられる。

（b）では、資産、脅威、ぜい弱性それぞれのリスク因子について、何段階で評価するかなどを決めて分析を行う。例えば、リスクレベルの算定例として、各リスク因子を加算する方法や乗算する方法などがある。また、（b）は、資産に応じたリスクレベルの把握ができ、リスク対策の選択もしやすくなるが、（　c　）というデメリットがあり、緊急に対応が必要なリスクへの処置が遅れてしまう場合もある。

ア．a．定量的　　　b．詳細リスク分析
　　c．参照する基準や標準によって対策のレベルが変わる

イ．a．定量的　　　b．非形式的アプローチ　　　c．手間とコストがかかる

ウ．a．定性的　　　b．詳細リスク分析　　　　　c．手間とコストがかかる

エ．a．定性的　　　b．非形式的アプローチ
　　c．参照する基準や標準によって対策のレベルが変わる

〈第71回　問題61〉

8．以下のアからエまでのうち、JIS Q 31000:2019におけるリスクアセスメントに関する次の文章中の（　　　）に入る最も適切な語句の組合せを1つ選びなさい。

リスク（　a　）の意義は、組織の目的の達成を助ける又は妨害する可能性のあるリスクを発見し、認識し、記述することである。リスクの（a）に当たっては、現況に即した、適切で最新の情報が重要である。

また、リスク（　b　）の意義は、必要に応じてリスクのレベルを含め、リスクの性質及び特徴を理解することである。リスク（b）には、不確かさ、リスク源、結果、起こりやすさ、事象、シナリオ、管理策及び管理策の有効性の詳細な検討が含まれる。一つの事象が複数の原因及び結果をもち、複数の目的に影響を与えることがある。

リスク（b）は、（b）の意義、情報の入手可能性及び信頼性、並びに利用可能な資源に応じて、様々な詳細さ及び複雑さの度合いで行うことができる。

ア．a．分析　　　b．評価
イ．a．分析　　　b．特定
ウ．a．特定　　　b．分析
エ．a．特定　　　b．評価　　　　　　　　　〈第72回　問題61〉

9．リスク分析の手法に関する以下のアからエまでの記述のうち、最も適切ではないものを1つ選びなさい。

　ア．定量的分析は、リスクレベルを金額などの数値で表す手法であり、評価結果がわかりやすいという長所はあるが、基準値の設定が難しいという短所がある。

　イ．定量的分析の手法の一つであるALEは、年間の予想損失額を求め、リスクを分析するものであり、年間に損失が発生する予測頻度と1回あたりの予想損失額によって、年間予想損失額を算出する。

　ウ．定性的分析は、リスクレベルを高・中・低や5段階評価などにより評価する手法であり、基準値を定めやすいため、実務で用いることが多い。

　エ．定性的分析の手法の一つである非形式的アプローチは、一定の確保すべきセキュリティレベルを設定して、組織全体に一律で分析を行うものであり、簡易的に実施できるという長所はあるが、個々の資産の状況に応じた分析結果が得られないという短所がある。

〈第72回　問題62〉

10．以下のアからエまでのうち、JIS Q 0073:2010における「リスク対応」に関する次の文章中の（　　）に入る最も適切な語句の組合せを1つ選びなさい。

リスク対応とは、リスクを修正するプロセスであり、リスク対応には、次の事項を含むことがある。
・リスクを生じさせる活動を、開始又は継続しないと決定することによって、リスクを（　a　）すること。
・ある機会を追求するために、リスクを取る又は増加させること。
・リスク源を除去すること。
・起こりやすさを変えること。

- 結果を変えること。
- 一つ以上の他者とリスクを共有すること（契約及び（　b　）を含む。）。
- 情報に基づいた意思決定によって、リスクを保有すること。

また、好ましくない結果に対処するリスク対応は、"リスク軽減"、"リスク排除"、"リスク（　c　）"及び"リスク低減"と呼ばれることがある。

ア．a．回避　　　b．リスクヘッジ　　　　　　　c．移転

イ．a．回避　　　b．リスクファイナンシング　　c．予防

ウ．a．分離　　　b．リスクヘッジ　　　　　　　c．予防

エ．a．分離　　　b．リスクファイナンシング　　c．移転

〈第73回　問題62〉

組織体制の整備

① 個人情報保護体制の整備
② 個人情報保護の規程文書の策定
③ 個人情報の特定と管理
④ 監査・改善

個人情報保護体制の整備

第5章で述べたとおり、組織面での個人情報保護対策は、個人情報保護体制を整備し、個人情報保護規程・細則の策定→情報保護の実施→流出兆候のモニタリング→監査と評価→業務の見直し・教育の流れに沿って実施する。

1 要求される管理体制

個人情報保護法では、個人情報取扱事業者の義務事項を実施するための組織体制として、「個人情報の取扱いに関する苦情の適切かつ迅速な処理」に必要な体制のみを定めている（法40条）。

これを補完する個人情報保護法ガイドラインでは、「組織的安全管理措置として講じなければならない事項」に**安全管理措置を講じるための組織体制の整備**が挙げられ、組織体制の整備を要求している（図表6-1）。

図表6-1　個人情報保護法ガイドラインでの組織的安全管理措置

（1）　組織体制の整備
　安全管理措置を講ずるための組織体制を整備しなければならない。
（2）　個人データの取扱いに係る規律に従った運用
　　あらかじめ整備された個人データの取扱いに係る規律に従って個人データを取り扱わなければならない。
（3）　個人データの取扱状況を確認する手段の整備
　個人データの取扱状況を確認するための手段を整備しなければならない。
（4）　漏えい等の事案に対応する体制の整備
　漏えい等の事案の発生又は兆候を把握した場合に適切かつ迅速に対応するための体制を整備しなければならない。
（5）　取扱状況の把握及び安全管理措置の見直し
　個人データの取扱状況を把握し、安全管理措置の評価、見直し及び改善に取り組まなければならない。

個人情報保護対策が実効性をもつには、個人情報を保護する仕組みがマネジメントシステムとして機能していなければならない。そのためには、個人情報保護の組織体制づくりが必要不可欠である。

2　個人情報保護の推進体制

組織体制の整備には、経営資源の投入、業務フローの変更、現場の説得などが必要になる。また、全社的に取り組む個人情報保護活動への積極性などを評価するため、目標管理制度の見直しも必要となる。そのため、まずは経営者自身が個人情報保護対策の重要性を理解し、判断力とリーダーシップを発揮しなければならない。その上で、個人情報保護を推進する組織体制を構築する。

(1)　個人情報保護管理者（CPO）

個人情報保護管理者（CPO：Chief Privacy Officer）は、個人情報保護の最高責任者として、個人情報保護方針および個人情報管理規程の策定、運用、改善を実施する。個人情報保護対策の要であるため、役員が就任することが望ましい。

(2)　個人情報管理委員会

個人情報管理委員会（以下、「委員会」）は、個人情報保護の推進を組織として継続的に取り組むための意思決定機関である。個人情報保護管理者のもと、次に示す責務を負う。

- ・各部門、各職務の役割、責任、権限の決定と任命
- ・個人情報保護方針の策定と規程の承認
- ・個人情報保護対策に必要な経営資源の手配
- ・個人情報保護体制の定期的なレビュー
- ・問題の是正、予防処置の方針決定と実施のレビュー

委員会は、営業や総務、人事など、実際の業務に熟知した人材を中心に部門横断的に招集される。また、組織内においては、その活動に実効性をもたせられるよう、公式の部門として位置づけられなければならない。

第6章

（3）　個人情報保護監査責任者

　個人情報保護監査責任者は、個人情報保護管理者や委員会から独立し、個人情報管理の状況について監査の実施と報告を行う。個人情報保護の推進体制の実効性をチェックする重要な役割をもつ（詳細は、本章第4節の「監査・改善」参照）。

（4）　事務局

　個人情報保護の推進に関する組織内の調整機関として、事務局を設置する。事務局は、個人情報管理規程の策定、従業者への周知・教育、運用、見直しなどの実務を行う。

（5）　個人情報の苦情・相談窓口

　個人情報の苦情・相談窓口は、顧客や従業者などからの個人情報に関する問合せや苦情などを受け付ける窓口である。

　個人情報保護法40条で要求される「個人情報の取扱いに関する苦情の適切かつ迅速な処理」の体制の一環として設けられ、上記事務局が担うこともある（詳細は、第7章第5節の「苦情・違反・事故への対応」参照）。

③　役割・責任の明確化

（1）　従業者の役割・責任

　個人情報を保護する上では、従業者によって安全管理対策にばらつきがあってはならない。そこで、従業者が個人データの取扱いについて果たすべき役割と責任を定義し、安全管理対策を標準化することが重要である。具体的には、従業者の役割と責任を職務分掌規程、職務権限規程などの内部規程、契約書、職務記述書などに定めることが望ましい。

（2）　責任者の設置と担当者の限定

　個人データの取扱いに際しては、支店または部門ごとに情報管理責任者を設置し、その役割と責任を明確化する。情報管理責任者は、個人情報保護対策を現場の各従業者に徹底する重要な役割を担うため、支店長または部門長が就任することが望ましい。さらに、次の点で対策を講じる。

①　個人データの取扱い作業

　作業責任者を設置し、個人データを取り扱う担当者も限定する。個人デー

タは、取得・入力、移送・送信、利用・加工、保管・バックアップ、消去・廃棄など、ライフサイクルにわたって取り扱われる。

② 個人データを取り扱う情報システムの運用

　個人データをデータベースとして管理したり、検索機能を提供したりする情報システムについては、運用責任者を設置し、運用にあたる担当者をシステム管理者も含めて限定する。

　以上を踏まえた個人情報保護の推進体制図は、図表 6-2 のとおりである。

図表 6-2　個人情報保護の推進体制図

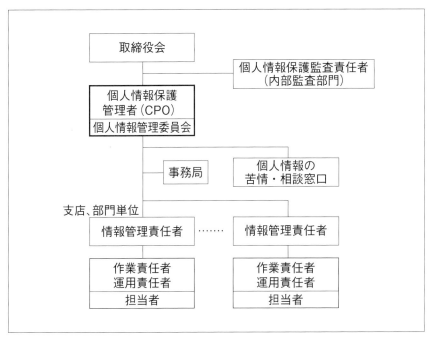

 ・個人情報保護管理者（CPO）を設置する。
・個人情報管理委員会は、個人情報保護の推進に関する意思決定機関である。
・事務局は、個人情報保護の推進に関する組織内の調整機関である。
・従業者の役割と責任を明確化する。

第 2 節

個人情報保護の規程文書の策定

1 規程文書の策定目的

　個人情報保護対策を"暗黙の了解"や従業者本人の自覚だけに任せていると、従業者によっては個人情報をずさんに取り扱うことがあるため、漏洩事故が起きる危険性が高くなる。

　個人情報を確実に保護するためには、個人情報保護に関するルールを明文化し、すべての従業者に対して同一水準の安全対策を義務づけなければならない。

　なお、個人情報保護法ガイドラインでは、組織的安全管理措置について「あらかじめ整備された個人データの取扱いに係る規律に従って個人データを取り扱わなければならない」としている。

2 規程文書の体系

（1） ピラミッド型の文書体系

　すべての従業者が個人情報保護対策を実践するためには、個別の規程がわかりやすく、かつ全体として整合性がとられている必要がある。そこで、個々のルールを策定する前に、全体の文書体系を整理しなければならない。

　個人情報保護の規程文書の体系は、多くのマネジメントシステムが採用している「ピラミッド型文書体系」をもとに検討することができる。このピラミッド型文書体系では、規程の文書を、「方針」「基準」「手順」の3つの階層に分類している（図表6-3）。

① 方針

　企業・団体の経営方針および代表者の決意表明である。

② 基準

　組織全体で遵守しなければならない、基本的な判断基準や行動基準である。

③　手順

作業や手続に関する手順書や様式などである。その多くは、部門ごとに業務特性を加味して作成される。

図表 6-3　ピラミッド型文書体系

(2)　個人情報保護の規程文書への展開

個人情報保護の規程文書は、方針→基準→手順の順に策定する。これは、組織全体の方針と基準を先に作成しておけば、部門や作業ごとに手順を決める際に、内容がずれたり矛盾が生じたりするのを防止できるためである。

個人情報保護の規程文書をピラミッド型文書体系に対応させると、図表 6-4のようになる。ただし、個人情報管理規程を総則と細則に分割するなど、組織の実情を反映して階層を増減させることもある。

図表 6-4　個人情報保護の規程文書の体系

方針	個人情報保護方針
基準	個人情報管理規程
手順	手順書、業務マニュアル、台帳、様式

3　個人情報保護方針

(1)　個人情報保護方針とは

個人情報保護方針は、個人情報保護に対する経営方針および代表者の決意表明である。

この個人情報保護方針をもとに、すべての個人情報管理規程や手順書、業務マニュアルなどが策定される。

第6章

（2）　個人情報保護方針の策定

個人情報保護方針の策定にあたっては、まず、個人情報保護法や個人情報保護委員会規則、個人情報保護法ガイドラインの要求事項を満たすようにしなければならない。その上で、組織の文化や業務内容に沿った自社独自のものを作成すればよい。

個人情報保護方針に盛り込む項目の例は、図表6-5のとおりである。なお、(1)(a) の下線部分および(3)は、法令によって個人情報取扱事業者が「本人の知り得る状態」におくことを義務づけられている項目である。

図表6-5　個人情報保護方針の項目例

(1)　個人情報の適切な取得、利用および提供
(a)　保有個人データに関すること 　・個人情報取扱事業者の氏名または名称、住所、代表者氏名（法人の場合） 　・すべての保有個人データの利用目的 　　※利用目的に第三者提供が含まれる場合は、その旨も明示 　・利用目的の通知の求めに応じる手続きと手数料の額（定めた場合） 　・開示等の請求に応じる手続きと手数料の額（定めた場合） 　　※開示等には、開示、訂正・追加・削除、利用停止、第三者提供の停止 　　が含まれる。 　・保有個人データの取扱いに関する苦情の申出先
(b)　＜個人情報の取扱いの委託を行う場合＞ 　個人情報の委託を行うこと、委託する事務の内容
(c)　＜オプトアウトにより第三者提供をする場合＞ 　対象データ項目、提供方法、求めに応じた提供停止と受付方法
(d)　＜共同利用する場合＞ 　対象データ項目、共同利用者の範囲、共同利用者の利用目的、共同利用者の個人データ管理責任者
(e)　匿名加工情報、仮名加工情報、要配慮個人情報、個人関連情報の取扱い
(2)　個人情報の保護に関する法令、指針、その他規範を遵守すること
(3)　個人保有データの安全管理措置の内容（個人情報への不正アクセス、個人情報の紛失、破壊、改ざん、および漏洩などの予防および是正）
(4)　個人情報保護マネジメントシステムの継続的改善

出典：「個人情報保護法ガイドライン」を参考に作成

（3）　個人情報保護方針の遵守

策定した個人情報保護方針は、行動規範として従業者に遵守されなけれ

ばならない。そこで、社内報や社内ネットワーク、ポスターなどで従業者に周知し、教育・訓練を実施することが大切である。

（4）　個人情報保護方針の公開

個人情報保護法は、必ずしも個人情報保護方針の公開を義務づけていない。しかし、個人情報保護に関する社会の意識の高まりを考慮すれば、個人情報保護方針を Web サイトや店舗などで一般公開し、個人情報保護に取り組む姿勢を対外的に示すべきである。公開文書の例は、図表6-6のとおりである。

図表 6-6　公開文書の例

個人情報保護に対する基本方針

○○株式会社

　○○株式会社は、個人情報の重要性を認識し、個人情報保護マネジメントシステムを適切に運用するとともに、このプライバシーポリシーに則り、保護の徹底に努めます。

　○○は、業務を円滑に行うため、お客さまの氏名、住所、電話番号、E メールアドレス等の情報を取得・利用させていただく場合がございます。

　○○は、これらのお客さまの個人情報（以下「個人情報」といいます）の適正な保護を重大な責務と認識し、この責務を果たすために、次の方針のもとで個人情報を取り扱います。

1.　○○事業の使命と責任を十分に自覚し、個人情報の保護に努めます。
2.　個人情報は公正な事業活動に必要な範囲に限定して、適切に収集、利用、提供します。
3.　○○が保有する個人情報への不正アクセス、紛失、破壊、改ざんおよび漏洩等を予防するため、合理的な安全対策を講じるとともに、必要な是正措置を講じます。
4.　個人情報保護に関する法令およびその他規範を遵守します。
5.　個人情報保護に関する取組みは継続的に見直し、改善・向上に努めます。
　（1）　個人情報の利用目的について（詳細は省略。以下、同じ）
　（2）　個人情報の目的外使用の禁止について
　（3）　個人情報の取扱い委託、第三者提供、共同利用について
　（4）　個人情報の管理、保護について
　（5）　個人情報に関するお問合せについて

第6章

4　個人情報管理規程

　個人情報管理規程は、個人情報保護に関して組織全体に共通する基本ルールであり、個人情報保護対策のPDCAサイクルに沿って項目を定義する。具体的には、個人情報保護方針をブレイクダウンする形で、図表6-7のように策定される。

　個人情報管理規程は、手順書や様式などを決める際の物差しとなるため、

図表6-7　個人情報管理規程の項目の例

(1) 総則と用語定義	・個人情報管理規程の目的と対象範囲、照会先 ・用語の定義（個人情報保護法の用語など）
(2) 体制と責任	・個人情報保護の推進体制 ・各部門、役職の責務と権限
(3) 個人情報の取扱い	・利用目的と適正な取得、本人への通知 ・利用目的の変更手続き ・匿名加工情報の作成、提供、取得 ・仮名加工情報の作成、提供、取得 ・要配慮個人情報や個人関連情報の取扱い ・共同利用 ・第三者提供の制限、オプトアウト、提供記録の保存 ・外国にある第三者への提供の制限 ・第三者から提供を受ける際の確認事項 ・正確性の確保、不要になった個人情報の消去
(4) 安全管理措置	・文書の台帳管理、分類 ・情報システムの開発、運用、保守 ・オフィス管理（建物、部屋、保管庫等）
(5) 維持および継続的改善	・法令遵守 ・個人情報保護の規程文書体系 ・個人情報保護マネジメントシステムの継続的改善 ・従業者の教育、研修 ・罰則
(6) 委託先管理	・業務委託時の共通ルール ・委託先の選定基準、契約、監督
(7) 監査	・監査体制、計画、実施、改善勧告 ・監査証跡（本章第4節「監査・改善」参照）の保持
(8) 本人からの要求等への対応	・開示、訂正、削除、利用停止の要求への対応 ・苦情、相談への対応 ・窓口、本人確認、通知方法

個人情報保護対策をすべて網羅した内容でなければならない。また、業務実態とかけ離れた無理なルールにならないよう、策定作業の前に現場へのヒアリングなどを実施し、実情をよく把握しておく必要がある。

5　手順書と様式

　手順書や業務マニュアル、台帳、様式は、個人情報管理規程を基準として、実務上の手順や書式を具体的に定めるものである。個人情報管理規程の項目に沿って図表6-8のように対象を洗い出し、その対象別に具体化していく必要がある。特に手順書や業務マニュアルは、従業者から見てわかりやすくなるように、ケース事例を多く入れることが望まれる。

図表6-8　作成する文書の例

(1) 個人情報の取扱い	・各種業務マニュアル
(2) 安全管理措置(本章第3節「個人情報の特定と管理」、第8章第1節「入退室管理」参照)、第9章第10節「機器・媒体の廃棄」	・個人情報取扱い手順書 ・個人情報(個人データ)管理台帳 ・個人情報資料受領書 ・第三者提供(または受領)の記録 ・入退室記録帳 ・パソコン購入廃棄記録帳
(3) 非開示契約と罰則(第7章第1節「従業者との契約」参照)	・機密保持契約書 ・誓約書
(4) 従業者教育(第7章第2節「従業者への教育とモニタリング」参照)	・教育手順書 ・教育計画書 ・教育実施記録帳
(5) 委託先管理(第7章第4節「委託先の管理」参照)	・委託契約書 ・委託先管理台帳
(6) 監査(本章第4節「監査・改善」参照)	・監査手続書 ・監査計画書 ・監査報告書
(7) 苦情・違反・事故(第7章第5節「苦情・違反・事故への対応」参照)	・苦情対応手順書 ・個人情報漏洩時対応手順書 ・個人情報開示請求書

第6章

> **PICK UP**
> ・規程文書は、方針、基準、手順の体系で作成する。
> ・個人情報保護方針は、経営方針および代表者の決意表明である。
> ・個人情報管理規程は、組織全体に共通する基本ルールである。

個人情報の特定と管理

① 個人情報管理台帳による管理

個人情報を保護するためには、保護すべき個人情報を特定し、その所在、重要度、利用目的、取扱い状況などを個人情報管理台帳（個人データ管理台帳ともいう）で管理しなければならない。

個人情報保護法ガイドラインでも、組織的安全管理措置として「**個人データの取扱い状況を確認する手段の整備**」を挙げている。

個人情報管理台帳による個人情報の一元管理は、保有個人データの開示、訂正、利用停止などを規定した個人情報保護法に対応するためにも必要である。

② 個人情報管理台帳作成の流れ

個人情報管理台帳は、個人情報管理委員会が主体となって作成する。その際、全社一斉に作業を実施するため、個人情報を登録する基準や書式などが部門ごとにバラバラになりがちで、全体として個人情報管理台帳の内容に統一性がとれなくなるおそれがある。

これを防止するためには、個人情報管理台帳に登録する対象と手順を先に定義した後に、作成に着手すべきである。個人情報管理台帳作成までの流れは、図表 6-9 のとおりである。

図表 6-9　個人情報管理台帳の作成までの流れ

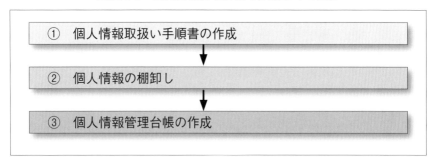

① 個人情報取扱い手順書の作成

② 個人情報の棚卸し

③ 個人情報管理台帳の作成

① 個人情報取扱い手順書の作成

個人情報の分類体系、取扱い方法、個人情報管理台帳作成方法などを策定する。

② 個人情報の棚卸し

保有している個人情報を洗い出して、整理・分類する。

③ 個人情報管理台帳の作成

個人情報管理台帳を作成して、個人情報を管理する。

3　個人情報取扱い手順書の作成

個人情報取扱い手順書は、個人情報管理規程を基準として、次の項目に従って作成する。

---

① 個人情報の分類体系
② 個人情報の取扱い方法
③ 個人情報管理台帳の作成方法
④ 表記方法

（1）　個人情報の分類体系

一般的に、情報の利便性と安全性は両立しにくいトレードオフの関係にある。取扱いに際して利便性と安全性のバランスをどこでとるかは、個人情報の内容によって異なるが、それを1つひとつの個人情報に対して定めていくのは効率的ではない。

そこで、個人情報を重要度に応じた管理レベルによって分類し、「社外秘情報の保管手順」など、管理レベルごとに取扱い手順を定めることが望ましい。

管理レベルを策定する視点には、**情報の CIA** がある。情報の CIA とは、情報セキュリティの三大要素（第5章第1節図表5-5参照）である機密性（Confidentiality）、完全性（Integrity）、可用性（Availability）の頭文字である。これを個人情報に当てはめると、図表6-10のようになる。

第6章

図表 6-10　情報の CIA

機密性	個人情報が漏洩した場合の影響度
完全性	個人情報の正確性が失われた場合の影響度
可用性	個人情報が利用できない場合の影響度

　個人情報は、漏洩事故の影響の大きさを考慮し、機密性に重点を置いて管理レベルを策定する。管理レベルの体系としては、「関係者外秘・社外秘・公開」または「最重要・重要・普通」などがある（図表 6-11）。

図表 6-11　管理レベル体系の例

関係者外秘	社内の一部関係者のみが扱える情報（大規模に集積された個人情報など）
社外秘	社内では共有可能だが、社外には公開しない情報（個人管理の名刺など）
公開	一般に広く公開する情報（会社案内など）

（2）　個人情報の取扱い方法

　個人情報の取扱い手順は、個人情報の取得から廃棄までのライフサイクルを踏まえて策定する。図表 6-12 に示すように、ライフサイクルを (1)〜(5) の「取扱い内容」に分解し、それぞれに対して、(a)〜(d) の「安全管理対策」の視点から具体的な手順を定めていく。

図表 6-12　個人情報の取扱い手順策定のマトリックス

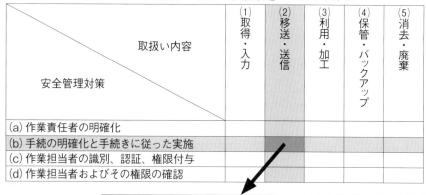

安全管理対策＼取扱い内容	(1) 取得・入力	(2) 移送・送信	(3) 利用・加工	(4) 保管・バックアップ	(5) 消去・廃棄
(a) 作業責任者の明確化					
(b) 手続の明確化と手続きに従った実施					
(c) 作業担当者の識別、認証、権限付与					
(d) 作業担当者およびその権限の確認					

① 　個人情報をメール送信する場合は暗号化する。
② 　個人情報を FAX 送信する場合は受領確認をする。
（以下、省略）

出典：「個人情報保護法ガイドライン」を参考に作成

（3）　個人情報管理台帳の作成方法

　個人情報は、電子ファイルや書類、電子メール、名刺などさまざまな形態で存在するため、個人情報管理台帳で管理する項目や内容を最初に定義する必要がある。

　その上で、個人情報の棚卸し実施手順、整理・分類の方法、個人情報管理台帳への登録方法、記入例などを策定しなければならない。さらに、個人情報管理台帳や個人情報調査票、個人情報資料受領書などの書式も策定する。

（4）　表記方法

　管理対象の個人情報には、利用者が取扱い方法を間違えないよう、「関係者外秘」「社外秘」などと、管理レベルに応じた表記（**ラベリング**）を行う。

　業務委託を行っている場合は、特に委託先への監督責任を果たすために、個人情報への分類表記は必須である。これは、管理レベルを明記せずに預けた個人情報が、万一委託先から外部に流出すれば、委託元の説明不足が問題になるからである。

　また、表記方法は組織全体で統一すべきであるため、そのルールを個人情報取扱い手順書に盛り込む必要がある。

■4■　個人情報の棚卸し

（1）　個人情報の洗い出し

　個人情報保護体制は、全社的に組織運営することが重要であり、個人情報を洗い出すにあたっては、部門ごとに管理している情報が異なっていても、漏れなく集約し全社的に管理する必要がある。

　各部門の情報管理責任者がリーダーシップを発揮し、個人情報取扱い手順書で策定した棚卸し実施手順に沿って個人情報を洗い出し、個人情報調査票に記入していくことになる。

　洗い出し作業から漏れた個人情報は、管理対象から外れてしまうため、漏れがないように注意しなければならない。個人情報は外部から入ってくるため、次のような**外部との接点**を起点として個人情報の流れを追っていくととらえやすい。

第6章

① 顧客：申込用紙、電話、FAX、電子メール、SNS、チャット、購入履歴
② 他社：委託、第三者提供、共同利用
③ 他部門：業務フロー、社内便
④ 情報システム：入力画面、帳票、タブレット、スマートフォン、POS端末

（2） 保有対象の見直し

経営方針の変更などにより、不要となった個人情報は、保有していても漏洩リスクと管理コストが増大するだけである。そこで、個人情報のうち、利用目的に合わないデータや項目は廃棄する。

（3） 個人情報の整理と分類

洗い出した個人情報は、整理の上、管理レベルに応じて分類する。その過程で、次の作業も実施する。

① 重複データの廃棄

書類のコピーなど、同じ個人情報が複数の場所に存在する場合は、一本化して重複分を廃棄する。

② 管理責任者の明確化

個人情報の管理部門および管理責任者を明確にする。

③ アクセス可能者の明確化

個人情報にアクセスできる従業者の範囲を定義する。

④ 保管媒体の分割

個人情報の保管ファイルなどに管理レベルの異なる個人情報が混在する場合は、それぞれの取扱い方法が異なるため、ファイルを分割する。

5 個人情報管理台帳の作成

整理・分類した個人情報は、手順書に則って個人情報管理台帳に登録する。項目例は、図表6-13のとおりである。また、手順書のルールに従って保管ファイルなどに管理レベルの表記を行う。

個人情報は個人情報管理台帳に基づいて管理されるため、個人情報管理台帳は個人情報の取扱い状況を正しく反映したものでなければならない。

したがって、個人情報を取得・廃棄した場合には速やかに更新し、個人情報を部門間で授受した場合には個人情報資料受領書を交わして、履歴を残す必要がある。

また、作成した個人情報管理台帳は最新状態を維持する必要がある。そこで、少なくとも年に1回以上は個人情報の棚卸しを実施し、実在する個人情報と個人情報管理台帳に登録されている個人情報との差異をチェックし、ずれがあれば個人情報管理台帳を修正しなければならない。

図表6-13　個人情報管理台帳の例

項目	記述例
名称	第3回アンケート返信データ
管理責任者	第一管理部部長　山田太郎
管理レベル	関係者外秘
管理媒体	電子データ
管理場所	Aサーバのアンケート返信入力ファイル
利用目的	(1) プレゼントの発送、(2) 新商品の案内
取得元と取得方法	顧客からの返信葉書受取り
廃棄基準	取得から1年経過
委託	X株式会社（データ入力）
第三者提供	なし
共同利用	なし
アクセス権の範囲	第一管理部システム運用係
保有開始時期	20XX年4月1日
現在の保有件数	13,000件

第6章

PICK UP
・個人情報は、取扱い手順書の作成、個人情報の棚卸し、個人情報管理台帳の作成の流れで管理する。
・個人情報には、管理レベルに応じた取扱い手順を定める。
・管理レベルは機密性、完全性、可用性という情報のCIAの視点で策定する。
・個人情報の保管ファイルには、管理レベルに応じた表記を行う。

第 **4** 節

監査・改善

1　個人情報保護監査とは

　個人情報保護監査とは、独立かつ専門的な立場から、個人情報の取扱い状況を検証・評価して、個人情報の安全管理に寄与する助言・勧告を行いフォローアップする一連の活動のことである。これは、個人情報保護のPDCAサイクルの中で、**C（Check）**に位置づけられる。

　個人情報保護法ガイドラインでは、組織的安全管理措置の「取扱状況の把握及び安全管理措置の見直し」の手法として、監査の実施が例示されている。

2　個人情報保護監査の体制

　個人情報保護監査は、個人情報保護監査責任者のもとで内部監査部門が実施する。もしくは、外部の専門機関に監査を依頼する。監査を客観的に実施するため、監査を実施する者（監査人）には、次の2つの独立性が求められる。

（1）　外観上の独立性

　監査人は、身分上、被監査主体と密接な利害関係をもつことがあってはならない。個人情報保護管理者（CPO）や個人情報管理委員会の業務内容も監査対象であるため、内部監査部門は代表者の直轄部門として位置づけるべきである（本章第1節図表6-2）。

（2）　精神上の独立性

　監査人は、心理的な偏向を排し、常に公正かつ客観的に監査上の判断をしなければならない。私的利益への誘惑や、被監査主体とのなれあいなどは排除すべきである。

3　個人情報保護監査の流れ

　個人情報保護監査は、計画→実施→報告の順に実施する（図表6-14）。

図表 6-14　個人情報保護監査の流れ

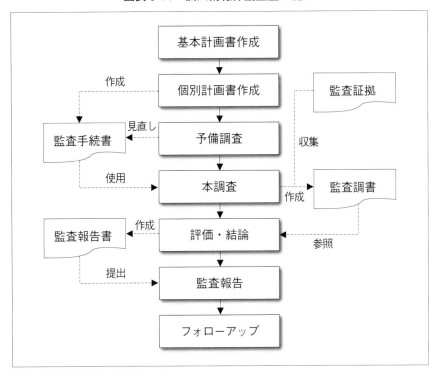

（1）　監査計画書の作成

監査計画書には、監査の目的、責任者、監査対象、日程などを記述する。

①　基本計画書

当該年度に実施する個人情報保護監査の計画書であり、年度の予算編成に合わせて作成する。

②　個別計画書

基本計画書に記載された個別の監査ごとの実施計画である。個別計画書とともに、監査の具体的な実施手順を定めた監査手続書も作成する。

（2）　監査の実施

監査は、予備調査→本調査→評価・結論の順で実施する。

①　予備調査

予備調査は、監査対象の実態を把握するために実施する。質問票への記

入やヒアリング、資料閲覧などにより、監査対象に関する情報を収集する。また、必要に応じて、監査手続書の見直しも実施する。

②　本調査

本調査では、予備調査で把握した情報を踏まえ、被監査主体の協力を得ながら調査を実施する。

監査人が述べるすべての監査意見には、裏付けとなる**監査証拠**が必要であるため、監査手続書に従って監査証拠を収集する。収集方法としては、現地調査、ヒアリングの実施、チェックシートへの記入、複数の資料間の突合せ検査、アクセスログの取得などがある。

また、収集範囲には、監査対象のトランザクション（業務処理）を全件抽出する**精査**と、サンプリングをする**試査**とがある。精査はかかる時間とコストが膨大であるため、経済効率（費用対効果）を考えて、通常は試査を適用する。

収集した監査証拠をもとに監査対象を検証し、結果を**監査調書**として文書化する。

③　評価・結論

予備調査および本調査の結果を踏まえ、監査対象の状況が監査基準と照らし合わせて適切かどうかを判断する。評価に正確を期すため、結論を出す前に、被監査主体との間で、監査調書の記載内容についての事実確認を行わなければならない。

（3）　監査報告

①　監査報告書

監査の実施後は、監査意見をまとめた監査報告書を作成し、代表者に提出する。なお、改善に緊急を要する事項は、報告書の作成を待たずに、代表者に口頭などで報告する。監査報告書には、監査対象に関する**指摘事項**と**改善勧告**を記述する。指摘事項は、「重大・軽微・観察」「緊急・通常」など、重大性と緊急性に応じた区分をする。

代表者は、監査報告を踏まえて、被監査主体に改善を指示する。

②　監査人の責任と役割

監査人は、監査報告書の記載事項に対して責任を負う。個人情報保護の

責任自体は被監査主体に帰属するが、監査人は監査報告書における指摘事項が改善されるよう、被監査主体をフォローアップすることが要求される。

(4) 監査証跡

監査証跡（audit trail）とは個人情報の取扱い内容を後から追跡できるように時系列にまとめた監査証拠の記録をいい、情報システム利用申請書、権限付与申請書、教育実施記録帳、入退室記録帳、アクセス記録などがある。個人情報保護監査の有効性は監査証跡の有無に左右されるため、監査証跡はあらかじめ業務フローおよび情報システムの機能の中に組み込んでおかなければならない。

4 監査基準

(1) JIS Q 15001:2023

プライバシーマークの認証を受ける場合には、JIS Q 15001:2023 を基準として個人情報保護監査を実施する。その際は、個人情報保護マネジメントシステムについて、次の2点を評価する。
・個人情報保護マネジメントシステムの JIS Q 15001:2023 への適合状況
・個人情報保護マネジメントシステムの運用状況

(2) 情報セキュリティ監査基準

情報セキュリティ監査基準は、経済産業省の情報セキュリティ監査制度の標準的な基準として策定され、個人情報をはじめとした情報資産のセキュリティ監査に使用される。監査上の判断尺度としては、姉妹編である「情報セキュリティ管理基準」を用いる。

(3) JIS Q 19011:2019

JIS Q 19011:2019 は、マネジメントシステム監査のための指針として策定されており、個人情報保護法ガイドラインでも、監査の参考規格として例示している。

PICK UP

・監査人には、外観上の独立性と精神上の独立性が求められる。
・個人情報保護監査は、計画、実施、報告の順に実施する。
・監査人は、監査報告書の記載事項に責任をもつが、指摘事項の改善には責任を負わない。

第6章

第6章◎過去問題チェック

1. 組織体制の整備における従業者の役割明確化に関する以下のアからエまでの記述のうち、最も<u>適切ではないもの</u>を1つ選びなさい。

　ア．個人情報保護監査責任者は、監査を指揮し、監査報告書を作成し、代表者にその内容を報告しなければならない。また、個人情報保護監査責任者の責務として、監査員の選定及び監査の実施においては、監査の客観性及び公平性を確保しなければならない。

　イ．監査員は、事業者内から選任してもよいが、力量があり公正に監査を実施できる者を外部から選任してもよい。なお、内部監査の場合は、客観性及び公平性を確保するため、監査員は自己の所属する組織の監査を担当してはならない。

　ウ．個人情報保護管理者は、PMSを理解し、実施・運用できる能力をもった者でなければならず、社内外に責任をもつことができる役員クラスを指名することが望ましい。ただし、「会社法」上の監査役、及び事業者内に設置する苦情・相談窓口と兼任することはできない。

　エ．支店または部門ごとに設置される情報管理責任者は、個人情報保護対策を担当者に徹底する役割を担い、支店長や部門長が就任することが望ましい。また、個人情報を取り扱う者は、原則として正社員とし、パートやアルバイトが取り扱う場合は、取扱者を監督する正社員を置く。

〈第72回　問題68〉

2. 組織体制の整備に関する以下のアからエまでの記述のうち、最も<u>適切ではないもの</u>を1つ選びなさい。

　ア．体制の整備として、従業者や責任者の役割・責任を明確化し、個人データの漏えい等事案の発生または兆候を把握した場合の責任者への報告連絡体制などを整えるようにする。

　イ．事業者における個人情報の取扱いを総括する部署は、専門部署を設置しなければならないということではなく、個人情報の取扱い状況を取りまとめる体制がとれていればよい。

　　ウ．個人情報の取扱いに関する責任者を各部署から選出し、個人情報保護管
　　　理者として複数の者を指名する。また、個人情報保護管理者は、PMSを理
　　　解し、実施・運用できる能力をもった者が望ましく、部長クラスを就任さ
　　　せるようにする。

　　エ．従業者の役割と責任の明確化は、職務分掌規程や職務権限規程などの内
　　　部規程、契約書、職務記述書等の各担当者の役割や権限・責任が確認でき
　　　る文書などに定めることが望ましい。　　　　　　　〈第 73 回　問題 66〉

3．個人情報保護方針に関する以下のアからエまでの記述のうち、最も<u>適切で</u>
<u>はない</u>ものを 1 つ選びなさい。

　　ア．PMSを確立し、運用するためには、まず、個人情報保護を推進するうえ
　　　での考え方や方針を策定し、個人情報保護方針として文書化することが重
　　　要である。

　　イ．「個人情報保護法」には個人情報保護方針に関する規定はなく、個人情報
　　　保護方針の策定は法律上の義務ではない。

　　ウ．個人情報保護方針を内部向けと外部向けに分けて策定した場合、JIS Q
　　　15001:2017 においては、内部向け個人情報保護方針を文書化した情報を、
　　　組織内に伝達し、部外者に対しては秘匿するべきと示している。

　　エ．JIS Q 15001:2017 においては、外部向け個人情報保護方針を文書化した
　　　情報について、一般の人が知り得るようにするための一般の人が入手可能
　　　な措置を講じなければならないと示している。　　〈第 71 回　問題 65〉

4．「情報セキュリティ方針」に関する以下のアからエまでの記述のうち、最も
<u>適切ではない</u>ものを 1 つ選びなさい。

　　ア．「情報セキュリティ方針」は「情報セキュリティポリシー」などとも呼ばれ、
　　　組織において実施する情報セキュリティ対策の方針や行動指針のことであ
　　　り、組織として情報セキュリティに関する要求事項に対して責任を負うと
　　　いう意思を示す文書である。

　　イ．ISMSの導入及び活動は、現場の担当者を主体とするボトムアップの組
　　　織的活動である。そのため、ISMSを推進し、関係者の意識向上を図るた

めには、トップマネジメントはISMSに関する考え方を「情報セキュリティ方針」を用いて示すにとどめ、現場への関与を最小限とすることが望ましい。

ウ．「情報セキュリティ方針」は、「個人情報保護方針」と重なるところが多いが、個人情報保護だけではなく、広く情報セキュリティの見地から策定されるものである。

エ．「情報セキュリティ方針」に含めることが望ましい記述として、リスクアセスメント及びリスクマネジメントの構造を含む、管理目的及び管理策を設定するための枠組みや、組織にとって特に重要な、セキュリティ個別方針、原則、標準類及び順守の要求事項の簡潔な説明などが挙げられる。

〈第72回　問題65〉

5．以下のアからエまでの記述のうち、ソーシャルエンジニアリングの具体例に該当するものを1つ選びなさい。

ア．DMなどの発送作業の際、書類を封入する作業と封かんする作業は、異なる工程の作業として実施する。

イ．入力ミスを防ぐため、同じ操作をしている作業者同士が互いに相手の入力結果をチェックする。

ウ．組織内部の人間が、金銭目的で、故意に個人情報を持ち出して名簿業者に売り渡したり、匿名サイトに公開するなどの不正な行為をする。

エ．何らかの方法でネットワークの利用者名を入手し、利用者になりすましてネットワーク管理者に電話をかけ、緊急に対応する必要がある旨を伝えて、パスワードを聞き出す。

〈第71回　問題70〉

6．個人情報の特定と取扱い状況を確認する手段に関する以下のアからエまでの記述のうち、最も適切ではないものを1つ選びなさい。

ア．PMSを実践し、個人情報の保護を図るためには、事業者が事業で実際に活用している個人情報を特定すること、すなわち、個人情報を漏れなく洗い出して、リスクの認識、分析及び対策の対象を明確にしておくことが重要である。

イ．個人情報を特定した後は、そのリスク管理のために、取扱い状況を把握
　できるような手段を整備する必要がある。その手段の代表的なものとして、
　個人データの適正な取扱いに必要な情報を記した個人データ取扱台帳の作
　成と、最新状態の維持が挙げられる。

ウ．特定した個人情報については、個人情報の重要性や漏えい事故等による
　影響の大きさなどを評価し、完全性に重点を置いて、「関係者外秘」、「社外
　秘」、「公開」などの管理レベルを設定し、リスクの認識、分析及び対策の
　対象とする。

エ．個人データ取扱台帳については、その作成が最終目的ではなく、取扱い
　状況を把握するための手段であるため、台帳の管理方法は紙媒体である必
　要はなく、電子ファイル形式など、個人データの取扱いを管理できる適切
　な方法を選択しても構わない。　　　　　　　　　　〈第73回　問題65〉

7．PMS運用におけるパフォーマンス評価に関する以下のアからエまでの記述
　のうち、最も**適切ではない**ものを1つ選びなさい。

ア．マネジメントレビューとは、代表者が、事業者のPMSに関して評価し、
　改善点を理解して、改善のために必要な対策を講じることを求めるもので
　ある。

イ．JIS Q 15001:2017では、マネジメントレビューにおいては、苦情を含む
　外部からの意見、前回までの見直しの結果に対するフォローアップ、内外
　から寄せられた改善のための提案などの事項を考慮しなければならないと
　示している。

ウ．マネジメントレビューは、PMSにおける内部監査による改善と本質的に
　同じであるが、内外の環境変化に関わらず、四半期に一度実施しなければ
　ならないことが内部監査とは異なる点である。

エ．マネジメントレビューにおける検討結果次第では、経営資源の配分の見
　直しなど、今後の事業計画への影響も考えられるため、代表者による実質
　的な経営判断が求められることとなる。　　　　　〈第71回　問題69〉

8． 経済産業省の「情報セキュリティ監査基準　実施基準ガイドライン」の「情報セキュリティ監査の実施手順」に関する記述のうち、最も適切ではないものを1つ選びなさい。

ア．情報セキュリティ監査人は、入手した監査証拠の必要性と十分性の判断に当たって、被監査側から提出された資料、監査人自ら入手した資料、監査人自ら行ったテスト結果等を総合的に勘案して、相互に矛盾があるか否か、異常性を示す兆候があるか否かを評価しなければならない。

イ．情報セキュリティ監査人が入手した監査証拠の評価に当たっては、リスクアセスメントの結果との関連づけが考慮されることが望ましい。被監査側が現に採用しているコントロールが適切であるか否かの判断は、リスクに応じたものでなければならない。

ウ．情報セキュリティ監査人が実施した監査手続の結果と、監査手続に関連して入手した資料等は、監査の結論に至った経過がわかるように監査調書として作成し、情報漏えいや紛失等を考慮し、適切に保管しなければならない。

エ．監査調書とは、情報セキュリティ監査人が行った監査業務の実施記録であって、監査意見表明の根拠となるべき監査証拠、その他関連資料等を綴り込んだものをいう。監査人自身が直接に入手した資料などをその対象とすることから、被監査側から提出された資料は、監査調書に採用してはならない。

〈第72回　問題69〉

人的管理の実務知識

①従業者との契約
②従業者への教育とモニタリング
③派遣社員・契約社員の受け入れ
④委託先の管理
⑤苦情・違反・事故への対応

従業者との契約

1 従業者の監督

（1） 監督の意義

　個人情報の漏洩事故の多くは、従業者の故意または過失が原因となって起きている。個人情報へのアクセス権限をもつ者の出来心や無防備さから起きる漏洩事故は、情報システムの機能による対策だけでは防ぐことが難しく、外部からの不正アクセスよりも問題の根が深い。

　そこで、人的安全管理措置として、従業者を適切に監督することが求められる。従業者の監督は、個人情報保護対策の中でも特に重要であるため、個人情報保護法24条でも「個人情報取扱事業者は、その従業者に個人データを取り扱わせるに当たっては、当該個人データの安全管理が図られるよう、当該事業者に対する必要かつ適切な監督を行わなければならない」として、実施が義務づけられている。

　必要かつ適切な監督を行っていない例として、次のものがある。

- ・従業者が個人情報の安全管理措置を定める規程などに従って業務を行っているかどうかを、定期的に確認していない。
- ・従業者が個人情報を保存しているノートパソコンや外部記録媒体を規程などに違反して繰り返し持ち出していることを、黙認している。

　従業者の監督を怠った結果として個人情報の漏洩事故が起きた場合、「監督を適切に実施していたがそれでも事故が起きた場合」に比べて、事業者に科される罰則や社会的制裁が重くなる可能性がある。

（2） 従業者とは

　個人情報保護法および個人情報保護法ガイドラインでは、監督の対象を「従業員」ではなく「従業者」としている。従業者とは、個人情報取扱事業者の組織内にあって、直接または間接的に事業者の指揮監督を受け事業者の業務に従事している者をいう。雇用関係にある従業員だけでなく、取締役、執行役、

監査役、理事、監事などの役員、および派遣社員も含まれる（図表7-1）。

図表 7-1 従業者の範囲

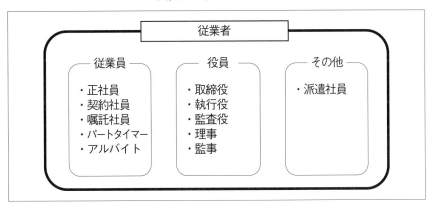

（3）　監督の対象と方法

①　監督の対象

　個人情報を保護するためには、個人情報を直接取り扱う従業者を監督するだけでは不十分であり、個人情報を取り扱う可能性がある従業者をすべて含めた広い範囲を監督対象とすべきである。

②　監督の方法

　従業者の監督に際しては、個人情報が漏洩、紛失、毀損した場合の被害の大きさを考慮し、事業の性質および個人情報の取扱い状況などに起因するリスクに応じて、次のような必要かつ適切な措置を講じる。

> ・雇用時に非開示契約を締結し、誓約書の提出を義務づける。
> ・個人情報保護の規程・手順を周知徹底し、教育・訓練を実施する。
> ・個人情報の取扱い状況に対するモニタリングを実施する。

2　非開示契約

　非開示契約とは、個人情報などの機密情報を第三者に許可なく開示しない旨を約束する契約であり、NDA（Non-Disclosure Agreement）、機密保持契約などと同義で扱われる。

第7章

（1）　対象

　個人情報を取り扱う従業者は、当然、非開示契約の対象であるが、次の者も対象に含めるべきである。

> ・個人情報を取り扱う情報システムにアクセスする可能性のある者
>
> ・個人情報を保有する建物に立ち入る可能性のある者

　具体例としては、例えば、情報システムの開発・保守関係者、清掃担当者、警備員などがある。

（2）　非開示契約の要件

①　内容

　非開示契約には、個人情報などの機密情報を第三者に許可なく開示しないこと、および個人情報保護に関する規則を定めた規程文書や就業規則などを遵守することを定める。なお、個人情報保護は、営業秘密の保護とは目的や対象範囲などが異なるため、個人情報保護と営業秘密保持とで非開示契約の内容を分けたほうが、従業者からの理解を得やすい。

②　有効期限

　従業者が退職後に個人情報を漏洩しないよう、非開示契約は雇用契約が終了しても一定期間は有効であるようにすべきである。

③　罰則規定

　従業者が軽い気持ちで個人情報を持ち出すことを防止するために、個人情報の規程違反に対する懲戒処分および損害賠償の可能性を、罰則規定として契約書に明記する。就業規則にも重ねて明記するとよい。ただし、損害賠償額が労働関連法規に抵触しないよう注意しなければならない。例えば、予定された損害賠償額を禁じる労働基準法 16 条や、就業規則の内容や作成手続を規定する労働基準法 89 条・90 条などがある。

3　誓約書

　誓約書は、法的効力はもたないが、個人情報保護に対する従業者の意識を高めるのに有効である。誓約書には、漏洩禁止、モニタリングへの同意、退職時の個人情報の返却、損害賠償などを明記する（図表 7-2）。

図表 7-2 誓約書の例

誓約書

株式会社○○○○
代表取締役社長　○○○○　殿

個人情報その他の機密情報の保持について

　私は、貴社の個人情報その他の機密情報（以下、機密情報）について、下記の事項を在職中はもとより退職後も遵守することを誓約致します。
　なお、機密情報の漏洩が、私の故意または重大な過失によると判明した場合には、就業規則等貴社の規程に基づく懲戒処分および法的責任の追及を受ける可能性があることを了承致します。

記

一．在職中に業務上知り得た、貴社の機密情報について、その取扱いには十分な注意を払い、業務上の正当な理由なく、第三者への開示、外部への漏洩をすることは致しません。退職後も同様とします。

二．貴社の機密情報は、指示または権限付与された業務以外での目的で使用することは致しません。

三．貴社が、機密情報の安全管理目的の範囲内において、私を含む従業員を対象としたモニタリングを実施することに同意致します。

四．貴社を退職する際は、その時点で私が管理もしくは所持している機密情報およびその電子媒体の一切を、退職日までに貴社の指定する方法で返却または破棄致します。

以上

令和　　年　　月　　日

住所
氏名　　　　　　　　　　　　　　　　　　　　　　　　印

第7章

・従業者の監督は、個人情報保護法で義務づけられている。
・従業者には、取締役や執行役などの役員、および派遣社員も含まれる。
・従業者との間に、罰則規定も含めた非開示契約を締結する。

第 **2** 節

従業者への教育とモニタリング

■1■ 従業者への周知・教育

　第5章でも述べたとおり、個人情報漏洩事故には、パソコンや電子媒体などの盗難・紛失によるものや、従業者の不注意・故意によるものも多い（第5章第3節図表5-20）。多くの企業では、オフィスや情報システムにおける個人情報保護対策に比べ、従業者の意識改革が遅れており、個人情報保護対策の周知・教育の徹底が急がれる。

　個人情報保護法ガイドラインでは、人的安全管理措置として「従業者に、個人データの適正な取扱いを周知徹底するとともに適切な教育を行わなければならない」とし、次の手法を例示している。

> (1)　個人データの取扱いに関する留意事項について、従業者に定期的な研修等を行う。
> (2)　個人データについての秘密保持に関する事項を就業規則等に盛り込む。

■2■ 周知の徹底

　いくら規程や手順などのルールを作成しても、従業者がその存在を知らなければ作成した意味がない。ところが、策定したルールを従業者が知らないケースは、意外に多い。

　個人情報保護についての従業者の役割と責任は、社内通達、社内報、社内ポスターなどですべての従業者に周知し、個人情報の取扱いに対する責任の自覚を促さなければならない。また、周知は1回だけで終わりにせず、折に触れて従業者に発信することが必要である。

　なお、個人情報の取扱い手順は、具体的な業務の流れに組み込まれていなければ従業者の仕事として理解されにくい。したがって、個人情報保護の規程などを業務マニュアルに組み込むことが求められる。

3　教育の計画と実施

（1）　教育計画の作成

　従業者の教育は、個人情報管理委員会の承認のもと、事務局が計画し実施する。教育内容にばらつきが生じるのを防止するため、従業者教育の目的や共通ルールを教育手順書として事前に策定しておく。

　その上で教育手順書を踏まえ、年度ごとに具体的な実施時期、対象者、カリキュラム、実施方法などを定めた教育計画書を作成するとよい。

①　実施時期

　年に1回の実施だと中途入社者または欠席者への教育が漏れる可能性があるため、同一内容の教育を年間に複数回実施することが望ましい。

②　対象者

　従業者は、立場によって個人情報の安全管理について果たす役割が異なるため、教育内容ごとに対象者を明確化する。

③　教育カリキュラム

　教育カリキュラムは対象者ごとに作成する（図表7-3）。

図表7-3　教育内容の例

区分	内容
法律やルールを遵守する重要性と利点	・個人情報を保護する目的 ・個人情報保護法および個人情報保護法ガイドラインの内容 ・ルール遵守と漏洩事故予防との因果関係
個人情報保護に対する従業者の役割と責任	・個人情報保護の組織体制 ・各役職に与えられた責任と権限 ・システム管理者の役割と責任 ・ユーザの責務および業務上の注意点、ケーススタディ
規程違反によって予想される問題	・漏洩事故の事例（原因、件数、損害額など） ・規程違反によって起きる結果のシミュレーションやロールプレイング

　教育内容は、新しい法律の施行など社会情勢の変化や新技術の進歩、業務フローの変更などに応じて、随時見直す必要がある。また、社内で事故・違反が発生した場合も、今後の防止対策を教育内容にフィードバックする。

第7章

④　実施方法

　教育手順書に定めた範囲内で、組織の実状や教育内容に合った方法を選択する。具体的には、講義や e- ラーニング、ビデオ、外部セミナー参加などがある。

（2）　教育の実施

　従業者が教育を受けるために業務から離れると、現場に欠員分の負担がかかる。したがって、負担軽減の配慮をするとともに、従業者教育に対する現場の理解と協力を得る努力が欠かせない。個人情報保護の教育を受けることを、入社・昇進・昇格の条件にするなどの方策も必要である。

　教育の実施後は、アンケートや試験、管理者による面接などで理解度を確認しなければならない。理解度が一定の基準に満たない従業者は、再教育したり当該業務から外したりすることも検討する。また、「理解したからにはルールを遵守します」との誓約書を提出させるのも有効である。

（3）　教育の実施記録

　教育の実施状況は、記録をとっておく。これは、個人情報保護監査の監査証跡（第 6 章第 4 節「監査・改善」参照）でもあり、従業者の監督責任を履行した証拠でもある。

　記録方法としては、教育実施記録帳に、教育の名称、日時、対象部門・役職、参加者、講師、内容、配付資料、修了確認などを記録する。

　また、実施した教育が個人情報の安全管理に寄与しているかどうかを定期的に評価し、問題があれば以降の教育方法を改善することも必要である。

■4■　従業者へのモニタリング

（1）　モニタリングとは

　モニタリングとは、従業者が個人情報を規程・手順に従って取り扱っているかどうかを監視することをいう。モニタリングには、ルール違反を発見するだけでなく、第三者に見られているという意識を従業者にもたせることによって、違反を予防する目的もある。モニタリングの例は、次のとおりである。

- ・監視カメラによる撮影
- ・入退室の記録
- ・情報システムへのアクセスログの取得
- ・インターネット閲覧履歴の記録
- ・電子メールの検閲
- ・電話と FAX の発信先の記録

(2) モニタリングの留意点

モニタリングは、従業者の監視強化にあたるため、従業者が必要以上に萎縮したり組織に不満を抱いたりしないよう、実施にあたっては次の点に留意しなければならない。

- ・労働組合などへの事前通知および必要に応じた協議
- ・モニタリングの目的の特定
- ・モニタリング規程の策定と周知（就業規則への記載）
- ・従業者への事前通知
- ・モニタリングの責任者および権限の明確化
- ・モニタリングの実施ルール策定と運用者への徹底
- ・モニタリング実施状況の適切性の監査または確認

なお、事業者には、顧客の個人情報だけでなく従業者の個人情報に対しても安全管理が求められる。モニタリングの記録は、従業者の個人情報を含む可能性があるため、取扱いには十分注意しなければならない。

第7章

- ・規程などを従業者に周知するとともに、業務マニュアルにも組み込む。
- ・教育の実施記録を残し、状況に応じて内容を見直す。
- ・モニタリングの留意点には、労働組合などへの通知と協議、従業者への事前通知、適切性の確認などがある。

派遣社員・契約社員の受け入れ

1 派遣社員の受け入れ

（1） 派遣社員とは

　派遣社員とは、派遣元企業に雇用された労働者であって、派遣先企業の指揮命令を受けて業務に従事する者をいう。派遣先企業は派遣元企業と労働者派遣契約を締結後、派遣社員を受け入れて業務に従事させる。派遣社員・派遣元企業・派遣先企業の三者の関係は、図表7-4のとおりである。

図表7-4　派遣社員・派遣元企業・派遣先企業の関係

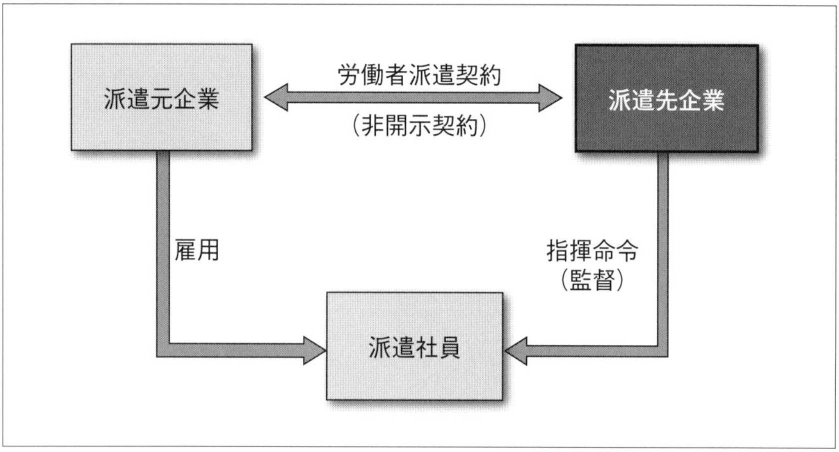

```
┌──────────────────────────────────────────────┐
│                                                │
│  ┌──────────┐   労働者派遣契約   ┌──────────┐  │
│  │ 派遣元企業 │◄──────────────►│ 派遣先企業 │  │
│  └──────────┘   （非開示契約）   └──────────┘  │
│        │                              │        │
│     雇用 │                         指揮命令 │     │
│        │                         （監督）  │     │
│        ▼                              ▼        │
│           ┌──────────┐                         │
│           │  派遣社員  │                         │
│           └──────────┘                         │
│                                                │
└──────────────────────────────────────────────┘
```

　派遣先企業は、個人情報の安全管理措置を講じる上で、派遣社員の雇用者と指揮命令者が異なっている点に留意しなければならない。

（2） 派遣元企業との非開示契約

　派遣社員は、派遣先企業と雇用関係にないため、就業規則の罰則規定が適用されない。したがって、派遣先企業は、派遣元企業との間に非開示契約を締結しなければならない。

　なお、派遣期間終了後における情報漏洩も考えられるため、非開示契約は、派遣期間終了後も有効である旨を契約書に明記しておく。

（3）　派遣社員への監督

　受け入れた派遣社員を業務に従事させる以上は、他の従業者と同様に個人情報の安全管理に関する監督責任が発生する。派遣社員は、過去に複数の企業で業務に従事しているため、安全管理意識の低い企業の考え方で個人情報を取り扱う可能性がある。したがって、派遣社員への個人情報の安全管理教育は必須である。

　また、派遣社員がアクセスできる個人情報の範囲を限定するとともに、必要に応じて個人情報の取扱い状況のモニタリングも実施すべきである。

（4）　誓約書における留意点

　派遣社員に誓約書の提出を求める場合は、労働基準法や労働者派遣法、職業安定法などの関連法規に抵触しないよう注意しなければならない。

　また、派遣社員の個人情報にも注意が必要である。派遣社員の自宅住所などの連絡先は、労働者派遣法が規定する「派遣元が派遣先に通知すべき事項」の範囲を逸脱するため、誓約書への記入は義務づけるべきではない。

（5）　現場従業者への教育

　派遣社員を受け入れる現場の従業者への教育も欠かせない。一緒に仕事をしていると、個人情報を気軽に派遣社員に渡してしまう雰囲気が起きやすいが、派遣社員はあくまでも派遣元企業の被用者であり、自社に対する帰属意識は一般的に希薄である。現場の従業者は、派遣社員はもともと他社の人間であることを意識しておかなければならない。

　2　契約社員の受け入れ

　契約社員や嘱託社員についても、個人情報の安全管理の監督に関する基本的な考え方は正社員と同じである。雇用期間が短く重要な職務を担当することも少ないとして、個人情報保護の教育に時間を割かない企業もあるが、教育は確実に実施すべきである。

・派遣社員の非開示契約は、派遣元企業と締結する。
・派遣社員にも、個人情報保護教育を実施する。
・派遣社員に誓約書を提出させる場合は、関連法規に注意する。

第7章

第 **4** 節

委託先の管理

1 委託先管理の目的

（1） 業務委託に付随するリスク

　最近は、自社の中核（コアコンピタンス）以外の業務を外部の企業に委託するアウトソーシングが進んでいる。その一環として、個人情報を取り扱う業務を他社に委託している企業も多い。

　しかし、その反面、委託先からの個人情報漏洩事故も多発している。委託先に預けた個人情報の取扱い状況は委託元からは見えにくく、取扱いがずさんであっても気づきにくい。自社だけで個人情報を取り扱うよりも、漏洩などの事故が発生するリスクは高いといえる。

（2） 委託者の法的責任

　本来は自社の業務である個人情報の取扱いを他社に依頼する以上、委託元は委託先を監督する責任を負う。委託先の監督は、従業者の監督と同様に、個人情報保護法25条でも「個人情報取扱事業者は、個人データの取扱いの全部又は一部を委託する場合は、その取扱いを委託された個人データの安全管理が図られるよう、委託を受けた者に対する必要かつ適切な監督を行わなければならない」として、実施が義務づけられている。

　必要かつ適切な監督を行っていない例として、次のものがある。

- ・委託先での個人情報の取扱い状況を契約締結時に把握していない。
- ・個人情報の安全管理措置の内容を委託先に指示していない。
- ・再委託の条件に関する指示を委託先に行っていない。
- ・委託先の個人情報取扱い状況を定期的に確認していない。
- ・再委託の状況把握を契約に盛り込んでいるにもかかわらず、報告を求めていない。

　監督を怠った結果として、委託先から個人情報が漏洩した場合、委託元は個人情報漏洩の責任追及を免れることができない。

　再委託についても、注意が必要である。委託元が委託先に対して「必要かつ適切な監督」を行っていない状態で、委託先がさらに他の事業者に当該業務の委託（再委託）をした場合、再委託先で生じた問題に対して委託元が責任を追及される可能性がある。また、クレジットカードなど二次被害が大きい個人情報については、より高い水準での監督が必要である。

2 　委託先管理のポイント

　委託先に対する必要かつ適切な監督には、委託先の適切な選定から始まり、非開示契約の締結、個人情報取扱い状況の監督、評価と契約の見直しまでの幅広い範囲が含まれる。委託先管理のポイントを整理すると、図表7-5のようになる。

図表7-5　委託先管理のポイント

選定	委託先を適切な基準で選定する。
契約	委託先と非開示契約を締結する。
監督	委託先の個人情報取扱い状況を監督する。
評価	委託先の評価および契約見直しを実施する。

3 　委託先の選定

（1）　選定基準

　委託先は、「信頼できる企業」から選定する。委託先の選定にあたっては、癒着やなれあいを排除し、合理的な基準をもって判断しなければならない。委託先の選定基準を部門ごとの独自の判断に任せると、選定基準にばらつきが生じやすくなる。したがって、委託先の選定基準は、個人情報管理委員会のもと、全社共通のルールとして策定すべきである。

　委託先の選定基準としては、業務効率やコストパフォーマンスのみでなく、セキュリティの面も考慮しなければならない。つまり、委託先の評価項目は、大きく分けて、**パフォーマンス**と**情報セキュリティ**の2つになる（図表7-6）。

第7章

図表 7-6　委託先選定基準の評価項目

①パフォーマンス	
信頼度	財務状況、作業の品質、コスト、納期、受託実績などを評価する。
②情報セキュリティ	
a. 情報セキュリティ認証	ISO27001（ISMS）、プライバシーマークなどの認証取得の有無を評価する。ただし、認証の取得を絶対条件にする必要はない。
b. 個人情報の管理体制	個人情報保護法および個人情報保護法ガイドラインで求められる安全管理措置の実施状況を確認する。具体的には、個人情報保護方針や個人情報管理規程の有無およびその内容を評価する。また、個人情報保護の組織体制として、個人情報保護管理者や情報管理責任者などの存在およびその責務を評価する。
c. セキュリティ事故履歴	過去のセキュリティ関連事故の有無を評価する。事故歴がある場合は、再発防止策も評価する。
d. セキュリティ保険	個人情報漏洩対策保険への加入の有無および保険金額などの賠償責任能力を評価する。

（2）　選定手順

　個人情報を取り扱う業務を委託するかどうかは、当該事業者が委託先選定基準を満たすかどうかで判断する。

　ただし、業務委託が日常化している場合は、委託の都度判断するのは煩雑である。そこで、選定基準を満たす事業者をあらかじめ「委託先管理台帳」に登録しておき、業務を委託する際は、委託先管理台帳に登録されている事業者から選択するといった方法が多くの企業でとられている。

　なお、委託先管理台帳に登録された事業者であっても、選定基準を満たすかどうかの定期的な確認を怠ってはならない。

4 　委託先との契約

　業務を委託する際、「個人情報を厳重に管理してほしい」と口頭で伝えるだけでは、安全管理に関する強制力が働かず、問題発生時の責任の所在

があいまいになりやすい。

　したがって、業務委託時は、委託先が法人・個人であるかを問わず、非開示契約を締結し、委託先への監督権限や損害賠償の可能性を担保しておかなければならない。

（1）　非開示契約の項目

　委託契約を締結する際は、安全管理に関する次の事項を非開示契約に盛り込まなければならない。

---

①　委託者および受託者の責任の明確化

②　個人情報の安全管理に関する事項

・個人情報の漏洩防止、盗用禁止に関する事項

・委託契約範囲外の加工、利用の禁止

・委託契約範囲外の複写、複製の禁止

・委託契約期間

・委託契約終了後の個人情報の返還、消去、廃棄に関する事項

③　再委託に関する事項

④　個人情報の取扱い状況に関する委託者への報告の内容および頻度

⑤　契約内容の遵守の確認（情報セキュリティ監査など）

⑥　契約内容が遵守されなかった場合の措置

⑦　セキュリティ事件や事故が発生した場合の報告・連絡に関する事項

出典：「個人情報保護法ガイドライン」を参考に作成

第7章

（2）　再委託の留意点

　再委託先は委託元と直接の契約関係にないため、委託先以上に監督が難しく、さらに再々委託先にも個人情報が預託される可能性がある。この場合、個人情報が漏洩するリスクがさらに高まり、問題発生時の原因究明も困難になりやすい（図表7-7）。

図表 7-7　再委託と漏洩リスク

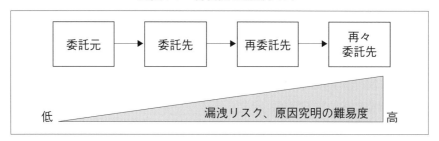

　したがって、再委託は原則として禁止すべきである。やむを得ず再委託する場合であっても、次の条件を満たす場合に限定すべきである。

- ・再委託する場合は、委託元から書面で事前許可を得る。
- ・委託先に規定している安全管理義務を、再委託先にも負わせる。
- ・委託先は損害賠償を含めて、再委託先の監督責任を負う。
- ・再委託の実施状況を、委託元に適宜報告する。
- ・再委託先がさらに他の事業者に業務委託（再々委託）する場合も、上記と同様の義務を負わせる。

(3)　対象業務

　個人情報を預ける委託先はもちろんのこと、個人情報を保有する建物などに立ち入ったり個人情報を取り扱う情報システムにアクセスしたりする可能性がある委託先についても、非開示契約を締結すべきである。

(4)　契約期間

　委託契約などにおける非開示条項は、契約終了後も一定期間有効であるようにすることが望ましい。

(5)　優越的地位の濫用防止

　委託先と非開示契約を締結する際は、行き過ぎにも注意する。委託元が委託先に対して優越的地位にある場合は、委託先に不当な負担を課してはならない。あくまで、双方納得の上で契約を締結すべきである。

5　委託先の監督

　委託先の監督の際には、個人情報が漏洩、滅失、毀損した場合の被害の

大きさを考慮し、事業の性質および個人情報の取扱い状況などに起因するリスクに応じて、必要かつ適切な措置を講じなければならない。

(1)　個人情報の引き渡し

委託先に引き渡す個人情報の項目は、必要最低限にとどめる。また、責任の所在を明らかにするため、個人情報の受け渡しの際には、個人情報資料受領書を交わして記録を残す。

(2)　返却・廃棄の確認

委託業務終了後に個人情報が委託先に残らないよう、使用を終了した個人情報の速やかな返却または廃棄を徹底する。

(3)　再委託先の監督

再委託を許可する場合でも、委託先選定基準に則って再委託先を評価し、個人情報の安全管理に問題がある事業者に個人情報が預託されないようにする。また、再委託の実施状況を適宜報告させる。

(4)　監査

委託先の個人情報安全管理に関する監査を定期的に実施し、問題があれば、改善を促す。委託元または監査会社が立ち入り監査する方法と、委託先に監査結果を報告させる方法がある。

6　委託先の評価

現在、業務を委託している委託先の個人情報取扱い状況について、チェックリストなどを使って定期的に評価し、問題があれば契約の継続を見直すべきである。その際、評価基準に満たずに契約を終了した委託先についても、今後の参考のために理由も含めて記録を残しておくとよい。

第7章

- ・委託元には、委託先の個人情報取扱い状況を監督する法的責任がある。
- ・委託先を選定する際は、パフォーマンスと情報セキュリティを基準として評価する。
- ・再委託は漏洩リスクが高いため、原則として禁止する。認める場合でも、厳格なルールに沿って行う。

第 **5** 節

苦情・違反・事故への対応

1 苦情への対応

個人情報保護法 40 条は、「個人情報取扱事業者は、個人情報の取扱いに関する苦情の適切かつ迅速な処理に努めなければならない。……目的を達成するために必要な体制の整備に努めなければならない」としている。

(1) 苦情対応の体制

苦情対応の体制整備の中心は、各機関の責務定義と権限付与である。なお、体制の整備にあたっては、JIS Q 10002:2019「品質マネジメント－顧客満足－組織における苦情対応のための指針」が参考になる。

① 個人情報管理委員会

苦情対応プロセスの策定・評価・見直しをする。

② 事務局

苦情対応プロセスを運用・監視し、各部門の個人情報取扱い業務の改善を取りまとめる。

③ 個人情報の苦情・相談窓口

個人情報に関する苦情を外部または従業者から受け付ける。

(2) 苦情対応プロセス

苦情への対応は、図表 7-8 の流れで実施する必要がある。

① 苦情の受付

苦情・相談窓口において、外部または従業者からの苦情を受け付ける。

② 苦情への対応

苦情対応には 3 つの段階がある。最初に苦情・相談窓口で対応し、解決できなければ、次に当該個人情報を取り扱っている部門が対応する。それでも解決しない場合は、最終的に事務局で対応する。

③ 是正処置

苦情の内容と対応結果を事務局に報告する。事務局は、その内容から個人情報取扱い業務の見直しが必要かどうかを判断する。必要な場合、各関

係部門に対して業務の是正を求め、個別の改善結果を取りまとめる。また、個人情報管理委員会は事務局が取りまとめた内容を評価し、問題があれば苦情処理プロセス全体の見直しを実施する。

図表7-8 苦情対応の流れ

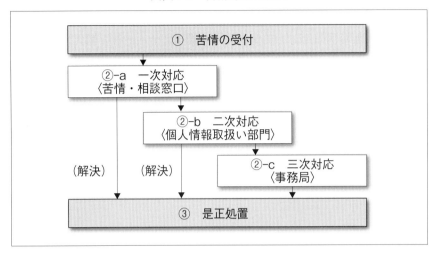

2 違反・事故に対する組織体制

（1） 代表者への報告

違反・事故の発生時で最も悪い状況は、現場に情報がとどまり、何も対処がなされないことである。これを避けるためには、問題が発生した場合に速やかに代表者に報告が伝わる体制を整備しなければならない。違反・事故の事実または兆候に気づいた場合の報告ルールの策定、および従業者への周知・教育が必須である。

なお、上司が規程に違反しているケースも考えられる。したがって、情報管理責任者や事務局に直接報告する手段を設けるなど、報告の経路は複線化すべきである。また、個人情報の苦情・相談窓口に寄せられる情報によって事故が発覚する場合もあるため、苦情・相談窓口との連携も求められる。

（2） 対外的な情報提供

問題発生時には速やかにマスコミなどに情報公開できるよう、広報部門は事前準備をしておく必要がある。また、大規模な漏洩事故の場合、組織

全体で被害者への対応にあたるため、従業者には事故発生時の被害者への連絡・謝罪・苦情対応に関する訓練を受けさせておくべきである。

❸　事故発生時の対応

事故発生時の対応は、スピードが大切である。したがって、事実確認から公表、被害者への対応や関係機関への報告に至る流れを個人情報漏洩時対応手順書としてあらかじめ策定し、従業者に周知・教育しておく。

（1）　事実確認

個人情報漏洩事故の報告を受けたら、まず、漏洩した個人情報の件数や項目、二次被害の有無などの事実確認をする。

（2）　事実関係の公表

漏洩事故発生の公表は、早いほどよい。公表が遅れると、社会や被害者が抱く心証が悪くなり、事態がより深刻化する可能性がある。公表手段には、Web サイトや記者会見、謝罪広告などがある。

公表時点で事故の経緯や原因が不明であっても、その時点で判明している事実をいったん公表し、早い段階で謝罪すべきである。その後、事故の経緯や原因がわかった時点で、追って公表していけばよい。

（3）　被害者への対応

個人情報漏洩によって被害を受ける可能性のある人を速やかに特定し、連絡・謝罪をするとともに犯罪行為に巻き込まれないよう注意を促す。

（4）　関係機関への報告

事件性がある場合は、被害届を警察に提出する。また、図表 7-9 に挙げる関係機関に事故発生の事実と経緯を報告する。なお、要配慮個人情報の漏洩、不正利用による財産的被害、不正目的の漏洩、千人分以上の漏洩等が発生した場合（または発生した可能性がある場合）は、個人情報保護委員会への報告と本人への通知が法令で義務づけられている。

（5）原因究明と対策

応急処置が済んだ後は、原因究明と再発防止が重要である。漏洩ルートやチェック機能の欠陥などを洗い出し、事故の再発を防止する仕組みを構築しなければならない。これには、個人情報保護管理者（CPO）や個人情

報管理委員会が中心となって取り組むが、もし事故が再発すれば経営責任にまで発展するため、経営者もけっして無関心であってはならない。

再発防止策を策定したら、すべての従業者に周知・教育するとともに、Webサイトなどで公表する。また、再発防止策が機能しているかどうかを定期的に確認しなければならない。

図表7-9　事故発生時の届出先

届出先	役割
個人情報保護委員会	内閣総理大臣の所轄に属し、個人情報取扱事業者等に対して、個人情報等の取扱いに関する指導・助言、報告徴収、立入検査、勧告・命令を行う。
認定個人情報保護団体	個人情報等の取扱いに関する苦情の処理を行い、必要があれば対象事業者に指導や勧告を行う。
情報処理推進機構セキュリティセンター（IPA/ISEC）	被害の拡大と再発を防止し、情報セキュリティ対策を普及させるために、経済産業省の告示に基づき、コンピュータウイルス・不正アクセス・脆弱性情報に関する発見・被害の届出を受け付けている。
JPCERTコーディネーションセンター	インターネットに関するセキュリティ問題への対応支援と情報公開を実施するために、問題発生の届出を受け付けている。

4 本人からの開示請求への対応

個人情報保護法には、保有個人データの本人からの開示請求に対する遅滞ない開示が規定されている（法33条）。ただし、本人または第三者の生命、身体、財産その他の権利・利益を害するおそれや業務の適正な実施に著しい支障を及ぼすおそれがある場合、他の法令に違反する場合は、開示しなくてもよい。なお、個人データを提供・受領した記録も開示対象である。

また、企業は開示請求に備えて対応手順を策定し、開示請求手続きと手数料（定めた場合）を、本人の知り得る状態に置かなければならない。

- ・苦情対応の体制を整備し、苦情対応プロセスを策定する。
- ・違反・事故発生時の代表者への報告経路は複数設け、可能性の段階でも報告させる。
- ・保有個人データの開示請求に対する遅滞ない開示が、個人情報保護法で義務づけられている。

第7章

第7章◎過去問題チェック

1．従業者管理の一環として行うモニタリングに関する以下のアからエまでの記述のうち、最も適切ではないものを１つ選びなさい。

ア．モニタリングを実施する際は、モニタリングの目的、すなわち取得する個人情報の利用目的をあらかじめ特定し、社内規程に定めるとともに、従業者に明示する。

イ．モニタリングの実施に関する責任者とその権限を定め、責任者本人以外にはその内容を秘匿する。また、モニタリングの実施方法や開始時期については、対象者には非公開とする。

ウ．AI 等の技術を組み込んだモニタリングを実施する際は、分析を AI まかせにせず、人間による「判断」と AI による「自動化・効率化」を組み合わせた運用を行い、組織としてモニタリングの説明責任を負う。

エ．モニタリングの具体例として、電子メールの検閲や電話の発信先の記録、インターネット閲覧履歴の記録、個別面談によるプライバシーポリシーの理解度の確認などが挙げられる。　　　　　〈第 73 回　問題 71〉

2．従業者への個人情報保護や情報セキュリティに対する教育・訓練に関する以下のアからエまでの記述のうち、最も適切ではないものを１つ選びなさい。

ア．教育・訓練の内容は、情報セキュリティの重要性や安全性に関する従業者の役割と責任を理解させ、従業者が各々の役割・権限を確実に果たすことができるようなものにすべきである。そのため、担当業務や役割及び責任に応じて教育内容を変更するのが適切である。

イ．教育の実施の形態は、講義形式やセミナー形式などの集合教育とすることが望ましく、e ラーニングや独学などの学習状況が把握しにくい形態は避けるようにする。また、訓練の実施については、サイバー攻撃を受けた想定での実践や、対応手順の確認の演習などの具体性のある内容とする。

ウ．教育・訓練実施後は、アンケートや小テストを実施するなどにより理解度や習熟度などを把握し、必要に応じて教育内容の見直しを図ることや、教育・訓練を受けたことを自覚させる仕組みを取り入れることが望ましい。

エ．教育・訓練を受けることを入社や昇進・昇格の条件にしたり、理解度や習熟度が一定基準に達しない者については再教育を実施したり、当該業務から外すなどの対策も考えられる。　　　　　　　　　〈第 72 回　問題 73〉

3．以下のアからエまでのうち、個人情報保護や情報セキュリティに対する従業者への教育に関する次の文章中の（　　）に入る最も<u>適切な</u>語句の組合せを 1 つ選びなさい。

> 教育の実施は、（　a　）、教育内容は、職位（管理職、非管理職等）及び契約形態（社員、派遣社員等）の権限や職務などに応じて、適切なレベルや内容を実施することが望ましい。また、教育実施後は、アンケートや小テストを実施するなどにより、従業者の理解度を把握する。その結果をふまえ、必要に応じて教育内容の見直しを図ることや、教育を受けたことを自覚させる仕組みを取り入れることが望ましい。なお、教育の実施形態については、講義形式やセミナー形式などの（　b　）。

ア．a．役員を除く正社員を対象として
　　b．集合教育や、e ラーニングなどから組織の実状や教育内容に合った方法を選択する
イ．a．役員を除く正社員を対象として
　　b．集合教育を採用し、e ラーニングや独学などの学習状況が把握しにくい形態は望ましくない
ウ．a．すべての従業者を対象として
　　b．集合教育を採用し、e ラーニングや独学などの学習状況が把握しにくい形態は望ましくない
エ．a．すべての従業者を対象として
　　b．集合教育や、e ラーニングなどから組織の実状や教育内容に合った方法を選択する

〈第 73 回　問題 72〉

4．以下のアからエまでのうち、派遣社員の受入れに関する次の文章中の（　　）
　　に入る最も<u>適切な</u>語句の組合せを 1 つ選びなさい。

> 　派遣社員と派遣先との間には、（　a　）はあるが、（　b　）は
> ない。また、派遣先は、派遣社員について従業者監督の義務を負う
> が、派遣先の就業規則を派遣社員に適用することはできない。そのた
> め、派遣先としては、派遣元と（　c　）を締結することで、派遣社
> 員からの情報漏えいの対策を講ずることが望ましい。また、派遣先と
> 派遣元が締結する派遣契約や（ c ）の中に、派遣元が派遣社員と（ c ）
> を締結しなければならないという条項を入れておくのが望ましい。
> 　なお、（ c ）とは、個人情報や営業秘密などの機密性の高い情報を、許
> 可なく第三者に開示しない旨を遵守させる契約であり、非開示契約
> や秘密保持契約、守秘義務契約などと同義で用いられることが多い。

ア．a．指揮・命令の関係　　b．雇用関係　　　　　　　c．NDA
イ．a．指揮・命令の関係　　b．雇用関係　　　　　　　c．OLA
ウ．a．雇用関係　　　　　　b．指揮・命令の関係　　　c．OLA
エ．a．雇用関係　　　　　　b．指揮・命令の関係　　　c．NDA

〈第 71 回　問題 71〉

5．特定個人情報等のデータ入力業務等の委託先への監督に関する以下のアか
　　らエまでの記述のうち、最も<u>適切ではない</u>ものを 1 つ選びなさい。

　ア．委託先の選定において、無断での再委託や委託契約終了後においても委
　　　託先が特定個人情報等を保管し続けることなどを防止するための安全管理
　　　措置等を検討し、当該措置を講ずる旨を仕様書等に盛り込む。

　イ．委託契約締結の際には、委託先に対し、委託業務に従事可能な従業者数
　　　を確認する。また、作業開始後に、委託先における委託業務の作業場所及
　　　び作業体制が確保されているかを確認し、特に、十分な人員を有している
　　　かを確認する。

　ウ．委託契約の締結において、委託先に対し、委託先、再委託先等における
　　　特定個人情報等の取扱状況に関して、定期的な報告を義務付ける規定や、

予告せずに実地の監査・調査等を行うことができる規定を盛り込む。

エ．契約履行中の委託先の監督において、定期的な報告や監査、調査等の結果の内容を十分に検討した上で、問題があれば改善を促し、必要に応じて委託契約の解除等を検討する。また、委託先が履行不能となった場合の対応について事前に検討する。　　　　　　　　　　　〈第71回　問題74〉

6. 個人情報保護委員会の「特定個人情報の適正な取扱いに関するガイドライン（事業者編)」の「委託先の監督」に関する記述のうち、最も<u>適切ではない</u>ものを1つ選びなさい。

ア．委託先の選定については、委託者は、委託先において、番号法に基づき委託者自らが果たすべき安全管理措置と同等の措置が講じられるか否かについて、あらかじめ確認しなければならない。具体的な確認事項としては、委託先の設備、技術水準、従業者に対する監督・教育の状況、その他委託先の経営環境等が挙げられる。

イ．監督・教育等の対象となる「従業者」とは、事業者の組織内にあって直接間接に事業者の指揮監督を受けて事業者の業務に従事している者をいう。具体的には、従業員のほか、取締役、監査役、理事、監事が対象となり、特定個人情報の取扱いにおいては、派遣社員はその対象とはならない。

ウ．委託契約の締結については、契約内容として、秘密保持義務、事業所内からの特定個人情報の持ち出しの禁止、特定個人情報の目的外利用の禁止、再委託における条件、漏えい等事案が発生した場合の委託先の責任、委託契約終了後の特定個人情報の返却又は廃棄、従業者に対する監督・教育、契約内容の遵守状況について報告を求める規定等を盛り込まなければならない。

エ．特定個人情報を取り扱う従業者の明確化、委託者が委託先に対して実地の調査を行うことができる規定等を、委託契約に盛り込むことが望ましい。また、委託先における特定個人情報の取扱状況の把握については、委託契約に基づき報告を求めること等により、委託契約で盛り込んだ内容の実施の程度を把握した上で、委託の内容等の見直しを検討することを含め、適切に評価することが望ましい。　　　　　　　　　　〈第72回　問題74〉

7． 個人情報に関する漏えい等の事案が発生した際、事実調査及び原因の究明・影響範囲の特定を行ったうえで再発防止策及び二次被害防止策を検討し、措置を講じる。

以下のアからエまでの具体例のうち、再発防止策や二次被害防止策に<u>該当しないもの</u>を 1 つ選びなさい。

ア．顧客名簿が名簿業者に渡った場合は、名簿業者に警告し回収する。

イ．外部からの不正アクセスが原因の場合は、サーバや Web アプリケーションのぜい弱性への対処や、Web サーバやセキュリティ機器等の設定の見直し、アクセス権限の見直しなどを行う。

ウ．情報の不正な操作などの内部犯行の場合は、犯人の特定を最優先し、特定の後は懲戒処分を行い、状況に応じて刑事処分を検討する。

エ．メールの誤送信や Web での不要な開示等の場合は、人為的なミスや作業ミスを防止するために、作業フローにチェックの仕組みを追加し、二重にチェックを行う体制とする。　　　　　　　　　　　　〈第 73 回　問題 74〉

第 **8** 章

オフィスセキュリティ

第 1 節

入退出管理

入退出管理の目的は、第三者を個人情報に近づけないようにすることで、情報の破壊や、外部への情報漏洩などを防ぐことである。

1 セキュリティ区画の設定・管理方法

第三者を個人情報に近づけないようにするとはいえ、オフィスである限り侵入を完全には防ぐことができない。そのため、次の３つの考え方を併用して、外部への情報漏洩を防ぐ必要がある。

① 情報の置き場所を分ける。

② 情報にアクセスできる人を識別する。

③ 情報そのもののセキュリティを強化する。

（1） ゾーニング区別と対応方針

ゾーニングとは、守るべき情報の重要性に応じて、情報の置き場所を分けることである。

各エリアの境界をドアや壁、ゲートなどで物理的に区分けし、そのエリアへ入室できる人を制限する必要がある。

また、各エリア間の通過には、許可された者しか出入りができないように、警備員の監視、IDや暗証番号を利用した入退出装置、セキュリティゲートの通過を義務づける。

（2） ゾーニングの例

例えば、一般的といえる受付、事務所、役員室、サーバルームがある企業の場合、オフィスビル内を最低限に分割すると次のとおりである（図表 8-1）。

① オープンエリア

業務時間中に、訪問者などが立ち入ることができるエリアである。受付や打合せコーナーなどがあり、警備員などによる監視を行う。

なお、オープンエリアでは、受付に個人情報などの印刷を行うプリンターやFAXなどを置かないよう注意する必要がある。

図表8-1　ゾーニングの例

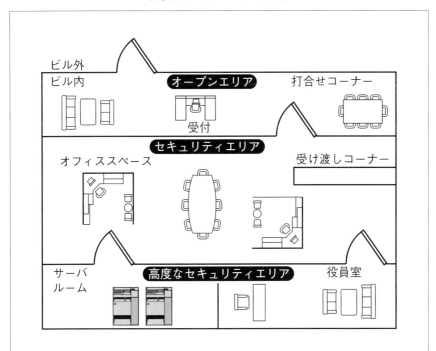

②　セキュリティエリア

IDカードなどによって入室制限を行うエリアである。一般的なオフィススペースであり、セキュリティエリア内では社員同士が相互監視を行う。

顧客名簿など重要書類の机上への放置を禁止し、パソコンは第三者に持ち出されないように施錠管理するなど、対策をとらなければならない。

③　高度なセキュリティエリア

IDカードとパスワードなどにより入室制限を行うエリアである。役員室やサーバルームなどがあり、より厳重な監視を行う対象となる。

第三者が高度なセキュリティエリアに入る場合は、許可された社員の立会いのもとに作業などをさせるよう留意しなければならない。

④　受け渡しコーナーの設置

運送会社など、第三者との物品の受け渡し場所は、管理された特定の場所に限定する。必ず社員の監視のもとに受け渡しを行い、危険物の持ち込

第8章

みや情報漏洩がないかを点検する。

　また、受け渡しの手順を決めておき、事故発生時に漏洩の原因を調査するために受け渡しの記録を残しておくことも重要である。

（3）　従業者の識別

　エリアを分けた後、そのエリアに入室し個人情報にアクセスできる人を識別する。このため、社員証やバッジを常に明示することが重要である。

　社員証はIDカードと共有するのが一般的である。IDカードを用いる場合は、入場者の身分を相互に確認できるよう、よく見える箇所に着用する。また、カードを携行していない人や、見かけない人へ声かけを行う。

（4）　IDカードの発行管理

①　社員のIDカード

　IDカードは社員証と兼用する場合が多い。偽造やなりすましを防止するため、写真や社印を印刷しておくことが望ましい。

②　常駐業者のIDカード

　オフィスでの常駐業者、清掃業者や協力会社などが、日常的にセキュリティエリアに立ち入る場合、安全管理に関する事項を盛り込んだ契約を取り交わし、IDカードを発行する（第7章第4節「委託先の管理」参照）。

③　訪問者のIDカード

　外部からの訪問者に対しては、オープンエリアで対応することが望ましい。やむを得ない場合、入退室記録帳にカードの番号を記入し、訪問者へゲストカードのIDを発行し貸与する。

　このカードは、オープンエリアからセキュリティエリアへの入退出用のカードとし、高度なセキュリティエリアへの入室は許可するべきではない。高度なセキュリティエリアへは、入退室をより厳しく管理するために、別途、入退室用のカードを発行する。

④　IDカードの再発行

ａ．IDカードの紛失

　IDカードを紛失した場合は、所定の紛失届を提出させて再発行する。また、以前のカードは、即刻、使用できないよう無効にする。

b．ID カードの破損

ID カードが破損などにより使用できない場合は、所定の申請書を提出させて再発行し、破損した現物と交換する。

c．ID カードの携帯忘れ

ID カードを忘れた場合は、代替カードを発行する。代替カードは、その日しか使用できないカードとし、退出時には回収する。

(5) 入退室記録帳

エリア間の入退室は、単票形式の入退室記録帳（図表 8-2）に記録する。入退室記録帳には、日付、入退室の時刻、入退室者の会社名、氏名、訪問先、訪問先での作業概要、仮カード No. などを記録する。この記録帳は責任者が保管する。

図表 8-2　入退室記録帳の例

入退室記録帳	
No.	123
日付	XXXX年　3月　31日
入室時刻	10時 00分
退室時刻	12時 00分
会社名	ビーシステム（株）
氏名	沢田
訪問先	第1営業部
訪問概要	システム打合せ
仮カード No.	5

第8章

2 入退管理技術

入退管理技術とは、セキュリティ区画への出入りを制限する技術である。ゾーニングで分けた区画に対して、誰がどのエリアへ、いつ入室したか、いつ退室したかを管理する。入退室データの取得に IC カードを利用することで、利便性を損なわずセキュリティ向上に役立てることができる。

（1）　入室時の認証技術

　入室時の認証技術は、図表8-3のとおりである。個別に使用するだけでなく組み合わせることで、セキュリティレベルを向上させることができる。

図表8-3　入室時の認証技術

方式	特徴
暗証番号	・暗証番号として任意の番号を入力させる。 ・導入が簡単だが、忘却、盗み見やメモの貼り付けによる流出のリスクがある。
磁気カード	・磁気カードをリーダに通す。 ・カードの発行管理が必要である。 ・カードのため、紛失のリスクがある。
非接触カード（ICカード）	・赤外線や電波などを利用して、専用機器で情報を読み取る。磁気カードと比較してコストは高いが、登録できる情報が多い。 ・交通系ICカードなどの活用例が多い。 ・入室時の記録だけでなく、フラッパーゲートと組み合わせることで、退室時の記録を取得することができる。 ・ICチップを内蔵しており、パソコンのスクリーンロックとの連動などができる。
生体（バイオメトリクス）認証	・指紋や静脈、虹彩など、人間の身体的特徴を利用する（生体認証情報は個人識別符号に該当するため個人情報であり、利用目的の公表か通知を行い適切に管理する）。 ・認証媒体を持ち歩く必要がなく、厳密な個人識別が可能。 ・盗用や忘却のリスクがない。

（2）　入退室のチェック

　各エリア間の移動では、一人ずつの入退室処理を正確に行うようにする必要がある。これに対しては、オープンエリアとセキュリティエリアの間に、**フラッパーゲート**を導入するのが効果的である。フラッパーゲートとは、駅の自動改札と同じように、社員証などのカードを読み取り登録されている人だけを通過させるゲートである。導入によって、入退室を記録したり、認証なしの伴連れ入室（ピギーバック）を避けることが可能となる。

　セキュリティエリアから高度なセキュリティエリアへの移動には、許可された社員以外は、再度、入退出の手続きを行うようにしなければならない。また、退出時には、ゲストカードの回収や、社員の退出処理を忘れないようにする必要がある。

（3）　警備・監視モニタ

①　セキュリティエリア

　オープンエリアからセキュリティエリアへの出入りには、警備員を配置し不審者の監視や訪問者の誘導を行う。

②　高度なセキュリティエリア

　高度なセキュリティエリアには、不審者の監視や侵入を抑制する監視モニタを設置する。サーバルームなど通常は無人の場所には、センサー連動で侵入者を感知、警告、追跡、記録する監視モニタなどを設置し、「警備中」「防犯カメラ作動中」などを明記する。ただし、記録された情報など本人が判別できる映像情報は、個人情報に該当するので取扱いに注意する。

（4）　作業時の注意点

　サーバルームでのサーバの保守点検作業など、高度なセキュリティエリアでの作業は、作業員の氏名、持込書類、器具を事前に登録し、社員の立会いのもとで作業を行うようにする。

（5）　オープンドアポリシー

　「オープンドアポリシー」とは、何らかの方法で忍び込んだ不審者が隠れないように、普段使わない会議室などのドアを開けておくことをいう。

PICK UP

- 守るべき情報の重要性に応じて、セキュリティエリアを設定する。
- 情報にアクセスできる人物を識別するため、IDカードを発行する。
- ゾーニングとは、情報の重要性に応じてオープンエリア、セキュリティエリアなどに分けることである。
- 入室時の認証技術には、暗証番号方式、磁気カード方式、非接触カード（ICカード）方式、生体（バイオメトリクス）認証方式がある。

第8章

オフィス内の保護対策

　第三者の侵入による個人情報の漏洩は、ゾーニングなどにより軽減できる。しかし、実際には、多くの個人情報漏洩事件に見られるように、従業者による内部犯行が多い。これを防止するためには、コンプライアンスの教育や機密保持誓約書への署名などの対策が必要であるが、オフィス内部から個人情報を持ち出すリスクを軽減することも重要である。

1 パソコン

　パソコンのハードディスクに多くの個人情報を保管して簡単に取り扱うことができるため、パソコンは最も厳重に管理する必要がある。

（1） パソコンのワイヤーロック

　最近、省スペース化のため、ノートパソコンを導入することが多い。しかし、ノートパソコンは社外に持ち出しやすいため、盗難のリスクが高い。したがって、ノートパソコンを使用した後は、鍵付きのキャビネットなどに保管するか、盗難防止用のワイヤーを使ってロックする。

（2） クリアスクリーンポリシーの徹底

　パソコンの使用中に席を離れる場合は、表示している内容の盗み見や、パソコンを他人に使用されないように、パスワード付きのスクリーンセーバーを起動し、一定時間が経つと画面がロックされる設定にしておく。なお、IC カード方式の社員証とスクリーンロックソフトを導入し、IC カードを常に携行することで、パソコンから離れるときに自動的にスクリーンロックをかけることができる。また、会議などで長時間にわたり席を離れる場合や、退社時には、パソコンの電源を切るようにする。

（3） 導入ソフトウェアの制限

　標準的に導入するソフトウェアは全社で統一し、フリーソフトウェアを安易にインストールさせないようにする。これは、悪意のあるフリーソフトウェアがインストールされることで、個人情報が漏洩することを防止するためである。業務上必要なフリーソフトウェアは、情報システム部門の

判断と責任者の承認後のインストールを義務づける必要がある。

2　電子媒体

　個人情報は、コンピュータ内のハードディスク、CD や DVD、USB メモリなどの電子媒体に保管されている。特に電子媒体は、簡単に持ち出しができるため、次の対策によりリスクを軽減する必要がある。また、電子媒体への**個人情報のバックアップ**も欠かせない。

(1)　個人所有の電子媒体の持ち込み・持ち出し制限

　USB メモリや外付け SSD などの電子媒体は、コンパクトかつ大容量の情報を保存することができる。このため、オフィスに持ち込みやすく、大量の個人情報を格納して持ち出すのも容易である。

　したがって、原則として、オフィス内では、個人所有の電子媒体の持ち込みや持ち出し、使用などを禁止しなければならない。ただし、例外的に使用する場合には、ウイルスチェックを実施するとともに、管理簿を作成し、持ち込み記録および持ち出し記録を残す必要がある。さらに、高度なセキュリティエリアでは、カメラ付き携帯電話やスマートフォンも禁止するなど、禁止物をさらに厳格に定めなくてはならない（図表8-4）。

図表 8-4　高度なセキュリティエリアへの持ち込み、持ち出し禁止物

電子媒体	外付け SSD、ハードディスク、CD、DVD、MO、磁気テープ、USB メモリ、DAT（Digital Audio Tape）など
その他	パソコン、カメラ付き携帯電話、スマートフォン、タブレット、かばん、大きな袋・箱など

(2)　バックアップと媒体の管理

　個人情報の完全性および可用性を維持するため、手順や頻度などの実施方法を定め定期的にバックアップを実施する必要がある。また、バックアップデータは暗号化しておき、迅速に復元できるようにテストを行う。

　DAT などのバックアップ媒体は、1 カ所に集中しないように保管し、輸送経路上で盗難や紛失が発生しないよう注意する。また、この媒体を確実に受け取ったかどうかの記録を残すことも必要である。なお、輸送のリスクを削減するため、ネットワーク経由でのバックアップも効果的である。

第8章

◇◇◇◇◇◇◇◇◇◇◇◇◇◇◇ •USB メモリによるウイルス感染と対策• ◇◇◇◇◇◇◇◇◇◇◇◇◇◇◇

　独立行政法人情報処理推進機構（IPA）の 2013 年第 3 四半期の統計によると、パソコンへのウイルス感染の届出件数は減少している。しかし、米国では、発電所の制御システムが USB メモリ経由でウイルスに感染し、発電に影響が出る被害が発生する事例があり、今後も注意が必要である。

　USB から感染するタイプのウイルスは、パソコンに感染し、システム全体に影響を及ぼすだけでなく、他の USB メモリにウイルスをコピーし、被害を拡大させることがある。このようなウイルスに感染すると、パソコンに保存している情報が漏洩する被害が発生する。USB メモリによるウイルス感染を防ぐためには、① USB 自動実行機能の無効化、② OS セキュリティの更新、③ウイルス対策ソフトの導入と定義ファイルの最新化、④管理していない USB メモリを接続しないなどの対策が必要である。

3　文書

（1）　施錠管理

　個人情報記載の文書、未使用のパソコン、システム操作マニュアル、情報システムの設置状況記載の文書などは、施錠管理できるロッカーに保管する。さらに、重要度の高い書類や電子媒体などは、耐火・耐熱金庫や生体（バイオメトリクス）認証機能がある収納ユニットに保管する。

（2）　鍵の管理

　施錠管理できるロッカーの鍵は、責任者が管理する。机の横に下げたままなどにはせず、関係者のみが利用できるようにする。

（3）　閲覧記録の管理

　ロッカー内の文書は、原則持ち出し禁止とする。例外的に持ち出す場合は、文書の管理責任者の許可を得て、日時、氏名、持ち出し文書名、持ち出し理由などを個人情報閲覧記録帳に記録しなければならない。

4　オフィス内備品

（1）　ホワイトボードの情報消去

　会議などで使用するホワイトボードや黒板などには、打合せ時の重要な

内容を書き込んでいることが多い。したがって、ホワイトボードや黒板などを使った後は、全画面の書き込み内容を消さなくてはならない。なお、電子ホワイトボードには、画面の内容をメモリードライブに保存できるものもあるが、そのメモリーの中身も使い終わったら消去する。

(2)　クリアデスクポリシーの徹底

クリアデスクポリシーとは、机の周りをきれいにするという、整理整頓の基本精神である。主に次の点に注意する必要がある。

① 業務時間中は、使用していない書類や電子媒体などを机上などに放置せず、施錠管理できるロッカーに保管する。

② 一定時間以上にわたって席を離れる場合には、机上の書類は引き出しに保管するか、裏返しにしておく。

③ 決裁書や申請書など重要書類の回付は在席者に対して行い、不在者に対しては在席時に行う。

④ 業務時間終了後は、すべての書類や電子媒体、ノートパソコンなどを机上などに放置せず、施錠管理できるロッカーに保管する。

(3)　機器の利用管理

①　コピー機やプリンタ

社内で利用するコピー機やプリンタは、第三者に使用されて個人情報が持ち出されないように、暗証番号やIDカードで利用制限や取出し制限をかける。さらに、個人情報を印刷した不用な印刷物などは、シュレッダーを使って確実に処分する（第9章第10節 **2** (2)「媒体・紙の廃棄の対策」参照）。

②　FAX

FAX送信側は、宛先を間違えないように注意し、個人情報など重要な内容を送信する場合は着信したかどうかの確認を必ず行う。

FAX受信側は、トレーなどに放置せず、速やかに担当者が受け取りにいく。もし、放置されている受信文書があれば、担当者に確実に渡す。

③　スキャナ

ハードディスク付き複合機に搭載されるスキャナは、保存先のディスクアクセス管理対策を行う。

第8章

オフィス外の保護対策

■1■ 個人情報の輸送対策

　個人情報を輸送する場合、輸送途中における盗難や紛失などのリスクが常にある。このため、次のルールや管理策を講じておくことが重要である。

（1）　輸送手段のルール化

　輸送手段のルール化の例は、次のとおりである。

- ・個人情報を受け渡しする場合は、不透明な封筒に入れ、手渡しを基本とする。
- ・社員が輸送する場合は、施錠できるケースを利用し、輸送中はケースを常に身につけておく。
- ・社員が車で輸送する場合は、車上荒らしに注意し、個人情報を車内に置いたまま離れないようにする。
- ・社員が電車で輸送する場合は、網棚に置き忘れないように注意する。
- ・郵送の場合は、簡易書留郵便その他特定のサービスを利用する。
- ・社内便の場合は、親展扱いにする。
- ・宅配便の場合は、あらかじめ選定した運送業者に依頼する。
- ・メールやFAXでの受け渡しは、原則的に行わない。例外的にメールで送信する場合は、高度な暗号化やパスワードによる保護を実施しておく。
- ・インターネットによるファイルのアップロードは、原則的に行わない。例外的にファイルのアップロードをする場合は、暗号化やパスワード、利用者を限定しアクセス設定を実施しておく。

（2）　運送業者の選定基準

　運送業者による独自の方法で、個人情報を輸送してしまうと、社内と同じようなコントロールが効かず、個人情報漏洩のリスクが高くなる。したがって、運送業者が個人情報を適正に取り扱うことができるかどうかを評価した上で、委託することが重要である（第7章第4節「委託先の管理」参照）。

(3) 情報の発送、受領の管理と通知

　運送業者を利用し個人情報を受発送するときは、受け渡し日付や伝票番号、輸送業者名、輸送担当者名、発信会社名、発信担当者名、情報名、数量、媒体を記録し（図表8-5）、輸送の責任がどちらにあるのかを明確にする。

　さらに、発送後（受領後）、個人情報の発送相手（受領相手）に対して受け取り確認を行い、双方のトラブル発生を防止する。

図表 8-5　個人情報受け取り記録の例

個人情報受け取り記録	
受け取り日付	XXXX年 4月 28日
輸送伝票番号	XXXX-04-0013
輸送業者名	ダイワ宅配便
輸送担当者名	吉田　進
発信会社名	経営システム（株）
発信担当者名	山川雄一
情報名	保険年金データ
数量	1
媒体	CD-ROM
注意：宅配受け取り伝票を添付すること	

(4) 輸送時における物理的セキュリティとデータの暗号化

　個人情報の輸送では、施錠できるケースを利用した物理的なセキュリティ対策が必要である。

　また、テープをはがしたことが一目でわかる開封防止梱包（こんぽう）を使うことにより、開封や改ざんを抑制することができる。

　万が一、盗難や紛失の事故が発生した場合に備えて、個人情報を不正に利用されないように、ファイルの暗号化やパスワードの保護を義務づける。

2　モバイルパソコンの管理

　ノートパソコンや社外に持ち出すパソコン（以下、「モバイルパソコン」）は、紛失や盗難による個人情報流出のリスクが大きい。しかし、顧客へのデモンストレーションなどのために、業務上モバイルパソコンを持ち出す

第8章

ことは多い。このため、モバイルパソコンを持ち出して利用する場合は、個人情報流出のリスクを低減する手順の確立が必要である。

（1） モバイルパソコンの利用申請と注意事項

① 利用申請の手順の確立

モバイルパソコンを持ち出して利用する場合は、あらかじめ申請を行う必要がある。

申請時には、申請日、部門名、申請者名、承認者名、持ち出し期間、持ち出し目的、パソコン型番、個人情報の有無、セキュリティ対策の実施状況を明確にする（図表 8-6）。

図表 8-6　モバイルパソコン利用申請書の例

モバイルパソコン持ち出し申請書

申請日	xx 年 10 月 12 日
部門名	○○システム開発室
申請者名	山川　太郎
承認者名	小山　進
持ち出し期間	xx 年 10 月 12 日から xx 年 12 月 31 日
持ち出し目的	お客様先での開発作業
パソコン型番	PCF-ABC1
個人情報の有無	個人情報　有り　　無し
セキュリティ対策の実施状況	xx 年 10 月 12 日　　対策済み

② モバイルパソコンの利用における注意点

個人情報の漏洩を防ぐために、私物のモバイルパソコンの利用は認めないようにする。

また、個人情報の漏洩やモバイルパソコン紛失などの問題が発生したときは、速やかに事故状況を報告する。

（2） モバイルパソコンの取扱い

① データの非保管

モバイルパソコンでデータを取り扱う場合は、原則的に個人情報をモバイルパソコンに保管せず、サーバに保管する。

サーバに保管したデータは、利用者に応じたアクセス制限を設定し、アクセス監視ソフトを使い、個人情報の保存と取り出しの記録を残さなくて

はならない（第9章第2節「アクセス制限とアクセス制御」参照）。

② 利用の制限

　モバイルパソコンの盗難や紛失時に個人情報が引き出されないように、BIOS（Basic Input/Output System）パスワードやログインパスワード、PINコードやバイオメトリクスなどによる利用制限を実施する。

③ データの暗号化

　モバイルパソコンからハードディスクが取り外されて、個人情報が読み取られないように、ハードディスク全体の暗号化や個人情報フォルダの暗号化などを実施しなければならない。

（3） リモートアクセスでの認証強化

　リモートアクセスとは、社外から主にインターネットを利用して、社内のメールサーバやファイルサーバなどにアクセスすることである。

　リモートアクセスを利用する場合には、ワンタイムパスワードやバイオメトリクスなどによる認証を利用し、安全性の高い保護対策を実施しなければならない。

　さらに、リモートアクセスによるログインに対しては、情報の重要度に応じてアクセス制限をかけ、ログイン情報やファイルへのアクセス、権限外作業や特権IDでの作業のログを残しておくことが重要である。

　特権IDの管理は、アクセスログをゲートウェイと呼ばれるサーバで一元管理する方法や、特権IDの貸出管理や棚卸を厳密に管理する方法などがある。

3 携帯電話・スマートフォン・タブレットの管理

（1） 特徴とリスク

　携帯電話やスマートフォン、タブレットは、携帯性と利便性に優れ、モバイルパソコン以上にオフィス外で利用することが多い端末である。住所や電話番号を大量に保存し、メールや添付文書の送受信ができるので利便性が高い。その反面、盗難や紛失による個人情報の流出リスクが高い。

　さらに、スマートフォンやタブレットは、公開アプリケーションをダウンロードすることで利便性を高めることができる。その反面、ウイルス感

染により、個人情報の流出の可能性が高い。

（2）　携帯電話やスマートフォンの管理

　盗難や紛失時の状況を把握するため、携帯電話やスマートフォンは、会社から貸与することが望ましい。個人所有端末を業務利用として認める場合には、個人用データと業務用データの管理を分けるなどの工夫をする。

（3）　盗難や紛失時の対策

　盗難や紛失時は、個人情報の管理者に届けるとともに、個人の権利利益を害するおそれが大きい場合は、管理者から個人情報保護委員会への報告を行う。これは、会社貸与の端末だけでなく、個人所有端末を業務利用している場合も同様に運用する。

　また、盗難や紛失時、第三者が容易に使えないようにするため、暗証番号によるロックを義務づけておく。さらに、第三者にロックを容易に解除させないため、指定回数以上パスワードを間違えるとデータを消去する対策を講じておく。このほか、各キャリアから提供されている遠隔データ消去サービスを利用して、データを消去できるようにしておくことが望ましい。したがって、個人所有端末を業務利用している場合には、プライベートデータを含めた個人情報の遠隔消去に関する同意を得ておく。

　なお、スマートフォンのセキュリティ対策は、NPO日本ネットワークセキュリティ協会発行の「スマートフォン活用セキュリティガイドライン β版」が参考になる。

（4）　クラウドサービス利用時の注意点

　スマートフォンは、クラウドサービスを利用して名刺や住所録、メールの添付文書などをインターネット上に保存することができる。これにより、高い利便性が得られる反面、情報流出のリスクが高くなることを十分に認識する必要がある。

　クラウドサービスを利用する際は、サービスの信頼性やセキュリティ対策の実施状況を確認することが重要である。利用にあたり、経済産業省発行の「クラウドサービス利用のための情報セキュリティマネジメントガイドライン」や独立行政法人情報処理推進機構（IPA）発行の「中小企業のためのクラウドサービス安全利用の手引き」が参考になる。

• スマートフォンの情報漏洩対策 •

　IDC Japan の調査（2021 年 2 月）によると、スマートフォンの国内出荷台数は、2020 年で前年比 5.9％増の 3,363 万台の出荷となった。5G 対応機種の出荷に加え、人気モデルの廉価版発売が要因と考えられる。2022 年には 3G 停波が始まるため、スマートフォンへの乗り換えによる出荷増加が予想されている。これにともない、ますますスマートフォンの情報漏洩問題が深刻になっている。

　IPA が発表している「情報セキュリティ 10 大脅威 2021」によると、脅威の第 1 位と 2 位はそれぞれ「スマホ決済の不正利用」「フィッシングによる個人情報等の詐取」である。フィッシングは、実在する公的機関や有名企業を騙ったメールや SMS を送信し、正規のウェブサイトを模倣した偽のウェブサイト（フィッシングサイト）へ誘導して、個人情報や認証情報等を入力させる方法である。詐取された情報は悪用され、「スマホ決済の不正利用」により金銭的な被害が発生することがある。スマートフォンの情報漏洩対策は、パソコンと同等に扱うことを心がけるべきである。

　具体的には、①OS やアプリケーション、ウイルス対策ソフトを最新状態に更新する、②パスワードを使い回さない、③アプリケーションは、公式マーケットや公式ストア、携帯電話会社が運営するマーケットなど信用できる場所からインストールする、④「提供元不明のアプリケーションのインストール」を許可しない、⑤重要なお知らせ等の緊急性を煽る内容で誘導されたウェブサイトにおいて、重要情報はすぐに入力せず、ドメイン名等を確認してサイトの真偽を確かめる、などである。

- 運送業者が個人情報を適正に取り扱えるかを評価する。
- 個人情報ファイルの暗号化やパスワードの保護を義務づける。
- モバイルパソコンを持ち出す場合は、あらかじめ申請し承認を得る。
- モバイルパソコンを持ち出す場合、BIOS パスワードによるログイン制限、ハードディスクのデータの暗号化を実施する。
- 携帯電話やスマートフォンは、暗証番号によるロックを義務づける。
- 携帯電話やスマートフォンは、遠隔ロックや遠隔データ消去など、盗難や紛失時の対策を講じておく。

第8章

情報システム設備のガイドライン

1 JIS Q 27002:2014 の概要

JIS Q 27002:2014 は、組織が情報セキュリティマネジメントを実施する
プロセスにおいて管理策を選定するための参考として用いる手引きを記載
している（第1章第4節 **4** 「ISMS 適合性評価制度」参照）。

(1) JIS Q 27002:2014 の体系

JIS Q 27002:2014 は、情報セキュリティー管理の管理目的や管理策を規
定している。規格書の1から4では規格の構成、5から18では管理策が
記載されている。

1. 適用範囲	10. 暗号
2. 引用規格	11. 物理的および環境的セキュリティ
3. 用語および定義	12. 運用のセキュリティ
4. 規格の構成	13. 通信のセキュリティ
5. 情報セキュリティのための方針群	14. システムの取得、開発および保守
6. 情報セキュリティのための組織	15. 供給者関係
7. 人的資源のセキュリティ	16. 情報セキュリティインシデント管理
8. 資産の管理	17. 事業継続マネジメントにおける情報セキュリティの側面
9. アクセス制御	18. 順守

(2) 「11. 物理的および環境的セキュリティ」の概要

JIS Q 27002:2014 の 11「物理的および環境的セキュリティ」では、オフィ
スセキュリティに関する管理策が規定されている。

> **11.1 セキュリティを保つべき領域**
> 目的：組織の情報および情報処理施設に対する許可されていない物理的アクセス、損
> 傷および妨害を防止するため

情報処理施設および情報に対して認可されていないアクセスや損傷、妨
害を防御するため、次の6つの管理策から構成されている。

> **11.1.1 物理的セキュリティ境界**
> 物理的セキュリティ境界は、施設および情報を保護するために必要なセキュリティ区
> 画の設定・管理の手引きである。オフィスに対して、物理的に頑丈にする、ゾーニング
> の設定を行う、有人の受付を作る、などの対策がある。

11.1.2 物理的入退管理策

物理的入退管理策は、許可されたものだけにアクセスを許す方法である。ゾーニング設定を行った領域間で、訪問者の記録をとる入退管理や、ゾーニング内でアクセスカードや二要素認証の仕組みの導入を実施するなどの対策をする。

11.1.3 オフィス、部屋および施設のセキュリティ

情報処理施設などの重要設備の表示を最小限にする、扉や窓は外部からの防御を厳重にするなど、オフィス内部のセキュリティを強化することが重要である。

11.1.4 外部および環境の脅威からの保護

火災、洪水、地震などの自然災害または人的災害からの物理的な保護をする。

11.1.5 セキュリティを保つべき領域での作業

セキュリティを保つべき領域での作業に関する物理的な保護の設計をする。セキュリティを保つべき領域の存在は、知る必要があるものだけが知るという原則を適用する。

11.1.6 受渡場所

許可されていないものが立ち入ることもある場所を管理する。

11.2 装置
目的：資産の損失、損傷、盗難または劣化および組織の業務に対する妨害を防止するため

　資産の損失や劣化および組織の活動に対する妨害を防止するため、装置を物理的に保護する次の9つの管理策から構成されている。

11.2.1 装置の設置および保護

装置は、環境上の脅威および災害からのリスク、ならびに許可されていないアクセスの機会を低減するように保護する。

11.2.2 サポートユーティリティ

サポートユーティリティ（例えば、電気、給水、空調）が正しく機能することを確実にするため、定期的な点検や検査を行うことが望ましい。

11.2.3 ケーブル配線のセキュリティ

電源ケーブルや通信ケーブルは、損傷や傍受から保護することが望ましく、可能な限り地下に埋設する。

11.2.4 装置の保守

装置は、可用性および完全性を維持するために、保守が必要である。保守を実施した場合は、保守装置の搬入出や保守作業の記録を取らなくてはならない。

11.2.5 資産の移動

装置、情報などは、事前の許可なしでは、構外に持ち出さないことが望ましい。

11.2.6 構外にある装置および資産のセキュリティ

セキュリティリスク（例えば、損傷、盗難、傍受）は、場所によって大きく異なる場合がある。それぞれの場所に応じた最も適切な管理策を設定する。

11.2.7 セキュリティを保った処分または再利用

取扱いに慎重を要する情報を格納した装置は、物理的に破壊するか確実に上書きすることが望ましい。

11.2.8 無人状態にある利用者装置
無人状態にある装置が適切な保護対策を実施していること。
11.2.9 クリアデスク・クリアスクリーン方針
書類および取り外し可能な記憶媒体に対するクリアデスク方針、ならびに情報処理設備に対するクリアスクリーン方針を適用することが望ましい。

②　クラウドサービスへの対応

　クラウドサービスは、電子メールやファイルサーバとしての利用だけではなく、テレワークやウェブ会議、ビジネスチャットなどの利用が進んだことにより、普及が拡大している。

　総務省の令和4年通信利用動向調査報告書（企業編）によると「クラウドサービスを一部でも利用している」企業の割合は、2022年が72.1%であり、2021年の70.2%から1.9ポイント上昇した。2020年からみると平均1.8ポイント程度上昇が続いている。一方、同調査で「情報漏えいなどセキュリティに不安がある」と回答した企業の割合は31.2%で、依然として不安を抱えている状況である。

　クラウドサービスは、Amazon Web Services（AWS）、Microsoft Azure、Google クラウドプラットフォーム（GCP）などの企業が、世界中から優秀な技術者を集めてサービスを維持している。さらに、利用継続性だけではなく、セキュリティの不安を解消するために、情報セキュリティや個人情報保護に関する ISO の認証を取得している。

　情報セキュリティの基本となるのが ISO/IEC 27001 である。これに加えて、クラウドサービス提供者が取得する ISO/IEC 27017 がある。ISO/IEC 27017 は、クラウドサービスに関する情報セキュリティ管理策の規格である。具体的には、クラウドサービスを提供する企業が、ISO/IEC 27001 に ISO/IEC 27017 をアドオンした規格を適用して、情報セキュリティに対する管理体制の構築や運用を行う。

　さらに、個人情報に関する規定としては ISO/IEC 27018 がある。ISO/IEC 27018 は、クラウドサービスに関する情報セキュリティ管理策のうち、個人情報に限定した規格である。具体的には、ISO/IEC 27017 と同様に、クラウドサービスを提供する企業が、ISO/IEC 27001 に ISO/IEC 27018

をアドオンした規格を適用して、情報セキュリティに対する管理体制や運用を行う。ISO/IEC 27018 は、クラウドサービスに保管されている個人情報を保護するための追加管理策を規定している。

ISO/IEC 27018 は、既に Microsoft や Google 、 Amazon Web Services が認証を取得しており、例えば Microsoft は、「顧客がデータの保存場所を把握している」「明確な同意がない限りマーケティングや広告に使用されない」「顧客データの開示に対する要求には法的拘束力がある場合にのみ応じる」などを明示している。

3　情報システム安全対策基準の概要

情報システム安全対策基準は、経済産業省（制定時点は通商産業省）が機密性、保全性、可用性の確保を目的として制定した指針である。1995年に初版が制定され、1997 年に改正されている。

情報システム安全対策基準は、設置基準、技術基準、運用基準の 3 つの基準で体系的に整理されており、企業が情報セキュリティポリシーを策定する際のリスク分析や、評価の際のチェックリストとして利用できる。

（1）　情報システム安全対策基準の体系

情報システム安全対策基準は、100 項目の設置基準、26 項目の技術基準、66 項目の運用基準から整理されており、この基準に対して、適用区分ごとの対策が明記されている。

①　適用区分

情報システム安全対策基準では、設置基準、技術基準、運用基準のそれぞれに適用区分が明記され、どの基準は、どこに適用すべきかが明確になっている。設置基準における適用区分（図表8-7）では、建物、コンピュータ室、事務室、データ等保管室、端末スペース、関連設備の 6 項目に区分し、各対策項目に対する適用場所を明確にしている。

図表 8-7　設置基準における適用区分

適用区分					
1	2	3	4	5	6
建物	コンピュータ室	事務室	データ等保管室	端末スペース	関連設備

第8章

技術基準と運用基準における適用区分（図表8-8）では、情報システムの利用形態や情報システム利用者を考慮し、各対策項目に対する適用利用者を明確にしている。

図表8-8　技術基準と運用基準における適用区分（抜粋）

利用者区分	不特定利用者	特定企業内利用者	特定部門内利用者
情報システムの利用者	・不特定の一般の者	・情報システムを保有する企業に属する者	・情報システムを保有する企業および外部企業の特定部門に所属する者
情報システムの例	・銀行オンラインシステム ・パソコン通信システム ・受発注オンラインシステム	・販売、在庫管理システム ・住民情報システム	・CAD、CAM、CIM ・企業間資金移動システム

② 情報システムの重要度

情報システムの重要度を決める上で、適用区分を明確にし、情報システムの重要度をABCの3つに分け、対策基準の実施判断に適用する。

重要度は、次のように分けられる。

・A：人命や他人の財産、プライバシー等、社会に影響を与える、企業における個人情報を含む基幹系の情報システム
・B：企業への影響の大きい基幹系や情報系の情報システム
・C：企業への影響の小さい部門ファイルシステム

③ 対策項目と適用区分のマトリックス

どの適用区分にどの対策を実施すべきかをマトリックス形式で表現し、コスト、効果、難易度から対策の優先度を☆（Aに限定して必要）、○（A・Bに必要）、◎（A・B・Cすべてに必要）の3つに分類している。たとえば、基幹系システムは、免震構造のサーバルームが必要と考えるが、ファイルサーバや部門サーバは、費用対効果によりこの対策の優先順位を低くすることができる。

（2）設置基準

設置基準（図表8-9）は、設置環境、電源設備、空気調和設備、監視設備、地震対策の5つの項目から構成されている。このうち、個人情報保護の観点から次の3点について解説する。

図表8-9　設置基準（抜粋）

項目	対策項目	適用区分					
		1 建物	2 コンピュータ室	3 事務室	4 データ等保管室	5 端末スペース	6 関連設備
イ．設置環境 1．立地・配置	(1)建物及び室は、火災の被害を受ける恐れのない場所に設けること。	☆	◎	☆	◎	○	－
	(2)建物及び室は、水の被害を受ける恐れのない場所に設けること。	☆	○	☆	○	☆	－
	(3)建物は、落雷の被害を受ける恐れのない場所に設けること。	☆	－	－	－	－	－
	(4)建物及び室は、電界及び磁界の被害を受ける恐れのない場所に設けること。	☆	◎	☆	◎	☆	－
	(5)建物及び室は、空気汚染の被害を受ける恐れのない場所に設けること。	☆	☆	☆	☆	－	－
	(6)室は、専用とすること。	－	○	－	○	☆	－
	(7)情報システムを事務室に設置する場合は、設置位置等に配慮すること。	－	－	○	－	－	－
	(8)建物の内外及び室は、情報システム及び記録媒体の所在を明示しないこと。	◎	◎	☆	◎	－	－
	(9)建物及び室は、避難のために必要な空間を確保すること。	◎	◎	◎	◎	－	－
2．開口部	(1)外部及び共用部分に面する窓は、防災措置を講ずること。	☆	◎	☆	◎	－	－
	(2)外部より容易に接近しうる窓は、防犯措置を講ずること。	○	◎	☆	◎	－	－
	(3)室は、外光による影響を受けない措置を講ずること。	－	◎	☆	◎	－	－
	(4)出入口は、不特定多数の人が利用する場所を避けて設置すること。	☆	◎	☆	◎	－	－
	(5)出入口は、できるだけ少なくし、入退管理設備を設けること。	☆	◎	☆	◎	－	－
	(6)建物及び室の適切な位置に非常口を設けること。	◎	◎	☆	◎	－	－

① 設置環境

　立地・配置においては、その場所でどのような情報を扱っているかを明示しない。また、出入り口は入退管理設備を設けるようにする。

② 監視設備

　情報システム設備を設置した建物への人の出入りを遠隔監視したり、通信回線の利用状況や障害発生などを監視する必要がある。

③ 地震対策

　地震発生の際にもデータを保全するため、遠隔地に設置した環境で個人データをバックアップする必要がある。

（3）　技術基準

　技術基準（図表 8-10）は、情報技術の適用、災害・障害対策機能、故意・過失対策機能、監査機能の 4 つの項目から構成されている。このうち、個人情報保護の観点から、次の 2 点について解説する。

① 災害・障害対策機能

　災害対策として、データのバックアップやサーバの代替運転ができるようにする。また、障害対策として、情報システムの障害箇所を検出し、切り離しても処理が継続する機能を設ける。

② 故意・過失対策機能

　故意・過失にかかわらず情報漏洩や消失の対策として、情報システム資源へのアクセス認証、アクセス権限の制御、アクセス監視の機能が必要である。さらに、個人情報には暗号化を講じることも重要である。

図表 8-10 技術基準（抜粋）

項目		対策項目	利用者区分による適用		
			1 不特定	2 特定企業内	3 特定部門内
イ．情報技術の適用		(1) 情報技術による安全機能は、情報システムの集中、分散処理の形態に応じて採用すること。	◎	◎	◎
		(2) 情報技術製品は、安全機能を評価及び確認し、適切に利用すること。	◎	◎	◎
ロ．災害・障害対策機能	1．災害対策機能	(1) 情報システムは、代替運転する機能を設けること。	◎	○	☆
		(2) データ及びプログラムを復旧する機能を設けること。	◎	○	☆
		(3) 回復許容時間に対応したバックアップ機能を設けること。	◎	○	☆
		(4) 情報システムを遠隔地でバックアップする機能を設けること。	☆	☆	☆
	2．障害対策機能	(1) データのエラー検出機能を設けること。	◎	◎	○
		(2) 集中、分散処理の形態に応じて、情報システムの障害箇所を検出し、切り離して処理を継続する機能を設けること。	◎	◎	○
		(3) 集中、分散処理の形態に応じて、障害による情報システムの停止の後、処理を回復する機能を設けること。	◎	◎	○
	3．保守機能	(1) 障害内容を解析し障害箇所を特定化する機能を設けること。	◎	◎	○
		(2) 情報システムを停止しないで保守する機能を設けること。	○	○	☆
		(3) 遠隔操作により保守する機能を設けること。	○	○	☆
	4．運用支援機能	(1) 情報システムの稼動及び障害を監視し、運転を制御する機能を設けること。	○	○	☆
		(2) 情報システムを自動的に運転する機能を設けること。	○	○	☆
ハ．故意・過失対策機能	1．アクセス制御機能	(1) 集中、分散処理の形態に応じて、情報システムの資源の機密度を区別する機能を設けること。	◎	◎	○
		(2) 集中、分散処理の形態に応じて、情報システムの利用者の登録と管理機能を設けること。	◎	◎	◎
		(3) 集中、分散処理の形態に応じて、情報システム及びその資源にアクセスするユーザ等の正当性を識別し、認証する機能を設けること。	◎	◎	○

第8章

（4）　運用基準

　運用基準（図表8-11）は、計画、情報システムの運用、データ等および記録媒体の保管および使用、入退館および入退室、関連設備・防災設備および防犯設備、要員、外部委託、システム監査の８つの項目から構成されている。個人情報保護対策の観点からは、PDCA（Plan-Do-Check-Action）サイクルに合わせて、運用基準を利用することが重要である。

①　運用計画（Plan）

　計画時点では、リスク評価に基づいて運用計画を立て、データの重要性を区分けしてデータの作成や更新などのライフサイクルを管理することが重要である。また、災害時の対応計画を盛り込むことも欠かせない。

②　運用（Do）

　情報システムの運用時点では、特に次の点に留意する必要がある。

・ユーザのアクセス権やパスワードを管理する。

・データや記録媒体の保管・使用では、暗号鍵の管理を特定の者が行う。

・入退室では、IDカードなど資格識別証を発行し、搬出入物に対しては内容を確認して記録をとる。

・要員や外部委託先と安全対策に関する作業契約を締結する。また、委託先における安全対策の実施状況を確認する。

③　実績評価・運用計画の見直し（Check & Action）

　情報システム安全対策を講じる上での計画は、安全基準に基づく仮説を設定したにすぎない。したがって、運用実績に基づき仮説を検証し運用計画の見直しを行うため、システム監査を継続的に実施することが重要である。

図表8-11 運用基準（抜粋）

項目		対策項目	利用者区分による適用		
			1 不特定	2 特定企業内	3 特定部門内
イ．計画	1. 情報システム等の運用計画	(1) 情報システム等の運用計画は、集中、分散処理の形態に応じて策定すること。	◎	◎	○
		(2) 集中、分散処理の形態に応じ、情報システムの構成機器の変更及びソフトウェアの修正、変更等の管理計画を策定すること。	◎	◎	◎
		(3) 運用計画は、リスク評価に基づく災害、障害、故意及び過失の安全対策を盛り込むこと。	◎	◎	○
	2. データ等の管理計画	(1) データ等は、機密度及び重要度に応じた区分を設け、保有、利用、配布、持出し、持込み、保管、消去、廃棄等の管理計画を策定すること。	◎	◎	○
		(2) データ等の作成、更新、複写、移動、伝送等に当たっては、集中、分散処理の形態に応じた管理計画を策定すること。	◎	◎	◎
	3. 組織・管理規程	(1) 情報システム等の円滑な運用を行う組織及び災害等への対応組織を整備すること。	◎	◎	○
		(2) 情報システム等の運用に当たっては、責任分担及び責任分界点を明確にすること。	◎	◎	○
		(3) 情報システムの集中、分散処理の形態に応じた運用に関する管理規程を整備するとともに、管理責任者を定めること。	◎	◎	○
		(4) データ等及び記録媒体の使用及び保管に関する管理規程を整備するとともに、管理責任者を定めること。	◎	◎	○
		(5) 入退館及び入退室に関する管理規程を整備するとともに、管理責任者を定めること。	◎	◎	☆
		(6) 防災及び防犯に関する管理規程を整備するとともに、管理責任者を定めること。	◎	◎	○
		(7) 関連設備、防災設備及び防犯設備に関する管理規程を整備するとともに、管理責任者を定めること。	◎	◎	○

PICK UP

・JIS Q 27002:2014 は、情報セキュリティマネジメントシステム（ISMS）の運用のための規範である。

・情報システム安全対策基準は、設置基準、技術基準、運用基準の3つの基準で体系的に整理されている。

第8章

災害対策

1 災害対策の必要性

2011年3月の東日本大震災をはじめ、災害、テロ事件などの発生は予測できない。災害やテロ事件は、企業に対して、業務の停止、顧客の流出、マーケットシェアの低下、企業評価の低下などの影響を与える。

しかも、現在の企業は複数の企業によるサプライチェーンで構成されていることが多いため、影響は1つの企業にとどまらないおそれがある。このため、事業継続性を中心とした災害対策を実施する必要がある。

2 事業継続計画と事業継続管理

事業継続計画（BCP：Business Continuity Plan）とは、災害時に重要業務を中断させない、また万一中断した場合に被害を最小限にするための計画である。なお、ビジネスインパクトの分析や取り組み方針・計画の策定、運用、見直しまでのマネジメントシステム全体を強調する場合は、事業継続管理（BCM：Business Continuity Management）という。

3 事業継続計画の策定

事業継続計画の策定で最も大切なことは、災害の種類にかかわらず業務を中断させない、万一、業務が中断しても短期間で回復できる計画にすることである。そのためには、事業継続管理で重大被害を想定した業務分析を行い、リスクアセスメントに基づく取り組み方針・計画を立て、事業継続上のボトルネックを解消する対応を検討することが重要である。

また、事業継続計画を実効性あるものにするためには、目標復旧時間を設定して教育・訓練などによる結果を検証し、継続的改善を実施するといったPDCAサイクル（図表8-12）を回さなければならない。

なお、事業継続計画の策定には、経済産業省発行の「事業継続計画策定ガイドライン」が組織体制の構築や留意点などに言及しており、参考になる。

図表 8-12　事業継続管理の PDCA サイクル

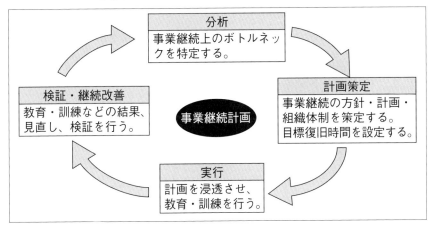

4　情報システムの障害対策

　情報システムによる業務遂行が当たり前となっている昨今、災害で情報システムが停止することは、事業停止に追い込まれることと同じである。したがって、情報システムの障害対策は、同じ場所で同じ被災をしないための備えが必要である。具体的には、建物や設備、システムのバックアップなどの二重化対策が求められる。また、情報流出のリスクを考慮した上で、ファイルのバックアップ先にクラウドサービスも検討する。

図表 8-13　主な二重化の形態

二重化の形態	概要	復旧までの時間	費用
ミラーサイト	同程度の機器やシステムを別の場所に設置し、同一情報を両方の場所に更新する。	即時	大
ウォームサイト	同程度の機器やシステムを別の場所に準備し、バックアップ媒体から復旧処理をする。	数時間レベル	中
コールドサイト	同程度の機器を設置する場所を準備し、災害時に機材を搬入する。	数日レベル	小

PICK UP
・事業継続計画（BCP）は、災害時に重要業務を中断させず、また中断した場合に被害を最小限にするための計画である。
・情報システムの障害対策は、建物や設備、システムのバックアップなどの二重化が必要である。

第8章◎過去問題チェック

1. 次の表は、ゾーニングにおけるエリア区分とその設置例を示したものである。以下のアからエまでのうち、この設置例での物理的な対策として最も適切ではないものを1つ選びなさい。なお、ここでの「区分」は、一般領域・安全領域・機密領域の3つにレベルを分けるものとする。

区分	設置例
機密領域	・許可された者のみが入室できるサーバルーム ・許可された者のみが入室できる商品開発室

ア．監視設備により、電源設備及び空気調和設備の作動を制御する。

イ．入室の際は、私物の持込みを制限する。

ウ．サーバルームの扉の解錠には、部署で共有するIDカードとシリンダーキーの2つの要素を必要とする。

エ．人感センサーを設置して、サーバルームは常時稼働させ、商品開発室は無人となる時間帯に稼働させる。

〈第73回　問題76〉

2. 以下のアからエまでのうち、バックアップの運用に関する次の文章中の（　　）に入る最も適切な語句の組合せを1つ選びなさい。

> 重要なデータやシステムをバックアップ機器に保存することが「バックアップ」であり、災害や機器の故障などが発生した際に、バックアップ機器を用いてバックアップ時の状態にデータやシステムを復旧することを「（　a　）」という。
> バックアップの運用においては、データやシステムが消失・欠損するなどの事故に直面した際に、バックアップと（a）を確実に行えるように、情報資産の（　b　）が損なわれた場合の損失の程度に応じたバックアップの方針を策定する。なお、バックアップ機器には、HDDやネットワーク接続ストレージのNASなどが利用され、これら以外にもHDDよりも大容量で低コスト、故障が少ない（　c　）を利用する場合もある。（c）は、長期保存に向いているという特性から、データセンターのアーカイブ用データストレージとして利用されることもある。

ア．a．リストア　　b．完全性・可用性　　c．磁気テープ
イ．a．リストア　　b．保全性・信頼性　　c．フラッシュメモリ
ウ．a．リビルド　　b．完全性・可用性　　c．フラッシュメモリ
エ．a．リビルド　　b．保全性・信頼性　　c．磁気テープ

〈第 73 回　問題 78〉

3．次の文章は、RAID に関する記述である。以下のアからエまでのうち、この文章に該当する方式を 1 つ選びなさい。

> データからパリティを生成して 3 台以上のハードディスクに分散して書き込み、分散処理により特定のドライブに対する負荷を軽減し、高速化を図ることができる。1 台のハードディスクが故障してもシステムを稼働し続けることができ、故障したハードディスクを交換してパリティでデータを復元することも可能であることから、耐障害性が向上する。

ア．RAID 2　　　　イ．RAID 3　　　　ウ．RAID 4　　　　エ．RAID 5

〈第 71 回　問題 80〉

4．以下のアからエまでのうち、オフィス内での対策に関する次の文章中の（　　）に入る最も適切な語句の組合せを 1 つ選びなさい。

> 業務中に離席する際は、クリアスクリーンポリシーに則り、ログオフや（　a　）などにより、画面をロックする。また、業務終了後に退室する際は、クリアデスクポリシーに則り、書類やノートパソコン、記録媒体などは、机上に一切残さず、施錠可能な引出しやキャビネットに保管する。
> なお、ノートパソコンを机上に残す場合は、ノートパソコンの（　b　）に（　c　）を装着して盗難防止の対策を行う。（c）は、ケンジントンロックやワイヤーロックなどとも呼ばれる。

ア．a．ディスプレイの電源オフ　　b．ポート
　　c．セキュリティワイヤー
イ．a．ディスプレイの電源オフ　　b．セキュリティスロット

　　　　ｃ．セキュリティポートロック

ウ．ａ．スリープモードへの切替え　　ｂ．ポート

　　　　ｃ．セキュリティポートロック

エ．ａ．スリープモードへの切替え　　ｂ．セキュリティスロット

　　　　ｃ．セキュリティワイヤー

〈第72回　問題80〉

5．以下のアからエまでの記述のうち、MDMの説明に該当するものを1つ選びなさい。

ア．企業・組織が許可をしていない、あるいは情報システム部門などが把握できていない状態で、個人所有のスマートフォンやタブレットなどの携帯端末やIT周辺機器、外部サービスなどを利用することである。

イ．スマートフォンに対し、OSにおける特権的な管理者アカウント（rootアカウント）でシステムを操作できるように改造することであり、これによってスマートフォン利用の自由度が高まる一方で、不正アプリやサイバー攻撃などの危険性が高まる。

ウ．従業者に貸与しているスマートフォンなどの携帯端末を管理する仕組みであり、使用状況の把握などを行い、複数端末の一元的な管理を行う。また、端末の紛失や盗難対策として、リモートロックやリモートワイプなどの機能を搭載した製品もある。

エ．スマートフォンなどの携帯端末で、不必要なアプリの動作を制限したり、一部の機能をオフにすることにより、消費電力量を抑え、電池を長持ちさせる機能のことである。

〈第71回　問題81〉

6．BYOD導入のメリット・デメリットに関する以下のアからエまでの記述のうち、最も適切ではないものを1つ選びなさい。

ア．私物端末を利用するため、企業側での端末購入コストや維持費を抑えることができる。

イ．使い慣れた端末を利用するため、操作面でもストレスが少なく、従業者の満足度の向上が期待できる。

ウ．すべての従業者が同一の回線を利用するため、通信の過負荷が発生する。

エ．私物端末を利用するため、仕事とプライベートの境界線がつけにくく、労務管理が複雑化する。　　　　　　　　　　　〈第73回　問題82〉

7．以下のアからエまでの記述のうち、データサルベージの説明に<u>該当するもの</u>を1つ選びなさい。

ア．コンピュータに関する法的問題や犯罪などが発生した際、コンピュータ内の機器に残る記録を調査・収集・分析することにより、法的証拠性を明らかにする手段や技術の総称である。

イ．不具合などによってデータが読み込めなくなった記憶媒体から、データを取り出す技術、またはそのような作業やサービスを指すものである。また、この技術を悪用して、安易に廃棄されているハードディスクなどからデータを不正に取り出す手口もある。

ウ．リアルタイムバックアップとも呼ばれ、ハードディスクなどの記憶媒体のデータ保護方式の一つであり、あらかじめ設定したスケジュールに基づいて、対象となるデータやファイルが変更されると、自動的にバックアップデータを作成する仕組みである。

エ．画像や動画、音声などのデジタルデータに、人の目には見えない特定の情報を埋め込む技術である。これによって埋め込む情報には、著作権者、使用許諾先、コピーの可否や回数、課金情報などがあり、著作権の保護や違法コピーの防止などに利用される。　　　　　〈第72回　問題82〉

8．以下のアからエまでの記述のうち、デュアルシステムの説明に<u>該当するもの</u>を1つ選びなさい。

ア．稼働している系統（現用系）と待機している系統（待機系）の2つのシステムを用意し、現用系で処理が行われ、待機系は現用系のトラブルに備えて待機する方式である。

イ．同じ処理を行う2系統を同時に稼働・運用し、どちらかのシステムに障害が発生したときには、他方のシステムで処理を継続する方式である。

ウ．一連の処理を別々のコンピュータが行うように構成されたシステムであ

第8章

り、処理を分散させることによって1つのCPUへの負荷が分散でき、システム効率のアップが期待できるというメリットがある。

エ．複数の系統によって一連の処理を行うように構成されたシステムであり、一連の処理が停止する可能性は低いが、障害時には一部のCPUが過負荷となり、処理が低下するという特徴がある。　〈第71回　問題83〉

9. 以下のアからエまでのうち、内閣府が策定した「事業継続ガイドライン」の「事業継続の取組の必要性と概要」に関する次の文章中の（　　）に入る最も適切な語句の組合せを1つ選びなさい。

大地震等の自然災害、感染症のまん延、テロ等の事件、大事故、サプライチェーン（供給網）の途絶、突発的な経営環境の変化など不測の事態が発生しても、重要な事業を中断させない、または中断しても可能な限り短い期間で復旧させるための方針、体制、手順等を示した計画のことを（　a　）と呼ぶ。また、（a）策定や維持・更新、事業継続を実現するための予算・資源の確保、事前対策の実施、取組を浸透させるための教育・訓練の実施、点検、継続的な改善などを行う平常時からのマネジメント活動は、（　b　）と呼ばれ、経営レベルの戦略的活動として位置付けられるものである。

なお、何らかの危機的な発生事象により自社の施設が大きな被害を受けたり、重要な事業のサプライチェーンが途絶したりすれば、平常時に実施している全ての事業・業務を継続することは困難となり、重要な事業に必要不可欠な業務から優先順位を付けて継続または早期復旧することが求められる。そこで、（　c　）を行うことにより、企業・組織として優先的に継続または早期復旧を必要とする重要業務を慎重に選び、当該業務をいつまでに復旧させるかの目標復旧時間等を検討するとともに、それを実現するために必要な経営資源を特定する必要がある。

ア．a．RCP　　b．BCM　　c．SWIFT

イ．a．RCP　　b．RCM　　c．BIA

ウ．a．BCP　　b．BCM　　c．BIA

エ．a．BCP　　b．RCM　　c．SWIFT

〈第73回　問題84〉

第 **9** 章

情報システムセキュリティ

第 1 節

ユーザ ID とパスワードの管理

　悪意ある第三者や、故意または過失による事故から情報資産を保護するために、多くの情報システムでは、利用する際、ユーザ ID とパスワードによって認証を行うように設定されている。運用ルールを整備した上で、利用者自身が適正にユーザ ID やパスワードを管理できるようにすることが、情報システムセキュリティを確保することの第一歩であるといえる。

1　利用者の識別と認証

（1）　利用者の識別と認証

　ユーザ ID は各利用者を識別するために与えられた文字列であり、パスワードは個人の認証のために利用される文字列で暗証番号としての役割をもつ。コンピュータシステムはユーザ ID とパスワードの組合せが正しく入力された場合に限り、本人であると判断する（図表 9-1）。

図表 9-1　利用者の識別と認証

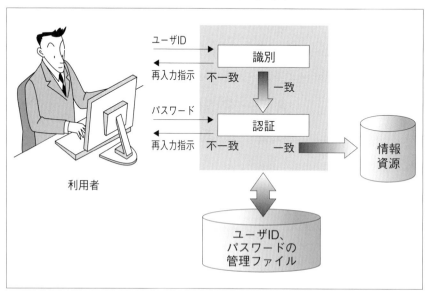

　すべての利用者には、その活動が追跡できるように、個人を特定するためのユーザIDが与えられる。利用者は、自分だけが知り得るパスワード、あるいは、顔認証などの生体情報、もしくは、利用者所有のスマートカードなどによる認証によって、本人性が確認される（本章第4節「認証システム」参照）。

　ユーザID管理のポイントをまとめると、次のとおりである。

・他人のユーザIDを使わない。

・1つのユーザIDを複数の利用者で共有しない。

・複数の利用者で1つのユーザIDをやむを得ず共同使用する場合は、その管理を厳重に行う。

・利用されなくなったユーザIDは、速やかに管理者が削除する。

　なお、**二要素認証**といって、2つの異なる認証方法を組み合わせることでセキュリティ強度を高くする認証方式が、金融機関のインターネットバンキングサービスをはじめ、広く用いられるようになってきた（図表9-2）。

図表9-2　二要素認証の例（金融機関のネットバンキング）

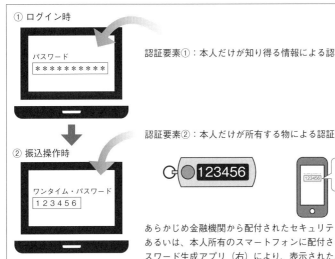

① ログイン時

パスワード
＊＊＊＊＊＊＊＊＊＊＊

認証要素①：本人だけが知り得る情報による認証

認証要素②：本人だけが所有する物による認証

② 振込操作時

ワンタイム・パスワード
１２３４５６

ワンタイムパスワード
123456

あらかじめ金融機関から配付されたセキュリティトークン（左）、あるいは、本人所有のスマートフォンに配付されたワンタイム・パスワード生成アプリ（右）により、表示されたパスワードを入力して、振込操作を行う。

第9章

(2)　シングルサインオン

　ユーザＩＤとパスワードの組合せを一度入力すれば、アクセスを許可された複数の情報資源の利用が可能になる仕組みを、シングルサインオンという。利用者の入力の手間を省く（利便性向上）とともに、アクセス制御（本章第２節「アクセス制限とアクセス制御」参照）を実現させるための安全な仕組みとして注目されている。

　シングルサインオンの導入により、システムの管理者や開発者はユーザの識別・認証管理を一元化でき、各ユーザがどのような権限に基づいて情報資源にアクセスできるかを的確に管理することが可能となる。

2　パスワード管理

(1)　パスワードの強度

　パスワードの強度とは、「パスワードの見破られにくさ」である。攻撃者が、総当たりでパスワードを解析しシステムにアクセスしようと試みた場合（**ブルートフォース攻撃**）、パスワードに使用できる文字の種類の総数を n 乗した組合せを試す必要がある（n はパスワード文字数）。

　例えば、使用可能文字として英大小文字＋数字を組み合わせ、パスワード長（文字数）を８文字とすれば、168 兆に及ぶ組合せを試すことになり、パスワードの強度は高くなると考えてよい。さらに、パスワードの変更頻度が高ければ、見破られる前にパスワードが別の値に変化し、強度が増す。

(2)　パスワード管理の留意点

　パスワード管理は、システムの設計・運用を担う管理者と利用者本人の２つの側面で、次の点に留意しなければならない。

① 管理者
・仮のパスワードを設定し、利用者本人が初回ログイン時に変更できるようにする。
・パスワードの強度を確保するために、最低パスワード文字数を設定する（安全性を確保するには、最低でも６文字は必要とされている）。
・パスワード設定時に、連続文字を避け、英字と数字を混合させるようチェックをかける。

・パスワードは画面上に表示しない（入力時の利便性を考慮して、1度だけ表示できるようにすることは可）。
・利用者に自分のパスワードの変更を許可し、入力ミスの発生を考慮した確認手段を提供する。
・同一または類似パスワードの再利用を制限する。
・一定回数以上ログインに失敗した ID を停止する。
・必要に応じて有効期限を設定する（**パスワードエージング**）。
・パスワードの管理ファイルは、業務用のデータと別に保存し管理する。

② 　利用者本人

・パスワードには氏名、生年月日、電話番号など他人に推測されやすいものは使わない。
・パスワードを他人に教えない。
・パスワードを入力するときは、他人に見られないようにする。
・パスワードを紙に書いたり、電子媒体の記録に残したりしない。
・必要に応じて新しいパスワードに変更する。
・過去に使ったことのあるパスワードを繰り返して使わない。
・パスワードが破られたと気づいた場合は、直ちに新しいパスワードに変更し、管理者に連絡する。
・パスワード漏洩時に備えて、複数のシステムで同じ値のパスワードを使い回さないようにする。

　もし、1つのシステムからユーザ ID とパスワードの組み合わせ情報（パスワードリスト）が流失し、犯罪者の手に渡ると、**パスワードリスト型攻撃（クレデンシャルスタッフィング攻撃）** という、SNS やショッピングサイトなど複数システムへの不正ログインの総当たり攻撃を受け、アカウントの乗っ取りやショッピングサイトの不正利用などのリスクが高くなる。

・情報システムでは、情報資産を保護するために、ユーザ ID とパスワード、その他、生体情報や本人のみが所有する物によって利用者の識別と認証を行う。
・情報システムのセキュリティを確保するために、認証情報の適切な管理と運用が重要である。

第9章

403

アクセス制限とアクセス制御

1 アクセス制限

(1) システムに対するアクセス制限計画

　システムに対するアクセス制限は、あらかじめ計画を立てて、設定・管理していく。ユーザは、次のような計画に従い、所定の手続きを踏んだ上で、適正なアクセス権が付与されたユーザ ID を用いてシステムを利用する。

① データ端末の制限

　すべての端末で個人情報にアクセスできるようにするのではなく、アクセスできる端末をあらかじめ登録しておく。これにより、権限の付与されていない者が不正にアクセスすることを防ぐことができる。

② 個人情報データに対する利用時間の制限

　個人情報に長時間アクセスする行為は、利用者本人以外の情報についての漏洩、改ざんの可能性が高くなる。したがって、一定の合理的な時間制限を設けることで、危険性を軽減するようにすべきである。

③ 同時利用者数の制限

　同時に多人数での個人情報へのアクセスを許可してしまうと、個人情報データについて、閲覧、加工、複写、削除などの行為の主体者を特定することが難しくなり、不正使用や漏洩の危険性が高くなる。個人情報へのアクセスに関する事実を正確に記録・管理し、セキュリティレベルを維持するために、同時利用者数の制限を設ける必要がある。

④ アクセス権限レベルに応じた業務システムやデータの利用制限

　利用者が一般ユーザなのかサービス管理者なのかといった情報システムに対する権限のレベルや、利用者の担当する業務分野に応じて、アクセスできるファイルやデータを必要最低限の範囲に設定する。これにより、個人情報へのアクセスを最小限に制限することができる。

(2) ユーザと端末に応じたアクセス権限の設定

　許可されたユーザのみが、与えられたアクセス権限の範囲内で適正に情

報資源にアクセスできるようにする必要がある。そこで、業務システムやデータファイルごとにあらかじめアクセス権限のレベルを設定し、それをユーザや端末に対応づけして管理する（図表9-3）。

図表 9-3　ユーザと端末に応じたアクセス権限による管理

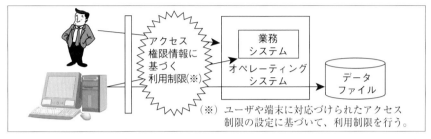

（※）ユーザや端末に対応づけられたアクセス制限の設定に基づいて、利用制限を行う。

　リモートワークの普及にともない、パソコンやスマートフォンなどの個人所有端末をビジネスでも活用し、利便性や生産性を向上させるものとして、**BYOD**（Bring Your Own Device）が注目されている。この場合、ユーザ、端末ごとのきめ細かなアクセス制限がますます重要となる。

2 アクセス制御

（1）　アクセス記録の管理

　不正アクセスを検出し情報セキュリティレベルを維持管理する目的で、個人情報データにアクセスしたユーザID、ログオン・ログオフ日時、端末IDと所在、アクセスの成功・失敗状況などのアクセス記録を作成し保持する。
　なお、このアクセス記録に、どの個人情報データがアクセスされたかを含めると、これ自体が個人情報となるため、扱いには注意が必要である。

（2）　アクセス管理レベルの妥当性検証・見直し

　ユーザごとに設定された利用制限やアクセス権限のレベルが妥当であり、計画どおりに運用されているかを常に監視し、必要であれば、アクセス権限の設定を見直して、セキュリティレベルを維持するようにする。

・不正アクセスを防ぎながら、利用者が個人情報に適切にアクセスできるようにするために、情報システムへのアクセス制限を検討・計画し、妥当な仕組みと運用体制のもとにアクセス制御を行う必要がある。

第9章

暗号化

1 暗号化の目的

　暗号とは、情報をやりとりする当事者以外の第三者にはその意味が認識されないようにする目的で、当事者間で取り決めた特殊な記号や文字による情報の表現方式である。また、情報のやりとりの手順でもあり、個人情報保護の観点から重要な技術である。

2 暗号化の仕組み

　情報発信者が作成したもともとの情報を平文（ひらぶん）といい、暗号表現に変換する作業のことを**暗号化**という。そして、受信者が暗号表現をもともとの認識可能な形式に戻すことを**復号化**という。

　この暗号化や復号化を行うための手順が**アルゴリズム**であり、暗号化に用いるパラメータを**鍵（キー）**という。暗号における鍵の長さを**鍵長**といい、通常ビット数で表す。鍵長が長いほど、解読されにくく、安全性が高いといえる。

3 暗号化の方式

　暗号化の方式には、**ストリーム暗号**と**ブロック暗号**がある。

　ストリーム暗号とは、平文を1ビット（または1バイト）ずつ処理する暗号方式である。一方、ある大きさのビットのまとまりに対して暗号化する方式がブロック暗号である。

　また、暗号に用いる**鍵**（キー）の扱い方によって、**共通鍵暗号方式**、**公開鍵暗号方式**、それらを組み合わせたハイブリッド方式がある。

（1）　共通鍵暗号方式

　共通鍵暗号方式は、暗号化と復号化に同一の鍵を使うところからつけられた呼称で、慣用暗号方式、秘密鍵暗号方式とも呼ばれる。具体的な共通鍵暗号方式には、DES（Data Encryption Standard）やFEAL（Fast data

Encipherment ALgorithm）、RC5（Rivest's Cipher 5）などがある。

　DES は米国商務省標準局（NBS：National Bureau of Standards）が非機密事項に対する暗号化アルゴリズムとして 1977 年に公表した方式で、64 ビットの鍵を用いて暗号化処理を行うものである。元のデータに対して、データ位置の交換や、データのシフト等の比較的簡単な操作を組み合わせることで、複雑な暗号処理を実現している。

　しかし、鍵長が短く固定長であることから、コンピュータ計算技術の向上によりパソコンを使ったブルートフォース攻撃（本章第 1 節「ユーザ ID とパスワードの管理」参照）でも暗号が破られるようになった。このため、後継として、128 ビット、192 ビット、256 ビットの鍵長が使える **AES**（Advanced Encryption Standard）が開発され、現在主流となっている。

(2)　公開鍵暗号方式

　公開鍵暗号方式は、データの暗号化に使用する鍵と、復号化に必要な鍵を別々に用意するのが特徴である。作成した本人が所有し誰にも公開しない**秘密鍵**と、情報をやりとりしたい相手にあらかじめ渡しておく**公開鍵**とが用いられる。運用上、一方の鍵を公開するところから、公開鍵暗号方式と呼ばれており、現在、**RSA**（Rivest Shamir Adleman）方式や楕円曲線暗号などがある。

　公開鍵暗号方式の手順は、次のとおりである。

●A から B へメールを送信する場合の例（図表 9-4）

　A の個人情報の安全性を確保するために、A は、受信者である B の公開鍵を使ってメール文書を暗号化し、それを B に送る。公開鍵で暗号化したものは秘密鍵でしか復号化されないため、万が一、メールが第三者に傍受されたとしても、内容が解読されることはなく機密性が確保されているといえる。

　暗号化されたメール文書を受け取った B は、自分の秘密鍵で復号化する。B から A への返信は、逆に、A の公開鍵を利用して暗号化したメールを送ることになる。

図表 9-4　公開鍵暗号方式を用いたメールの送受信

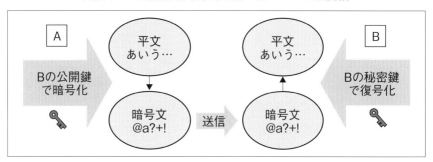

(3)　公開鍵暗号方式の電子署名技術への応用

　公開鍵暗号方式は、個人認証のための**電子署名**としても用いることができる（本章第4節「認証システム」参照）。

　送信者が自分の秘密鍵でメッセージを暗号化すれば、受信したメッセージは送信者の公開鍵でのみ復号化できるため、本人が送信したメッセージであることを確認できる。受信者が送信者の公開鍵で復号化できない場合は、通信途中で内容が改ざんされていたり、第三者が送信者になりすましている可能性が考えられる。これを認識することで、個人情報の真正性、完全性が確認でき、受信後のトラブルを防ぐことができる。

(4)　ハイブリッド方式

　ハイブリッド方式では、まず公開鍵暗号方式で共通鍵の受け渡しだけを行った後、実際のデータの送受信は共通鍵暗号方式で行う。双方を組み合

図表 9-5　暗号方式のメリット・デメリット

暗号方式	メリット	デメリット
共通鍵暗号方式	・暗号化・復号化の処理速度が速い。	・やりとりする相手の数だけ鍵が必要になる。 ・鍵の受け渡し時の漏洩対策が手間となる。
公開鍵暗号方式	・一対の公開鍵・秘密鍵があればよく、鍵の管理が容易である。	・暗号化・復号化の処理速度が遅い。
ハイブリッド方式	・暗号化・復号化の処理速度が速い。 ・鍵の受け渡しが容易である。 ・安全性が高い。	―

わせることで、安全性、運用管理の容易性、処理の効率性を備えた方式である（図表9-5）。

（5） インターネット利用時のセキュリティを確保する暗号化

　インターネットを利用した電子決済などにおいては、データの盗聴、改ざん、なりすましを防ぐために暗号化技術が不可欠である。**SSL**（Secure Sockets Layer）/**TLS**（Transport Layer Security）は、公開鍵暗号方式と共通鍵暗号方式を組み合わせて、セキュアなデータの送受信を行うための通信手段である。Webブラウザに装備されており、電子決済時のクレジットカード情報をはじめ、個人情報の送受信に広く用いられている。

図表 9-6　SSL の仕組み

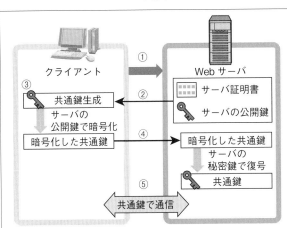

① 　ブラウザからセキュアなWebサイトである、「https://〜」へ接続要求。
② 　サーバ認証
　ブラウザは、Webサーバからサーバ情報を受信し、デジタル証明書（ルート認証局証明書）を利用して、サーバの真正性を確認（ブラウザとWebサーバ間にセキュアな通信チャネルが確立）。
※このとき、ルート認証局証明書は「信頼される認証局」としてクライアント端末にあらかじめ登録されている。

③ 　共通鍵生成
　ブラウザ側で、サーバIDの情報をもとに共通鍵（セッションキー）を生成。
④ 　共通鍵の交換
　ブラウザは、Webサーバの公開鍵を用いて共通鍵（セッションキー）を暗号化しWebサーバへ送付。Webサーバは、自分の秘密鍵で復号化し共通鍵を取り出す。
⑤ 　暗号化データ通信開始
　共通鍵（セッションキー）を利用した暗号化通信が開始される。

・個人情報の機密性、真正性、完全性を保護するために、暗号化技術が効果的に利用されている。
・暗号化技術の利用においては、鍵の管理が重要である。

第9章

認証システム

　認証（または本人認証）とは、利用者が本人であることを証明するプロセスをいう。本人であることの証拠として、自らの名前とパスワードなど利用者の知識や、スマートカードなど利用者の持ち物を要求したり、利用者の身体的特徴をシステムが検知したりすることで、あらかじめ登録済みの情報と照合することによって確認する。

1 さまざまな認証方式

　情報システムによるユーザ認証は、従来、本人であることの証拠として、利用者に自らについての知識を入力させる方式（パスワード入力など）が主流であった。しかし、近年、利用者本人しか所持し得ないカードや、利用者の生体情報に基づく認証（バイオメトリクス認証）が一般化した。本人識別に用いられる情報そのものは、個人情報であることにも注意が必要である。

（1）　ユーザ認証の方法とメカニズム
①　本人のみが知り得る情報による認証

　ユーザIDとパスワードの組合せによりあらかじめ登録されている登録情報と照合して本人として識別する認証方法は、古くから利用され続けているものである。しかし、近年、漏洩、解読などによるパスワードの脆弱性が明らかになっており、重要な個人情報を扱うシステムにおいては、より安全な認証方式への切り替えや併用が進んでいる。

　従来のパスワード方式の弱点をカバーする方式に、**ワンタイム・パスワード**がある。いくつかの認証方法があり、いずれも一度きりの使い捨てパスワードを用いる。**タイムスタンプ認証**では、本章第1節の図表9-2で示したとおり、セキュリティトークンやスマートフォンのアプリで生成されたパスワードをサーバに送信し、サーバ側で受け取ったパスワードの値、時刻、トークンやアプリの認識番号から本人性を確認する。**チャレンジレスポンス認証**では、サーバがクライアントにチャレンジという値を毎回送

り、クライアントがそれをもとに、一定のルールで擬似乱数（ハッシュ値）をつくり、レスポンスとしてサーバに返す。サーバ側でも同じルールで演算を行い、クライアントからのレスポンスとの一致を確認する。

② **本人のみが所持する物による認証**

スマートカードを用いた方式が代表的である。スマートカードはクレジットカードと同じ大きさのプラスチックカードにCPU、メモリ、セキュリティ回路などのICチップが組み込まれたもので、演算能力が高くきわめて高度なセキュリティを確保することが可能である。また、PKI認証（ **2** 参照）に欠かせないデジタル証明書の情報も記憶できる。

スマートカードは紛失や盗難、破損などの事故の可能性も高いが、紛失、盗難に備えてデータが暗号化され保護されている。

③ **本人のみがもつ生体情報を利用した認証**

身体的特徴や行動的特徴は、他者がまねたり、変えることのできない本人固有のものである。これらの特徴をあらかじめ画像などのパターンとして登録しておき、認証時に再度取得したデータと照合して、本人性を確認する技術が**生体認証（バイオメトリクス認証）**である。現在、指紋、掌紋、静脈、顔、虹彩、眼球血管、音声（声紋）など身体的特徴による認証、および筆跡（筆記時の軌跡・速度・筆圧の変化のパターン）などの行動的特徴を利用した認証技術がある。

生体認証は、認証精度や安全性で他の方式を凌駕しているが、本人識別に用いる情報が個人識別符号に該当し、注意が必要である。また、実用上、登録時と照合時のデータ取得環境の差異に起因して誤認識（本人拒否や他人受入れ）となる可能性がゼロではない点に留意する必要がある。一般に、他人のなりすましを防ぐためには照合時の「他人許容率」を低く抑える必要があるが、照合されるべき本人までが拒否される可能性（「本人拒否率」）が高くなってしまう。反対に、運用のしやすさを重視して「本人拒否率」を下げると、「他人許容率」が大きくなってしまい、セキュリティが担保できなくなる。運用上の適正な照合精度が求められる。

(2) 各生体認証の特徴

各生体認証方式の特徴と考慮点は図表9-7に示すとおりである。

図表9-7 生体（バイオメトリクス）認証の特徴と考慮点

認証方式 （モード）	特徴	考慮点
指紋認証	・指紋の縞模様（隆線）の切れているポイントと分岐しているポイントを特徴量として利用した認証方式。 ・個人ごとに固有の特徴があり、照合精度が高い。	・窃取・複製によるなりすましリスクがある。 ・汗などの影響で動作不良が発生する可能性がある。
掌紋認証	・手のひら全体に出ている掌紋を利用した認証方式。 ・個人ごとに固有の特徴があり、照合精度が高い。	汗などの影響で動作不良が発生する可能性がある。
静脈認証	・指先や手のひらの中にある静脈の形や分岐点、方向などを利用した認証方式。 ・照合精度が高く、体内の情報であることから、第三者に取得されたり偽装されたりする可能性がほとんどない→金融機関のATMで活用されている。	認証機器が高額であり、導入コストが大きい。
顔認証	・顔の輪郭や目や鼻などの位置情報を画像認識技術で取り出し、距離や角度、色の濃淡などによって個人を特定する認証方式。 ・赤外線センサーにより顔の立体画像情報までデータ化する方式では、照合精度が高い。	・眼鏡やマスクの着用、化粧や加齢による影響で、うまく認証できない場合もある。 ・集合写真などから本人の意思とは無関係に情報を取得・利用される可能性もあり、個人情報保護の観点から、本来の認証目的のみに的確に運用される必要がある。
虹彩認証	・瞳の周辺部分である虹彩のしわの特徴を利用した認証方式。 ・本人特定の精度が極めて高く、第三者に取得されたり偽装されたりする可能性がほとんどなく、加齢による変化もない。	眼鏡やコンタクトの装着により認識不可となる。

眼球血管認証	・眼の白目部分の血脈の特徴を利用した認証方式。 ・照合精度が極めて高く、第三者に取得されたり偽装されたりする可能性がほとんどない。 ・眼鏡やコンタクトの装着時も認証可能である。	顔の近接写真などから情報を抜き取られて悪用される可能性がある。
音声（声紋）認証	・声の特徴を周波数の分布情報として取り出し、個人を特定する認証方法。 ・マイク以外に特別な認証用機器が不要であり、通話での認証も可能。	騒音の大きい環境ではうまく認識できないことがある。

② 通信相手の本人性認証方式

　情報システムに直接アクセスしようとする者だけでなく、電子メールなどにおける通信相手の本人性の確認も、個人情報保護の観点から重要である。この場合、ネットワーク越しの相手を認証するための基盤である、**公開鍵基盤**（PKI：Public Key Infrastructure）による認証が有効である。

（1）　電子署名による本人性と通信内容の真正性の保証

　PKI認証においては、電子メールなどのメッセージに対して、**電子署名（デジタル署名）**をつけることによって、発信者が正しく本人であることとメッセージが改ざんされていないことを証明できる（図表9-8）。同時に、発信者による文書送信の事実を証明することができるので、後になって、発信者が送信の事実やその内容を否定することを防止できる（**否認防止**）。

　PKI認証を用いた電子メール送受信の手順は、次のとおりである。

【発信者】

①送信内容（平文）を作成

②送信内容をハッシュ関数で圧縮（メッセージダイジェスト）

③メッセージダイジェストを発信者の秘密鍵で暗号化（電子署名）

④平文と電子署名を相手に送信

第9章

図表 9-8　電子署名 (デジタル署名) の概要

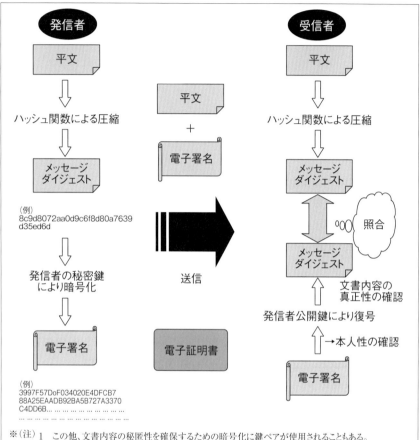

※(注) 1　この他、文書内容の秘匿性を確保するための暗号化に鍵ペアが使用されることもある。
2　ハッシュ関数:y=f(x)において、x(平文)からy(メッセージ・ダイジェスト)を求めるのは簡単であるが、yからxを求めるのは事実上困難であり、かつ異なるxから同一のyを生成するのが計算上不可能であるような関数をいう。

【受信者】

①相手 (発信者) の公開鍵を入手

②受信した電子署名を、公開鍵で復号化

③受信した平文を、相手と同じハッシュ関数で圧縮

④上記②と③で得られたメッセージダイジェスト同士を照合

⇒ 一致すれば、発信者の本人性と受信内容の真正性を確認できる

（2）　電子証明書と認証局（CA）

　仮に発信者が、本来の相手ではないなりすましであり、公開鍵もにせものを提示されてしまった場合、偽装を見破ることができなくなる。公開鍵の真正性を証明し確認できる仕組みが PKI 認証の鍵を握っている。

　PKI 認証においては、公開鍵の真正性を保証する機関として**認証局**（**CA：Certification Authority**）が設置され、認証局の発行する**電子証明書**（**デジタル証明書**）によって、公開鍵が真正であることを確認できるようになっている。ちょうど、不動産や自動車の売買、住宅ローンなどの契約時に、自治体にあらかじめ登録済みの印鑑を用い、自治体の発行する印鑑証明（印鑑登録証明書）を添付してその正当性を保証するのと同様である。

　利用者が認証局に発行申請を行い、所有者情報の登録審査が完了すると、IC カード、もしくは電子ファイル形式で発行される。

　電子証明書には、公開鍵、証明書所有者の名前、認証局の名前、認証局自身の電子署名などが含まれており、それらは印鑑証明における登録印影、氏名、市区町村長の名前、市区町村長の印に相当するといえる。

　印鑑証明の場合は、市区町村長の名前と印が真正であることがわかれば、証明に偽りがないと確認できるが、電子証明書の場合には、さらに、認証局がなりすましではない、真正なものであることの確認も必要になってくる。電子署名の確認に必要な電子証明書について、その真正性確認のため、さらなる電子証明書が必要……という無限の繰り返しを避けるため、認証局の頂点として、外部機関による厳しい監査のもとに、自らの正当性を証明することのできる**ルート認証局**（**ルート CA**）が設定されており、PKI 認証の仕組みが担保されている。

　・認証技術の利用により利用者の本人性の確認を行うにあたっては、適切な認証方式の採用とその運用管理が重要である。
　・個人情報の機密性保護の一環として、認証技術の効果的な利用についての適切な方策を検討し、運用管理する必要がある。

第9章

電子メールの利用

1 電子メールの脅威と対策

（1）電子メールシステムのセキュリティレベル

クライアント端末とメールサーバによるメールの送受信という基本的な機能を搭載しただけの電子メールシステムは、セキュリティレベルが高いものではなく、個人情報保護や機密保持の観点からも万全のシステムとはいいがたい。基本機能以外のさまざまなセキュリティ機能を補完して運用することや、利用規程の整備、利用者本人の注意義務の順守が、セキュリティを確保し個人情報を保護するための重要なポイントとなる。

（2）電子メールの利用におけるさまざまな脅威

① メールの誤送信

別の相手に送るはずのメールを気づかずに誤った宛先に送信してしまう、誤ったファイルを添付して送信しまうといったケアレスミスが、個人情報の漏洩に直結するおそれがある。

② ウイルス付きメールの送受信

電子メールの利用において、ウイルスがついたメールの受信による感染被害や送信によって加害者となってしまうことが懸念される。

③ スパムメール受信

受信者の許可なく勝手にメールを送りつける迷惑メールをスパムメールという。身元を詐称した偽装メールを大量に受信することにより、時間的・コスト的損失を被る。業務そのものに多大な影響を受ける可能性もある。スパムメールには、対策ソフトのフィルタリング機能が対応していないファイル形式を狙って迷惑メールをばらまくという特徴がある。

画像スパムは、メール本文ではなく、メールに添付された画像に文章などが書かれているタイプのスパムである。大手証券会社のロゴを画像に入れ、特定の銘柄を宣伝して注文を促すといった犯罪の手口であるが、最新の対策ソフト（フィルタリング機能）では、検出・防御が可能となってい

る。PDF（Portable Document Format）スパムは、PDF で読ませたい文書が添付されているものである。そのほか、Excel スパムや、圧縮ファイルを利用した ZIP スパムが存在する。

④　フィッシング

フィッシング詐欺としては、正規の金融機関などを装って偽の URL を電子メールで送りつけ、偽の Web サイトへ誘導して、住所、氏名、銀行口座番号、暗証番号、クレジットカード番号などの個人情報を詐取するなどがある（第5章第5節「ソーシャル・エンジニアリング」参照）。

⑤　標的型攻撃

自社の社員、組織のメンバーや官公庁などを装って、ウイルスの添付された電子メールを送りつけるなどがある。添付ファイルを開くと感染し、場合によっては、コンピュータ内にある機密情報が海外のサーバに送信され、その情報が悪用されてしまう可能性もある。トロイの木馬（本章第7節「ウイルスなど不正プログラムに対する防御策」参照）などの例がある。

(3)　電子メールをとりまく脅威への対策

まずは利用者本人が、電子メール本文に不審な部分があった場合、本文中の URL や添付ファイルを開く前に、必ず送信者の真正性を確認すること、電子メールシステム管理者に報告することが大切である。

さらに、ウイルス対策ソフトをメールサーバおよびクライアント端末に装備し、送受信時には必ず検査して、ウイルスの侵入・蔓延を防止する対応が必須である。

また、サーバにおいて**メールフィルタリング**機能を搭載し、メールタイトルと本文のキーワード、メール本体のサイズ、送信元アドレス、ヘッダ情報や添付ファイルの特徴などをリアルタイムに検査する方法が有効である。

検査結果に応じて、メールをそのまま送受信する、送信を保留する、指定アドレスへ転送する、削除する、隔離する、受信を拒否するなど、適切な処置を講じることができ、情報漏洩をはじめとする事故やトラブルを未然に防ぐことができる。また、メールの暗号化機能やデジタル署名機能を駆使することにより、個人情報を電子メールでやりとりする際に発生し得る盗聴や改ざんなどの危険を回避することが可能となる。

第9章

図表9-9　電子メールシステムのセキュアな運用例

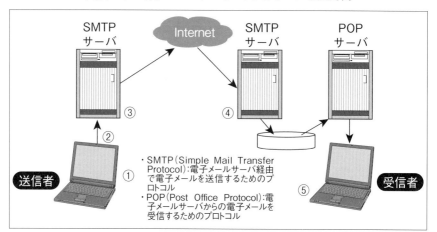

① 　クライアント端末におけるメールの暗号化とデジタル署名の付与
② 　クライアント端末からメールサーバへ送信
③ 　メールサーバにおいてウイルスチェック、フィルタリングを実施し、その後、宛先へ送信（送信記録を管理）
④ 　受信側メールサーバにおいてウイルスチェックを実施（受信記録を管理）
⑤ 　受信側クライアント端末におけるメールの復号化とデジタル署名の確認による送信元の確認

2　電子メールの利用におけるセキュリティ管理のポイント

電子メールシステムの利用許可（利用範囲）の方針について明確にする。

【例1】「従業員は業務の遂行を目的とする場合に限って、電子メールシステムを利用することができる」

【例2】「電子メールシステムを、業務に派生的な個人的目的のために使用することを許可する。ただし、業務に支障を及ぼすような長時間の使用やコンピュータ資源を不当に独占する使用については、この限りではない」

電子メールの文章の記述要領について、ある程度規定する。

【例】「電子メールの末尾にはシグネチャ（署名）として、発信者の名前、所属先、連絡先（メールアドレスなど）を書き添えるものとする。ただし、住所や電

話番号などを含めるときは、必要以上に情報を開示しないよう留意する」

電子メールの宛先に関する注意点を、ある程度規定する。

【例1】「参考までに内容を伝えたい人の宛先を指定する『CC：（カーボンコ
　　　　ピー）』は、宛先が受信者全員に表示されるため、第三者のメールアドレス
　　　　が不要な人にまで公開されないよう配慮が必要である。特定の人物にメー
　　　　ルが届けられることを他者に知られたくないときは『BCC：（ブラインド
　　　　カーボンコピー）』を用いる」

【例2】「メールを一斉同報する場合は、適切なメーリングリストを利用する」

電子メールの利用における諸注意について、明確に規定する。

【例1】「電子メールはネットワーク上の複数のコンピュータを経由して送付
　　　　されるため、基本的には、個人情報、秘密情報、クレジットカード番号、
　　　　パスワードなどを電子メールで送信すべきではない。電子メールで送信が
　　　　必要な場合には、送信内容を暗号化する」

【例2】「重要な内容の電子メールを受信したら直ちに確認メールを返信する」

【例3】「受信した電子メールを第三者に転送する場合は、電子メールの内容
　　　　と転送する宛先に十分注意し、社外秘文書や顧客の個人情報などを流失さ
　　　　せないようにしなければならない」

【例4】「マクロ付きの添付ファイルを電子メールで送付する場合は、送受信
　　　　者間であらかじめ連絡をとりあい、その旨を電子メール本文にも明記する
　　　　ようにする」

PICK UP

・個人情報保護の観点から、電子メールの適正な利用について、
　その方針、規定を明確にし、利用者に周知徹底させながら運
　用管理することが重要である。
・電子メールシステムの安全性を確保するためには、ウイルス
　対策、不正アクセス防止、認証、暗号化などの技術による総
　合的な対策が必要である。

第9章

不正アクセスに対する防御策

■1■ 不正アクセスの脅威と対策

(1) 不正アクセスの脅威

　不正アクセスとは、インターネットに公開している Web サーバや FTP
（File Transfer Protocol）サーバに対して外部から侵入し、Web サイトの
改ざんやファイルの盗み見や破壊を行うことである。不正アクセスにより、
企業は Web サイトの改ざんによるイメージダウンや、オンラインショッ
プからの顧客情報流出による信用喪失や顧客離反といった被害を受ける。

(2) 不正アクセス対策

① ファイアーウォール

　社内ネットワークとインターネットを接続する以上、外部からの侵入経
路を排除できない。この外部からの侵入を防ぐため、ネットワーク上に外
部との境界を作るシステムをファイアーウォールという（図表 9-10）。

図表 9-10　ファイアーウォール

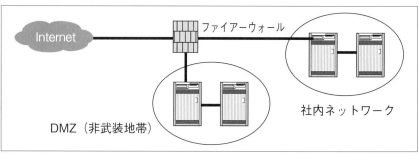

　ファイアーウォールを構築するときは、外部に公開する Web サーバや
FTP サーバを **DMZ**（DeMilitarized Zone：非武装地帯）に置くのが一般
的である。DMZ とは、外部インターネットと社内ネットワークの中間に
位置づけられるネットワークの領域である。

　外部に公開する Web サーバや FTP サーバを DMZ に置くことで、外部
からの不正なアクセスを排除でき、また Web サーバに侵入された場合で

も、社内ネットワークに被害が及ばないようにできる。

② IDS

ファイアーウォールを設置しても、不正アクセスへの対策は万全ではない。WebサーバのOSの不備や、ファイアーウォールの設定ミスなどが、不正アクセスを許してしまう可能性があるからである。そのため、侵入を早期に検知するIDS（Intrusion Detection System：侵入検知システム）を設置する必要がある。

IDSは、コンピュータやネットワークに対する不正行為を検出し通知するシステムで、ネットワーク上の不正アクセスと思われるパケットを発見してアラームを表示する。IDSの侵入検知には、次の2種類の方式がある。

　ア．不正検出方式…あらかじめ登録されたシグネチャと呼ばれる不正侵入のパターンと不正侵入の手口を突き合わせて検出する方法で、既知の侵入手口が利用された場合に検出することができる。

　イ．異常検出方式…通常とは異なるネットワーク上の動作を検出する方法で、未知の侵入でも発見することができる。

③ WAF

Webサイトを運営している場合、ファイアーウォールとIDSのほかに、Webアプリケーションの脆弱性を悪用した攻撃への対策も必要である。

WAF（Web Application Firewall）は、Webサーバと外部インターネットとのHTTP/HTTPSの通信内容を監視し、不正なアクセスを見極め、通信をブロックすることで、Webサイトを保護する仕組みである。

④ VPN

ファイアーウォールを設置し、外部から侵入できないようにすると、外出先から社内のサーバの利用や、他の事業者とのデータの送受信ができなくなってしまう。このため、VPN（Virtual Private Network）を構築する必要がある。

VPNは、インターネットを利用して、社内のサーバに安全に接続する仕組みである。データを送信前に暗号化してインターネットに送り、受信側で復号化してデータを解読する仕組みである。これにより、インターネット上の情報を盗み見されても、安全に、かつ、あたかも専用線を利用して

第9章

いるようなネットワークを構成できる。限られた人だけが利用するためには、利用者認証の仕組み（本章第4節「認証システム」参照）が必要である。

■2■　コンピュータ不正アクセス対策基準の概要

コンピュータ不正アクセス対策基準は、経済産業省（制定時点は通商産業省）がコンピュータ不正アクセスによる被害の予防、発見、再発防止を目的として制定した指針である。1996年に初版が制定され、2000年に最終改正されている。

この基準は、次のように対象者の役割別に体系化されており、対象者間の共通項目と対象者別の独自項目で構成されている。

> ①　システムユーザ基準
> ②　システム管理者基準
> ③　ネットワークサービス事業者基準
> ④　ハードウェア・ソフトウェア供給者基準

いずれも、事後対応、教育および情報収集、監査という共通項目があり、不正アクセスによる被害の再発を防止する上で、重要な項目である。

異常を発見した場合は、原因を追究して被害の状況を把握し、被害の復旧に努め、再発防止などの必要な措置を講じることが重要である。

（1）　システムユーザ基準

システムユーザ基準は、パスワードやユーザID、重要な情報の管理方法などから構成されている。重要なポイントは、次のとおりである。

> ・ユーザIDは、複数のユーザで利用せず、パスワードを必ず設定する。
> ・異なるシステムでは、同じユーザIDであっても同じパスワードを使用せず、異なるパスワードを設定する。
> ・パスワードは、定期的に変更する必要がある。また、紙媒体などに記述してはならない。
> ・システム管理者が使うAdministratorやrootといった特権IDは、全ファイルに対するアクセス権やアプリケーションのインストール権限をもつため、操作ログや使用履歴などを把握する。

> ・重要な情報は、パスワード、暗号化、アクセス権などの対策を実施し、重要な情報を記録した紙、磁気媒体などは、安全な場所に保管する。

(2)　システム管理者基準

　システム管理者基準は、管理体制の整備や情報管理方法などから構成されている。重要なポイントは、次のとおりである。

> ・システムのセキュリティ方針は、管理体制や管理手順を確立して周知・徹底する。
> ・通信経路上の情報は、漏洩を防止し、情報の盗聴および漏洩が行われても、内容が解析できない暗号化機密保持機能を用いる。
> ・通信経路上で情報の改ざんが行われても、検出できるような改ざん検知機能を用いる。

(3)　ネットワークサービス事業者基準

　ネットワークサービス事業者基準は、管理体制の整備や設備管理方法などから構成されている。重要なポイントは、次のとおりである。

> ・ネットワークサービス事業者の責任範囲、提供できるセキュリティサービスを明示する。
> ・ネットワークサービスにかかわる機器は、許可を与えられた者だけが立ち入れる場所に設置し、厳重に管理する。

(4)　ハードウェア・ソフトウェア供給者基準

　ハードウェア・ソフトウェア供給者基準は、管理体制の整備や開発管理方法などから構成されている。重要なポイントは、次のとおりである。

> ・ハードウェア・ソフトウェア供給者の責任範囲を明確にする。
> ・製品には、機密保持機能や認証機能、改ざん検知機能などのセキュリティ機能を設ける。
> ・製品のネットワークにかかわる機能には、セキュリティ上の重要な情報の解析を防ぐ機能を組み込む。
> ・製品の保守にかかわる機能には、利用者を限定する機能を組み込む。

> **PICK UP**
> ・不正アクセス対策は、ファイアーウォールの設置から始める。
> ・コンピュータ不正アクセス対策基準は、不正アクセスによる被害の予防、発見、再発防止を目的として経済産業省が制定した指針である。

第9章

ウイルスなど不正プログラムに対する防御策

　不正プログラム（マルウェア）とは、利用者の意図とは無関係にコンピュータに脅威を与えるような不都合な動作を行うプログラムのことである。初期の不正プログラムは、感染→潜伏→発病の行動パターンをとることから、自然界になぞらえてウイルスと呼称された。現在でも、不正プログラムの総称として「コンピュータウイルス」を用いる場合も多い。

1　不正プログラムの脅威

(1)　不正プログラムの種類

　狭義のコンピュータウイルスとは、侵入→感染→潜伏→発病（データの破壊や動作の不安定など）の行動パターンをもつものをいい、システム領域感染型、メモリ常駐型、ファイル感染型、マクロ型などの種類がある。その他、トロイの木馬、ワーム、ボット、スパイウェア、ランサムウェアなどの不正プログラムが存在する（図表9-11）。

(2)　感染経路

①　メール

　メールに添付されたファイルをクリックすることで感染する場合が多い。セキュリティホールがあると、自動的にウイルスファイルを実行してしまう悪質なものも増えている。

②　Web サイト

　インターネットからのファイルのダウンロード、Web サイトの閲覧により感染する。ツールやゲームを装っている場合もあり、感染の機会が多い。

③　ネットワーク

　パソコンやスマートフォンにセキュリティホールが存在していると、インターネットや LAN に接続しただけで、ウイルス感染する危険がある。

④　電子媒体

　CD、DVD や USB メモリなどの電子媒体をパソコンで利用した際、自動実行機能を悪用したウイルスに感染する場合がある（第8章第2節「オ

フィス内の保護対策」参照)。

図表9-11　主な不正プログラムの種類と特徴

名称	特徴
システム領域感染型ウイルス	ハードディスクのシステム領域(ブートセクタ、パーティションテーブル)に感染する。
メモリ常駐型ウイルス	メモリに潜伏する。実行プログラムすべてに感染する可能性がある。
ファイル感染型ウイルス	拡張子COM、EXE、SYSなどの実行型ファイルに感染する。制御を奪い、プログラムを書き換えて感染・増殖する。
マクロ型ウイルス	マイクロソフト社のOffice製品のマクロ機能を利用して感染する。なお、オフィスソフトのセキュリティ機能が強化されたことで、一時期は危険性が低下したが、再び増加傾向にあるという報告もある。
トロイの木馬	プログラムへの感染(増殖)を行わない不正プログラムの総称。役立つものに見せかけ、実際には不正を働く。システム破壊型、バックドア型(常習的不正侵入の窓口)、遠隔操作型がある。Webサイトから侵入するケースでは、セキュリティ警告に気づかず誤ってダウンロードしてしまう、ブラウザのセキュリティホールをすり抜けて自動でインストールされるなどがある。また、エモテットのように、受信した電子メールの添付ファイル経由で侵入するケースが多発している。
ワーム	ネットワークを通じて他のコンピュータに拡散することを目的とした不正プログラムで、メールの添付ファイルの形で広まるものや、ネットワークを通じて広まるものなどがあり、強い増殖能力に特徴がある。
ボット	強い増殖力をもつワームの特徴と、ネットワーク経由で攻撃者から遠隔操作されるトロイの木馬の特徴をあわせもった不正プログラムで、感染したコンピュータのシステム情報が攻撃者に盗まれ、遠隔指令によってWebサイト攻撃や迷惑メール送信などの攻撃活動が行われる。ウイルス対策ソフトや監視ツールの機能を無効化するなど自己防衛機能をもつため、利用者からは気づきにくい。

2 不正プログラムに対する防御策と対策基準

(1)　OS、アプリ、ウイルス対策ソフトの最新化

　ウイルス感染を防ぐには、OS、アプリケーション、ウイルス対策ソフトをいずれも常に最新の状態にアップデートしておくことが重要である。

　ウイルス対策ソフトは、「ワクチンソフト」「アンチウイルスソフト」とも呼ばれ、コンピュータウイルスを除去する機能をもつアプリケーションソフトウェアである。基本的には、コンピュータ1台ごとに導入される。ウイルス対策ソフトはウイルスに感染したファイルを修復し、コンピュータを感染前の状態に回復させることができる。また、通信状況を監視することで、ウイルスの侵入を防止する機能を備えたソフトもある。

第9章

　さらに、企業やインターネットプロバイダなど、大規模なネットワークにおいては、ゲートウェイ（ネットワーク中継機器）やメールサーバ、Webサーバ、ファイルサーバなどに対しても、専用の監視・対策ソフトを導入し、ウイルスの侵入・拡散を未然に防ぐ必要がある。

　スマートフォンは、標準OSの上にユーザが好みのアプリを自由にダウンロードして実行する利用形態となっている。アプリやファイルのダウンロード、アプリの実行にともなってウイルスに感染する危険性は、パソコンと同様に高い。スマートフォンにもウイルス対策ソフトを搭載し、感染を防ぐ必要がある。

（2）　対応ルールの周知、教育訓練

　不正プログラムの種類と対策について、日ごろから利用者の教育・啓蒙を行う。

　万が一、感染した場合の連絡方法、応急処置の内容等について、利用者にあらかじめ周知しておく。

（3）　感染時の措置

　感染した場合は、感染したシステムの使用を中止し、直ちにシステム管理者に連絡して、その指示に従う。

　被害の拡大を防止するため、システムの復旧は、システム管理者の指示に従う。また、感染したプログラムを含むCD、DVDやUSBメモリなどの電子媒体は破棄する。

（4）　対策基準

　図表9-12の各対策基準に従い、基準を満たし、適正な対策方法がとられているか、管理運営体制が万全かに着目して、ウイルス対策レベルの妥当性を定期的に診断し、検証すべきである。

　ウイルス対策の効果は、他の情報セキュリティ対策と同様、利用者一人ひとりの意識によるところが大きい。定期的に対応状況を検証し、問題があれば早期に是正することが大切である。

図表 9-12　ウイルス対策基準の種類と概要

① コンピュータ管理上のウイルス対策基準

- ウイルス対策を円滑に行うため、コンピュータの管理体制を明確にする。
- ウイルス感染を防止するため、機器やソフトウェアを導入する際、ウイルス検査を励行する。
- ウイルス被害に備えるため、システムにインストールした全ソフトウェアの構成情報を保存しておく。
- オリジナルプログラムは、ライトプロテクト措置、バックアップの確保等の安全な方法で保管しておく。
- 不正アクセスによるウイルス被害を防止するため、システムのユーザ数およびユーザのアクセス権限を必要最小限に設定する。
- ウイルス被害を防止するため、共用プログラムが格納されているディレクトリに対するユーザの書き込みをあらかじめ禁止し、またシステム運営に必要のないプログラムは削除する。

② ネットワーク管理上のウイルス対策基準

- ウイルス対策を円滑に行うため、ネットワークの管理体制を明確にする。
- ウイルスに感染した場合の被害範囲を特定するため、ネットワーク接続機器の設置状況をあらかじめ記録し、管理する。
- ウイルス被害に備えるため、緊急時の連絡体制を定め、周知・徹底する。
- 不正アクセスによるウイルス被害を防止するため、ネットワーク管理情報のセキュリティを確保し、また外部ネットワークと接続する機器のセキュリティを確保する。

③ システム運用管理上のウイルス対策基準

- システムの重要情報の管理体制を明確にする。
- 不正アクセスからシステムの重要情報を保護するため、システムがもつセキュリティ機能を活用する。
- ウイルスの被害に備えるため、運用システムのバックアップを定期的に行い、一定期間保管する。
- ウイルス被害を防止するため、匿名で利用できるサービスは限定し、またアクセス履歴を定期的に分析する。
- ウイルス感染を早期に発見するため、システムの動作を監視するとともに、最新のワクチンの利用等により定期的にウイルス検査を行う。
- システムの異常が発見された場合は、速やかに原因を究明する。

④ システム利用上のウイルス対策基準

- 外部より入手したファイルおよび共用するファイル媒体は、必ずウイルス検査後に利用する。
- 出所不明のソフトウェアは利用しない。
- ウイルス感染を早期に発見するため、最新のワクチンの利用等により定期的にウイルス検査を行い、またシステムの動作の変化に注意する。
- 不正アクセスによるウイルス被害を防止するため、パスワードの適正な管理を行い、ユーザIDの共用を避け、アクセス履歴を確認する。
- 個人情報や機密情報を格納しているファイルを厳重に管理する。
- ファイルのバックアップを定期的に行い、一定期間保管する。

⑤ ウイルス感染時の対応基準

- ウイルス感染の拡大を防止するため、感染したシステムの使用を直ちに中止する。
- 必要な情報をユーザに速やかに通知する。
- ウイルス被害の状況を把握するため、ウイルスの種類と感染範囲の解明に努める。
- 安全な復旧手順を確立し、システムの復旧作業にあたる。
- ウイルス被害の拡大と再発を防止するため、原因を分析し、再発防止対策を講ずるとともに、必要な情報を経済産業大臣が指定する者（IPAセキュリティセンター）に届け出る。

3　スパイウェア、ランサムウェアの対策方法

（1）　スパイウェアとは

　スパイウェアとは、名前が示すとおり、外部から不法にシステム内に侵入し、個人情報や機密情報などの大切な情報を盗み出して、外部に送信してしまうスパイ活動を行う不正プログラムである。インターネット利用時に、利用者が気づかないうちにクッキーファイル（ブラウザが保持しているWebサイトとのやりとりの記録）を書き換えたり、Webサイトの閲覧に必要なソフトのふりをして、インストール時に許諾（OKをクリック）させたり、フリーソフトのダウンロード時に混入させるなどが一般的である。

　ユーザ動向のリサーチ目的で商用サイトが仕掛け、個人のインターネット閲覧情報を指定された管理者に送信させるものもある（**アドウェア**）。閲覧情報の解析結果に基づいて大量のポップアップ広告などが送りつけられ、パソコンの動作に不具合が生じるような被害もある。

　ネットカフェなど不特定多数が利用するパソコンに仕掛けられたスパイウェア（**キーロガー**）によって、キーボードの入力情報を監視、送信されてしまい、クレジットカード番号やネットバンキングの口座番号、プロバイダIDやパスワードなどの個人情報が収集されてしまう被害もある。

　次のような現象が発生したら、スパイウェアによる可能性がある。

① ポップアップ広告が常に表示されるようになった

　Webサイトを参照していないときでも、ポップアップ広告が頻繁に表示されるなどがある。

② 設定が勝手に変更され、元に戻せなくなった

　Webブラウザの起動初期に表示されるページや、「検索」時に表示されるページが、覚えのないものに変わってしまっているなどがある。

③ ダウンロードした覚えのないコンポーネントがWebブラウザに追加

　Webブラウザに不要なツールバーが追加され、手動で削除しても、コンピュータを再起動するたびに、また現れるようになるなどがある。

④ コンピュータの動作が遅くなった、あるいは、異常終了が頻発するようになった

(2)　ランサムウェアとは

　ランサムウェアとは、標的となるパソコンやファイルサーバに感染し、存在するデータをすべて暗号化して利用できないようにしてしまう不正プログラムである。復号化キーと引き換えに身代金（ランサム）を要求する。データが使えなくなると業務そのものが停止するリスクを抱える法人で被害が拡大している。身代金要求に応じない企業に対しては、大量のデータを送りつける（**DDoS 攻撃**を仕掛けてくる）場合もある。

　ランサムウェアには、パソコンやスマートフォンの画面をロックして身代金を要求してくる手口も存在する（スクリーンロック型）。この場合、データは暗号化されておらず、自力でロックを解除できるものもある。

　万が一、感染した際に感染前の状態に戻せるよう、データのバックアップを複数箇所に、かつ頻繁に行うことが、対策の第一歩である。

(3)　スパイウェア、ランサムウェアの対策

　Web ブラウザや電子メールシステムの多くは、スパイウェア、ランサムウェアの侵入・潜伏を検知することができない。心あたりのない画面やメッセージが表示されていないかに注意し、安易に OK ボタンを押さない、怪しい Web サイトにはアクセスしない、怪しい添付ファイルは開かないといった利用上の注意を怠らないことが重要である。

　また、システム運用面において、ファイアーウォールの設置、VPN の構築と利用の徹底、ウイルス対策に加えてスパイウェア、ランサムウェア対策機能を備えたソフトを導入することが望ましい。

- 不正プログラムの脅威からシステムを守るには、セキュリティの確保で不正アクセスの被害を防止し、最新の対策ソフトなどにより定期的にウイルス検査を実施しなければならない。
- 不正プログラムの被害に備えるため、システムのバックアップの定期的実施、感染時の行動規定と連絡体制の整備および周知・徹底、関連情報の収集と伝達に努める必要がある。
- 利用者の日ごろのセキュリティ意識と自覚をもった行動が、不正プログラムによる被害の発生を食い止める上で、重要な意味をもつ。

第9章

第 **8** 節

無線 LAN のセキュリティ管理

❶ 無線 LAN の普及と危険性

(1) 無線 LAN の急速な普及

　無線 LAN は、通信方式の標準化(図表 9-13)の進展やスマートフォン・タブレットの普及もあって広く使われ、現在 6 種類の規格がある。

図表 9-13　無線 LAN 通信方式の IEEE 規格

規格	伝送速度(最大)	特徴
802.11a	54Mbps	混信やノイズの影響が少なく最大速度で通信しやすいが、伝送距離が短く、障害物の影響を受けやすい。
802.11b	11Mbps	伝送距離が長い。障害物の影響も受けにくいが、混信やノイズの影響を受けやすい。
802.11g	54Mbps	
802.11n	600Mbps 以上	MIMO(Multiple Input Multiple Output)技術によって高速化された規格である。
802.11ac	6.9Gbps	第 5 世代と呼ばれる高速な新規格であり、デジタル家電や自動車などの接続も進むと考えられている。
802.11ax	9.6Gbps	2021 年 2 月に策定された第 6 世代の新規格である。

(2) 無線 LAN の危険性

　モバイル Wi-Fi ルータの登場もあり、どこからでも無線 LAN に接続できるようになった。しかし、暗号化などのセキュリティ機能を設定しないまま無線 LAN を導入すると、通信を傍受され、ID やパスワードあるいはクレジットカード番号といった個人情報を盗み見られる危険性がある。また、無線 LAN に接続している PC に侵入されて、情報漏洩や改ざん、なりすましの被害にあう危険性も高い。

　実際に、オフィス街などを車で移動し、無防備な無線 LAN を探し回るウォードライビング(War Driving)という手口によって、セキュリティ設定が行われていない無線 LAN に侵入された事例も発生している。

2　無線 LAN のセキュリティ対策

　無線 LAN のセキュリティ対策には、接続制限方式とデータの暗号化方式があり、これらを組み合わせて有効な保護対策を打つ必要がある。

（1）　SSID（Service Set Identifier）

　接続先のアクセスポイントを指定する ID であり、複数のアクセスポイントで共通なものを ESSID と呼ぶ。SSID にはできるだけ無意味な文字列を指定することが望ましい。SSID を特定しない ANY 接続を拒否する設定や、SSID を見えなくするステルス機能の利用といった対策を行う。

（2）　MAC アドレスフィルタリング

　個々の無線 LAN 機器がもつ MAC アドレスを、無線 LAN アクセスポイントにあらかじめ登録することで、接続可能な機器を限定する。

（3）　WEP（Wired Equivalent Privacy）

　802.11 シリーズで規格化されている初期の暗号化方式である。解読ツールが出回り、WP A 以降の暗号化方式を利用することが推奨されている。

（4）　WPA（Wi-Fi Protected Access）

　暗号鍵を一定時間ごとに自動的に更新する TKIP（Temporal Key Integrity Protocol）による強力な暗号化をサポートした方式である。WEP より高いセキュリティを実現している。

（5）　最新のセキュリティ機能と現状

　ユーザ認証方式の規格 IEEE802.1X や暗号アルゴリズムに AES を採用した暗号方式 WPA2 および WPA3、統合したセキュリティ機能の標準化（IEEE802.11i）が進展しており、これらの機能を実装した機器を設置し、セキュリティ対策を適切に実施することが望ましい。無線 LAN の普及拡大にともない、セキュリティ対策の実施率は逆に低下しているという報告もある。利用者側としても、セキュリティ機能が実装されていないアクセスポイントへ接続して情報漏洩につながる危険性への認識も必要である。

・無線 LAN のセキュリティ対策には、WPA2 暗号方式など最新の機能を選択すべきである。

第9章

情報システムの動作検証における個人データの取扱い

　個人情報保護に関する外部からの脅威や内部流出について、十分に対策を実施している企業においても、情報システム開発部門については対策が不十分なことが多い。改正個人情報保護法で「匿名加工情報」に加え「仮名加工情報」の定義と取扱いが規定化されており、ここでは、情報システム開発における個人情報保護について考慮すべき点を解説する。

1 情報システム開発における個人データ利用の留意点

　原則として、顧客管理システムなどの開発では、個人情報などセキュリティ上問題のあるデータをテスト環境でそのまま使用するべきではない。しかし、本番環境ではデータへのアクセスが厳しく制限されていても、テスト環境やテスト用データの場合、適切な管理がなされていないケースが多い。システムの品質確保のため、やむを得ず本番データによるテストが必要な場合には、次のような定められた手続きにより本番データを使用する必要がある。

> ①　個人情報を含む本番データ利用の事前承認
> ②　個人情報のマスキング（図表9-14）や置き換え、暗号化

　上記①②によって、開発担当者個人のモラルに頼るのではなく、組織として個人情報保護を徹底させることにつながる。なお、②に関しては、個人情報保護委員会ガイドライン（匿名加工情報編）が参考になる。仮名加工情報を利用する場合も十分に留意する必要がある。

図表9-14　個人情報のマスキングの例

氏名	住所	クレジットカード
＊＊＊太郎	東京都＊＊区＊＊１－１－１	****-****-****-9999
＊＊＊次郎	大阪府＊＊区＊＊２－２－２	****-****-****-8888
＊＊＊花子	沖縄県＊＊市＊＊３－３－３	****-****-****-7777

手順の遵守とツールの活用により、開発生産性や品質の低下を抑え、アプリケーションのテストケースに合わせた形でテストデータを使うことができる。同時に、テストデータの回収・廃棄漏れによる情報漏洩を防ぐため、テスト実施中および終了後のテストデータの保管・破棄方法も明確にしておかなくてはならない。

2　個人データを取り扱う情報システムの変更における留意点

個人データを取り扱う情報システムを変更する場合、それらの変更によって情報システム自体または運用環境のセキュリティが損なわれるおそれがある（図表9-15）。

図表9-15　情報システム変更にともなうセキュリティ侵害の例

不適切なケース	セキュリティ侵害
新規画面での入力処理でのチェックが不十分な場合	バッファオーバーフロー（メモリーを上回るデータが入力されて起きる不具合）などの攻撃によるシステムダウン
新規帳票の保存方法が不明確な場合	個人情報の紛失、漏洩
テスト環境と本番環境が同一コンピュータである場合	本番データの誤った書き換え、試験環境ダウンによる運用停止
開発用のユーザIDがそのまま残っている場合	不正利用、改ざん、情報漏洩

したがって、システムの変更箇所が新たなセキュリティホールとならないよう、セキュリティ面の検証も十分に実施しておく必要がある。

また、テスト環境と本番環境を分離しておくことは、図表9-15のセキュリティ侵害を回避し運用を維持する上で重要である。同一環境を使用せざるを得ない場合は、システムの使用領域（ディスク、ユーザグループ）を分離するべきである。

・本番データをテスト環境で使用する場合は、個人情報のセキュリティについて対策を講じる必要がある。
・本番環境とテスト環境を分離することは、運用を維持する上で重要なことである。

第9章

第 10 節

機器・媒体の廃棄

　個人情報のライフサイクルの最終段階は、情報の破棄および機器やメディアの廃棄である。廃棄にかかわる個人情報の漏洩事例は、数多く報告されている。中古で購入したパソコンからデータリカバリソフトなどでハードディスクのデータが復元され悪用されたり、規則がないまま廃棄された紙や電子媒体が外部の人間によって流失するなど、後を絶たない。

　情報漏洩のリスクを最小限に抑えるためには、パソコンなどの情報機器、紙の情報や CD 、USB メモリなど電子媒体を安全かつ確実に処分する必要がある。

1　廃棄基準・手続きの策定

　適切な廃棄を行うため、次の対策を実施しておく必要がある。
① 廃棄基準や手続きを策定する。
② 廃棄手続きを確立し遵守する。
③ 廃棄手続きの遵守状況をチェックする。

（1）廃棄基準・手続きの策定

　情報機器や媒体の廃棄については、取得・保管と同じように廃棄手続きに関する基準を策定し、手続きに沿って廃棄を実施する必要がある。廃棄基準で策定しておくべき事項を図表 9-16 に示す。

図表 9-16　廃棄基準・手続の策定事項

策定事項	廃棄基準・手続き
承認手続き	廃棄の承認ルール（承認者と承認方法など）を規定する。
廃棄方法	PC や媒体、紙の廃棄方法を規定する。
廃棄確認	現場や委託先での実施状況をチェックするなど、廃棄処理の確認方法を規定する。
廃棄記録	廃棄記録、および記録のチェック方法を規定する。 ・廃棄実施の記録 ・資産台帳（パソコン購入廃棄記録帳など）の更新 ・記録のチェック
委託先選定	廃棄業者に委託する場合、委託業者の管理レベルや実績を考慮して、委託先を適切に選定する。

（2）　廃棄手続きの確立・遵守

　策定した廃棄基準を従業員に周知し、適切な廃棄手順を確立する。廃棄作業を委託する場合には、廃棄基準が要求する事項を委託契約に盛り込むことが必要である。

（3）　廃棄手続き遵守状況のチェック

　廃棄作業については、廃棄記録（図表9-17）の内容を確認するとともに、実際の現場および委託先での実施状況を、内部監査での確認事項として、定期的にチェックすることが望ましい。

図表 9-17　廃棄記録の例

管理番号	保有データ	レベル	取得年月日	廃棄年月日	担当	承認
XX99-0001	顧客リスト	高	21.04.01	24.12.01	田中	山田
ZY88-0003	従業員データ	高	21.10.10	24.12.01	鈴木	山田
KK01-0010	社内通達情報	中	22.01.05	24.12.29	青山	吉村

2　機器・媒体の廃棄対策

（1）　情報機器の廃棄の対策

　パソコンを廃棄する場合は、ハードディスク上のデータが漏洩するのを防ぐため、ハードディスクを物理的に破壊するか、次に述べるデータ消去を行う必要がある。普及が進んでいる SSD についても同様である。

①　ハードディスクのデータ消去

　まず、ハードディスク上のデータを消去する必要がある。

　一般的に「データを消去する」という場合、次の操作が思い浮かぶ。

- ・データを「ゴミ箱」に捨てる。
- ・「削除」操作を行う。
- ・「ゴミ箱を空にする」のコマンドを使って消す。
- ・ソフトウェアで初期化（フォーマット）する。
- ・パソコンに付属するリカバリー CD を使って、工場出荷状態に戻す。

　しかし、これらの方法ではハードディスクの管理情報が消去されただけであるため、データリカバリーツールなどを使えば、データのすべて（ま

たは一部）を読み出されてしまう危険性が残る。

　完全にデータを消去するには、**専用のデータ消去ツール**を使って、ハードディスクに特定パターンを書き込み、元のデータが読み取られないようにしなければならない（図表 9-18）。

図表 9-18　ハードディスク消去のイメージ

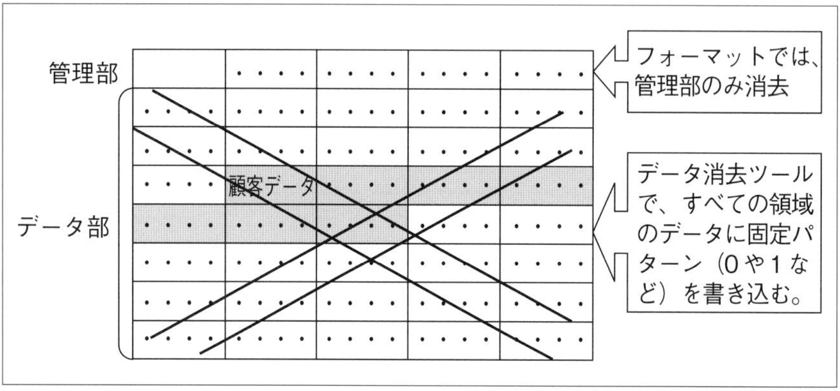

　米国国防省の基準では、1回目にすべて「0」を、2回目はすべて「1」を書き込み、3回目はランダムパターンを書き込むことが要求されている。

　機密情報の重要性にもよるが、一般的には1回もしくは2回書き込みを行うと安全に廃棄できると考えてよい。データ消去方法の詳細については、社団法人電子技術産業協会（JEITA、現・一般社団法人電子情報技術産業協会）が策定した「パソコンの廃棄・譲渡時におけるハードディスク上のデータ消去に関するガイドライン」が参考になる。

② **廃棄業者に委託する場合の留意点**

　原則として、データ消去を含む廃棄業務は組織内での実施が望ましい。

　業務上やむを得ず廃棄業務を委託する必要がある場合は、委託先の選定基準を満たすとともに、次の条件を満たす委託先であることが望ましい。

・廃棄証明書を発行してもらえること
・廃棄作業に立ち会い、廃棄状況の確認を実施できること

---

③ **リース、レンタル品を返却する場合の留意点**

　リース、レンタル品を返却する場合は、データ消去ツールを適用した後、

リカバリーCDなどで出荷状態に戻す作業を行う。なお、**コピー機や FAX のハードディスクにも個人情報が記録されている**ため、返却する場合は、業者からデータ消去の確約書を取り付けておくか、データ消去に立ち会う必要がある。

(2)　媒体・紙の廃棄の対策
①　電子媒体の廃棄
　CD、MO、DVD および USB メモリといった電子媒体を廃棄する場合、次を実施する必要がある。

> ・物理的に破壊する（媒体用のシュレッダーも市販されている）。
> ・媒体を再利用する場合は、データ消去ツールを使用して、完全にデータを消去する。

②　紙の廃棄
　紙に印字された機密情報を破棄する場合、次を実施する必要がある。

> ・シュレッダーで裁断する。あるいは、焼却または溶解する。
> ・裏紙として再利用しない。

　シュレッダーにより裁断された紙は、時間をかければ復元される可能性もあるため、情報の重要性に応じて裁断の細かさを決める必要がある。細長く裁断するストレートカット方式では4mm幅でも復元が可能な場合があり、横にも裁断するクロスカット方式やランダムに裁断するパーティクルカット方式で復元を困難にしなければならない。最近では、さらに微細な細断が可能なマイクロクロスカットシュレッダーの利用が進んでいる。

③　廃棄業者に委託する場合の留意点
　廃棄業者に媒体や紙の処分を委託する場合、前述の機器の廃棄の委託と同様である。また、定期的に委託先の視察を行うことが望ましい。

・基準および手続きを遵守した廃棄の実施が必要である。
・ハードディスクのデータは、専用ツールで消去する必要がある。
・媒体や紙の廃棄は、シュレッダーなどで物理的に復元されないような方法をとる。

第9章◎過去問題チェック

1．以下のアからエまでのうち、不正ログインなどへの対策に関する次の文章中の（　　）に入る最も適切な語句の組合せを1つ選びなさい。

> なりすましなどによる不正ログインに関する利用者への対策として、（　a　）の強化がある。（a）は、パスワードに使用する文字数や文字種などの条件に関することであり、例えば、最低8文字以上で、英字（大文字／小文字）・数字・記号などを含むパスワードでなければ、登録や変更を行えないようなシステムにすることで（a）を強化する。
>
> また、システムへのログイン時の対策として、（　b　）や（　c　）などがある。（b）は、指定回数以内に正しいパスワードが入力されないなど、連続した一定回数の認証失敗によりアカウントを停止し、一定時間の経過や管理者による許可（解除）がでるまで、システムやサービスなどの利用ができなくなる仕組みである。一方、（c）は、システムにログインした際、そのことをあらかじめ登録されているメールアドレスなどに通知する機能である。これによって、万が一、第三者が不正ログインした際に、いち早く気付くことができ、被害を最小限に抑えることができるようになる。

ア．a．パスワードスティーラ　　b．アカウントアグリゲーション
　　c．ログインアラート

イ．a．パスワードスティーラ　　b．アカウントロック
　　c．ログローテート

ウ．a．パスワードポリシー　　b．アカウントアグリゲーション
　　c．ログローテート

エ．a．パスワードポリシー　　b．アカウントロック
　　c．ログインアラート　　　　　　　　　　　〈第71回　問題88〉

2．以下のアからエまでのうち、次のような《事例》に対して最も有効となる技術的な対策を1つ選びなさい。

《事例》
　X社で内部監査を実施した結果、次のような問題点が検出された。

●環境

　社内ネットワーク上の複数の情報システムやアプリケーションにアクセスするには、ユーザ ID・パスワードをそれぞれ設定する仕組みになっている。

●状況

　異なる情報システムやアプリケーションにアクセスするたびに、異なるユーザ ID・パスワードを用いなければならないことを負担に感じている従業者が多い。

●問題点

　複数の異なるユーザ ID・パスワードを忘れないようにするために、メモに書き留めたり、簡単なパスワードや同一のパスワードを使い回す従業者が散見される。

●想定されるリスク

　パスワード盗用などによる不正アクセス　など

ア．シングルサインオンを導入する。

イ．パーソナルファイアウォールを導入する。

ウ．暗号強度の高いトリプル DES を採用する。

エ．セキュリティ強度の高いリスクベース認証を採用する。

〈第 71 回　問題 87〉

3．以下のアからエまでの記述のうち、パスワードリスト攻撃の要因となる可能性が最も高い事例を 1 つ選びなさい。

ア．「0123456」などの数字の単純な羅列や、家族の生年月日の組合せなどをパスワードに設定している。

イ．EC サイトやチケット予約サイトなどの複数の Web サービスを利用する際、複数のサイトで同一のパスワードを使い回している。

ウ．大文字・小文字が混在した半角の英数字の組合せのパスワードを設定している。

エ．グループで共有しているパスワードを、半年以上更新せずに利用し続け

ている。　　　　　　　　　　　　　　　　　　　〈第 72 回　問題 93〉

4．暗号化に関する以下のアからエまでの記述のうち、最も適切ではないもの
を 1 つ選びなさい。

ア．暗号化や復号を行うための手順や考え方を「アルゴリズム」といい、デー
タの暗号化や復号を行う際に計算手順を制御するために使用するデータを
「暗号鍵」という。

イ．「暗号鍵」のデータ量を「鍵長」といい、一般的に「鍵長」を小さくすると
安全性が低下し、暗号化や復号の処理時間が長くかかる。

ウ．「暗号モジュール」とは、暗号処理機能を有するハードウェアやソフトウェ
アであり、それらの組合せを指す場合もある。

エ．「暗号の危殆化」とは、暗号アルゴリズムの安全性のレベルが低下した状
況、または、その影響により暗号アルゴリズムが組み込まれているシステ
ムなどの安全性が脅かされる状況のことである。　〈第 73 回　問題 85〉

5．本人認証の方式に関する以下のアからエまでの記述のうち、最も適切では
ないものを 1 つ選びなさい。

ア．リスクベース認証とは、システムのアクセスログなどから、ユーザの行
動パターンなどを分析し、より厳格に本人認証を行うための認証方式であ
る。例えば、ログインする時間帯がいつもと違っていた場合、なりすまし
の可能性があると判断し、通常の認証に追加する形で別の認証を行う。

イ．チャレンジレスポンス認証とは、スマートフォンなどで利用される SMS
を利用して、本人認証を行うための認証方式である。例えば、予め指定さ
れた携帯電話番号宛てに認証番号を記載したショートメッセージが送られ、
その番号を入力することで本人認証を行う。

ウ．マトリクス認証とは、ランダムな数字が書かれた表を用いて認証を行う
方式であり、文字や数字そのものではなく、「左上から左下、そして右下ま
での L 字型に」や「上から 2 番目の右から 4 番目」といった表の中の位置を
パスワードの代用として認証を行う。

エ．ライフスタイル認証とは、個々のライフスタイルを活用した、本人認証

を行うための認証方式であり、スマートフォンなどの携帯端末を通じて蓄
積された生活習慣の情報を認証に用いる。例えば、センサーでとらえたユー
ザの生活習慣のパターンから、「その人らしさ」などを解析し、その情報を
用いて本人認証を行う。〈第72回　問題88〉

6. 「電子署名及び認証業務に関する法律」（電子署名法）において、「電子署名」
とは、電磁的記録に記録することができる情報について行われる措置であっ
て、一定の要件を満たすものをいうと規定されている。
以下のアからエまでの記述のうち、この要件に<u>該当する</u>ものを、1つ選びな
さい。
ア．電子文書の送信過程で経由したサーバを特定できるものであること
イ．電子文書の作成者を示すために行われたものであること
ウ．電子文書が作成された日付と時刻を遡って証明できるものであること
エ．電子文書の送信者のIPアドレスが特定可能なものであること
〈第73回　問題86〉

7. ネットワーク経由で個人情報等を送受信する際の対策に関する以下のアか
らエまでの記述のうち、<u>最も適切ではない</u>ものを1つ選びなさい。
ア．ネットワークでの個人情報等の送信は、原則として組織内ネットワーク
に限り、Webサイトでの個人情報等の送信は、業務遂行上の必要性が認め
られる場合に限って行う。
イ．無線LANを利用する場合は、無線LANアクセスポイントで、ESSID
がANYや空欄の設定になっているクライアントを拒否する対策を行い、
ESSIDステルス機能を停止して、個人情報等を安全に送受信できるように
する。
ウ．個人情報等を電子メールで送信するとき、誤送信を防止するため、宛先
や送信内容を確認するルールを定め、遵守する。また、受信した電子メー
ルを第三者に転送する場合は、メールの内容と転送する宛先を慎重に確認
する。
エ．電子メールを社外の複数宛先に同時に送信するときは、その宛先は、

BCC を利用したり、宛先を伏せて送信できるようにするシステムやツールを利用するなどの対策を実施する。〈第 73 回 問題 96〉

8．ファイアウォールに関する以下のアからエまでの記述のうち、最も<u>適切ではないもの</u>を 1 つ選びなさい。

ア．ファイアウォールによって一般に公開する必要がないサービスへのアクセスを制御することで、それらのサービスに対する不正なアクセスを防止できるが、Web アプリケーションのぜい弱性をつく攻撃を防ぐことはできない。

イ．ファイアウォールの方式の一つであるパケットフィルタリング型は、パケットにある IP アドレスとポート番号の情報をもとにパケットの通信許可を判断し、アクセスを制御する方式であるが、IP 偽装による攻撃に弱いとされ、ログも IP 等のパケット情報に限定されているという欠点がある。

ウ．ファイアウォールの方式の一つであるアプリケーションゲートウェイ型は、プロキシサーバとも呼ばれ、通信内容を確認してフィルタリングできるため、パケットフィルタリングよりも詳細なアクセス制御が可能であるが、処理速度が遅くなり通信速度の減退を招くことがあるという欠点がある。

エ．通常の「プロキシ」に対して、特定のサーバの代理として、そのサーバへの外部からのすべての接続を中継するプロキシサーバである「フォワードプロキシ」がある。フォワードプロキシを設置すると、そのサーバへアクセスしようとするクライアントは、すべてフォワードプロキシを経由するよう誘導される。〈第 72 回 問題 91〉

9．ネットワークを介した攻撃手法などに関する以下のアからエまでの記述のうち、最も<u>適切ではないもの</u>を 1 つ選びなさい。

ア．ゼロデイ攻撃は、OS やソフトウェアのぜい弱性が発見されたときに、問題の存在自体が広く公表される前に、そのぜい弱性をついて行われる攻撃手法である。

イ．ドライブバイダウンロード攻撃とは、Web ブラウザなどを介して、ユー

ザに気づかれないように、不正プログラムなどをユーザのコンピュータに
ダウンロードさせる攻撃手法である。

ウ．ブルートフォース攻撃は、IP 通信において、送信者の IP アドレスを詐
　　称して別の IP アドレスになりすましを行う攻撃手法であり、不正アクセス
　　の手段として使われることが多い。

エ．フォームジャッキングは、Web スキミングや E スキミングなどとも呼ば
　　れ、正規の Web サイトの入力画面に悪意のあるスクリプトを埋め込み、そ
　　の画面でユーザが入力した個人情報などを、悪意のある第三者に不正に送
　　信する手法である。　　　　　　　　　　　　　　〈第 71 回　問題 93〉

10.　以下のアからエまでのうち、Web における攻撃の手法に関する次の文章中
　　の（　　）に入る最も適切な語句の組合せを 1 つ選びなさい。

（　a　）は、Web ブラウザなどを介して、ソフトウェアなどを気付かれな
いようにユーザのコンピュータに転送させる攻撃であり、多くのユーザが
頻繁にアクセスするサイトを改ざんすることによって、被害に誘導するケー
スが多い。（a）では、さまざまな手段によってセキュリティホールが内在
しているサイトを調査して、例えば、（　b　）や（　c　）などによる攻撃
が可能なサイトを見つけ出し、それらが攻撃の起点となる。
（b）とは、ユーザが入力した内容を表示する Web アプリケーションのぜ
い弱性を利用し、悪意のあるスクリプトを仕込んでおいて、アクセスして
きたユーザの Web ブラウザで一定の処理を実行させる攻撃手法である。一
方、（c）は、データベースを利用した Web アプリケーションのセキュリティ
ホールを狙って SQL 命令文を入力して実行させ、データベースに不正にア
クセスする手法である。

ア．a．ディレクトリトラバーサル　　b．スクリプトキディ
　　c．SQL インジェクション

イ．a．ディレクトリトラバーサル　　b．クロスサイトスクリプティング
　　c．PL/SQL

ウ．a．ドライブバイダウンロード　　b．スクリプトキディ
　　c．PL/SQL

エ．a．ドライブバイダウンロード　　b．クロスサイトスクリプティング

　　c．SQL インジェクション。　　　　　　　　〈第 72 回　問題 94〉

11．経済産業省の「情報セキュリティ管理基準」における「通信のセキュリティ」に関する以下のアからエまでの記述のうち、最も<u>適切ではない</u>ものを 1 つ選びなさい。

　ア．情報セキュリティに影響を及ぼす可能性のある行動、又は情報セキュリティに関連した行動を記録及び検知できるように、適切なログ取得及び監視を適用する。

　イ．大規模なネットワークを管理する際は、ネットワークを分離せずに一つのネットワークとして管理し、管理策を情報処理基盤全体に一貫して適用することを確実にするために、様々な管理作業を綿密に調整する。

　ウ．情報転送のために通信設備を利用するときに従う手順及び管理策には、電子的メッセージ通信を通じて伝送される可能性のあるマルウェアを検出し、これらから保護するための手順を反映する。

　エ．情報転送のために通信設備を利用するときに従う手順及び管理策には、留守番電話に残したメッセージの、認可されていない者による再生、共有システムに保管、又は誤ダイアルにより間違った先へ保管されることを防止するため、秘密情報を含んだメッセージを留守番電話に残さないことを含める。　　　　　　　　　　　　　　　　　　　　　〈第 71 回　問題 97〉

12．以下のアからエまでのうち、マルウェアの種類と特徴に関する次の文章中の（　　）に入る最も<u>適切な</u>語句の組合せを 1 つ選びなさい。

（　a　）は、主に（　b　）が組み込まれた Microsoft Excel や Word のファイル、あるいはこのようなファイルをパスワード付きの ZIP 形式のファイルとして、メールに添付する形式で送付され、ファイルの開封後に（b）を起動する操作を実行することで（a）に感染するケースが多数報告されている。また、メール本文に記載された URL をクリックすることで、不正な Excel ファイルや Word ファイルがダウンロードされるケースもある。（a）に感染すると、認証情報や社内ネットワークにある機密情報など

が外部に流出してしまうこともある。さらに、（ a ）は、自己増殖する（　c　）としての側面も持っているため、社内ネットワークに侵入されてしまった場合は、社内に（ a ）が伝染し、蔓延する危険性もある。

ア．a．Emotet（エモテット）　　b．シェルスクリプト
　　c．トロイの木馬

イ．a．Emotet（エモテット）　　b．マクロ
　　c．ワーム

ウ．a．Slammer（スラマー）　　b．シェルスクリプト
　　c．ワーム

エ．a．Slammer（スラマー）　　b．マクロ
　　c．トロイの木馬　　　　　　　　　　　〈第 73 回　問題 91〉

13. 不正アクセス対策の技術に関する以下のアからエまでの記述のうち、最も適切ではないものを 1 つ選びなさい。

ア．パケットフィルタリングは、簡便なセキュリティ技術として広く用いられ、多くのルータはこの機能を備えている。なお、簡便な技術だけに破る手段も多いため、他のセキュリティ技術と併用する必要がある。

イ．MAC アドレスフィルタリングは、MAC アドレスをアクセスポイントなどにあらかじめ登録しておき、登録されている MAC アドレス以外の端末からの接続を拒否することでアクセス制御を行う方式である。MAC アドレスはソフトウェア的にも偽装ができないため、MAC アドレスフィルタリング単体を用いても、安全な通信が確保できる。

ウ．IEEE 802.1X は、LAN 内のユーザ認証の方式を定めた規格であり、認証されていないクライアントからの通信をすべて遮断し、認証されたユーザにのみ通信を許可する方式である。IEEE 802.11b などの無線 LAN でのユーザ認証方式として用いられているが、有線 LAN にも対応している。

エ．IP アドレス認証（IP アドレス制限）は、接続元の IP アドレスを用いてアクセスを制限する機能であり、許可されている IP アドレス以外からのアクセスを遮断することにより、第三者による不正アクセスを防ぐことができ

る。　　　　　　　　　　　　　　　　　　　〈第 72 回　問題 89〉

14 〜 16. 次の文章は、セキュリティ技術に関連する説明である。該当する用語を、下の解答群のアからエまでのうちからそれぞれ 1 つ選びなさい。

14．暗号化によってパケットの秘匿や改ざん検知を実現するプロトコルであり、IETF によって標準化されている。認証・暗号化・改ざん検知などの機能があり、インターネット上で通信を暗号化して安全に送受信できるようにする。このプロトコルは、認証と改ざん検知に利用される AH、暗号化データの転送に利用される ESP、暗号鍵の交換管理に利用される IKE などのサブプロトコルから構成されている。また、通信モードには、トランスポートモードとトンネルモードがあり、トンネルモードでは、パケットのヘッダ部も暗号化されてしまうため、ファイアウォールと組み合わせたときに、ファイアウォールを柔軟に通過させることができなくなってしまう場合がある。

15．複合的な機能をもったセキュリティ機器を導入して、包括的・統合的にセキュリティ対策を実施する管理方法であり、ファイアウォール・IPS・ウイルス対策ソフト及び迷惑メールフィルタ等の機能を 1 台にまとめた機器を指す場合もある。ネットワークセキュリティに必要な一通りの機能が実装されているため、導入が容易となり、設定や管理の手間を簡素化することができる。また、対策項目ごとに機器やソフトウェアを個別に導入する場合と比較して、必要なコストを抑えることができる。

16．ユーザが利用するパソコンやスマートフォン、サーバなどのデバイスの状況を監視し、不審な振る舞いを検知した場合は管理者に通知するソリューションである。主な機能として、リアルタイムでのログ収集・取得、ログ分析の自動化、分析にもとづいた異常の検知・アラート発出、脅威の侵入に関する原因分析、影響範囲の特定などがある。このソリューションを導入する効果として、社内ネットワークに侵入したマルウェアなどが、本格的な活動を始めて問題が深刻化する前に、それをいち早く検知・除去できるようになることが挙げられる。

【14 〜 16 の解答群】

ア．UTM　　　イ．IPsec　　　ウ．eKYC　　　エ．EDR

〈第 71 回　問題 98 〜 100〉

●著者紹介

柴原健次（しばはら けんじ）https://healthybrain.jp/
1・2章担当
一般財団法人個人情報保護士会理事。合同会社ヘルシーブレイン代表CEO。全日本情報学習振興協会特任講師。株式会社アイカム・シンカ専務取締役。働き方改革支援コンソーシアム主務理事・事務局長。人材育成コンサルタント・講師。ワークライフメンター。クリエイティブプロデューサー。

坂東利国（ばんどう よしくに）
3・4章担当
弁護士（東京弁護士会所属）。東京エクセル法律事務所パートナー弁護士。慶応義塾大学法学部法律学科卒、2013年弁護士登録。上級個人情報保護士認定講習会（全日本情報学習振興協会主催）講師。著書に『マイナンバー実務検定公式テキスト』（日本能率協会マネジメントセンター）、『マイナンバー社内規程集』（日本法令）、『管理職用 ハラスメント研修の教科書』（マイナビ出版）他。

克元亮（かつもと りょう）
5～9章統括
ソリューションの事業開発に従事。著書に『この1冊ですべてわかる 新版 ITコンサルティングの基本』（日本実業出版社、共著）他。

福田啓二（ふくだ けいじ）
5章、9.8～9.10担当
株式会社アンヴィックス取締役。セキュリティ監査等に従事。資格にシステム監査技術者、情報セキュリティスペシャリスト、個人情報保護士他。日本ITストラテジスト協会会員。

井海宏通（いかい ひろみち）https://www.ikai.jp/
6章、7章担当
株式会社経営戦略オフィス代表取締役。中小企業向け経営コンサルティングに従事。著書に『小さな会社のIT担当者になったら読む本』（日本実業出版社）他。中小企業診断士。

山口透（やまぐち とおる）https://mt-brain.jp/
8章、9.6担当
株式会社エムティブレイン代表取締役。中小企業に対する経営とITのコンサルティングに従事。著書に『IoTのしくみと技術がこれ1冊でしっかりわかる教科書』（技術評論社、共著）他。IT戦略企画や新サービスの開発を得意としている。日本ITストラテジスト協会会員。中小企業診断士。

鈴木伸一郎（すずき しんいちろう）
9.1～9.5、9.7担当
ITコンサルタント、システムアナリスト。著書に『図解でよくわかる SEのための業務知識』『SEのための金融の基礎知識』（日本能率協会マネジメントセンター、共著）、『この1冊ですべてわかる ITコンサルティングの基本』（日本実業出版社、共著）他。日本ITストラテジスト協会会員。

改訂8版 個人情報保護士認定試験公式テキスト

2024年5月10日　　　　初版第1刷発行

著　者 ―― 柴原健次、坂東利国、克元亮、福田啓二、井海宏通
　　　　　　山口透、鈴木伸一郎
　　　　　　©2024　Kenji Shibahara, Yoshikuni Bando, Ryo Katsumoto
　　　　　　Keiji Fukuda, Hiromichi Ikai, Toru Yamaguchi
　　　　　　Shinichiro Suzuki
発行者 ―― 張 士洛
発行所 ―― 日本能率協会マネジメントセンター
〒103-6009　東京都中央区日本橋2-7-1 東京日本橋タワー
TEL　03(6362)4339(編集)／03(6362)4558(販売)
FAX　03(3272)8127(販売・編集)
https://www.jmam.co.jp/

装　丁 ――― 株式会社志岐デザイン事務所
本文DTP ―― 広研印刷株式会社
印刷所 ――― 広研印刷株式会社
製本所 ――― 株式会社三森製本所

ISBN978-4-8005-9208-8 C3032
落丁・乱丁はおとりかえします。
PRINTED IN JAPAN

コンプライアンス実務ハンドブック

長瀬 佑志／斉藤 雄祐　著

A5判 256頁

　大手企業でも不祥事が起こる昨今、企業活動においてどこまでが法令を遵守した対応になるのか──。

　法務担当者の前には、コンプライアンスリスクの想定、予防、初動対応等々の問題に加え、社内外の理解や協力といった調整や教育も検討して対応する課題まで横たわっています。

　本書はこうした企業法務の実務における諸問題に対し、コンプライアンスリスクが生じやすい「人」「物」「金」「情報」に関わる場面を中心に、リスク管理上の注意点をわかりやすく整理した1冊です。

日本能率協会マネジメントセンター

企業法務のための
初動対応の実務

長瀬 佑志／長瀬 威志／母壁 明日香　著

A5判 420頁

　企業法務において最も重要なものの一つに、事故発生直後に求められる初動対応が挙げられます。過去の公表や報道などを見渡しても、初動対応の判断を誤ったためにさらなる大事故につながったり、企業の信用を事故以上に失墜させて事業に支障をきたしたりした事例は枚挙に暇がありません。

　本書は企業で想定される、様々な法的対応について迫られるトラブルを7つの分野に集約し、「分野ごとに3つの特徴」「相談事例」「7つのポイント」「参考書式」で整理した、企業としての初動対応の要点を把握できる1冊です。

日本能率協会マネジメントセンター

これだけは知っておきたい
コンプライアンスの基本24のケース
「会話で学ぶ」ビジネストラブル防止対策

秋山 進 著

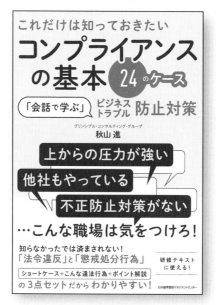

A5判 80頁

　コンプライアンス対策本の多くは、「法律をよく知らない従業員」が起こすという前提に立っていますが、実は企業を窮地に陥れるような不祥事は「上からの圧力によるもの」が多く引き起こされています。

　こうした実情に対して本書では、組織が間違った行為をとってしまうメカニズムについて、「上司が部下に問題行動を要請する場面」を中心に、ありがちなコンプライアンス問題をミニストーリーで簡潔に解説しました。

　汎用的なケースをコンパクトにまとめましたので、社内研修や勉強会などで手軽に学べる1冊です。

日本能率協会マネジメントセンター

改訂8版
個人情報保護士認定試験公式テキスト
過去問題チェックの解答と解説

Ⅰ. 個人情報保護の総論　解説

〈第1章〉

1. エ　　個人情報保護法の制定

本問は、個人情報保護法の制定に関する理解を問うものである。

ア．適　切

コンピュータネットワークの急激な発展に伴い、公的部門、民間部門を問わず、大量の個人情報が処理されるようになり、住民情報や顧客情報等の漏えい事件や個人情報の売買事件が発生して社会問題化したため、国民のプライバシーに関する不安が高まり、公的部門のみならず民間部門に対しても、個人情報の保護措置を講ずる要請が高まった。

イ．適　切

国際的には、1970年代から、欧米諸国において、個人情報保護に関する法制の整備が進んでいた。1980年には、経済協力開発機構（OECD）の「プライバシー保護と個人データの国際流通についてのガイドラインに関する理事会勧告」が出され、以後、各国で急速に個人情報保護法制の整備が進み、企業活動のグローバル化が進む中、日本も国際的に整合性を保った法制の整備が求められた。

ウ．適　切

1999年以降、政府で個人情報保護のシステムのあり方について検討が進められ、様々な国民的議論を経て、2003年5月に公的部門・民間部門を通じた個人情報の基本理念等を定めた基本法に相当する部分と民間事業者（民間部門）の遵守すべき義務等を定めた一般法に相当する部分から構成される個人情報保護法が成立し公布され、2005年4月に全面施行された。

エ．不適切

社会・経済情勢の変化などに対応して、個人情報の有用性を保つことと個人の権利・利益を保護することのバランスを取るため、個人情報保護法は3年ごとに検討を行い、必要に応じて改正されることになっている。

2. イ　　プライバシーマーク

本問は、プライバシーマークについての理解を問うものである。

ア．適　切

　本記述のとおりである。

イ．不適切

　プライバシーマーク制度の保護対象は個人情報であり、情報資産は保護の対象となっていない。

　なお、ISMS適合性評価制度では、個人情報を含む情報資産も保護の対象となっている。

ウ．適　切

　本記述のとおりである。

エ．適　切

　本記述のとおりである。

〈第2章第1節～第5節〉

1．ウ　　個人情報保護法の目的

　本問は、個人情報保護法の目的に関する理解を問うものである。

ア．適　切

　個人情報保護法は、デジタル社会の進展に伴い個人情報の利用が著しく拡大していることに鑑み、個人情報の適正な取扱いに関し、基本理念及び政府による基本方針の作成その他の個人情報の保護に関する施策の基本となる事項を定める（1条）。

イ．適　切

　個人情報保護法は、個人情報保護委員会を設置することにより、行政機関等の事務及び事業の適正かつ円滑な運営を図ることを目的としている（1条）。

ウ．不適切

　個人情報保護法は、個人の権利利益を保護することを目的としているが、プライバシー権に配慮することは目的としていない（1条）。

エ．適　切

　個人情報保護法は、個人情報を適切かつ効果的に活用すること等により、新たな産業の創出並びに活力ある経済社会及び豊かな国民生活の実現に資することを目的としている（1条を参照）。

2．ア　　個人情報

「個人情報」とは、生存する「個人に関する情報」であって、「当該情報に含まれる氏名、生年月日その他の記述等により特定の個人を識別することができるもの（他の情報と容易に照合することができ、それにより特定の個人を識別することができるものを含む。）」（法2条1項1号）、又は「個人識別符号が含まれるもの」（法2条1項2号）をいう。

ア．適　切

統計情報は、個人との対応関係が排斥されている限りでは、個人情報に該当しない。

イ．不適切

性別や年齢といった属性情報や、全身のシルエット画像等に置き換えて作成した店舗等における移動軌跡データ（人流データ）は、これら単体では抽出元のカメラ画像や個人識別符号等特定の個人を識別することができる情報と容易に照合することができる場合を除き、個人情報には該当しない。

ウ．不適切

個人情報は、暗号化等によって秘匿化されているかどうかは問わない。

エ．不適切

特定の個人を識別できる情報は、公刊物によって公にされている場合でも、個人情報に当たる。

3．イ　　個人識別符号

生存する個人の情報であって「個人識別符号」が含まれるものは、個人情報に該当する（法2条1項2号、法2条2項）。

本問は、この個人識別符号についての理解を問うものである。

ア．適　切

本記述のとおりである。

イ．不適切

労災保険に加入する際は、労働保険番号が交付される。**労働保険番号とは、労災保険に加入した際に労働局から事業所ごとに交付される14桁の番号**のことであり、個人識別符号に該当しない。

ウ．適　切

　本記述のとおりである。

エ．適　切

　本記述のとおりである。

４．イ　　個人情報取扱事業者

　「個人情報取扱事業者」とは、個人情報データベース等を事業のように供している者をいい、国の機関、地方公共団体、独立行政法人等の保有する個人情報の保護に関する法律が定める独立行政法人等及び地方独立行政法人等で定める地方独立行政法人等は除かれる（法16条2項）。

ア．不適切

　個人情報データベース等を事業の用に供している者であれば、当該個人情報データベース等を構成する個人情報によって識別される特定の個人の数の多寡にかかわらず、個人情報取扱事業者に該当する。

イ．適　切

　「事業の用に供している」の「事業」とは、一定の目的をもって反復継続して遂行される同種の行為であって、かつ社会通念上事業と認められるものをいい、営利・非営利の別は問わない。なお、法人格のない、権利能力のない社団（任意団体）又は個人であっても、個人関連情報データベース等を事業の用に供している場合は、個人関連情報取扱事業者に該当する。

ウ．不適切

　委託元の個人情報データベース等を加工・分析等をせずにそのまま利用する場合でも、委託された業務を行うために利用するのであれば「事業の用に供している」ことになり、委託先も個人情報取扱事業者に該当する。

エ．不適切

　取り扱っている個人情報が従業者の個人情報のみであっても、個人情報データベース等を事業の用に供している者は、個人情報取扱事業者に該当する。

５．ア　　要配慮個人情報

　「要配慮個人情報」とは、本人の人種、信条、社会的身分、病歴、犯罪の経歴、

犯罪による被害を被った事実その他本人に対する不当な差別、偏見その他の不利益が生じないようにその取扱いに特に配慮を要するものとして政令で定める記述などが含まれる個人情報をいう（法2条3項）。

　本問は、この「要配慮個人情報」に関する理解を問うものである。

ア．適　切

　本人に対して医師その他医療に関連する職務に従事する者（医師等）により行われた疾病の予防及び早期発見のための健康診断その他の検査（健康診断等）の結果は、「要配慮個人情報」に該当する（施行令2条2号）。これに対して、健康診断等を受診した事実だけでは「要配慮個人情報」に該当しない。

イ．不適切

　「要配慮個人情報」とは、本人の人種、信条、社会的身分、病歴、犯罪の経歴、犯罪により害を被った事実その他本人に対する不当な差別、偏見その他の不利益が生じないようにその取扱いに特に配慮を要するものとして政令で定める記述等が含まれる個人情報をいう（法2条3項）。よって、信条に関する記述もこれに含まれる。

ウ．不適切

　無罪判決を受けた事実は、それまで犯罪の嫌疑を受けて逮捕、取調べ、勾留、公訴提起等をされたことを示すため、本人を被疑者又は被告人として刑事事件に関する手続を受けた場合に含まれ、要配慮個人情報に該当する。

エ．不適切

　本人の国籍や肌の色（推知情報に限る。）は「要配慮個人情報」に該当しない。

〈第2章第6節〜第9節〉

1．ウ　　個人情報の利用目的の特定及び変更

　個人情報取扱事業者は、個人情報を取り扱うに当たっては、その利用目的をできる限り特定しなければならない（法17条1項）。また、個人情報取扱事業者は、利用目的を変更する場合には、変更前の利用目的と関連性を有すると合理的に認められる範囲を超えて行ってはならない（法17条2項）。

　本問は、この個人情報の利用目的の特定及び変更についての理解を問うものである。

ア．適　切

　個人情報取扱事業者は、個人情報を取り扱うに当たっては、利用目的をできる限り特定しなければならない（法17条1項）が、利用目的を単に抽象的に特定するだけでは足りず、本人にとって一般的かつ合理的に想定できる程度に具体的に特定することが望ましい。

イ．適　切

　本記述のとおりである。

ウ．不適切

　個人情報取扱事業者は、利用目的を変更する場合には、変更前の利用目的と関連性を有すると合理的に認められる範囲を超えて行ってはならない（法17条2項）。「相当の」ではない。

エ．適　切

　本記述のとおりである。

２．エ　　個人情報の利用目的の制限

　個人情報取扱事業者は、あらかじめ本人の同意を得ないで、法17条の規定により特定された利用目的の達成に必要な範囲を超えて、個人情報を取り扱ってはならない（法18条1項）。個人情報取扱事業者は、合併その他の事由により他の個人情報取扱事業者から事業を承継することに伴って個人情報を取得した場合は、あらかじめ本人の同意を得ないで、承継前における当該個人情報の利用目的の達成に必要な範囲を超えて、当該個人情報を取り扱ってはならない（法18条2項）。また、法18条3項は、個人情報の利用目的による制限の例外について定めている。

ア．適　切

　本記述のとおりである。

イ．適　切

　個人情報取扱事業者は、合併その他の事由により他の個人情報取扱事業者から事業を承継することに伴って個人情報を取得した場合は、あらかじめ本人の同意を得ないで、承継前における当該個人情報の利用目的の達成に必要な範囲を超えて、当該個人情報を取り扱うことができない。

ウ．適　切

　未成年者等、同意により生じる結果につき判断能力を有しない場合は、法定代理人等から同意を得る必要がある。

エ．不適切

　健康保険組合等の保険者等が実施する健康診断の結果等に係る情報を、保健事業の効果の向上等に利用する場合、**本人の同意を得ることが困難であるときは**、あらかじめ本人の同意を得ることなく、特定された利用目的の達成に必要な範囲を超えて個人情報を取り扱うことができる。

３．ア　　利用目的の制限の例外

　一定の要件を満たす場合、あらかじめ本人の同意を得ないで、特定された利用目的の達成に必要な範囲を超えて、個人情報を取り扱うことができる（法18条3項）。

　本問は、この利用目的の制限の例外についての理解を問うものである。

ア．不適切

　個人情報取扱事業者が学術研究機関等である場合であって、当該個人情報を学術研究の用に供する目的で取り扱う必要があるとき（当該個人情報を取り扱う目的の一部が学術研究目的である場合を含み、個人の権利利益を不当に侵害するおそれがある場合を除く。）は、特定された利用目的の達成に必要な範囲を超えて個人情報を取り扱うことができる。

イ．適　切

　本記述のとおりである。

オ．適　切

　本記述のとおりである。

カ．適　切

　本記述のとおりである。

４．イ　　個人情報の不適正な利用の禁止

　個人情報取扱事業者は、違法又は不当な行為を助長し、又は誘発するおそれがある方法により個人情報を利用してはならない（法19条）。

ア．適　切

　個人情報取扱事業者は、違法又は不当な行為を助長し、又は誘発するおそれ
がある方法により個人情報を利用してはならない。

イ．不適切

　「違法又は不当な行為」とは、法（個人情報の保護に関する法律）その他の法令
に違反する行為、及び直ちに違法とはいえないものの、法（個人情報の保護に
関する法律）その他の法令の制度趣旨又は公序良俗に反する等、社会通念上適
正とは認められない行為をいう。

ウ．適　切

　「おそれ」の有無は、個人情報取扱事業者による個人情報の利用が、違法又は
不当な行為を助長又は誘発することについて、社会通念上蓋然性が認められる
か否かにより判断される。

エ．適　切

　個人情報取扱事業者が、第三者に個人情報を提供する時点で、当該提供した
個人情報がその第三者によって違法に利用されることが、一般的な注意力をもっ
てしても予見できない状況であった場合には、「おそれ」は認められない。

5．イ　　個人情報の適正な取得

　個人情報取扱事業者は、個人情報を取得した場合は、あらかじめその利用目
的を公表している場合を除き、速やかに、その利用目的を、本人に通知し、又
は公表しなければならない（法20条1項）。

　本問は、この個人情報の適正な取得についての理解を問うものである。

ア．適　切

　本記述のとおりである。

イ．不適切

　名簿業者から個人の名簿を取得すること自体は<u>禁止されていない</u>が、その購
入に際しては、適正取得（法20条1項）や第三者提供を受ける際の確認・記録
義務（法29条・30条）が適用される点に留意する必要がある。

ウ．適　切

　本記述のとおりである。

エ．適　切

　個人情報を含む情報がインターネット等により公にされている場合、当該情報が含まれるファイルをダウンロードしてデータベース化することは、個人情報を取得していると解し得るものと考えられる。

6．エ　　要配慮個人情報の取得

　個人事業取扱事業者は、原則として、あらかじめ本人の同意を得ないで、要配慮個人情報を取得してはならない（法20条2項）。

ア．不適切

　人の生命、身体又は財産の保護のために必要がある場合であって、**本人の同意を得ることが困難であるとき**は、あらかじめ本人の同意を得ずに要配慮個人情報を取得することができる（法20条2項2号）。

イ．不適切

　身体の不自由な客が店舗に来店し、対応した店員がその旨をお客様対応録に記録する場合（目視による取得）は、本人の同意を得ることなく要配慮個人情報を取得することができる（20条2項8号、政令9条）。

ウ．不適切

　公衆衛生の向上又は児童の健全な育成の推進のために特に必要がある場合であって、本人の同意を得ることが困難であるときは、あらかじめ本人の同意を得ずに要配慮個人情報を取得することができる（法20条2項3号）。

エ．適　切

　学術研究機関である個人情報取扱事業者が、要配慮個人情報を学術研究目的で取り扱う必要がある場合は、あらかじめ本人の同意を得ずに要配慮個人情報を取得することができる（法20条2項5号）。

7．正解　エ　　安全管理措置

　個人情報取扱事業者は、その取り扱う個人データの漏えい、滅失又は毀損の防止その他の個人データの安全管理のために必要かつ適切な措置を講じなければならない（法23条）。

ア．適　切

　個人情報取扱事業者が個人データの適正な取扱いの確保について組織として取り組むために基本方針を作成した場合、作成した基本方針を公表しなければならないとする規定はない。

イ．適　切

　本記述のとおりである。

ウ．適　切

　本記述のとおりである。

エ．不適切

　個人情報取扱事業者は、物理的安全管理措置として、例えば、電子媒体等を持ち運ぶ場合の漏えい等の防止措置を講じなければならない。ここにいう「持ち運ぶ」とは、個人データを管理区域又は取扱区域から外へ移動させること又は当該区域の外から当該区域へ移動させることをいい、<u>事業所内の移動等も含まれる</u>。

8．イ　　委託先の監督

　個人情報取扱事業者は、個人データの取扱いの全部又は一部を委託する場合は、その取扱いを委託された個人データの安全管理が図られるよう、委託を受けた者に対する必要かつ適切な監督を行わなければならない（法25条）。

　本問は、この委託先の監督についての理解を問うものである。

ア．不適切

　個人情報取扱事業者は、個人データの取扱いの全部又は一部を委託する場合は、その取扱いを委託された個人データの安全管理が図られるよう、委託を受けた者に対する必要かつ適切な監督を行わなければならない（法25条）。個人データの取扱いの全部を委託する場合だけではなく、<u>一部を委託する場合も該当する</u>。

イ．適　切

　本記述のとおりである。

ウ．不適切

　委託先の選定や委託先における個人データ取扱状況の把握に当たっては、取

扱いを委託する個人データの内容や規模に応じて適切な方法をとる必要があるが、例えば、必要に応じて個人データを取り扱う場所に赴く又はこれに代わる合理的な方法（<u>口頭による確認を含む</u>。）により確認することが考えられる。

エ．不適切

委託元が、法23条が求める水準を超える高い水準の安全管理措置を講じている場合でも、法律上は、委託先は、<u>法23条が求める水準の安全管理措置を講じれば足りる</u>と解されている。

〈第2章第10節〉

1．ウ　　個人データの第三者提供の制限

個人情報取扱事業者は、一定の場合を除き、あらかじめ本人の同意を得ないで、個人データを第三者に提供してはならない（法27条1項）。

ア．不適切

本人の同意は、書面または電子メールの受領等による同意のみならず、口頭での同意も可能である。

イ．不適切

同一事業者内での個人データの提供は、第三者提供には該当しないため、第三者提供に関する本人の同意は必要ない。ただし、他の部署によって、当初特定した利用目的の達成に必要な範囲を超えて個人情報が利用される場合には、あらかじめ、目的外利用に関する本人の同意を得る必要がある（法18条1項）。

ウ．適　切

本記述のとおりである。

エ．不適切

提供先を個別に明示することまでが求められていない。もっとも、想定される提供先の範囲や属性を示すことは望ましいと考えられる。

2．正解　ア　　個人データの第三者提供の制限

個人情報取扱事業者は、次に掲げる場合を除くほか、あらかじめ本人の同意を得ないで、個人データを第三者に提供してはならない。（法27条1項）。

ア．不適切

　書面または電子メールの受領等による同意のみならず、口頭での同意も可能である。

イ．適　切

　個人情報取扱事業者が、自社を退職した従業者に関する在籍確認や勤務状況等について、第三者から問合せを受けた場合、その情報が個人データ（個人情報データベース等を構成する個人情報）であるときには、その問合せに回答することは個人データの第三者提供（法27条1項）に該当し、原則として、あらかじめ本人の同意を得る必要がある。

ウ．適　切

　本記述のとおりである。

エ．適　切

　個人情報取扱事業者の従業者の個人データを含む情報について弁護士会から適法に照会があった場合は、法令に基づく場合に該当するので（弁護士法23条の2）、個人情報取扱事業者は、あらかじめ本人の同意を得なくても、当該弁護士会に当該情報を提供することができる（法27条1項1号）。

3．エ　　個人データの第三者提供の制限

ア．不適切

　個人データを第三者に提供する際には、あらかじめ本人の同意を得る必要があるが（法第27条第1項）、例えば、ある企業の代表取締役の氏名が当該会社のホームページで公開されていて、当該本人の役職（代表取締役）及び氏名のみを第三者に伝える場合等、提供する個人データの項目や提供の態様によっては、本人の同意があると事実上推認してよい場合もあると解される。

イ．不適切

　会社法において、株主には株主名簿の閲覧請求権が認められているため（会社法第125条第2項）、会社法に基づく適法な閲覧請求に応じることは、法27条第1項第1号に規定する「法令に基づく場合」に該当する。

ウ．不適切

　法18条3項1号・2号又は4号、法27条1項1号・2号又は4号に該当

すると考えられるため、あらかじめ本人の同意を得る必要はない。

エ．適　切

　退職した従業者に関する在籍状況や勤務状況等が個人データ（個人情報データベース等を構成する個人情報）になっている場合、第三者からの問合せに答えることは個人データの第三者提供に該当し、あらかじめ本人の同意がある場合や第三者提供制限の例外事由に該当する場合を除いて、第三者に提供することはできない。

４．ウ　　オプトアウトによる第三者提供

　個人情報取扱事業者は、第三者に提供される個人データ（要配慮個人情報を除く。）について、本人の求めに応じて当該本人が識別される個人データの第三者への提供を停止することとしている場合であって、法27条2項で定められている事項について、個人情報保護委員会規則で定めるところにより、あらかじめ、本人に通知し、又は本人が容易に知り得る状態に置くとともに、個人情報保護委員会に届け出たときは、法27条1項の規定にかかわらず、当該個人データを第三者に提供することができる（法27条2項）。

ア．適　切

　個人情報取扱事業者は、個人データの第三者への提供に当たり、一定の事項をあらかじめ本人に通知し、又は本人が容易に知り得る状態に置くとともに、個人情報保護委員会に届け出た場合には、原則として、あらかじめ本人の同意を得ることなく、個人データを第三者に提供することができる。

イ．適　切

　本記述のとおりである。ウの解説を参照

ウ．不適切

　次のいずれかに該当する個人データは、オプトアウトの方法で第三者提供することはできない（27条2項但書）。

　①要配慮個人情報

　②オプトアウトの方法による第三者提供の方法によって取得した個人情報

エ．適　切

　個人情報取扱事業者は、法27条2項により必要な事項を個人情報保護委員会に

届け出たときは、その内容を自らもインターネットの利用その他の適切な方法により公表するものとされている。

5．ウ　第三者提供に係る記録の作成等

　個人情報取扱事業者は、個人データを第三者（法16条2項各号に掲げる者を除く。）に提供したときは、個人情報保護委員会規則で定めるところにより、当該個人データを提供した年月日、当該第三者の氏名又は名称その他の個人情報保護委員会規則で定める事項に関する記録を作成しなければならない（法29条）。

ア．該　当

　「第三者の氏名又は名称及び住所並びに法人にあっては、その代表者の氏名」は、施行規則に掲げられている。

イ．該　当

　「個人データの項目」は、施行規則に掲げられている。

ウ．非該当

　「個人データを提供した理由」は、施行規則に掲げられていない。

エ．該　当

　「個人データを提供した年月日」は、施行規則に掲げられている。

6．正解　イ　個人データの共同利用

　特定の者との間で共同して利用される個人データが当該特定の者に提供される場合であって、法27条5項3号で定められている情報を、提供に当たりあらかじめ本人に通知し、又は本人が容易に知り得る状態に置いているとき、当該提供先は第三者に該当しない。

ア．適　切

　特定の者との間で共同して利用される個人データを当該特定の者に提供する場合とは、全ての共同利用者が双方向で行う場合だけではなく、一部の共同利用者に対し、一方向で行うことも含まれる（法27条5項3号）。

イ．不適切

　特定の者との間で共同して利用される個人データを当該特定の者に提供する

場合であって、一定の事項を、あらかじめ本人に通知し、又は本人が容易に知り得る状態に置いているときは、あらかじめ本人の同意を得ることなく、又は第三者提供におけるオプトアウト手続を行うことなく、当該個人データを提供することができる（法27条5項3号）。個人情報保護委員会への届出は不要である。

ウ．適　切

本記述のとおりである。

エ．適　切

個人情報取扱事業者は、共同利用する者の利用目的又は個人データの管理について責任を有する者の氏名若しくは名称を変更する場合には、変更する内容について、あらかじめ、本人に通知し、又は本人が容易に知り得る状態に置かなければならない（法27条6項）。

7．ア　　第三者提供に係る記録の作成等

個人情報取扱事業者は、個人データを第三者に提供したときは、個人情報保護委員会規則で定めるところにより、当該個人データを提供した年月日、当該第三者の氏名又は名称その他の個人情報保護委員会規則で定める事項に関する記録を作成しなければならない。ただし、当該個人データの提供が第27条第1項各号又は第5項各号のいずれか（前条第1項の規定による個人データの提供にあっては、第27条第1項各号のいずれか）に該当する場合は、この限りでない。（法29条1項）。

本問は、この第三者提供に係る記録の作成等についての理解を問うものである。

ア．適　用

外国にある第三者に個人データを提供する場合でも、原則として、法29条に基づく記録義務規定が適用される。

イ．不適用

訴訟追行のために、訴訟代理人の弁護士・裁判所に、訴訟の相手方に係る個人データを含む証拠等を提出する場合は、「財産の保護のために必要がある」といえ、かつ、一般的に当該相手方の同意を取得することが困難であることから、

法27条1項2号に該当し得るものであり、その場合には**法29条1項は適用されない**ものと考えられる。

ウ．不適用

　本人に代わって個人データを第三者提供しているため、**法29条1項は適用されない**。なお、提供を受けた会社においても、法29条1項は適用されない。

エ．不適用

　本人と一体と評価できる関係にある者に提供しているものとして、**法29条1項は適用されない**。

8．イ　　第三者提供を受ける際の確認等の義務

　個人情報取扱事業者は、第三者から個人データの提供を受けるに際しては、個人情報保護委員会規則で定めるところにより、次に掲げる事項の確認を行わなければならない。ただし、当該個人データの提供が27条1項各号又は第5項各号のいずれかに該当する場合は、この限りでない。

　①当該第三者の氏名又は名称及び住所並びに法人にあっては、その代表者の
　　氏名

　②当該第三者による当該個人データの取得の経緯（法30条1項）

ア．不適切

　複数回にわたって同一「本人」の個人データの授受をする場合において、同一の内容である事項を重複して確認する合理性はないため、個人情報保護法施行規則で規定されている方法により確認を行い、個人情報保護法で規定されている方法により作成し、かつ、その時点において保存している記録に記録された事項と内容が同一であるものについては、当該事項の確認を省略することができる。

イ．適　切

　個人情報取扱事業者は、第三者から個人データの提供を受けるに際しては、原則として、当該第三者による当該個人データの取得の経緯を確認しなければならない（法30条1項2号）。また、提供者がホームページで公表している場合に公表されている取得の経緯の記述を確認する方法は、適切な方法である。

ウ．不適切

　個人情報取扱事業者が、第三者から個人データの提供を受けるに際しては、個人情報保護委員会規則で定めるところにより、原則として、法30条1項に掲げる事項の確認を行わなければならない。その中には、「当該第三者の氏名又は名称」が含まれており、当該第三者が法人の場合における代表者（代表取締役など）の氏名も含まれている（法30条1項1号）。

エ．不適切

　個人情報取扱事業者は、合併その他の事由による事業の承継に伴って個人データの提供を受けるに際しては、当該個人データの取得の経緯等の確認を行う必要がない（法30条1項ただし書、27条5項2号）。

〈第2章第11節～第13節〉

1．エ　　仮名加工情報

　「仮名加工情報」とは、当該情報に含まれる氏名、生年月日その他の記述等により特定の個人を識別できる個人情報（他の情報と容易に照合することができ、それにより特定の個人を識別することができることとなるものを含む。）（法2条1項1号）の場合は、当該個人情報に含まれる記述等の一部を削除し（法2条5項1号）、個人識別符号が含まれる個人情報（法2条1項2号）の場合は、当該個人情報に含まれる個人識別符号の全部を削除する（当該個人識別符号を復元することのできる規則性を有しない方法により他の記述等に置き換えることを含む。）（法2条5項2号）など措置を講じて他の情報と照合しない限り特定の個人を識別することができないように個人情報を加工して得られる個人に関する情報をいう（法2条5項）。

ア．適　切

　本記述のとおりである（法41条6項）。これは、事業者内部における分析に限定するための行為規制である。

イ．適　切

　例えば、仮名加工情報を作成した個人情報取扱事業者が、当該仮名加工情報及び当該仮名加工情報に係る削除情報等を、事業の承継に伴い他の事業者に提供した場合、当該他の事業者にとって、当該仮名加工情報は、通常、当該削除

情報等と容易に照合でき、それによって特定の個人を識別できる情報に該当するため、個人情報に該当する。また、仮名加工情報の提供を受けた仮名加工情報取扱事業者が、当該仮名加工情報の作成の元となった個人情報や当該仮名加工情報に係る削除情報等を保有していない等により、当該仮名加工情報が「他の情報と容易に照合することができ、それにより特定の個人を識別することができる」状態にない場合には、当該仮名加工情報は、個人情報に該当しない。

ウ．適 切

本記述のとおりである（法2条5項2号）。

エ．不適切

仮名加工情報とは、個人情報に含まれる記述等を削除することで他の情報と照合しない限り特定の個人を識別することができないように個人情報を加工して得られる個人に関する情報をいうが、この場合の削除には、復元することのできる規則性を有しない方法により他の記述等に置き換えることを含む。

2．イ　匿名加工情報

「匿名加工情報」とは、法2条6項の各号に掲げる個人情報の区分に応じて当該各号に定める措置を講じて特定の個人を識別することができないように個人情報を加工して得られる情報であって、当該個人情報を復元することができないようにしたものをいう（法2条6項）。

本問は、この匿名加工情報についての理解を問うものである。

ア．適 切

匿名加工情報は個人情報ではないので、利用目的を特定する必要はない。

イ．不適切

匿名加工情報の加工基準に基づかずに、個人情報を安全管理措置の一環等として**マスキング等によって匿名化した場合には、匿名加工情報としては扱われない**。また、客観的に匿名加工情報の加工基準に沿った加工がなされている場合であっても、引き続き個人情報の取扱いに係る規律が適用されるものとして取り扱う意図で加工された個人に関する情報については、匿名加工情報の取扱いに係る規律は**適用されない**。

ウ．適　切

　匿名加工情報は個人情報を加工して作成するものであり、その匿名加工情報を再加工することは、新たな別の匿名加工情報の作成には当たらないと考えられる。

エ．適　切

　要配慮個人情報を含む個人情報を加工して匿名加工情報を作成することも可能とされており、禁止されていない。

３．エ　　個人関連情報

　「個人関連情報」とは、生存する個人に関する情報であって、個人情報、仮名加工情報及び匿名加工情報のいずれにも該当しないものをいう（法２条７項）。

ア．適　切

　本記述のとおりである（法２条７項）。

イ．適　切

　個人関連情報とは、生存する個人に関する情報であり（法２条７項）、死者に関する情報はこれに当たらない。

ウ．適　切

　Cookie 等の端末識別子を通じて収集された、ある個人のウェブサイトの閲覧履歴は、個人関連情報に該当する。

エ．不適切

　個人の興味・関心を示す情報は、個人関連情報に該当し得る。

４．ウ　　保有個人データに関する事項の公表等

　個人情報取扱事業者は、保有個人データに関し、次に掲げる事項について、本人の知り得る状態（本人の求めに応じて遅滞なく回答する場合を含む。）に置かなければならない（法32条１項）。

（１）当該個人情報取扱事業者の氏名又は名称

（２）全ての保有個人データの利用目的（法21条４項１号から３号までに該当する場合を除く。）

（３）保有個人データの利用目的の通知の求め又は開示等の請求に応じる手続

及び保有個人データの利用目的の通知の求め又は開示の請求に係る手数料の額（定めた場合に限る。）

（4）保有個人データの安全管理のために講じた措置（ただし、本人の知り得る状態に置くことにより当該保有個人データの安全管理に支障を及ぼすおそれがあるものを除く。）

（5）保有個人データの取扱いに関する苦情の申出先

ア．適　切

個人情報取扱事業者は、本人から、当該本人が識別される保有個人データの利用目的の通知を求められたときは、原則として、本人に対し、遅滞なく、これを通知しなければならない。

イ．適　切

個人情報取扱事業者は、保有個人データの安全管理のために講じた措置（本人の知り得る状態に置くことにより当該保有個人データの安全管理に支障を及ぼすおそれがあるものを除く。）を本人の知り得る状態に置かなければならない。

ウ．不適切

個人情報取扱事業者は、一定の場合を除き、全ての保有個人データの利用目的について、本人の知り得る状態（本人の求めに応じて遅滞なく回答する場合を含む。）に置かなければならない（法32条1項2号）。除外される一定の場合とは、法21条4項の1号から3号の場合をいい、取得の状況からみて利用目的が明らかであると認められる場合（同項4号）は含まれていない。

エ．適　切

本記述のとおりである。

5．ウ　　保有個人データの開示、訂正及び利用停止

ア．適　切

「保有個人データ」とは、個人情報取扱事業者が、開示、内容の訂正、追加又は削除、利用の停止、消去及び第三者への提供の停止を行うことのできる権限を有する個人データであって、その存否が明らかになることにより公益その他の利益が害されるものとして政令で定めるもの以外のものをいう（法16条4項）。

イ．適　切

　個人情報取扱事業者は、本人から保有個人データの開示の請求を受けたが、開示することにより本人又は第三者の生命、身体、財産その他の権利利益を害するおそれがある場合は、保有個人データの全部若しくは一部を開示しないことができる（法33条2項1号）。

ウ．不適切

　個人情報取扱事業者は、本人から、当該本人が識別される保有個人データの内容の訂正等の請求を受けたときは、当該措置の実施に関し、手数料を徴収することができない（法38条、同34条1項）。

エ．適　切

　個人情報取扱事業者は、本人から、当該本人が識別される保有個人データが、法18条の規定に違反して本人の同意なく目的外利用されているという理由によって、利用停止等の請求を受けた場合であって、その請求に理由があることが判明したときは、原則として、違反を是正するために必要な限度で、遅滞なく、利用停止等を行わなければならない（法35条2項）。

6．イ　　保有個人データの利用停止等・第三者提供の停止

　個人情報取扱事業者は、本人から、当該本人が識別される保有個人データが法18条（利用目的による制限）の規定に違反して取り扱われている、又は法20条（適正な取得）に違反して取得されたものであるという理由によって、利用停止等の請求を受けた場合であって、その請求に理由のあることが判明したときは、違反を是正するために必要な限度で、遅滞なく、当該保有個人データの利用停止等を行わなければならない（法35条1項・2項）。

　本問は、この保有個人データの利用停止等・第三者提供の停止に関する理解を問うものである。

ア．適　切

　本記述のとおりである。

イ．不適切

　個人情報取扱事業者は、利用停止等の請求を受けた場合であって、その請求に理由があることが判明したときは、違反を是正するために必要な限度で、遅

滞なく、当該保有個人データの利用停止等を行わなければならない。ただし、当該保有個人データの利用停止等に多額の費用を要する場合その他の利用停止等を行うことが困難な場合であって、本人の権利利益を保護するため必要なこれに代わるべき措置をとるときは、この限りでない（法35条2項）。**利用停止等を行うことが困難な場合であっても、代替措置をとらない限り、当該保有個人データの利用停止等を行わなければならない。**

ウ．適　切

本記述のとおりである。

エ．適　切

個人情報取扱事業者は、法35条3項の規定による請求に係る保有個人データの全部について第三者への提供を停止したときは、本人に対し、遅滞なく、その旨を通知しなければならない（法35条7項）。本人が自分の請求の結果について知ることができるようにするためである。

7．正解　イ　　保有個人データの開示の請求等に係る手数料

個人情報取扱事業者は、法32条第2項の規定による利用目的の通知を求められたとき又は法33条第1項の規定による開示の請求を受けたときは、当該措置の実施に関し、手数料を徴収することができる。

ア．適　切

個人情報取扱事業者は、規定により手数料を徴収する場合は、実費を勘案して合理的であると認められる範囲内において、その手数料の額を定めなければならない（法38条2項）。

イ．不適切

個人情報取扱事業者は、本人から、当該本人が識別される保有個人データの内容の訂正等の請求を受けたときは、当該措置の実施に関し、手数料を徴収することができない（法38条、同34条1項）

ウ．適　切

本記述のとおりである（法38条、同32条2項）。

エ．適　切

本記述のとおりである（法38条、同33条1項）。

8．エ　　個人情報取扱事業者による苦情処理

　個人情報取扱事業者は、個人情報の取扱いに関する苦情の適切かつ迅速な処理に努めなければならない（法40条1項。匿名加工情報については法43条6項）。苦情処理に関しては、その他、匿名加工情報取扱事業者につき法46条に、認定個人情報保護団体につき法53条に規定されている。

　本問は、この個人情報取扱事業者による苦情処理に関する理解を問うものである。

ア．適　切

　本記述のとおりである。

イ．適　切

　本記述のとおりである。

ウ．適　切

　本記述のとおりである。

エ．不適切

　国は、個人情報の取扱いに関し事業者と本人との間に生じた苦情の適切かつ迅速な処理を図るために必要な措置を講ずるものとするとされている（法10条）。<u>努力義務ではなく法的義務である</u>。

〈第2章第14節〜第22節〉

1．ウ　　漏えい等の報告等

　個人情報取扱事業者は、その取り扱う個人データの漏えい、滅失、毀損その他の個人データの安全の確保に係る事態であって個人の権利利益を害するおそれが大きいものとして個人情報保護委員会規則で定めるものが生じたときは、原則として、個人情報保護委員会規則で定めるところにより、当該事態が生じた旨を個人情報保護委員会に報告しなければならない（法26条1項）。

ア．適　切

　個人データが記録されたUSBメモリを紛失し、紛失場所が社内か社外か特定できない場合には、「漏えい」（又は漏えいのおそれ）に該当すると考えられる。なお、社内で紛失したままである場合には、「滅失」（又は滅失のおそれ）に該当すると考えられる。

イ．適　切

本記述のとおりである。

ウ．不適切

漏えい等が発生し、又は発生したおそれがある個人データについて、高度な暗号化等の秘匿化がされている場合等、「高度な暗号化その他の個人の権利利益を保護するために必要な措置」が講じられている場合については、報告を要しない。

エ．適　切

本記述のとおりである。

２．イ　　認定個人情報保護団体

本問は、認定個人情報保護団体に関する理解を問うものである。

ア．適　切

認定個人情報保護団体は、個人情報保護委員会の認定を受ける必要があり、認定個人情報保護団体の監督機関も個人情報保護委員会である（法47条1項）。

イ．不適切

認定個人情報保護団体は、個人情報等の適正な取扱いの確保を目的として、対象事業者に対して、個人情報保護法で定める認定業務を行う（法52条1項）が、対象事業者個人情報等の取扱いに関する紛争の調停や仲裁は行わない。

ウ．適　切

認定個人情報保護団体は、本人その他の関係者から対象事業者の個人情報等の取扱いに関する苦情について解決の申出があったときは、その相談に応じ、申出人に必要な助言をし、その苦情に係る事情を調査するとともに、当該対象事業者に対し、その苦情の内容を通知してその迅速な解決を求めなければならない（法53条1項）。

エ．適　切

認定個人情報保護団体でない者は、認定個人情報保護団体という名称又はこれに紛らわしい名称を用いてはならない（法56条）

3．イ　　適用除外

　個人情報保護法上、一定の個人情報取扱事業者等が一定の目的で個人情報を取り扱う場合、個人情報取扱事業者の義務規定は適用除外される（法57条1項）。

　本問は、この「適用除外」に関する理解を問うものである。

ア．適　切

　放送機関、新聞社、通信社その他の報道機関（報道を業として行う個人を含む）が、報道の用に供する目的で、個人情報を取り扱う場合、個人情報取扱事業者の義務等に関する規定の適用は除外される（法57条1項1号）。ここでいう「報道」とは、新聞、ラジオ、テレビ等を通じて社会の出来事などを広く知らせることをいい、「報道機関」とは、報道を目的とする施設、組織隊をいう。また、「報道機関」の概念には、報道を業とするフリージャーナリストのような個人も含まれる。

イ．不適切

　著述を業として行う者が、著述の用に供する目的で、個人情報を取り扱う場合は、個人情報取扱事業者の義務等に関する規定の適用は除外される（法57条1項2号）。ここでいう「著述」とは、文芸作品の創作、文芸批評、評論等がこれに該当する。

ウ．適　切

　本記述のとおりである（法57条1項4号）。

エ．適　切

　本記述のとおりである（法57条1項3号）。

4．エ　　行政機関等の保有個人情報の開示請求

　開示請求は、次に掲げる事項を記載した書面（第三項において「開示請求書」という。）を行政機関の長等に提出してしなければならない。

　①開示請求をする者の氏名及び住所又は居所

　②開示請求に係る保有個人情報が記録されている行政文書等の名称その他の
　　開示請求に係る保有個人情報を特定するに足りる事項

　本問は、この行政機関等の保有個人情報の開示請求に関する理解を問うものである。

ア．適　切

　開示請求は、開示請求をする者の氏名及び住所又は居所と開示請求に係る保有個人情報が記録されている行政文書等の名称その他の開示請求に係る保有個人情報を特定するに足りる事項を記載した書面を行政機関の長等に提出してしなければならない（法 77 条 1 項）。

イ．適　切

　開示請求をする者は、政令で定めるところにより、開示請求に係る保有個人情報の本人であることを示す書類を提示し、又は提出しなければならない（法 77 条 2 項）。

ウ．適　切

　行政機関の長等は、開示請求書に形式上の不備があると認めるときは、開示請求をした者に対し、相当の期間を定めて、その補正を求めることができる。この場合において、行政機関の長等は、開示請求者に対し、補正の参考となる情報を提供するよう努めなければならない（法 77 条 3 項）。

エ．不適切

　行政機関等の保有個人情報の開示請求に関する開示決定等は、原則として、開示請求があった日から <u>30 日</u>以内にしなければならない（法 83 条 1 項）。

5．正解　イ　　個人情報保護委員会

ア．不適切

　委員長及び委員は、人格が高潔で識見の高い者のうちから、両議院の同意を得て、内閣総理大臣が任命する（法 134 条 3 項）。

イ．適　切

　本記述のとおりである（法 133 条）。

ウ．不適切

　個人情報保護委員会の委員長及び委員の任期は 5 年とする。ただし、補欠の委員長又は委員の任期は、前任者の残任期間とする（法 135 条 1 項）。また、「委員長及び委員は、再任されることができる」と規定されているため、再任も認められている（同条 2 項）。任期は 5 年であって 4 年ではない。

エ．不適切

　個人情報保護委員会は、委員長及び委員 8 人をもって組織され、委員のうち 4 人は非常勤とされている（法 135 条 1 項・ 2 項）。

6．イ　　罰則

　本問は、罰則に関する理解を問うものである。

ア．適　切

　個人情報取扱事業者が、その業務に関して取り扱った個人情報データベース等（その全部又は一部を複製し、又は加工したものを含む。）を自己若しくは第三者の不正な利益を図る目的で提供し、又は盗用したときは、 1 年以下の懲役又は 50 万円以下の罰金に処される（法 179 条）。また、両罰規定により、その法人は、 1 億円以下の罰金に処される。（法 184 条 1 号）。

イ．不適切

　個人情報保護法の規定に基づく報告徴収や立入検査に対し、虚偽の報告や虚偽の資料提出をした場合、行為者は、50 万円以下の罰金に処される（法 182 条 1 号）。また、両罰規定により、その法人も、50 万円以下の罰金に処される（184 条 1 項 2 号）。

ウ．適　切

　行政機関等の職員がその職権を濫用して、専らその職務の用以外の用に供する目的で個人の秘密に属する事項が記録された文書、図画又は電磁的記録を収集したときは、 1 年以下の懲役又は 50 万円以下の罰金に処される（法 181 条）。

エ．適　切

　本記述のとおりである（法 178 条）。

〈第3章〉

1．ウ　　番号法の目的

　本問は、番号法の目的（番号法 1 条）に関する理解を問うものである。

　番号法 1 条では、法の目的として以下のことを定めている。

　この法律は、行政機関、地方公共団体その他の行政事務を処理する者が、個人番号及び法人番号の有する特定の個人及び法人その他の団体を識別する機

能を活用し、並びに当該機能によって異なる分野に属する情報を照合してこれらが同一の者に係るものであるかどうかを確認することができるものとして整備された情報システムを運用して、効率的な情報の管理及び利用並びに他の行政事務を処理する者との間における迅速な情報の授受を行うことができるようにするとともに、これにより、行政運営の効率化及び行政分野におけるより公正な給付と負担の確保を図り、かつ、これらの者に対し申請、届出その他の手続を行い、又はこれらの者から便益の提供を受ける国民が、手続の簡素化による負担の軽減、本人確認の簡易な手段その他の利便性の向上を得られるようにするために必要な事項を定めるほか、個人番号その他の特定個人情報の取扱いが安全かつ適正に行われるよう個人情報の保護に関する法律（平成十五年法律第五十七号）の特例を定めることを目的とする。

　肢ウの記述にある、「国民の的確な理解と監督の下にある民主的な行政の推進に資すること」は規定されていない。

2．イ　用語の定義

　本問は、用語の定義に関する理解を問うものである。

ア．適　切

　本記述のとおりである。（番号法2条5項）。これに対して、法人番号は、商号または名称・本店または主たる事務所の所在地・法人番号の基本3情報が公表される（番号法2条15項）。

イ．不適切

　「特定個人情報」とは、個人番号（個人番号に対応し、当該個人番号に代わって用いられる番号、記号その他の符号であって、住民票コード以外のものを含む。）をその内容に含む「個人情報」をいうが（番号法2条8項）、ここにいう「個人情報」とは、①生存する、②個人に関する情報であって、③特定の個人を識別することができるもの又は個人識別符号が含まれるものをいうため（法2条1項）、「特定個人情報」には死者の特定個人情報は含まれない。

ウ．適　切

　記述の通り（番号法2条10項）。なお、個人番号利用事務の多くは、行政機関・地方公共団体が遂行する事務であり、民間事業者に関係するものは、健康保険

組合が遂行する事務や公的機関や健康保険組合等の事務の委託を受ける場合などに限定されている。

エ．適　切

本記述のとおりである。

〈第4章〉

1．ア　　用語の定義

本問は、番号法2条各項における「用語の定義」に関する理解を問うものである。

ア．不適切

「情報提供ネットワークシステム」は、内閣総理大臣が設置し、及び管理する（番号法2条14項）。

イ．適　切

「特定個人情報」は、個人番号（個人番号に対応し、当該個人番号に代わって用いられる番号、記号その他の符号であって、住民票コード以外のものを含む）をその内容に含む個人情報である（番号法2条8項）。特定個人情報を構成する「個人番号」は、個人番号に対応し、当該個人番号に代わって用いられる番号、記号その他の符号も含まれる。

ウ．適　切

「個人番号関係事務」は、番号法9条4項の規定により個人番号利用事務に関して行われる他人の個人番号を必要な限度で利用して行う事務である（番号法2条11項）。従業員等を有する全事業者が個人番号を扱うことになるのが、個人番号関係事務である。

エ．適　切

本記述のとおりである。「個人番号」は、番号法の規定により住民票コードを変換して得られる番号であって、当該住民票コードが記載された住民票に係る者を識別するために指定されるものである（番号法2条5項）。

2．ウ　　番号法の目的

本問は、個人番号（番号法2条5項、同法7条、住民基本台帳法7条）に関す

る理解を問うものである。

ア．適　切

番号法において、生存する個人の個人番号は、個人情報保護法2条1項2号における「個人識別符号」に該当する。

イ　適　切

個人番号は、国の行政機関や地方公共団体などにおいて、社会保障、税及び災害対策等の分野で利用される。

ウ　不適切

地方公共団体情報システム機構は、市町村長（特別区の区長を含む。以下同じ。）から個人番号とすべき番号の生成を求められたときは、政令で定めるところにより、電子情報処理組織を使用して、番号を生成し、速やかに、**当該市町村長に対し**、通知するものとする（法8条2項）。

エ　適　切

本記述のとおりである（法7条2項）。

3．イ　　特定個人情報

特定個人情報とは、個人番号（個人番号に対応し、当該個人番号に代わって用いられる番号、記号その他の符号であって、住民票コード以外のものを含む。法7条1項及び2項、法8条並びに法48条並びに附則3条1項から3項まで及び5項を除く。）をその内容に含む個人情報をいう。

ア．該当する

公的年金等の受給者の扶養親族等申告書には、個人番号を記入する項目があるため、当該申告書は特定個人情報となる。

イ．該当しない

労働保険概算保険料申告書には、個人番号を記入する項目がない。また当該申告書は労働保険番号を記入する項目があるが、労働保険番号は番号法上の個人番号に該当しない。

ウ．該当する

市町村民税・道府県民税申告書には、個人番号を記入する項目があるため、当該申告書は特定個人情報となる。

エ．該当する

　所得税及び復興特別所得税の確定申告書には、個人番号を記入する項目があるため、当該申告書は特定個人情報となる。

４．エ　　個人番号の利用範囲

　本問は、個人番号の利用範囲（法9条）に関する理解を問うものである。

ア．適　切

　本記述のとおりである。

イ．適　切

　本記述のとおりである。

ウ．適　切

　本記述のとおりである。

エ．不適切

　雇用契約に基づく給与所得の源泉徴収票作成事務のために提供を受けた個人番号は、健康保険・厚生年金保険届出事務に<u>利用することはできず、利用目的を変更して、本人に通知又は公表を行わなければならない</u>。

５．エ　　個人番号の提供・収集等の制限

　個人情報保護法では、個人情報の取扱いそのものは原則として禁止されておらず、取得の方法を規制したり、個人データの第三者提供には本人の同意を要することなどを規制するにとどまっている。これに対し、番号法では、特定個人情報の提供・収集等が原則として禁止され、番号法19条各号が限定的に明記した場合に限り、特定個人情報の取扱い等が認められている（番号法15条・19条・20条）。

ア．適　切

　本記述のとおりである（番号法15条括弧書き）。何人も、番号法19条各号のいずれかに該当して特定個人情報の提供を受けることができる場合を除き、他人（自己と同一の世帯に属する者以外の者をいう。）に対し、個人番号の提供を求めてはならない。

イ．適　切

　本記述のとおりである（番号法 15 条）。番号法 15 条における「提供」とは、法人格を超える特定個人情報の移動をいい、同一法人の内部での法的な人格を超えない範囲内の特定個人情報の移動は「提供」ではなく「利用」にあたり、番号法 19 条は適用されない。グループ会社や子会社への提供であれば、法人格が異なるため、番号法 15 条の「提供」にあたる。

ウ．適　切

　本記述のとおりである（番号法 20 条、19 条 3 号）。何人も、番号法 19 条各号のいずれかに該当する場合を除き、特定個人情報（他人の個人番号を含むものに限る。）を収集し、又は保管してはならないが（番号法 20 条）、本人又はその代理人が個人番号利用事務等実施者に対し、当該本人の個人番号を含む特定個人情報を提供するときは、収集又は保管をすることができる（番号法 19 条 3 号）。

エ．不適切

　個人情報取扱事業者は、番号法 19 条各号のいずれかに該当する場合を除き、特定個人情報（他人の個人番号を含むものに限る。）を収集し、又は保管してはならないが（番号法 20 条）、所管法令により一定期間保存が義務付けられた書類については、契約終了等により個人番号関係事務を処理する必要がなくなったときでも、番号法 20 条は適用されず、個人情報取扱事業者は、当該書類を廃棄しなくてもよい。

6．ウ　　本人確認の措置

　本問は、本人確認の措置に関する理解を問うものである。

ア．適　切

　本記述のとおりである。事業者は、本人から個人番号の提供を受ける場合、本人確認の措置をとらなければならず（番号法 16 条）、本人確認の措置には、a. 示された番号が正しい個人番号であることの確認（番号確認）と、b. 当該番号の提供者が個人番号の正しい持ち主であることの確認（身元確認）が含まれている。

イ．適　切

　本記述のとおりである。個人番号の提供を本人の代理人がする場合の本人確認の措置は、本人が自ら個人番号を提供する場合とは異なり、a. 代理権の確認、

b.代理人の身元の確認およびc.本人の番号確認が必要となる。その際に必要となる書類は、a.代理権確認書類として、戸籍謄本（法定代理人）や委任状（任意代理人）等、b.代理人身元確認書類として、代理人の個人番号カード（表面）や運転免許証等、c.番号確認書類として、本人に係る個人番号カード等である。

ウ．不適切

　番号法16条は「本人から個人番号の提供を受けるとき」に適用される規定であり、個人番号関係事務実施者から個人番号の提供を受ける場合には同条は適用されないため、従業員自ら個人番号関係事務実施者として扶養親族から個人番号の提供を受けて取得し、個人番号関係事務実施者として個人番号を事業者に提出する扶養控除等申告書には、事業者は扶養親族の個人番号についての本人確認の措置を講じる必要はない。

エ．適　切

　本記述のとおりである。国民年金の第3号被保険者届出書の提出義務者は、従業員ではなく第3号被保険者となろうとする者（配偶者）であるから、従業員を個人番号関係事務実施者とみることはできず、配偶者の代理人として事業者に個人番号を提供することになる。そのため、事業者は、代理人から個人番号の提供を受ける場合の本人確認をする必要がある。

7．ウ　　個人番号カード

　本問は、個人番号カード（法17条）に関する理解を問うものである。

ア．適　切

　本記述のとおりである。

イ．適　切

　個人番号カードの発行の日において18歳以上の者における個人番号カードの有効期間は、当該発行の日から10回目の誕生日までである。

　なお、個人番号カードの発行の日において18歳未満の者については、当該発行の日から5回目の誕生日までである。

ウ．不適切

　個人番号カードのICチップ内には、氏名、住所、生年月日、性別、個人番号、顔写真等のカード記録事項が記録されるが（法2条7項）、地方税関係情報や年

金給付関係情報等、<u>プライバシー性の高い個人情報は記録されない</u>。

エ．適　切

　　本記述のとおりである。

8．イ　　特定個人情報の取扱いに関する監督等

　本問は、特定個人情報の取扱いに関する監督等に関する理解を問うものである。

ア．適　切

　　本記述のとおりである（番号法33条）。

イ．不適切

　　個人情報保護委員会は、特定個人情報の取扱いに関して法令の規定に違反する行為が行われた場合において、個人の重大な権利利益を害する事実があるため緊急に措置をとる必要があると認めるときは、当該違反行為をした者に対し、当該違反行為の中止その他違反を是正するために必要な措置をとるべき旨を命ずることができ、勧告を経ずに命令を発出することも認められる（番号法34条3項）。

ウ．適　切

　　本記述のとおりである（番号法35条1項）。

エ．適　切

　　本記述のとおりである（法145条）。

9．イ　　特定個人情報の収集等の制限

　本問は、特定個人情報の収集等の制限（法20条）に関する理解を問うものである。

ア．適　切

　　本記述のとおりである。

イ．不適切

　　個人番号利用事務等実施者が本人から個人番号の提供を受けるときは、本人確認（番号確認と身元確認）が義務付けられている（法16条）。もっとも、<u>収集した個人番号に誤りがあったとしても、それ自体の罰則規定はない</u>。

ウ．適　切

本記述のとおりである。

エ．適　切

本記述のとおりである。

特定個人情報は、個人情報保護法 22 条「データ内容の正確性の確保等」の適用を受ける。よって、保管している個人番号に誤りがあった場合、訂正等を行うことにより、個人番号を正確かつ最新の内容に保つよう努めなければならず、また、個人番号が変更されたときは、本人から事業者に申告するよう周知しておくとともに、一定の期間ごとに個人番号の変更がないか確認すべきものと考えられる。

10．ア　　法人番号

本問は、法人番号に関する理解を問うものである。

ア．不適切

国税庁長官は、設立の登記をした法人又は法人でない社団もしくは財団で代表者もしくは管理人の定めがあるものに対して、法人番号を指定し、これを当該法人等に通知する。(番号法 39 条 1 項)。

イ．適　切

本記述のとおりである。法人番号は、個人番号と同様、一団体一番号で、不変の番号であるため、法人格が消滅しても抹消されない。

ウ．適　切

本記述のとおりである。

エ．適　切

本記述のとおりである。

11．ウ　　法人番号

本問は、法人番号(法 39 条)に関する理解を問うものである。

ア．適　切

本記述のとおりである。

イ．適　切

　本記述のとおりである。

ウ．不適切

　外国法人は、<u>国内事務所を支店登記しただけでは法人番号は指定されない</u>。

エ．適　切

　本記述のとおりである。

12.　イ　　罰則

　本問は、番号法における罰則（法48条〜57条）に関する理解を問うものである。

ア．適　切

　番号法には、特定個人情報等の適切な取扱いの確保ための措置義務が設けられているが、これらの番号法上の規定に違反する行為の全てに対して罰則が科されているわけではなく、個人情報保護委員会の命令に違反した場合にはじめて罰則が科されることになっているものもある。

イ．不適切

　個人番号利用事務等に従事する者が、その業務に関して知り得た個人番号を第三者の不正な利益を図る目的で盗用したときは、その法人に対して<u>1億円</u>以下の罰金刑が科される。

ウ．適　切

　日本国外で番号法に違反する行為が行われた場合でも、番号法に規定されている罰則が適用される場合がある。例えば、詐欺行為等による個人番号の取得が国外で行われた場合（51条）は、国外犯処罰の対象となる。

エ．適　切

　本記述のとおりである。

13.　ア　　罰則

　本問は、罰則に関する理解を問うものである。

ア．不適切

　個人番号利用事務等に従事する者又は従事していた者が、正当な理由なく、

特定個人情報ファイルを提供した場合、4年以下の懲役若しくは200万円以下の罰金が科される（番号法48条）。個人番号利用事務等に従事していた者も対象に含まれる。

イ．適　切

　本記述のとおりである（番号法54条、57条1項2号）。

ウ．適　切

　本記述のとおりである（番号法56条、51条1項）。

エ．適　切

　本記述のとおりである（番号法55条）。

Ⅱ. 個人情報保護の対策　解説

〈第5章〉

1．エ

本問は、個人情報の保護と情報セキュリティについての理解を問うものである。

ア．適　切

本記述のとおりである。

イ．適　切

本記述のとおりである。

ウ．適　切

本記述のとおりである。

エ．不適切

構築したPMS（個人情報保護マネジメントシステム）が成功するか否かは、すべての組織階層及び部門の関与、特に経営者の関与の度合いにかかってくる。

2．ウ　　情報セキュリティ

企業における情報セキュリティに関する記述は、次のとおりである。

通信技術を利用したコミュニケーションや産業、サービスなどの技術であるICTが発達した現代社会においては、情報漏えいや改ざんなどのリスクを常に認識する必要がある。また、企業は、個人情報や個人データだけではなく、秘密管理性・有用性の情報の漏えいや消失、欠損、改ざんなどの事故が発生すると、企業や顧客に損害を与えたり、レピュテーションリスクが発生することにより、企業のブランドイメージが傷つくこともある。

従って、企業としては、個人情報の保護だけではなく、リスクマネジメントの一環として、企業の情報資産すべてについて、安全管理の措置を講じる必要がある。さらに、適切な情報セキュリティ対策を講じることは、企業のCSRの一環として重要となる。

3．ウ　　情報セキュリティの要素

　本問は、「情報セキュリティの要素」についての理解を問うものである。

ア．該当しない

　「機密性」の説明である。

イ．該当しない

　「否認防止」の説明である。

ウ．該当する

　「可用性」の説明である。

エ．該当しない

　「完全性」の説明である。

4．ウ　　情報セキュリティの要素

　本問は、「情報セキュリティの要素」についての理解を問うものである。

ア．該当しない

　「認証」の定義であり、「情報セキュリティ」の要素には含まれない。

イ．該当しない

　「否認防止」の定義である。

ウ．該当する

　「真正性」の定義である。

エ．該当しない

　「力量」の定義であり、「情報セキュリティ」の要素には含まれない。

5．イ　　プライバシー保護

　本問は、プライバシー保護についての理解を問うものである。

　プライバシーを保護する仕組みに関する記述は、次のとおりである。

> 総務省・経済産業省が公表している「DX時代における企業の**プライバシーガバナンス**ガイドブック」において、企業の**プライバシーガバナンス**とは、プライバシー問題の適切なリスク管理と信頼の確保による企業価値の向上に向けて、経営者が積極的にプライバシー問題への取組にコミットし、組織全体でプライバシー問題に取り組むための体制を構築し、それを機能させること

が、基本的な考え方となると示している。

また、同ガイドブックでは、**プライバシーガバナンス**においては、<u>経営者</u>は、企業がパーソナルデータの利活用によりどのような価値を提供していくかを踏まえ、法令遵守を当然の前提としながらも、組織のプライバシー保護の軸となる基本的な考え方やプライバシー問題が個人や社会に生じるリスク（プライバシーリスク）管理に能動的に対応していく姿勢を自ら明文化して「方向づけ」を行い、その方向性の実現のためにプライバシーリスク管理の活動等を「**モニタリング**」し、その結果を明文化した内容に基づいて「評価」し、評価結果等を踏まえてまた「方向づけ」を行っていくというサイクルを機能させることが有効であると示している。

なお、**モニタリング**は、従業者の不正行為を発見するためだけでなく、個人情報保護や情報セキュリティ上の企業の規則が機能していることを確認するために行うものでもある。

6．イ

　本問は、プライバシー保護についての理解を問うものである。

　プライバシーを保護する仕組みに関する記述は、次のとおりである。

基本的なプライバシー保護の考え方として参照できるグローバルスタンダードの一つに、<u>PbD</u>というコンセプトがある。これは、ビジネスや組織の中でプライバシー問題が発生する都度、対症療法的に対応を考えるのではなく、あらかじめプライバシーを保護する仕組みをビジネスモデルや技術、組織構築の最初の段階で組み込むべきであるという考え方である。

また、<u>PbD</u>には、7つの原則が示されていて、例えば次のような原則がある。

●徹底したセキュリティ

　プライバシーに係る情報は生成される段階から廃棄される段階まで、常に強固なセキュリティによって守られなければならない。全てのデータは、<u>データライフサイクル</u>管理の下に安全に保持され、プロセス終了時には確実に破棄されること。

●可視性／透明性

　どのような事業または技術が関係しようとも、プライバシー保護の仕組

みが機能することを、<u>全ての関係者に保証</u>する。この際、システムの構成及び機能は、利用者及び提供者に一様に、可視化され、検証できるようにする。

参考：「DX時代における企業のプライバシーガバナンスガイドブックver1.3」
　　　（総務省・経済産業省）

7．ウ

　本問は、マネジメントシステムについての理解を問うものである。

　リスクアセスメント手法に関する記述は、次のとおりである。

<u>定性的</u>リスク分析は、リスクレベルを相対的な数字や高・中・低で表したり、5段階評価などにより評価する手法である。この手法は、基準値を設定しやすいため、実務で用いられることが多い。<u>定性的</u>リスク分析の代表的な手法の一つとして、<u>詳細リスク分析</u>が挙げられる。

<u>詳細リスク分析</u>では、資産、脅威、ぜい弱性それぞれのリスク因子について、何段階で評価するかなどを決めて分析を行う。例えば、リスクレベルの算定例として、各リスク因子を加算する方法や乗算する方法などがある。また、<u>詳細リスク分析</u>は、資産に応じたリスクレベルの把握ができ、リスク対策の選択もしやすくなるが、<u>手間とコストがかかる</u>というデメリットがあり、緊急に対応が必要なリスクへの処置が遅れてしまう場合もある。

8．ウ　　JIS Q 31000:2019 におけるリスクアセスメント

　本問は、マネジメントシステムについての理解を問うものである。

　JIS Q 31000:2019 におけるリスクアセスメントに関する記述は、次のとおりである。

リスク<u>特定</u>の意義は、組織の目的の達成を助ける又は妨害する可能性のあるリスクを発見し、認識し、記述することである。リスクの<u>特定</u>に当たっては、現況に即した、適切で最新の情報が重要である。

また、リスク<u>分析</u>の意義は、必要に応じてリスクのレベルを含め、リスクの性質及び特徴を理解することである。リスク<u>分析</u>には、不確かさ、リスク

源、結果、起こりやすさ、事象、シナリオ、管理策及び管理策の有効性の詳
細な検討が含まれる。一つの事象が複数の原因及び結果をもち、複数の目的
に影響を与えることがある。

リスク**分析**は、**分析**の意義、情報の入手可能性及び信頼性、並びに利用可能
な資源に応じて、様々な詳細さ及び複雑さの度合いで行うことができる。

9．エ　リスク分析の手法

本問は、リスク分析の手法についての理解を問うものである。

ア．適　切

本記述のとおりである。

イ．適　切

本記述のとおりである。

ウ．適　切

本記述のとおりである。

エ．不適切

定性的分析の手法の一つであり、一定の確保すべきセキュリティレベルを設
定して、組織全体に一律で分析を行う手法は、**ベースラインアプローチ**である。
簡易的に実施できるという長所はあるが、個々の資産の状況に応じた分析結果
が得られないという短所がある。

なお、非形式的アプローチは、担当者や有識者などが、その知識や経験等を
踏まえてリスクを評価する手法である。体系化された方法を用いないため、分
析者の能力によるところが多いという短所がある。

10．イ　リスクマネジメント

本問は、リスクマネジメントについての理解を問うものである。

JIS Q 0073:2010 における「リスク対応」に関する記述は、次のとおりである。

リスク対応とは、リスクを修正するプロセスであり、リスク対応には、次の
事項を含むことがある。

- リスクを生じさせる活動を、開始又は継続しないと決定することによっ
て、リスクを<u>回避</u>すること。

- ある機会を追求するために、リスクを取る又は増加させること。
- リスク源を除去すること。
- 起こりやすさを変えること。
- 結果を変えること。
- 一つ以上の他者とリスクを共有すること（契約及び**リスクファイナンシング**を含む。）。
- 情報に基づいた意思決定によって、リスクを保有すること。

また、好ましくない結果に対処するリスク対応は、"リスク軽減"、"リスク排除"、"リスク**予防**"及び"リスク低減"と呼ばれることがある。

〈第6章〉

1．ウ　　組織体制の整備

本問は、組織体制の整備についての理解を問うものである。

ア．適　切

本記述のとおりである。

イ．適　切

本記述のとおりである。

ウ．不適切

個人情報保護管理者は、PMSを理解し、実施・運用できる能力をもった者でなければならず、社内外に責任をもつことができる役員クラスを指名することが望ましい。ただし、「会社法」上の監査役と兼任することはできないが、事業者内に設置する**苦情・相談窓口と兼任してもよい**。

エ．適　切

本記述のとおりである。

2．ウ　　組織体制の整備

本問は、組織体制の整備についての理解を問うものである。

ア．適　切

本記述のとおりである。

イ．適　切

　本記述のとおりである。

ウ．不適切

　代表者は、個人情報保護の統括的な責任者となる個人情報保護管理者を、事業者内部の者の中から指名する。個人情報保護管理者は、社外に責任をもつことができる者（例えば、役員クラス）を指名することが望ましい。なお、個人情報保護管理者は、事業者における個人情報の管理の責任者である性格上、いたずらに指名する者を増やし、責任が不明確になることを避けることが望ましい。

エ．適　切

　本記述のとおりである。

3．ウ

　本問は、個人情報保護方針についての理解を問うものである。

ア．適　切

　本記述のとおりである。

イ．適　切

　本記述のとおりである。

ウ．不適切

　個人情報保護方針を内部向けと外部向けに分けて策定した場合、JIS Q 15001:2017においては、トップマネジメントは、内部向け個人情報保護方針を文書化した情報を、組織内に伝達し、必要に応じて、利害関係者が入手可能にするための措置を講じなければならないと示している。ここでの「利害関係者」には、従業者のほか、委託先や協業相手などの取引先が該当する。

エ．適　切

　本記述のとおりである。

4．イ　　情報セキュリティ方針

　本問は、情報セキュリティ方針についての理解を問うものである。

ア．適　切

　本記述のとおりである。

　なお、「情報セキュリティ方針」は「セキュリティ基本方針」とも呼ばれる。

イ．不適切

　ISMS を推進し、関係者の意識向上を図るためには、<u>トップマネジメントの強力なリーダーシップが不可欠</u>である。ISMS の導入及び活動は、<u>経営層を頂点としたトップダウンの組織的活動</u>といえる。そして、トップの ISMS に関する考え方を組織に示し、<u>リーダーシップを発揮する</u>ために、「情報セキュリティ方針」が重要な役割を果たす。

ウ．適　切

　本記述のとおりである。

エ．適　切

　本記述のとおりである。

5．エ

　本問は、ソーシャルエンジニアリングについての理解を問うものである。

　ソーシャルエンジニアリングとは、ネットワークに侵入するために必要となるパスワードなどの重要な情報を盗み出す手法であり、人間の心理的な隙をつくことによって行われる。ソーシャルエンジニアリングの手法の具体例として、<u>何らかの方法でネットワークの利用者名を入手し、利用者になりすましてネットワーク管理者に電話をかけ、緊急に対応する必要がある旨を伝えて、パスワードを聞き出すこと</u>などが挙げられる。

　以上により、ソーシャルエンジニアリングの具体例に該当するのは肢エである。

6．ウ　　個人情報の特定と取扱い状況を確認する手段

　本問は、個人情報の特定と取扱い状況を確認する手段についての理解を問うものである。

ア．適　切

　本記述のとおりである。

イ．適　切

　本記述のとおりである。

ウ．不適切

　特定した個人情報については、個人情報の重要性や漏えい事故等による影響の大きさなどを評価し、**機密性**に重点を置いて、「関係者外秘」、「社外秘」、「公開」などの管理レベルを設定し、リスクの認識、分析及び対策の対象とする。

エ．適　切

　本記述のとおりである。

7．ウ

　本問は、PMS運用におけるパフォーマンス評価についての理解を問うものである。

ア．適　切

　本記述のとおりである。

イ．適　切

　本記述のとおりである。

ウ．不適切

　マネジメントレビューは、**少なくとも年1回定期的に実施する**必要があり、漏えい事故などの内外の環境の変化があった場合は、**その都度適宜実施する**。また、JIS Q 15001:2017の附属書Bにおいては、マネジメントレビューは、**外部環境も考慮した上で、現状そのものを根本的に見直すことがあり得る点で、内部監査による改善とは本質的に異なる**と示している。

エ．適　切

　本記述のとおりである。

8．エ　　**監査**

　本問は、監査についての理解を問うものである。

　経済産業省が策定した「情報セキュリティ監査基準　実施基準ガイドライン」の「情報セキュリティ監査の実施手順」において、次のような事項が示されている。

ア．適　切

　本記述のとおりである。

イ．適　切

本記述のとおりである。

ウ．適　切

本記述のとおりである。

エ．不適切

　監査調書とは、情報セキュリティ監査人が行った監査業務の実施記録であって、監査意見表明の根拠となるべき監査証拠、その他関連資料等を綴り込んだものをいう。情報セキュリティ<u>監査</u>人自身が<u>直接に入手した資料やテスト結果</u>だけでなく、<u>被監査側から提出された資料等を含み</u>、場合によっては組織体<u>外部の第三者から入手した資料等を含む</u>ことがある。

〈第7章〉

1．イ　　モニタリング

　本問は、従業者管理の一環として行うモニタリングについての理解を問うものである。

ア．適　切

本記述のとおりである。

イ．不適切

　モニタリングの実施に関する責任者とその権限を定め、<u>それを全社的に周知</u>する。また、モニタリングの実施方法や開始時期については、<u>あらかじめ対象者に明示</u>する。

ウ．適　切

本記述のとおりである。

エ．適　切

本記述のとおりである。

2．イ　　個人情報保護や情報セキュリティに対する教育・訓練

　本問は、従業者への個人情報保護や情報セキュリティに対する教育・訓練についての理解を問うものである。

ア．適　切

本記述のとおりである。

イ．不適切

教育の実施形態については、eラーニングやビデオ、外部セミナー参加、講義形式やセミナー形式などから、**組織の実状や教育内容に合った方法を選択する**。また、訓練の実施については、サイバー攻撃を受けた想定での実践や、対応手順の確認の演習などの具体性のある内容とする。

ウ．適　切

本記述のとおりである。

エ．適　切

本記述のとおりである。

3．エ　　個人情報保護や情報セキュリティに対する従業者への教育

個人情報保護や情報セキュリティに対する従業者への教育に関する記述は、次のとおりである。

> 教育の実施は、**すべての従業者を対象として**、教育内容は、職位（管理職、非管理職等）及び契約形態（社員、派遣社員等）の権限や職務などに応じて、適切なレベルや内容を実施することが望ましい。また、教育実施後は、アンケートや小テストを実施するなどにより、従業者の理解度を把握する。その結果をふまえ、必要に応じて教育内容の見直しを図ることや、教育を受けたことを自覚させる仕組みを取り入れることが望ましい。なお、教育の実施形態については、講義形式やセミナー形式などの**集合教育や、eラーニングなどから組織の実状や教育内容に合った方法を選択する**。

4．正解　ア

本問は、従業者の管理についての理解を問うものである。

派遣社員の受入れに対する従業者への教育に関する記述は、次のとおりである。

> 派遣社員と派遣先との間には、**指揮・命令の関係**はあるが、**雇用関係**はない。また、派遣先は、派遣社員について従業者監督の義務を負うが、派遣先

の就業規則を派遣社員に適用することはできない。そのため、派遣先としては、派遣元とNDAを締結することで、派遣社員からの情報漏えいの対策を講ずることが望ましい。また、派遣先と派遣元が締結する派遣契約やNDAの中に、派遣元が派遣社員とNDAを締結しなければならないという条項を入れておくのが望ましい。

なお、NDAとは、個人情報や営業秘密などの機密性の高い情報を、許可なく第三者に開示しない旨を遵守させる契約であり、非開示契約や秘密保持契約、守秘義務契約などと同義で用いられることが多い。

5．イ

本問は、特定個人情報等のデータ入力業務等の委託先への監督についての理解を問うものである。

ア．適　切

本記述のとおりである。

イ．不適切

委託先の選定において、委託先に対し、委託業務に従事可能な従業者数を確認する。また、**作業開始前**に、委託先における委託業務の作業場所及び作業体制が確保されているかを確認し、特に、十分な人員を有しているかを確認する。

ウ．適　切

本記述のとおりである。

エ．適　切

本記述のとおりである。

6．イ　　委託先の監督

本問は、委託先の監督についての理解を問うものである。

個人情報保護委員会が策定した「特定個人情報の適正な取扱いに関するガイドライン（事業者編）」の「委託先の監督」において、次のような事項が示されている。

ア．適　切

本記述のとおりである。

イ．不適切

　監督・教育等の対象となる「従業者」とは事業者の組織内にあって直接間接に事業者の指揮監督を受けて事業者の業務に従事している者をいう。具体的には、従業員のほか、取締役、監査役、理事、監事、派遣社員等を含む。

ウ．適　切

　本記述のとおりである。

エ．適　切

　本記述のとおりである。

7．ウ　　個人情報に関する漏えい等の事案が発生した際の対応

　本問は、個人情報に関する漏えい等の事案が発生した際の対応についての理解を問うものである。

ア．該当する

　二次被害防止策の具体例である。

イ．該当する

　再発防止策の具体例である。

ウ．該当しない

　犯人特定や行為者に対する懲戒処分等については、事後対応にとどまるだけであり、直接的な再発防止策や二次被害防止策とはならない。情報の不正な操作などの内部犯行の場合は、犯行（不正）が発生した要因を究明し、それに対する防止策を検討しなければならない。

エ．該当する

　再発防止策の具体例である。

〈第8章〉

1．ウ　　ゾーニング

　次の表のゾーニングの区分とその設置例における物理的な対策は、以下のとおりである。なお、ここでの「区分」は、一般領域・安全領域・機密領域の3つにレベルを分けるものとする。

方式	設置例
機密領域	・許可された者のみが入室できるサーバルーム ・許可された者のみが入室できる商品開発室

ア．適　切

本記述のとおりである。

イ．適　切

本記述のとおりである。

ウ．不適切

扉の解錠には、**入退室の履歴が残り、個人が特定できる個別の ID カードとバイオメトリクス認証などの複数の要素の組合せ**が必要となる。

エ．適　切

本記述のとおりである。

2．ア　　バックアップ

バックアップの運用に関する記述は、次のとおりである。

重要なデータやシステムをバックアップ機器に保存することが「バックアップ」であり、災害や機器の故障などが発生した際に、バックアップ機器を用いてバックアップ時の状態にデータやシステムを復旧することを「**リストア**」という。

バックアップの運用においては、データやシステムが消失・欠損するなどの事故に直面した際に、バックアップとリストアを確実に行えるように、情報資産の**完全性・可用性**が損なわれた場合の損失の程度に応じたバックアップの方針を策定する。なお、バックアップ機器には、HDD やネットワーク接続ストレージの NAS などが利用され、これら以外にも HDD よりも大容量で低コスト、故障が少ない**磁気テープ**を利用する場合もある。**磁気テープ**は、長期保存に向いているという特性から、データセンターのアーカイブ用データストレージとして利用されることもある。

3．エ

本問は、RAID についての理解を問うものである。

次の文章に該当する方式は、**RAID 5** である。

> データからパリティを生成して 3 台以上のハードディスクに分散して書き込み、分散処理により特定のドライブに対する負荷を軽減し、高速化を図ることができる。1 台のハードディスクが故障してもシステムを稼働し続けることができ、故障したハードディスクを交換してパリティでデータを復元することも可能であることから、耐障害性が向上する。

4．エ　オフィス内の対策

本問は、オフィス内の対策についての理解を問うものである。

オフィス内の対策に関する記述は、次のとおりである。

> 業務中に離席する際は、クリアスクリーンポリシーに則り、ログオフや**スリープモードへの切替え**などにより、画面をロックする。また、業務終了後に退室する際は、クリアデスクポリシーに則り、書類やノートパソコン、記録媒体などは、机上に一切残さず、施錠可能な引出しやキャビネットに保管する。
>
> なお、ノートパソコンを机上に残す場合は、ノートパソコンの**セキュリティスロット**に**セキュリティワイヤー**を装着して盗難防止の対策を行う。セキュリティワイヤーは、ケンジントンロックやワイヤーロックなどとも呼ばれる。

5．ウ

本問は、携帯端末の管理（MDM）についての理解を問うものである。

ア．該当しない

シャドー IT の説明である。

イ．該当しない

ルート化（Android）・ジェイルブレイク（iOS）の説明である。

ウ．該当する

MDM の説明である。

エ．該当しない

バッテリーセーバモードの説明である。

6．ウ　　BYOD

BYOD とは、従業者個人が所有するパソコンやタブレット、スマートフォンなどの端末を社内に持ち込み、業務上で活用する形態のことである。

ア．適　切

本記述のとおりである。

イ．適　切

本記述のとおりである。

ウ．不適切

BYOD では、本人が契約している**キャリアの回線を使用**することになるため、BYOD を導入しても、通信の過負荷は発生しない。

エ．適　切

本記述のとおりである。

7．イ　　データサルベージ

本問は、データサルベージについての理解を問うものである。

ア．該当しない

デジタルフォレンジックの説明である。

イ．該当する

データサルベージの説明である。

ウ．該当しない

継続的データ保護（CDP) の説明である。

エ．該当しない

電子透かしの説明である。

8．イ

本問は、システムの二重化についての理解を問うものである。

ア．該当しない

デュプレックスシステムの説明である。

イ．該当する

デュアルシステムの説明である。

ウ．該当しない

　タンデムシステムの説明である。

エ．該当しない

　ロードシェアシステムの説明である。

9．ウ　　事業継続

　内閣府が策定した「事業継続ガイドライン」の「事業継続の取組の必要性と概要」に関する記述は、次のとおりである。

　なお、BCP（Business Continuity Plan）は事業継続計画ともいい、BCM（Business Continuity Management）は事業継続管理や事業継続マネジメントともいう。また、BIA（Business Impact Analysis）は事業影響度分析やビジネスインパクト分析ともいう。

> 大地震等の自然災害、感染症のまん延、テロ等の事件、大事故、サプライチェーン（供給網）の途絶、突発的な経営環境の変化など不測の事態が発生しても、重要な事業を中断させない、または中断しても可能な限り短い期間で復旧させるための方針、体制、手順等を示した計画のことをBCPと呼ぶ。
> また、BCP策定や維持・更新、事業継続を実現するための予算・資源の確保、事前対策の実施、取組を浸透させるための教育・訓練の実施、点検、継続的な改善などを行う平常時からのマネジメント活動は、BCMと呼ばれ、経営レベルの戦略的活動として位置付けられるものである。
> なお、何らかの危機的な発生事象により自社の施設が大きな被害を受けたり、重要な事業のサプライチェーンが途絶したりすれば、平常時に実施している全ての事業・業務を継続することは困難となり、重要な事業に必要不可欠な業務から優先順位を付けて継続または早期復旧することが求められる。
> そこで、BIAを行うことにより、企業・組織として優先的に継続または早期復旧を必要とする重要業務を慎重に選び、当該業務をいつまでに復旧させるかの目標復旧時間等を検討するとともに、それを実現するために必要な経営資源を特定する必要がある。

〈第9章〉

1．エ

　本問は、認証技術についての理解を問うものである。

　不正ログインなどへの対策に関する記述は、次のとおりである。

> なりすましなどによる不正ログインに関する利用者への対策として、パスワードポリシーの強化がある。**パスワードポリシー**は、パスワードに使用する文字数や文字種などの条件に関することであり、例えば、最低8文字以上で英字（大文字／小文字）・数字・記号などを含むパスワードでなければ、登録や変更を行えないようなシステムにすることで**パスワードポリシー**を強化する。
>
> また、システムへのログイン時の対策として、**アカウントロック**や**ログインアラート**などがある。**アカウントロック**は、指定回数以内に正しいパスワードが入力されないなど、連続した一定回数の認証失敗によりアカウントを停止し、一定時間の経過や管理者による許可（解除）がでるまで、システムやサービスなどの利用ができなくなる仕組みである。一方、**ログインアラート**は、システムにログインした際、そのことをあらかじめ登録されているメールアドレスなどに通知する機能である。これによって、万が一、第三者が不正ログインした際に、いち早く気付くことができ、被害を最小限に抑えることができるようになる。

2．ア

　本問は、認証についての理解を問うものである。

　次のような事例に対して、最も有効となる技術的な対策は、**シングルサインオンを導入**することである。

> 《事例》
> 　X社で内部監査を実施した結果、次のような問題点が検出された。
> ●環境
> 　社内ネットワーク上の複数の情報システムやアプリケーションにアクセスするには、ユーザID・パスワードをそれぞれ設定する仕組みになっている。
> ●状況

異なる情報システムやアプリケーションにアクセスするたびに、異なるユーザID・パスワードを用いなければならないことを負担に感じている従業者が多い。

●問題点

複数の異なるユーザID・パスワードを忘れないようにするために、メモに書き留めたり、簡単なパスワードや同一のパスワードを使い回す従業者が散見される。

●想定されるリスク

パスワード盗用などによる不正アクセス　など

3. イ　　パスワードリスト攻撃

本問は、パスワードリスト攻撃についての理解を問うものである。

パスワードリスト攻撃とは、別のサービスやシステムから流失したアカウント情報を用いてログインを試みる手法である。そのため、この攻撃の要因となる可能性が最も高いのは、複数のWebサービスを利用する際、複数のサイトで同一のパスワードを使い回すことである。

4. イ　　暗号化技術

本問は、暗号化技術についての理解を問うものである。

ア．適　切

本記述のとおりである。

イ．不適切

「暗号鍵」のデータ量を「鍵長」といい、一般的に「鍵長」を大きくすると安全性が向上するが、暗号化や復号にかかる処理時間が長くなる。

ウ．適　切

本記述のとおりである。

エ．適　切

本記述のとおりである。

５．イ　　本人認証の方式

　本問は、本人認証の方式についての理解を問うものである。

ア．適　切

　本記述のとおりである。

イ．不適切

　スマートフォンなどで利用されるSMSを利用して、本人認証を行うための認証方式は、<u>SMS（ショートメッセージサービス）認証</u>である。例えば、予め指定された携帯電話番号宛てに認証番号を記載したショートメッセージが送られ、その番号を入力することで本人認証を行う。

　なお、チャレンジレスポンス方式とは、利用者がクライアントに入力したパスワードと、サーバから送られてきたランダムなデータとをクライアント側で演算し、その結果をサーバに送信して認証データに用いる方式である。

ウ．適　切

　本記述のとおりである。

エ．適　切

　本記述のとおりである。

６．イ　　電子署名

　「電子署名及び認証業務に関する法律」（電子署名法）の第二条１項において、次のとおり示されている。

　「電子署名」とは、電磁的記録に記録することができる情報について行われる措置であって、次の要件のいずれにも該当するものをいう。

・当該情報が当該措置を行った者の作成に係るものであることを示すためのものであること。

・当該情報について改変が行われていないかどうかを確認することができるものであること。

　以上により、「電子文書の作成者を示すために行われたものであること」は、上記要件に該当することから、正解は肢イとなる。

7．イ　　ネットワーク経由で個人情報等を送受信する際の対策

本問は、ネットワーク経由で個人情報等を送受信する際の対策についての理解を問うものである。

ア．適　切

本記述のとおりである。

イ．不適切

無線 LAN を利用する場合は、無線 LAN アクセスポイントで、ESSID が ANY や空欄の設定になっているクライアントを拒否する対策を行い、ESSID ステルス機能を有効にする。

ESSID ステルスとは、無線 LAN ルータが自身の ESSID（ネットワーク名）を知らせるために発信するビーコン信号を停止して、SSID 一覧（ネットワーク名一覧）から参照できないようにすることである。この機能を有効にすることにより、組織の内部ネットワークの存在や接続先を無関係な第三者に知らせてしまうリスクを低減することができる。

ウ．適　切

本記述のとおりである。

エ．適　切

本記述のとおりである。

8．エ　　ファイアウォール

本問は、ファイアウォールについての理解を問うものである。

ア．適　切

本記述のとおりである。

イ．適　切

本記述のとおりである。

ウ．適　切

本記述のとおりである。

エ．不適切

通常の「プロキシ」に対して、特定のサーバの代理として、そのサーバへの外部からのすべての接続を中継するプロキシサーバである「リバースプロキシ」が

ある。リバースプロキシを設置すると、そのサーバへアクセスしようとするクライアントは、すべてリバースプロキシを経由するよう誘導される。

9．ウ

本問は、ネットワークを介した攻撃手法などについての理解を問うものである。

ア．適　切

本記述のとおりである。

イ．適　切

本記述のとおりである。

ウ．不適切

IP 通信において、送信者の IP アドレスを詐称して別の IP アドレスになりすましを行う攻撃手法であり、不正アクセスの手段として使われることが多いのは、IP スプーフィングである。

なお、ブルートフォース攻撃は、総当たり攻撃とも呼ばれ、類推したパスワードを繰り返し試すパスワードクラッキングの手法である。

エ．適　切

本記述のとおりである。

10．エ　　Web における攻撃の手法

本問は、Web における攻撃の手法についての理解を問うものである。

Web における攻撃の手法に関する記述は、次のとおりである。

ドライブバイダウンロードは、Web ブラウザなどを介して、ソフトウェアなどを気付かれないようにユーザのコンピュータに転送させる攻撃であり、多くのユーザが頻繁にアクセスするサイトを改ざんすることによって、被害に誘導するケースが多い。ドライブバイダウンロードでは、さまざまな手段によってセキュリティホールが内在しているサイトを調査して、例えば、クロスサイトスクリプティングやSQLインジェクションなどによる攻撃が可能なサイトを見つけ出し、それらが攻撃の起点となる。

クロスサイトスクリプティングとは、ユーザが入力した内容を表示するWeb

アプリケーションのぜい弱性を利用し、悪意のあるスクリプトを仕込んでおいて、アクセスしてきたユーザのWebブラウザで一定の処理を実行させる攻撃手法である。一方、**SQLインジェクション**は、データベースを利用したWebアプリケーションのセキュリティホールを狙ってSQL命令文を入力して実行させ、データベースに不正にアクセスする手法である。

11. イ

本問は、ネットワークセキュリティなどについての理解を問うものである。

総務省が策定した「情報セキュリティ管理基準」の「通信のセキュリティ」において、次のような事項が示されている。

ア．適 切

本記述のとおりである。

イ．不適切

組織に対するサービスを最適にするため、また、管理策を情報処理基盤全体に一貫して適用することを確実にするために、様々な管理作業を綿密に調整する。また、情報サービス、利用者及び情報システムは、ネットワーク上で、グループごとに分離し、大規模なネットワークのセキュリティを管理するために、<u>必要に応じてネットワークを幾つかのネットワーク領域に分離する</u>。

ウ．適 切

本記述のとおりである。

エ．適 切

本記述のとおりである。

12. イ　マルウェア

マルウェアの種類と特徴に関する記述は、次のとおりである。

<u>Emotet（エモテット）</u>は、主に**マクロ**が組み込まれたMicrosoft ExcelやWordのファイル、あるいはこのようなファイルをパスワード付きのZIP形式のファイルとして、メールに添付する形式で送付され、ファイルの開封後に**マクロ**を起動する操作を実行することで**Emotet**で、不正なExcelファイルやWordファイルがダウンロードされるケースもある。

Emotetに感染すると、認証情報や社内ネットワークにある機密情報などが外部に流出してしまうこともある。さらに、Emotetは、自己増殖する<u>ワーム</u>としての側面も持っているため、社内ネットワークに侵入されてしまった場合は、社内にEmotetが伝染し、蔓延する危険性もある。

13. イ　　不正アクセス対策の技術

本問は、不正アクセス対策の技術についての理解を問うものである。

ア．適　切

本記述のとおりである。

イ．不適切

MACアドレスフィルタリングは、MACアドレスをアクセスポイントなどにあらかじめ登録しておき、登録されているMACアドレス以外の端末からの接続を拒否することでアクセス制御を行う方式である。MACアドレスは<u>ソフトウェア的に偽装が可能</u>であり、不正アクセスを行う意図で偽装する攻撃者に対しては、効果が薄いとされる。そのため、IEEE 802.1Xなどの他の対策を併用することが望ましい。

ウ．適　切

本記述のとおりである。

エ．適　切

本記述のとおりである。

14. イ　　15. ア　　16. エ

本問は、セキュリティ技術についての理解を問うものである。

14.　IPsecとは、暗号化によってパケットの秘匿や改ざん検知を実現するプロトコルであり、IETFによって標準化されている。認証・暗号化・改ざん検知などの機能があり、インターネット上で通信を暗号化して安全に送受信できるようにする。ここのプロトコルは、認証と改ざん検知に利用されるAH、暗号化データの転送に利用されるESP、暗号鍵の交換管理に利用されるIKEなどのサブプロトコルから構成されている。また、

通信モードには、トランスポートモードとトンネルモードがあり、トンネルモードでは、パケットのヘッダ部も暗号化されてしまうため、ファイアウォールと組み合わせたときに、ファイアウォールを柔軟に通過させることができなくなってしまう場合がある。

15. UTMとは、複合的な機能をもったセキュリティ機器を導入して、包括的・統合的にセキュリティ対策を実施する管理方法であり、ファイアウォール・IPS・ウイルス対策ソフト及び迷惑メールフィルタ等の機能を1台にまとめた機器を指す場合もある。ネットワークセキュリティに必要な一通りの機能が実装されているため、導入が容易となり、設定や管理の手間を簡素化することができる。また、対策項目ごとに機器やソフトウェアを個別に導入する場合と比較して、必要なコストを抑えることができる。

16. EDRとは、ユーザが利用するパソコンやスマートフォン、サーバなどのデバイスの状況を監視し、不審な振る舞いを検知した場合は管理者に通知するソリューションである。主な機能として、リアルタイムでのログ収集・取得、ログ分析の自動化、分析にもとづいた異常の検知・アラート発出、脅威の侵入に関する原因分析、影響範囲の特定などがある。このソリューションを導入する効果として、社内ネットワークに侵入したマルウェアなどが、本格的な活動を始めて問題が深刻化する前に、それをいち早く検知・除去できるようになることが挙げられる。

なお、eKYCとは、オンライン上で本人確認を完結するための技術であり、従来の対面または郵送での本人確認を「KYC」と呼び、オンライン上で行う意味を表す「electronic」という単語を追加したものである。